U0540798

教研相长七书

中国近代社会史（第2版）

乔志强 ◎ 主编

中国社会科学出版社

图书在版编目（CIP）数据

中国近代社会史/乔志强主编 . —2 版 . —北京：中国社会科学出版社，2018.3（2023.4重印）

ISBN 978 – 7 – 5203 – 2280 – 5

Ⅰ.①中… Ⅱ.①乔… Ⅲ.①社会发展史—研究—中国—近代 Ⅳ.①K250.7

中国版本图书馆 CIP 数据核字（2018）第 058948 号

出 版 人	赵剑英
责任编辑	安　芳
责任校对	张爱华
责任印制	李寡寡

出　　版	中国社会科学出版社
社　　址	北京鼓楼西大街甲 158 号
邮　　编	100720
网　　址	http://www.csspw.cn
发 行 部	010 – 84083685
门 市 部	010 – 84029450
经　　销	新华书店及其他书店
印　　刷	北京君升印刷有限公司
装　　订	廊坊市广阳区广增装订厂
版　　次	2018 年 3 月第 1 版
印　　次	2023 年 4 月第 3 次印刷
开　　本	710 × 1000　1/16
印　　张	27.25
插　　页	2
字　　数	433 千字
定　　价	89.00 元

凡购买中国社会科学出版社图书，如有质量问题请与本社营销中心联系调换
电话：010 – 84083683
版权所有　侵权必究

作 者

乔志强（主编） 导论
行　龙　第一章第一、二节　第二章
邓　河　第一章第三节　第六章
王先明　第三章　第五章第一、二节
乔日永　第四章
王守恩　第五章第三节　第八章第二节
牛敬忠　第七章第一、二节
崔树民　第七章第三节
乔润令　第八章第一节
刘经宇　第八章第三节
徐永志　第八章第三节部分

"教研相长七书"总序

"教学相长",可谓耳熟能详。《礼记·学记》谓:"是故学然后知不足,教然后知困。知不足然后能自反也,知困然后能自强也。故曰:教学相长也。"这里所说的"教研相长",则是强调教学和研究的互相促进,互相提高。教学和研究,两者融为一体,相得益彰,那是一个大学教师应该感到很欣慰的事情。

山西大学中国社会史研究中心成立20多年来,秉持教研相长的优良传统,一直强调在做好科学研究的同时,做好本科和研究生的教学工作。既要把自己的研究成果融入教学实践中,又要把教学实践中的问题引入自己的科学研究中,由"知不足""知困",到"自反""自强",确实朝着"教研相长"的方向不断努力。

2008年5月,在山西大学举行的建校106周年纪念活动中,我在大会上有一个发言,题目叫作"走向田野与社会的史学",初步总结了社会史研究中心成立以来立足前沿、学科融合、关注现实、培养人才、教研相长五个方面所谓的"经验之谈"。其中的"教研相长"如此谈道:

> 教师的天职是教书育人,传道、授业、解惑即为师之本。目前,高校普遍存在的一个令人担忧的现象是重科研而轻教学,它与不合理的各种考核和晋升条件有直接的关联,也与社会风气的影响直接相关。我记得,1985年留校任教后,乔志强先生曾和我有过一次认真的谈话,主题就是讲教学是教师的第一要务,站不稳三尺讲台,就没有立身之本,青年教师要把过好教学关当作工作后的第一关去认真对待,不得丝毫马虎。三十年来,我一直把老师的忠告铭记心间,即使在最近这些年繁重的行政工作压力下,我也尽量给本科生

上课，争取上好每一节课。对自己的学生我也如此要求，尽管可能会累一点，但我们作为一个教师，心里实在有一种良心上的满足感。目前，由我带头的《区域社会史研究导论》课程已成为国家优秀精品课程，团队也获得国家优秀教学团队的荣誉。我们还以精品课程为核心，开展了"校园历史文化节""鉴知精品课程青年教师培训班"两项活动，有关的教材也在积极的编写过程中。事实证明，通过高质量的教学活动，大大促进了科学研究的广度和深度。教研相长绝非空词。

"教研相长"是山西大学中国社会史研究中心成立以来的一个好传统。乔志强先生在世时，不仅开拓性地率先开展社会史的研究，而且带领众弟子编写《中国近代社会史》一书，以此获得了教育部优秀教学成果奖，成为至今许多高校本科生、研究生的必读书和教材。乔先生仙逝后，我们又继承和发扬这一传统，虽然将研究的重心由整体社会史转向区域社会史，但教研相长却一以贯之，努力以赴。围绕10多年前为本科生开设的《区域社会史研究导论》课程，我们组建了"区域社会史"教学团队，获得了国家精品课程、视频公开课、优秀教学团队等荣誉，山西大学历史学科以此成为国家级特色学科，并建立了国家级的校外大学生实践教学基地。2014年，山西大学中国社会史研究中心被人力资源和社会保障部、教育部共同授予"全国教育系统先进单位"的荣誉称号。

毋庸讳言，目前中国高等教育仍然面临着许多挑战和问题，其中重科研轻教学的现象表现比较突出，许多高校的研究机构人员很少甚或没有为本科生上课的教学任务，导致科研与教学的严重脱节。重知识传授轻能力培养，重课堂学习轻研究训练，已经成为普遍诟病的问题。山西大学中国社会史研究中心不足10人，我们既作为研究团队，又作为教学团队，一肩双任，虽苦犹乐，这是因为我们首先是一个大学的老师。在科研和教学的长期实践过程中，我们确实有一份责任感，又有一份快乐感。

"教研相长七书"的一个小小意愿，就是把我们长期以来围绕中国社会史、区域社会史的教学实践公之于世，接受大学生、研究生和社会各界的意见和批评，以便继续深化这方面的工作。

以下就"教研相长七书"分别作以简要的介绍：

一、乔志强主编《中国近代社会史》（人民出版社1992年版）。该书为乔志强先生"和青年教师的集体尝试"，该书分社会构成、社会生活、社会功能三编建构中国近代社会史的知识体系，内容包括人口、家庭、宗族；社区与民族；社层变动；物质生活；精神生活；人际关系；教养功能；控制功能等。有学者称为"乔氏体系，三大板块"。正文之前有乔志强先生撰写的长达35页的"导论"，讨论社会史研究的对象、社会史的知识结构、研究社会史的意义、怎样研究社会史四个问题。这是国内第一本系统的社会史研究著作，有评论认为此书为社会史研究"从理论探讨到实际操作迈出的第一步"，"具有某种划时代的意义"。该书又有台北南天书局1998年6月中文繁体本，已经成为许多大学本科生、研究生的必读教材。

二、行龙主编《区域社会史研究导论》。2004年开始，由我牵头在山西大学历史系开设《区域社会史研究导论》课程，期间，或历史专业选修课，或全校公开课，连续十余年未曾间断。该课程以"集体授课"的形式进行，中国社会史研究中心的8位教师共同担当本课程的授课任务。2007年，该课程被评为国家级精品课程，次年区域社会史教学团队被评为国家级优秀教学团队；2013年，该课程作为教育部精品视频公开课向社会开放。授课的同时，我们就在进行着相关教材的编写，结合授课实际和学生的反映，大家一起讨论，反复修订，课程讲授—田野考察—修订教材，不断地循环往复，终于完成了这本经过10余年努力而成的教材。该书共七章一个绪论，讲授区域社会史研究的趋向、学科定位、区域特性、小地方与大历史、区域社会史研究的理论、方法、资料等内容，意在提供给学生一个怎样研究区域社会史的入门教材。

三、行龙主编《近代山西社会研究——走向田野与社会》（中国社会科学出版社2002年版）。本书为"山西大学百年校庆学术丛书"之一种，"是我和近几届硕士研究生共同完成的"。"本书除前面两篇有关社会史及区域社会史的理论问题（行龙：《中国社会史研究中的几个问题》；乔志强、行龙：《近代华北农村社会变迁论——兼论地域社会史研究的理论与方法》）外，对近代以来山西人口、水资源及水案、灾荒、集市、民教冲突、祁太秧歌等分专题进行了研究。应当说这些问题都是之前很少涉猎或没有研究过的问题,我们试图从社会史的角度对此进行探讨。"时间过得真快,一晃该书已面世14个年头,昔日的硕士生已成长为大学的教授,我感到很是欣慰。又,正是本书当年的责任编辑郭沂纹先生的肯定和支持,才催生了"教研相长七书",对此要对她道一声感谢!

四、行龙主编《集体化时代的山西农村社会研究》。此书可以看作前书的姊妹篇,也是社会史研究中心硕士生毕业论文修改而成。集体化时代的农村社会研究,是近年来中心的一个主要研究方向,多篇硕士、博士论文围绕此方向展开。该书所涉内容包括两大类:一类为集体化时代的某个村庄问题的研究,典型农村如西沟、张庄,一般农村如赤桥、剪子湾、道备等;另一类为专题研究,如新区土改、医疗卫生、水土保持、农田水利、文化生活等。需要说明的是,正如前书的副标题一样,各篇论文的形成,都实践和体现了"走向田野与社会"的理念。论文"或以资料翔实见长,或以立题新颖取胜,各位都注意到充分利用田野调查和地方文献,下过一番苦功夫"。现经中心诸位教师讨论,从数十篇中选取十篇结集出版,接受读者的指正与批评。

五、行龙主编、郭永平副主编《在田野中发现历史——学生田野调查报告(永济篇)》。走向田野与社会,是我们多年来从事社会史和区域社会史教研工作中的追求与实践。"这里的田野包含两层意思:一是相对于校园和图书馆的田地与原野,也就是基层社会和农村;二是人类学意义上的田野工作,也就是参与观察实地考察的方法;这里的社会也有两层含义:一是现实的社会,我们必须关注现实社会,懂得从现在推延到过去或者由过去推延到现在;二是社会史意义上的社会,这是一个整体的社会,一个'自下而上'的社会。"[①] 田野工作是中心和历史学专业每一届学生的必修课,多年来,我们一直坚持这一做法,学生收获良多。

位于山西省南部的永济,是我们与永济市人民政府共同建立的国家大学生校外实践教学基地,近年来,山西大学社会史研究中心的教师结合《区域社会史研究导论》课程讲授,带领学生在永济进行了多次田野考察,该书收录的学生作品含学术论文、调查报告、田野日记三部分。

[①] 行龙:《走向田野与社会》(修订版),生活·读书·新知三联书店2015年版,第19页。

虽显稚嫩，但对我们而言却十分重要，因为这是多年来学生田野工作的一次集中展现。

六、行龙著《山西区域社会史十五讲》。该书从我近年来发表的数十篇有关山西区域社会史的论文中辑出。书分六部分内容，涉及山西区域社会史研究的主要脉络，新的研究领域、田野考察、资料发掘、人物研究及山西大学校史的相关问题。这些论文都是在教学过程中"初次亮相"，进而吸收各方意见成稿，也可以说是本人"教研相长"的成果。

七、胡英泽、张俊峰主编《区域社会史研究读本》。这个"读本"，或可叫做"选本"，也就是一个教学参考书。记得我们读大学的时候，有一门课程是"历史要籍介绍及选读"，很受学生欢迎。区域社会史是一个新兴的研究领域，30年来却有那么多的成果出现，既要选的精当，又要使学生爱读，既要有理论方法的引导意义，又要兼顾具体的实践操作，实在也是一件很难的事情。又，这个读本只收录了部分中国学者的作品，限于篇幅未能收录海外学者的作品（有机会可再编一本《海外读本》），意在使读者减少隔膜感而增进亲近感，这样的初衷或许更符合读者的口味。"学识有限，难免挂一漏万，留遗珠之憾"，并非一句客套话。

"教研相长七书"编订之际，既有一分欣慰，又有一分忐忑。我们在长期从事历史研究的过程中，认真地从事了相关的教学工作，从大家的谈论中，从学生的反映中，我们能够感受到做教师的快乐。另外，"教研相长"又是一个需要长期坚持和努力的过程，在目前这样的环境中也是需要比别人付出更多心血的过程。过程之漫长并不可怕，好在这个过程是快乐的。

时值2016年教师节即将来临，新的学期也将开始，愿以"教研相长七书"以为纪念，期望读者诸位多加指教。

"教研相长七书"整理、编排过程中，马维强同志付出了辛勤的劳动，特以致谢。

行　龙
2016年8月29日
于山西大学中国社会史研究中心

目 录

导 论 ……………………………………………………………(1)

第一编 社会构成

第一章 人口 家庭 宗族 ……………………………………(31)
第一节 人口 ……………………………………………………(31)
  一 人口数量的演变 …………………………………………(31)
  二 过剩人口问题 ……………………………………………(39)
  三 人口分布及其流动 ………………………………………(46)
  四 人口诸种结构 ……………………………………………(54)
第二节 家庭 ……………………………………………………(64)
  一 家庭的成立 ………………………………………………(64)
  二 家庭结构及其关系 ………………………………………(74)
  三 家庭的功能 ………………………………………………(83)
第三节 宗族 ……………………………………………………(89)
  一 宗族的历史变迁及清代宗族 ……………………………(89)
  二 近代宗族的内部结构 ……………………………………(93)
  三 近代宗族的社会作用 ……………………………………(99)

第二章 社区与民族 ……………………………………………(103)
第一节 农村社区 ………………………………………………(103)
  一 农村社区类型 ……………………………………………(103)
  二 农村社区特点 ……………………………………………(110)

第二节 城市社区 …………………………………………… (117)
　　一　城市社区类型 ……………………………………… (117)
　　二　城市社区特点 ……………………………………… (121)
第三节 民族 ………………………………………………… (127)
　　一　民族人口及其分布 ………………………………… (128)
　　二　民族经济的发展 …………………………………… (131)

第三章　近代社层变动 ………………………………………… (136)
第一节 社层与绅士集团 …………………………………… (136)
　　一　近代社会分层 ……………………………………… (136)
　　二　绅士集团 …………………………………………… (141)
第二节 近代社会流动 ……………………………………… (147)
　　一　近代社会流动的开端 ……………………………… (147)
　　二　社会流动的方式与特征 …………………………… (152)
第三节 社会结构的变动 …………………………………… (159)
　　一　"士农工商"的错动 ………………………………… (159)
　　二　剧烈的阶级分化 …………………………………… (165)

第二编　社会生活

第四章　物质生活 ……………………………………………… (175)
第一节 物质生活演变概况 ………………………………… (175)
　　一　服饰 ………………………………………………… (175)
　　二　饮食 ………………………………………………… (180)
　　三　居住 ………………………………………………… (186)
　　四　交通 ………………………………………………… (189)
　　五　器用 ………………………………………………… (194)
第二节 物质生活与社会变迁 ……………………………… (199)
　　一　物质生活的基本特征 ……………………………… (199)
　　二　物质生活的变迁轨迹 ……………………………… (204)
　　三　物质生活变迁的社会作用 ………………………… (211)

第五章　精神生活的特色 (216)

第一节　生活信仰与精神品格 (216)
一　神祇信仰与日常生活 (216)
二　精神面貌与品格 (224)
三　精神生活的倾斜与变动 (231)

第二节　娱乐与精神情趣 (237)
一　传统娱乐形式与特点 (237)
二　近代新式娱乐的发展 (246)

第三节　礼俗与节日 (251)
一　包罗广泛的礼俗 (251)
二　千姿百态的节日 (267)

第六章　人际关系 (281)

第一节　亲缘关系 (281)
一　亲缘关系类型 (281)
二　亲缘关系的特点与社会生活 (285)

第二节　地缘关系 (289)
一　地缘关系类型 (289)
二　地缘关系与社会生活 (292)

第三节　业缘关系 (296)
一　业缘关系主要类型 (296)
二　业缘组织 (298)
三　业缘关系与社会生活 (301)

第四节　人际关系的发展趋势及特点 (302)
一　人际关系的发展趋势 (302)
二　近代人际关系的特点 (302)

第三编　社会功能

第七章　教养功能 (309)

第一节 赡养功能 …………………………………………（309）
　　一　养济院 ………………………………………………（309）
　　二　育婴堂 ………………………………………………（310）
　　三　教会与慈幼事业 ……………………………………（312）
第二节 自然灾害及其救治 …………………………………（313）
　　一　持续不绝的近代灾荒 ………………………………（313）
　　二　近代社会的灾荒救治 ………………………………（318）
　　三　救治功能与救灾思想的发展 ………………………（322）
第三节 教育功能 ……………………………………………（326）
　　一　封建教育体系 ………………………………………（327）
　　二　新式学堂的萌芽 ……………………………………（332）
　　三　新式教育系统的形成 ………………………………（339）

第八章 控制功能 ……………………………………………（351）
第一节 权力控制 ……………………………………………（351）
　　一　政权 …………………………………………………（352）
　　二　法律 …………………………………………………（357）
　　三　军队与警察 …………………………………………（371）
第二节 规范控制 ……………………………………………（376）
　　一　封建礼教 ……………………………………………（376）
　　二　传统习俗 ……………………………………………（382）
　　三　神道之教 ……………………………………………（386）
　　四　社会舆论 ……………………………………………（393）
第三节 社会问题与治理 ……………………………………（397）
　　一　鸦片问题 ……………………………………………（397）
　　二　械斗冲突 ……………………………………………（406）
　　三　娼妓与赌博 …………………………………………（413）
　　四　缠足与溺婴 …………………………………………（419）

导　论

呈现在读者面前的这本书，如书名所表示的，将要介绍中国近代社会的历史。尽管学术界对此问题发表过不少文章，但就系统的中国近代社会史来说，毕竟是一个尚待建立的新的知识体系。社会史究竟应研究和探讨哪些内容？它和同一个层面相邻的政治史、经济史、文化史有什么关系与区别？它和历史学之外的有关学科又有什么联系？研究社会史特别中国近代社会史有什么学术价值与应用意义？中国近代社会史自身的知识结构以及研究方法是什么？目前学术界对这些问题尚处于探讨阶段，有着各种意见与研究结果。因此，有必要在阐述中国近代社会史本身之前，讲明我们对上述问题的看法，作为本书的导论。

一　社会史研究的对象是什么

社会史研究的对象是社会的历史。与它平行、相邻的有政治史、经济史、文化史等，都是从属于通史的专门史。社会史专门研究的领域是社会，但它又不是人们以往所常使用过的社会发展史这个概念。社会发展史实际上是社会形态发展的历史，讲的是经济形态、生产方式的发展史。这里所说的社会史是研讨人类社会及其机制的发展的历史，因为人类生活的历史，除政治活动、政治生活而外，还有经济生活、文化生活等，而且还有被以往学者们所忽略的社会生活。正如人们熟知的那样，人类从有历史以来就不是单个在生活，而是在社会中生活。这是不以人们的意志为转移的，是别无选择的。因为人类的政治活动、经济活动、文化活动也离不开社会，也是一种广义的社会活动与社会生活，它们相互之间也密切相关，不过为研究方便而把它们分别为专史来探讨罢了。我们把人类活动历史中的社会生活与政治活动、经济活动、文化活动相对区分出来作为专门史来研究也有这样的含义：（一）社会生活与政治、经济、文化等生活是相互密切联系的，都是人类生活中的有机组成部分，研究这些生活的专史都是通史的有机组成，将这些各种生活综合研究才能成为通史；（二）社会史研究的社会生活是不属于人类生活历史中政治、经济、文化生活的社会生活。只是由于社会史研究的成果和投入力量比较少，所以它的相对界限、范畴、概念才不容易清晰区分罢了。

据上所说，社会史研究的对象，不是包罗政治、经济、文化等在内的所有社会现象的历史，而是研究人类有史以来赖以生存并必然结成的社会本身的历史。就是说，有史以来，人们从来不能单个生活而是在人们结成的社会中生活，它本身有其发展变化的历史——这就是社会史，就是我们研究的对象，或者叫作范畴。至于社会史究竟包括些什么内容，它的知识结构是些什么，学科知识体系如何组成，我们将在下面阐述。这里先说说社会史与其他学科的区别与联系。

应该首先说明社会学与社会史之间的区别。我们认为，社会学是以人类的社会生活及其发展为研究对象的科学，尽管它也包括社会的变迁在内，但它是研究社会现象的规律，就学科来说，是综合的，研究的是当今的现实的人类社会。当然，由于现今的社会是在过去的社会的基础上发展而来，所以社会学也涉及当前社会的发展根源，即以往的社会，但它的主要对象是现实社会。社会史则是研究人类活动历史中社会这一部分的历史。也就是说，前者是关于社会综合的规律的学科，后者是具体时空内的社会的历史，前者研究的不是历史，是人类的社会现象及规律，后者研究的是人类历史中的一部分特定现象及规律的专史。但由于两者之间存在着某种联系，因之也就可以用社会学的规律和方法去调查研究探索以往的社会。

研究社会史很容易让人想到民俗学和民族学。民俗学是研究具有传承性的民间生活和文化的社会科学，尽管它包括研究具体的民间生活和文化现象，但主要还是综合的研究民俗的现象、规律及理论，是文化人类学的分支学科。社会史则研究一定时空中的社会现象，而在一定的历史阶段，民俗必然作为社会生活的一个侧面出现，也必然是在社会史研究的视野之中，但它是作为社会的一种现象，和其他社会现象一样来说明整个社会生活历史的，它不同于民俗学中的民俗现象是用来阐明民俗现象的规律与理论的。同样的民俗现象，在民俗学中是用它作具体资料，为归纳出综合规律和理论而使用，而在社会史中，民俗现象是作为具体资料来与其他社会现象共同说明历史上的社会现象的，这些民俗现象在什么社会条件下产生，又如何影响着社会生活，社会生活又如何使民俗演变的，即从社会史的角度来研究民俗现象。它阐明的是社会现象之一的民俗现象的历史，而不是民俗的理论。所以，民俗学与社会史中的民俗史研究有密切关联，但目的、方法、角度各不相同。民俗学的理论可以指导社会史中民俗史的研究，而民俗的历史演变又可以丰富、发展民俗学的研究。

民族学与社会史的区别与联系也有着同样的道理。民族学以民族为研究对象，它探讨各民族的形成、发展、离合、消亡以及各族之间的相互关系影响，进而综合探讨民族的形成、发展、消亡的规律与理论，也是文化人类学的分支。社会史研究中的民族是各时代的社会现象之一，研究各民族的社会生活状况，它形成的社会原因及对社会的影响乃至各民族间的相互交流与影响。可以肯定地说，民族学对社会史中的民族社会史的研究有理论上的指导意义，而社会史中民族社会历史的探索会丰富民族学的理论。

人口和家庭的发展是社会史中的主要部分，所以人口学、家庭学与社会史也有联系与区别的问题。人口学研究的对象，包括着人口理论以及人口质量、结构、分布、婚姻家庭等的规律，明显是一门有关人口的综合学科，而社会史中的具体地区与历史阶段的人口史，则是这一时空条件下人口的各种具体状况（质量、结构、迁移、再生产、分布等）及其发展，它作为该社会的组成条件，给该社会以巨大的影响，并且受着该社会的影响。人口问题是我们研究社会史中社会组成与发展的重要部分，也是社会史的核心问题之一。家庭学从人口学中独立出来，是门新兴学科。家庭是组成人类社会的细胞，家庭的组成与结构、婚姻制度、家庭分工、家庭职能有着自身发展变化的历史。具体时空条件下，家庭在组成、结构、分工、职能等方面无不受当时社会给予的影响，也可以说是社会最小的"分子"，反映着社会的各种特色，同时家庭又对社会的发展演变有极大的作用与影响，是社会史中不可缺短的有机部分。因之，社会史当然要讲述特定地区、特定历史阶段中家庭各种情状及其发展演变的历史，还要说明社会本身和家庭之间的相互作用与影响。不过，当世发展起来的家庭学著作，则使用各地、各时代的资料来阐明家庭的各项规律及理论，也是综合性的理论性的。家庭史则是历史性的、客观具体的，因而家庭学与家庭史之间的关系也是不言自明的。

以上说明了社会史与有关的几个学科的区别与联系，下面再考察一下社会史与平行横向相邻的几个专门史之间的关系和界限。和它平行相邻的历史，如政治史应当是研究历史上的政治现象及规律的学科，包括阶级、阶层、政治集团、本国与外国、国际之间、民族之间的矛盾、统一及斗争的历史，也包括政治制度、政治思想、政治人物发展和活动的历史，而社会史则是社会的历史，任务显然是不同的，如前所说社会史是研究社会及其机制的历史。但因为它们是平行而相邻，互相间联系是密切，甚至是交叉的。比如同一个时间空间内——以中国近代政治史与中国近代社会史的关系为例，两者之间的联系就很多而且交叉，论述中国近代政治史就必然要讲述中国近代的阶级和阶级矛盾及斗争的历史，讲太平天国革命和其他农民起义，讲资产阶级和无产阶级的发生、发展及其政治活动等，而中国近代社会史也要讲到阶级、阶层等，但它是作为社会的构成而讲述研究的，要阐明在当时社会中如何形成这些阶级，它们之间的关系及演变，它们对社会发生的影响等，即作为社会组成的成员来观察其历史，而不是作为政治矛盾斗争史来观察。政治史中考察政治制度、政治思想、政治行为的演变，社会史则讲述和研究社会中各种关系、伦理思想、社会行为的演变。政治史和社会史对同一项事物从政治和社会的不同角度来考察，其重点、目的、要求虽然有联系，但角度是不同的。

经济史和社会史之间的联系与区别亦是如此。经济史研究某一时期某一地域的生产力、生产关系以及经济发展的历史，社会史也要研究某一时期某一地域的社会的物质生活。但它是研究当时作为社会生活的物质生活，研究这些物质生活的社会特点及其与社会之间的相互关系，而不是像经济史那样研究经济发展的规律。

文化史与社会史可能显得联系更多而不易分清界限。尽管文化史的内涵定义至今尚无定论，但笼统而言不外是文化发展的历史，不管是广义的还是狭义的，它都包含人类物质和精神方面的文化结晶的历史，它是从文化史角度来考察人类物质生活和精神生活的。在社会史探究物质生活与精神生活时，重点应放在这两者的社会时代特色，它们产生的社会原因以及给予社会的影响等，它是从社会史的视角来观察物质生活和精神生活的。就这一部分来说，显然研究的现象可能相同，但探究的目的却不一样。当然，因为两者研究的现象很多是同一的，因此，联系、交叉、相互作用影响就更多。这些界限和任务的清晰化将会随着学科研究的深入而逐步明朗。我们在研究的过程中是会更加明确文化史与社会史的对象、界限与关系的。

我们对社会史的研究对象的探讨，没有更多地从字义及本身去追索，而采用了与其相关友邻学科的对比方法去探索，这样就从社会史与相邻学科的比较中，初步划出了社会史的外部界限。

二 社会史的知识结构

社会史的研究对象，在我们已从它与相邻学科的外部界限与联系画出其轮廓之后，需要进一步明确它自身的知识结构是些什么，来具体指明它的内涵。但社会史是一门新兴学科，它的知识结构不可能是一个社会史辞典，即把它的知识内容按辞目排列起来备查，它的知识结构应该是一个系统，这个子系统属于历史学知识系统之下，但它本身自成一个独立的知识体系。也就是说，它包含的知识，是一个有因果、从属、逻辑、说理的有机组合，形成一个理论性、知识性的系统，而不是一些现象的任意罗列和堆积，它的形成一方面是由它的研究对象决定的，即社会史是研究探讨社会的历史；另一方面它是由本身包含的知识内容决定的，这些内容是为了阐明社会及其机制的发展的历史，而这些具体知识内容之间是互为因果、相互说明，彼此依赖、合乎逻辑地、完整地成为一个体系，用来阐明这个社会整体以及它的发展的历史。

根据这个道理，我们经过学习有关理论、书籍、论文、资料，又反复思考讨论，也通过教学中试验，提出了以下的这个知识结构体系。首先（第一个层次）应当包括三个组成部分：（一）社会构成；（二）社会生活；（三）社会功能。这样分的理由如下：研究并说明一个国家或地区在某个历史阶段的社会，应首先讲清楚当时社会的组成情况，即社会构成。这是弄清这个社会状况的基础，也是这个社会各种现象的形态、异同、发展、变化的产生根源，也是这个社会的面貌，人们首先从表象上触及它。其他社会现象比它更深入一些，更派生一些。

在了解一个社会的基本构成之后，并不算掌握了这个社会的基本状况，第二步还需要研究社会生活。因为社会是动态的，它不是由各个因素组成后就停滞不前了（这些组成因素也在发展变化），而是无限地、复杂地、多维地在运动，这才是大量的、重要的社会现象。正如从解剖学只能知道人由骨骼、肌肉等部件组成，但并没有了解一个人的活动一样。社会在运动，它的活动、它的生命力表现从社会的意义来讲就是社会生活，也就是说社会史应该研讨具体社会如何在生活、如何在运行。这是一个社会的活动，是这个社会存在的自身运动，也是具体社会的特色，是较社会组成又深入一步的社会现象。

第三部分是社会功能。以人为例，对其不仅要从解剖学角度知道他有骨头有肉，还要掌握人的各个器官的功能，这样才有助于指导人的正常生活或治疗疾病。对社会也是如此，在探讨一个社会的构成及其生活活动的基础上，应进一步探讨这个社会的功能，其功能发挥如何，由于社会功能的障碍而产生的社会弊端及问题怎样，社会对这些问题如何调整、变革等。这样，对一个阶段性的社会，通过审视该社会这三个组成部分及其发展，才能从实质上认识这个社会，才能完成社会史这个学科要解决的任务。而这三个知识组成部分是有顺序的、有因果联系的、逐步深化的，只有全部了解某一历史上社会的这三个方面，才算对某一社会有了完整的、深层的、有机的认识，而不是支离破碎、一鳞半爪的知识散屑。

下面再阐明社会史知识体系的第二个层次，即它们的构成理由。如下系统简表所示：

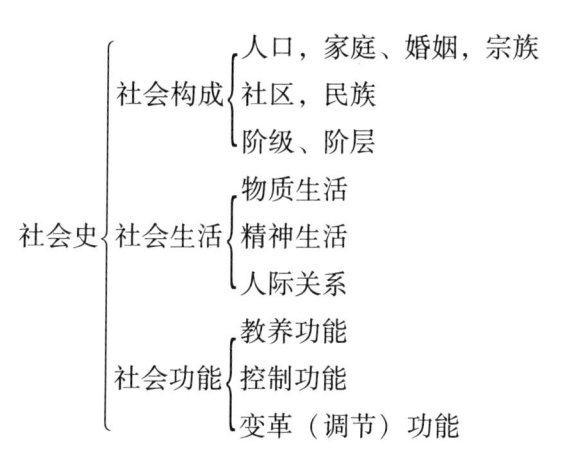

```
                  ┌ 社会构成 ┌ 人口，家庭、婚姻，宗族
                  │         │ 社区，民族
                  │         └ 阶级、阶层
                  │         ┌ 物质生活
         社会史 ─┤ 社会生活 │ 精神生活
                  │         └ 人际关系
                  │         ┌ 教养功能
                  └ 社会功能 │ 控制功能
                            └ 变革（调节）功能
```

1. 社会构成

社会构成下属的人口，家庭、婚姻、宗族、社区、民族、阶级与阶层，并不是平行的几个因素，社会并不是仅由这六部分因素组成，这六者之间既不是平行也不是从属关系，只是各自从某一方面来说明某一历史阶段的社会组成。当然，它们相互之间有着多元的交错联系与影响，它们从各自的方面或相互交叉的方面来看，都与社会的组成有重要的相互影响。在探讨某一历史时期的社会组成，社会基础情状面貌时，它们都是应该探讨的重要因素。

（1）人口是探讨社会组成的一个重要的因素。有人才能组成社会，人口自然就成了社会组成的重要条件之一。既然社会由人口组成，那么人口的状况对于社会就有着极重要的关系。人口中的各项因素都影响着由它组成的社会，而现实的社会又给人口和人口各要素的发展以重大影响。前面已讲过，人口学或人口史与社会史中社会组成里面讲到的人口状况及其历史是不相同的，社会史中的人口状况及其历史是用以说明人口状况对组成的社会所发生的影响，同时也说明这样的社会对人口及其各因素的发展的影响。简言之，它是从社会史的角度和观点来考察社会组成重要因素之一的人口情况的。在社会组成部分中人口状况及其历史应包括几个方面：第一，人口演变，即人口数量的增减、停滞、发展及演变；第二，人口的分布，探讨某个历史时期人口的分布，城乡人口分布，人口密度等及其发展演变；第三，人口结构，包括性别结构、年龄结构、民族结构、职业结构、文化教育结构、人口素质等及其演变；第四，人口流动，包括城乡流动、内地边境流动、地区流动、海内外流动及其演变。以上这几个方面除了探讨各自的情况发展演变之外，还应探究它们何以如此的社会原因与社会效果，即把问题回归到社会史的目标上来。

（2）家庭与婚姻。家庭是组成社会的细胞，是社会组成的最小单位，社会的"分子"，已经有了初步的人际关系，具备了社会的含义。因而探讨家庭对于研究社会具有基础的普遍性的意义，这个情况从有记载的人类历史以来都是如此。历史和现实表明，家庭的状况对社会组成和社会生活有重大影响，反过来社会对家庭状况亦有巨大影响，因而家庭及其演变历史也是探索社会组成的一个重要窗口，就是对研究社会生活也是一个重要突破点。人所共知，家庭是由婚姻关系而形成，而婚姻与社会组成相互之间也有着重要影响与作用。家庭与婚姻的内容应包括：第一，家庭状况及其演变（规模、代数、成员、关系、地位、权利、义务）、家庭职能（生产、消费、生活、养育、教育、娱乐）；第二，婚姻及演变，如婚姻动机、择偶标准、婚姻成立程序、婚姻生活及解除、婚姻特异（纳妾、多夫），有的历史阶段还应包含妇女儿童特殊状况及其演变等。

（3）家族（包含宗族）。家族是家庭这种社会关系的扩大，也是和婚姻关系联系在一起的，它在中国的历史社会生活中起过很大的作用，并涉及政治、经济生活，经历时间既久，又形成了相应的制度、理论，影响到人们的文化和思想。在某些历史阶段，它甚至是社会组成中的重要现象，无疑对社会生活有相互的重要作用与影响。它包含：第一，家族、宗族的形成（凝聚、分合、解体）；第二，家族、宗族的特征（形成、族规、族长、权力、权利、义务、宗祠、族产）；第三，家族、宗族在社会中形成的社会原因以及家族的政治、经济、文化作用等及其演变。

（4）社区。社区无疑是组成社会的重要方面，对整个社会而言，可以分为若干社区，它们之间各有不同。但就某个社区而言，实际上已成为一个社会，具备了较多的社会的意义，因而它对社会整体来说，对社会面貌、社会生活、社会功能都有巨大影响。社区包括：第一，农村社区，它包含农村社区的形成、社会生活（包括物质生活、精神生活）特点、演化；第二，城市社区的形成、社会生活特点、演化过程；第三，农村、城市社区的趋向、交流及其相互关系。

（5）民族。如前所述，社会史中的民族部分不是民族学，也不是民族史，而是从社会组成角度来谈各民族对社会组成的关系。它应包括：第一，组成社会的各民族概况（人数、分布、地理条件、社会生活）及演变；第二，相互间关系、影响、交流及其演变。

（6）阶级和阶层。这是社会构成中最高的层类。在社会史中，应从社会构成的角度来研究各历史阶段中的阶级、阶层以及社会流动等问题。

上述社会结构的六个方面，人口、家庭、宗族是一个层类；社区、民族是一个层类；阶级、阶层是一个层类。这三个层类从不同的角度说明了社会的构成。

2. 社会生活

所谓社会生活，就是指人们组成的这个群体是如何活动的，如何运行的。这里我们要提醒自己，社会史的任务不是研究这个社会的成员中的政治、经济、文化活动，而是研究他们的社会生活、社会活动，即从"社会"这个角度来看人们的生活及活动。我们把这些社会生活分作物质生活、精神生活、人际关系三个部分来探讨。

我们知道每个人、每个社会成员都有其物质生活与精神生活，但是物质生活与精神生活都有它的社会性，这不仅因为物质生活、精神生活都不是每个成员各自能独创的，是社会创造的，而且也因为这些生活是在社会中进行的，在社会演进中发展演变的。所以物质生活、精神生活都是一种社会生活。从社会史的视角来看社会生活即是如此，也就是研究这些物质生活、精神生活的社会特点、形成的社会原因以及它们的社会效应。而不是像经济史那样把物质生活作为经济现象来探讨，或是像文化史那样把一些物质生活、精神生活作为一种文化现象来研究。社会史在探讨社会生活时把它区分为物质、精神两大类。再从人际关系方面来探讨是为了研究的方便，也是由于它本身的自然存在。当然应当注意到物质生活与精神生活之间的联系与相互影响。更要注意到社会生活又受到这个社会中政治（如阶级的）、经济（如生产水平、生产关系的）、文化（如文化传统、特色）的影响。

（1）物质生活。人和其群体都时刻离不开物质生活，社会史不去探讨生产力和生产方式的历史，而是探讨这一社会中物质生活方面的社会面貌与特点及它们发生的社会原因与产生的社会意义。它应包括：服饰、饮食、居住、交通、器用等。这几方面，应重点探讨其社会特色、形成的社会原因与社会效果，而不是服饰史、饮食史、居住史、交通史、器用史等。通过探索，从而使人们掌握衣、食、住、行、用这些物质生活，在当时社会中有独特的社会意义，其形成原因对社会发展形成的影响，即社会效应。并进一步使人们从中吸取经验教训，更好地处理、建设新的物质社会生活。

（2）精神生活。人们在社会生活中除了不能须臾离开物质生活之外，同时有丰富多彩的、复杂的、不以人们意志为转移、与生俱来不可脱离的精神生活。它与物质生活的关系密不可分，实为一体的两个方面，我们在研究中把它们划分开来，并对复杂的、多层次的精神生活分为几个项目来探讨。第一，宇宙观念及行为，它包括人们对自然的观念，对鬼神、祖先、人世发展等方面的观念和相应的活动；第二，人生观念及行为，包括人们的价值观念、价值取向，对人、人生、生命、生活及其意义的看法，人们的思维方法、行为准则等方面的观念及相应的活动；第三，伦理观念及行为，包括对人和人际关系的观念及生活，对人际关系及社会生活、交往的准则及活动；第四，文娱生活，包括历史社会上的文化娱乐活动及体育活动和闲暇生活等。所有这些，应从社会史角度来探讨其形式、发展、社会原因及社会意义。

（3）人际关系。因为物质、精神生活都是在社会中进行，哪怕是最微小的一点，都是通过人际交往来实现和进行的。因此在社会生活中呈现出无时无地不存在的、复杂的、与社会各方面都有密切联系的、变化发展的各种人际关系，这是探讨社会生活不能不注意的。它应当包括：第一，血缘关系，人们由婚姻而产生的，以及派生出来的各种复杂关系，这些血缘关系不仅影响到人类政治、经济、文化的生活，而且在社会生活、人际交往中发生着密切的关系。在特定的历史社会中，血缘关系占据着人际关系中重要的部位，在社会生活中起着最重要的作用，而且只要有婚姻关系，血缘关系就会存在于一切人类社会，起着不同的社会生活中的主要作用。第二，地缘关系，人们生活在一定的时空中，而且随着地域越来越扩大，其社会生活中的关系越来越多，地缘关系在历史社会、在人际关系中，发生过并且还要发生重要的影响与作用。第三，业缘关系，由于生产（包含为生产作准备的教育）、事业活动、科学研究及其他谋生活动中形成的各种关系，这种关系包括历史上社会中的师生、同学、同年、师徒、同行、同业、同伙、同帮、同僚、上下级、官民、同阶级与不同阶级、同阶层与不同阶层、同集团与不同集团等生存，生活活动中的人际关系。不用说，这种人际关系，与社会俱来，而且是随着社会生产力的发展，所占比重越来越重要。第四，缘关系，由于生活上的兴趣、志向、需求和信仰而结成的各种人际关系，比如历史上社会中的同好、同道、同志、道友、教友等。由于以上各种人际关系的运行而形成的社会生活中的称谓关系，它反映着、标志着不同社会中，发展变化的人际关系，而且本身也发展得更加复杂。在那数不清的种种称谓词中，有自称、谦称、他称、尊称、贬称、戏称、爱称、谑称、全称、简称等的分类。这些都反映着不同社会中的复杂变化的人际关系。称谓关系是人际关系中早已产生并不断发展的社会生活现象，也是早已被人们探讨的一个课题。

3. 社会功能

社会史探讨的第三个部分是社会功能。这是对历史上某个具体社会了解的进一步深入。前面对社会构成作过比喻，社会构成好比是医学、生物学中的解剖学，了解人体的组成、各部件的组成结构；那么社会生活和社会功能就可以比喻作生理学，它是了解人体各系统的作用和功能，这样对人体就进入了深层的理解。在了解历史上具体社会的构成和它的社会生活状况之后，对这一个社会中社会具有的功能发挥得如何、社会质量如何、利弊得失如何，从而使人们从中汲取有用的东西。社会的功能从历史上讲它分作几个项目。

（1）教养功能，即教育和养育的功能。育幼和养老一般从现象上看，是通过家庭或专门机构如托儿所、幼儿园、敬老院、残疾人院、慈善机构等进行的，但从总体来看，又都是社会的一种功能。这种功能在各个社会中的实现形式和实现效益都是不同的；教育同样也是通过家庭、学校、考试等形式来进行，但从社会角度看，无疑也是一种社会功能。人从刚生下开始，就离不开社会的"教"，从小就教他语言，衣、食、住、行、用的技能；也离不开"育"，不养育他，一个孩子是不能生存下去的。如果社会没有教、养这种功能，则它的成员就无法生活下去，既不能去做到像孔夫子所说那样"老者安之""少者怀之"，也不会使社会成员学会生产的技术与生活的技能，更谈不到人类文化的积累与文明的进步了。反之，这种社会的"养"与"教"的功能效益越高，社会的质量就越高。因而它是社会的基本功能，它的水平反映着社会质量，它的发展标志着社会前进的潜力。所以，对历史上的社会应当首先考查这种功能的运行形式、机制，以及它的效果和发展。教养功能应包括：第一，育幼养老。育幼包含人口再生产的计划程度，人在社会中独立生活技能、职业技能训练水平、职业道德培育、伦理道德培育水平，健康水平，直到具体的育幼方式、有关育幼的社会机制、进入社会的年龄等；养老包括退休年龄、退休制度、退休方式和待遇、退休后的贡献和活动等。第二，教育。社会还有教的功能，只有这样才能使社会成员获得生存、生活、生产、文化传承的能力，使社会存在并发展。这一教育功能是通过各种方式手段来进行的，如家庭内教育、师傅教育、私塾、学堂、学校、社会舆论、社会实践、函授、电视广播等。各个社会所使用或交叉使用的教育的方式、方法、制度、机制、效果都是社会史研究的任务，当然，这里研究的是各个社会中，这种社会机制和功能的状况，而不是研究教育史。第三，残疾人辅助。包括残疾人结构，在社会总人数中的比重，残疾人教养、就业、婚姻、生活等各种社会制度及机制。第四，灾害防治。天灾人祸，包括水灾、旱灾、虫灾、地震、瘟疫、火灾、交通事故等现象。防止这些灾害的发生，减少灾害的危害，是各种社会的又一种功能。但在各个具体社会中，这些防治灾害的社会功能的措施、方式、机制、效益是不同的。总的来看，社会的教养功能又都是通过社会成员内部的交流（这是横的）和继承发展（这是纵的）这两种手段来进行，无论是私塾、学堂、学校和师徒等教育形式，都是通过交流和继承这两种横的和纵的社会信息传递手段而完成教育养育功能的。

（2）控制功能。任何一个社会，为了维持它的存在与运行，需要一种控制功能。倘若失去或部分失去控制功能，这一社会就不能正常维持，便会处于程度不同的无序状态或混乱状态，轻则社会生活受到损害，重则社会发展受到阻滞。社会的控制功能应包括：第一，权力控制。即具有权力性质的控制，对社会成员来说有强制服从性质的控制功能。它应包含：政权、法律、武装。在历史上所有的社会中，尽管形式不同，但都存在这些权力系统的力量，为本社会的存在和运行来服务。第二，规范控制。一个社会，除了需要权力控制以基本维护本社会的存在和运行外，还需要设有权力效应，但具有规范导向意义的控制功能，用它来弥补空白和不足。因为它更具有普遍的、深入的、持久的控制效果。比如信仰（包括宗教、迷信）、道德、风俗习惯、舆论，这些力量能在更广泛的范围和更宽阔的社会面，深入日常社会生活中而更具有传承性的发生规范控制作用。它使社会成员在政权、法律、武装之外，在日常的生活中，从思想上、意识上、习惯上、伦理上认为应该做什么，或不应该做什么。因此，它能使大量的社会生活处于一定的有序状态，而为成员所自然遵循，来维持社会生活的有序运行。社会史要研究具体历史，社会中规范控制的形式和机制的变迁史，但它不同于研究思想史、风俗史、宗教史等。当然，在历史社会中，权力控制和规范控制是结合在一起进行的，是相互配合交叉起作用的，它们所属的那些方式之间也是这样，结合、交叉、配合来发挥控制功能作用。

除了上述两种类型的控制功能外，在社会史中，还应注意具体社会中的特殊问题以及社会采取的防治方式和效果。社会问题及防治，是指历史上社会中的问题和弊端，它也是社会控制功能的效率问题，所以也放在社会控制功能中来探讨。社会问题与弊端在各个历史上的社会中是不同的，如中国近代社会的主要问题就是烟毒、赌博、械斗等几大项。社会防治方式及效果也各不相同，反映了当时控制功能的强弱及演变。

（3）变革功能。这是社会本身在历史的发展中为了适应各种内外条件的发展而具有的一种自我完善和调节的功能，也可以称为"调节功能"。它是社会自身不断进步的能力。它包括：第一，改良。为了适应内外部的需要，进行或大或小的自我调整，这在历史上的社会中曾普遍地发生和存在过。第二，革命。指在生产力、生产关系发生尖锐矛盾的时候，在权力控制领域中发生的变革，如奴隶起义、农民起义、资产阶级民主革命、无产阶级革命等，它是在具体历史条件下使社会前进的社会功能。第三，改革。这是自觉性很大的一种社会功能，在先进阶级及其政党领导下自觉使社会机制更加完善、增强社会各种功能的方式。社会史研究历史上各个社会的功能，就是认识历史上的社会功能的方式、发挥与效果，使社会功能更好地自觉地为社会自我完善服务。

以上是我们对社会史知识结构体系的基本看法。当然，各个时代和各个地区的社会史不一定完全相同，同时在具体的研究中，也详略不尽一致。

三　研究社会史的意义

我们已从社会史的外部边沿和它内部的知识体系阐明了这门学科所探讨的内容。从它所包含的内容来看，已十分明确地说明研究社会史具有的重要的学术意义。我们理应加强社会史的研究，以期改善、充实史学的知识结构。也只有这样，才能写出全方位的、多角度的、多层次的通史来。

这里，我们将重点强调研究社会史具有的重要的现实意义。

第一，社会史本身对于广大人民群众了解国情、省情、民情有着极其重要的作用，是进行国情教育的最好手段之一。我们知道，我国的社会主义建设蓝图计划是根据本国的国情制定的，各种政策也是依据国情制定的。建设有中国特色的社会主义，马列主义与中国具体实际相结合，这个中国特色和中国具体实际，也包含中国的国情在内。因此，我们只有对国情、省情、县情、民情有充分的了解，才能更好地搞好社会主义建设，才能增强各项决策、法令的科学性，并使其圆满完成，才能使我国的社会主义建设完成得更好更快。具体来说，各项政策和建设，如人口政策，家庭、婚姻政策，民族、宗教政策，农村政策，城市政策，又如生产计划、消费计划等物质文明的建设，以及德育、卫生等精神文明的建设，它的制定与执行务必建立在对这些政策产生的条件和建议项目有深刻了解的基础上，也就是必须依据对国情、民情的了解。很难想象，对一县、一省、一国的人口各种状况不了解而能制定出科学的政策。同时，对人口状况不了解的干部和群众对执行人口政策也不会有高度的自觉性以及科学性，不是盲目性就是随意性太大。只此一例，便知国情教育对建设社会主义的意义多么重要。但是，国情既是现在国家的情状，而现在的国家的情状又是前天、昨天国家情状的发展。例如，今天的人口、家庭、婚姻、民族、农村、城市情状是昨天这些情状的基础上发展而来的。社会史是昨天、前天的国情，是今天国情的基础，也是国情的组成部分，因而社会史是进行国情教育的重要部分，也就是对建设社会主义有现实意义的学科。所以，可以毫不夸张地说，不用说是全国、一省一地，就是一个局部地区的普通干部，如果不了解国情及本地区的社会史状况，那么对完成社会主义建设的政策任务是有困难的。例如，执行有关婚姻政策，就和对本地区的婚姻状况及其历史状况的了解有重大关系。如果对本地区历史上婚姻状况、婚姻礼俗、费用开支、择偶标准、婚姻动机及形成原因有较深的了解，那么对现实政策的理解也会深刻，执行的科学性、准确性、灵活性也会掌握得更好更全面。至于掌握社会史对执行民族政策、人口政策等各种社会主义政策就更有重要意义了。由此可见，社会史特别是近现代社会史对掌握国情有着重要作用、对科学制定和圆满执行各项政策法令、对完成社会主义建设任务均有着极大的现实意义，我们理应运用社会史的知识为社会主义建设服务。

第二，研究社会史对于两个文明的建设，即对物质文明、精神文明的建设也有着重要的借鉴意义。我们今天从事社会主义物质文明、精神文明的建设，必须对历史上这两方面的状况与发展有所了解，才能更好地从事现实的工作。比如精神文明方面，我们如果对历史上社会生活中人们的价值观、伦理观、人生观、宇宙观等有所了解，对过去社会中的迷信结构、宗教观念有所了解，并了解它们对今天社会生活产生的历史传统影响，这样才能在总结历史经验的基础上更好地建设社会主义的精神文明。又如，只有对历史上社会中的人际关系有所了解，对历史上社会中人们的各种血缘、地缘、业缘、生缘关系及其规律有所掌握，了解其情状，对人与人之间的利益关系、竞争机制、合作关系、阶级关系等有所了解，才能更好地引导建设社会主义新型的人际关系，创造健康、文明、幸福的、新的社会生活方式。社会史对我们建设社会主义两个文明建设的作用是显而易见的；对于建设社会主义的新的生活方式，丰富人们的物质、精神生活内容，提高民族的素质是有重大作用的。

第三，在历史上的社会中，也进行过不少的变革，也产生过一些"睁眼看世界""师夷长技以制夷"的思想，这些都是在当时历史条件下的产物，历史条件、社会条件不同，效果也不同，但它也是属于社会本身的一种自我调节、自我完善的功能，尽管它属于自发的、萌芽状态的、低水平的社会功能，但在历史上的社会中既已发生过，那么研究这部分历史，总结历史经验，对于我们进行社会主义建设时期的改革与开放就有一定的历史借鉴意义。尽管历史背景不同，但是历史上的社会现象，经过分析研究,总结其经验教训,是有现实意义的。

第四,历史学是对国民进行爱国主义教育的好教材,很难设想,一个人如果不知道、不热爱祖国的历史,如何能有爱国精神。而社会史是历史学的一个重要部分。研究社会史,自然也是对进行爱国主义教育有益的。因为这门学科包含了上述那些丰富的,人民群众生活的内容,它无论是社会的组成、人口、家庭、婚姻、社区、民族,或是社会生活中包含的物质生活、精神生活及人际关系,还是社会功能中包括的教养功能、控制功能、变革功能等都与人们的实际生活有密切的关系。对于广大群众来说,不但对当前的社会现象而且对过去的社会现象感到浓厚的兴趣,因为今天众多的社会现象便是昨天社会现象的延续与发展,何况某些历史因素还能牵连着全国各地区、各民族包括海内外中国人的情感。这也是为什么一些历史书、历史小说、历史剧、历史文物能吸引人激励人的原因。因之,我们通过社会史来对人们进行爱国主义教育是非常有效的、广泛的、多层次的、生动活泼的,它比起历史学中的其他部分来说更联系人们的实际生活和情感。

总之,社会史研究对建设社会主义祖国的现实意义是十分巨大的,加之它本身具有重要的学术意义,因此,这门学科理应受到人们的重视,史学界应该为这一光荣任务艰苦努力、做出贡献。

四 怎样研究社会史

这一问题可从三个层次来阐明,即指导思想、研究方法和研究原则。

与历史科学以及所有的社会科学一样,历史唯物主义是研究的指导思想。历史唯物主义的重要的原理,生产力与生产关系、经济基础和上层建筑间的关系以及生产方式决定社会面貌等原则,是社会史研究的指南。当然,在历史唯物主义的指导下,从事社会史的研究还需要艰苦的劳动,去搜集本学科的资料,作深入细致的分析和综合性研究。

至于研究方法,最主要的有三点:历史调查法、计量方法和相关学科渗透法。

1. 历史调查法

也就是向历史调查当时的社会面貌及其发展。我们知道社会学是研究当代社会面貌的，社会学的很重要的研究方法之一就是向社会作调查，在明确了研究任务、调查目标之后，制成调查提纲，然后展开调查，调查中使用各种科学的方法，然后整理调查结果，如此反复多次，得出调查结论，再使用于社会。但我们研究的是社会史，调查的任务是社会的历史，是历史上的社会面貌，而不是当前的，调查目标是历史上社会中的各种现象，这就决定了我们社会史的研究方法。首先是向历史作调查。作为研究对象和研究资料来说，历史调查可以说是社会史的主要研究方法。那么在进行调查之时，首先要明确研究任务，即研究课题的时间空间界限、内容界限。比如说研究中国近代人口问题，其时间空间就是近代中国，其内容是人口问题。其次要确立调查目标。这比研究任务更具体一层，即调查中国近代人口方面的那些具体问题，如近代人口问题分哪几个发展阶段，重点是哪些问题，在近代中国范围之内，用哪几个地区的问题作典型或代表。在确立调查目标后，再一个层次是编制调查提纲，也就是把这个研究任务的内容结构，搞成一个系统的框架，写成一个调查提纲。即在调查之前，根据已掌握的知识，设计一个预想的可能的知识结构体系，或调查结果的知识体系。这个调查提纲实际上也是研究工作的初步成果，阶段成果，并不是凭空捏造出来的，而这个提纲也随着研究工作的深入不断地修订和不断地完善，与调查和研究交叉反复进行。

在调查提纲完成或基本完成之后，就开始了按照调查提纲向历史调查的工作：

（1）文献资料

这是向历史调查的重要对象，也就是社会史史料的重要来源，它的特点是由前人用文字（有少数是图像）记载下来的，其大部分是历史上出版印刷过的，也有相当部分是手稿、手抄的。按其内容体裁又可分以下若干类：

第一，史书。即历史上出版过的各种正史（二十五史）、野史以及私家著述的各种史书、史料书、史学考证书籍等，也包括未出版的在内。这类书在文献资料中占比重最大，无疑是社会史史料的重要来源，为历史上的社会面貌提供大量素材。但从社会史的要求看，它的缺陷是所提供的社会生活面貌偏重于社会上层，帝王将相、名人逸士，而且偏重于政治领域，忽略了广大群众的社会生活与经济、文化领域的社会活动。

第二，地方志。这是中国特有的文献资料，而且与史书比较，相对的更多地记载了社会生活中的基层和实际。在地方志中记述的人口、户数、钱粮、物产、灾异、节日礼俗、迷信、人物等都是史书没有专门注视的。既然是各地的志书，所以记载比较详细具体，不少还有计量，而且宋元以后，特别明清以来，各省、县地方修志有连续性，这就系统地提供了社会史的部分材料。但它也有不少资料不符合我们社会史的要求，如文艺、烈女等部分。另外，有不少我们热切想知道的资料，它却没有提供，如家庭组成情况，除仪式程序之外的婚姻情况，人民群众的衣食住行用等社会生活情景等。

第三，笔记。笔记在我国也有悠久的历史，魏晋南北朝时开其端，唐宋以后即已盛行，明清尤为众多，不少笔记在历史上很为著名，这么多的笔记书籍，为社会史的研究提供了各方面极为有用的资料。比如著名的如《世说新语》（南朝·刘义庆著）、《国史补》（唐·李肇著）、《鸡肋编》（宋·庄绰著）、《癸辛杂识》（宋·周密著）、《老学庵笔记》（宋·陆游著）、《梁溪漫志》（宋·费衮著）、《文昌杂录》（宋·庞元英著）、《青箱杂记》（宋·吴处厚著）、《东轩笔录》（宋·魏秦著）、《治世余闻、继世余闻》（明·陈洪谟著）、《菽园杂记》（明·陆容著）、《陶庵梦记》（明·张岱著）、《觚賸》（清·钮琇辑）、《香祖笔记》《古夫于亭杂录》《池北偶谈》（俱清·王士禛著）、《不下带编》《巾箱说》（俱清·金埴著）、《读书堂西征随笔》（清·汪景琪著）、《柳南随笔、续笔》（清·王应奎著）、《檐曝杂记》（清·赵翼著）、《竹叶亭杂记》（清·姚元之著）、《巢林笔谈》（清·龚炜著）、《履园丛话》（清·钱泳著）、《听雨楼随笔》（清·王培荀著）、《两般秋雨盦随笔》（清·梁绍壬著）、《熙朝新语》（清·余金著）、《藤阴杂记》（清·戴璐著）、《陶庐杂录》（清·法式善著）、《清嘉录》（清·顾禄著）、《梦厂杂录》（清·俞蛟著）、《浪迹丛谈、续谈、三谈》（清·李光庭著）、《吴下谚联》（清·王有光著）、《听雨丛谈》（清·福格著）、《霞外攟屑》（清·平步青著）、《郎潜纪闻初笔、二笔、三笔》（清·陈康祺著）、《异辞录》（清·刘体仁著）、《见闻琐录》（清·欧阳昱著）、《冷庐杂识》（清·陆以湉著）、

《墨余录》（清·毛祥麟著）、《行素斋杂记》（清·继昌著）、《水窗春呓》（清·欧阳兆龙等著）、《右台仙馆笔记》（清·俞樾著）、《思益堂日札》（清·周寿昌著）、《南亭笔记》（清·李伯元著）、《梦蕉亭杂记》（清·陈夔龙著）、《旧典备徵》《安乐康平室随笔》（俱乐彭寿著）、《三十年闻见录》（朱德裳著）、《春明梦录》《客座偶谈》（俱何刚德著）、《一士类稿》《一士谈荟》（俱徐一士著）、《草堂之灵》（扬钧著）、《世载堂杂忆》（刘禺生著）、《掌故小札》（郑逸梅著）等。仅从上面列举的一些笔记书就不难看出，笔记书类给社会史提供了较史书、地方志以更多更集中的资料，而且笔记的记载范围较其他文献更为扩大，视野也多移注于更广大的社会层，有的还直接描绘到基层的劳动人民。有许多正史、地方志不录的民间生活细节，频繁的人际往还也在笔记中活生生地出现。它的缺陷是杂乱，由著作人信笔记来，因此使用时必须分类整理和考证。

第四，专书。历代还有一些著作，不属于分段式的笔记，不像笔记那样各段自成一说，而是全书有记述中心，类乎当今的专史，但它又不成史而是史料性的。这类专书或记社会某些事件，某些地区、某些制度，对社会生活中的某些情景作系统的描述，留下较为集中而系统的资料，为研究社会史提供了方便。这些书除大家所熟知的各朝通志、通典、文献通考、会典外，私家历代编纂的小型资料专书亦复不少。比如：《岭外代答》（宋·周去非著）、《东京梦华录》（宋·孟元老著）、《朝野类要》（宋·赵昇著）、《武林旧事》（宋·周密著）、《梦粱录》（宋·吴自牧著）、《旧京遗事》（明·史玄著）、《松窗梦语》（明·纪瀚著）、《鹿洲公案》（清·蓝鼎元著）、《石渠余纪》（清·王庆云著）、《槐厅载笔》《清秘述闻》（俱清·法式善著）、《枢垣纪略》《楹联丛话》（俱清·梁章钜著）、《燕京杂记》（清·阙名著）、《旧京琐记》（清·夏仁虎著）、《啸亭杂录》（清·昭梿著）、《津门纪略》（清·平城旧客撰）、《天咫偶闻》（清·震钧著）、《道咸以来朝野杂记》（清·崇彝著）、《养吉斋丛录》（清·吴振棫著）、《蜀海丛谈》（清·周洵著）、《新世说》（易宗夔著）、《清稗类钞》（徐珂著）等。在专书中，清末1910年印出的傅崇矩编著的《成都通览》，对社会史料分门别类搜求较广，并附图画，虽有地方志的某些形式，但更多的是社会史料方面的专书。

第五，日记。这种文体在我国亦早有流行。由于它并不完全是准备公开出版，又是随日随意记录，因而保存了大量有关社会生活风貌的真实写照与当事者秘闻实况，是我们社会史的又一种资料来源。当然，日记中亦有为了某种目的的伪作。有的日记又偏之于个人身边琐事或是些迷信、情绪发泄，或多记诗文感慨，或读书笔记。对社会史研究参考价值较高的日记有：《北行日记》（宋·楼钥著）、《入蜀记》（宋·陆游著）、《游居柿录》（明·袁中道著）、《甲行日注》（明·叶绍袁著）、《采硫日记》（清·郁永河著）、《宦海日记》（清·曹士桂著）、《翁同龢日记》（清·翁同龢著）、《越缦堂日记》（清·李慈铭著）、《缘督庐日记》（清·叶昌炽著）、《李星沅日记》（清·李星沅著）、《王韬日记》（清·王韬著）、《坦园日记》（清·汤恩寿著）、《忘山庐日记》（清·孙宝瑄著）、《吴虞日记》（吴虞著）、《退想斋日记》（刘大鹏著）等。

第六，书信。书信是人类社会中人际交往的重要方式之一，因而它本身就是人类社会生活史的载体。千千万万书信中反映着细致的具体的社会生活风貌，它自然成为社会史资料的重要来源。我国书信起源很早，资料丰富，但历代书信单独成集者较少，散见于文集之中，近世《林则徐集》《曾国藩集》、薛福成撰的《庸盦文别集》以及《王国维全集》中都有书信部分。这几年湖南人民出版社的《历代书信选》中，从战国时期到辛亥革命选录代表作76篇，中华书局出版的《历代书信选注》中，从汉代到辛亥革命选录书信28篇，可以看出书信中确实包含有丰富的社会史资料，但可惜历代，特别是近现代的大量书信还没有搜整在一起，使大量史料还未能运用。从已有的书信资料看，谈论学术问题、政治经济、社会生活者为多。社会生活部分显然是社会史有意义的资料。

第七，年谱、家谱、回忆录。年谱、家谱在中国产生已久，回忆录的形式则是近年兴起。但实际上明代沈复著的《浮生六记》就是回忆录，不过当时没有回忆录这种文体的名称而已。另外，不少近代的自叙年谱事实上也是回忆录，只是按年代写来而已。如清代段光清著的《镜湖自撰年谱》对太平天国时期江浙社会描绘甚为丰富，社会史的好材料很多，张集馨著的《道咸宦海见闻录》社会资料甚多。年谱、家谱，包括一些行状、墓志铭，也多包含社会史史料。它的内容，以人为中心，避免了正史专书中的一般笼统的记述，更接触到实际社会生活。

第八，文学作品。我国历代文学作品种类繁多，流传下来的琳琅满目。但以往习惯不作史料，更不能成为历史依据，因为文学作品中，诗词歌赋允许夸张来抒情，小说亦可以塑造人物和假设情节，但我们认为，文学作品中也有相当部分可以作为社会史资料，有它的科学性。首先，在描绘总的社会图景、社会生活的风貌、轮廓方面有很大的参考价值。举例说，读了《红楼梦》对封建时代中国当时上层贵族的社会生活有一个形象的了解。这比读一些正史记载，甚至笔记之类的史料要生动得多。这方面例子还比较多，如读了《家》《春》《秋》，对当时那个社会阶层的社会生活就有鲜明的了解；读了《子夜》，对当时民族资产阶级的社会生活也有清晰的印象。当然，我们也注意到这些文学作品在社会生活上给人们以宏观的、形象的了解。如果要求具体一些，它能对社会生活中，比如人际关系、各个阶级、阶层人物的活动及交往，又如对生活方式中的生活习惯、风俗人情、生产劳动以及闲暇文体生活的情况都能提供一般的形象。这是它的史料价值。但它不能作为具体的史料，比如，不能用小说中（哪怕是历史小说）的人物活动、自然风貌、生产活动来证明历史上的具体史实。

另外，文学作品中，特别是散文和小说中提供的一些具体情节，都能作为社会史史料。比如人际关系中的称谓，家庭成员的组成、地位、婚姻的形成、婚龄、婚礼、婚姻的解除。又如，经济生活中的货币形态、币值、物价、商品流通等，社会生活中的衣、食、住、行、器用的实况，以及精神生活中的信仰、迷信活动、闲暇文体活动，都能作实际而具体的陈述，对反映社会生活来说是可以作为史料的。再如社会问题中，文学作品描绘的鸦片、赌博、娼妓等，也都可作为一般社会现象的史料。总之，文学作品中对社会史有不少可用的一般性的或具体的史料，但这方面的情况还要作更深入的实践与研究。

第九，现有史学成果。此外向历史作调查，找文献资料还可以向现有的史学论著中去寻找。因为在现有史学论著中除有社会史论著外，还有一些不属于社会史，但是它们都在自身中部分的或浅或深地反映了社会史的问题和情状，也是我们研究社会史要去调查的对象。

（2）文物

研究社会史的重要方法向历史调查之中，除文献资料外，就数文物了。文物的数量虽不如文献多，但它却是以实物讲话，史料的价值更高。因为它反映出来的社会情状更具体而实际，有较大的真实性。文物中又分以下几类：

第一，金石。金石本身是珍贵文物。这类文物中，保留了大量的珍贵的社会史资料。例如笔者在山西各地的铁铸古钟鼎上抄录了一些金火匠人的名字，发现明代很多金火匠人是全家老小参加的，这当然反映了当时小农业、小手工业者的生产规模和组织。有意思的是，几十个铁钟的金火匠人，居然把这个铸钟世家的祖孙七代都连接起来，这就不但说明了他们的手工业组织是家庭生产，而且技术上是世代相传的。这就从成员、地位各方面显示了当时家庭的组成概况，也就成了社会史资料。金属文物上的铭文，我国历代多有收集，在地方志中有的亦有金石志留存，但它不如石刻文字数量大。石碑刻文本是我国历史上特有的文字保存方法，留下了大量史料自不待言，这些史料中可供社会史使用者亦复不少，如近代不少记载灾荒碑文，明令禁赌碑文、庙宇碑碣记录了历史人们精神生活中的迷信内容，殿堂碑文遗留下人们当时参加社会活动的痕迹，宗祠家庙碑文保留下当日家族制度、族田、义学、家规等材料。笔者在华北沿山一个小村庄下乡时，曾观察了不少墓碑，从它简单的记载父母兄弟姓名中，看到当时婚姻的择偶范围多数在两个村庄相互之间，就难怪许多村名都叫什么李家庄、王家庄。这一点就说明碑文记载了当时社会的不少侧面。笔者还在山西北部农村看到元碑一通，里边汉蒙文各半，记录了当时基层政权情况，这又是多么珍贵的史料。石刻碑文我国历来重视，除现尚保存多少碑林和散处的碑碣而外，各种旧地方志中亦有不少金石志，各代编辑的石刻丛编。1980年出版的《上海碑刻资料选辑》中，选碑文245份，内容包括地方沿革、社会经济、会馆公所、社会治安、封建学校等五类资料；同年出版的另一种《明清以来北京工商会馆碑刻选编》中选入90多种，未选者尚有70余种，内容以记载工商会馆活动为中心，这当然是研究工商社会活动的绝好材料。

第二，文书契据图像。除前段所说的文献资料而外，历史上还留下大量的其他文书契据，包括一些图像，如我们常见到的买卖房地契约、买卖婢仆妾姬文书、过继文书、借债文书、典当契据、谕旨、诰命、公文、鱼鳞册、告示，还有婚丧、祝寿、贺生子、贺生日等礼俗中用的文字，人际交往中的金兰谱、状、名刺等，经济来往中的合同、订单、货币、当票、邮票、汇单、账簿、捐启、化缘簿，以及一些画卷、书法、册页等。这些文书文物中涉及的资料是很丰富的，如有名的《侯马盟书》揭示出春秋时代晋国上层社会的活动图景，《清明上河图》显示出宋代汴京的社会生活。

第三，器物。古代社会生活中使用过的物件，并没有随着时光的流逝而全部消失，它们是过去历史的见证，是历史上社会生活和活动的载体。到博物馆参观和搜集文物并不是把玩古董发思古之幽情，而是通过这些社会生活中遗留下来的实体，探讨已经过去的社会面貌及其运动轨迹。例如研究现存的四合院和土窑洞，不仅能看到当时的生产力水平和社会生活中居住的情景，也可通过对形成这些实物的社会原因的探讨，而得知它是适宜于家庭当时是小农经济的一个生产单位这种条件和要求的（当然还有当时的生态环境及自然条件给社会生活的影响）。轿子、轿车、滑竿，告诉给观众、读者和研究者的不只是当时社会"行"的情况，也说明了人际关系、阶级、阶层的关系。至于庙宇、祠堂、求签、打卦、巫婆，所告诉人们的社会历史上精神生活也是非常生动具体的。还有历史上的鸦片烟灯、赌具、械斗器具、妓院所暴露出的当时社会中的问题，不仅为研究历史上的社会问题提供了证据，也加强了人们创造新社会风气的信心。

（3）调查访问

调查访问大致可分如下几种：

第一，访谈。在世的老年人，或是当事者，他们是过去社会生活的参加者、亲历者，向他们访谈，帮他们写出回忆，或是整理口谈记录，自然是社会史的第一手材料。

第二，问卷。这是近年兴起的调查访问方法，比较起来它的目的具体明确、访谈面宽广，文字答卷容易整理、回答切题，但这些调查方法更借鉴社会学的调查方法，使它的科学性增大。

第三，观察。现实的社会生活，往往留有以往社会的痕迹，有时甚至很多传统，特别如民俗、人际关系、生活习惯，这些就可以借助于观察。另外还可以借助到交通不便或是人际关系较为简单的地区去观察调查，因为这些地区还可能保留有较多的过去的风俗习惯、人际往来等方面的痕迹，对于了解历史是有用处的。

2. 计量方法

在社会史的研究方法中做历史调查是基本的、首要的。在此基础上，既然掌握了大量的史料，就应在历史唯物主义的原则指导下进行研究。从方法论角度看，在掌握大量的史料之后还应注意使用计量的方法。

什么是计量方法？我们认为，研究历史处理史料的计量方法有两层含义。其一，是各类、各个角度的史料之间要有一个大致的数量比例，就是说研究某一历史问题（当然包括社会史在内）时，应有一个研究设计，换句话说，就是设计从哪几个方面，或角度，或层次来探讨这一历史问题。既然需要分层次、分方面、分角度来探讨，那么，这个从研究设计到研究结果必然是一个层次分明、结构合理的体系，因而它的体系中的各部分理论、结论以及各部分的史料，必然是有比例地组成，即有一个组成的数量比例。反过来说，研究历史包括社会史在内，并不是在研究的项目内孤立地抓一个片面来研究，并不是有什么史料（不计其数量比例）就研究什么。因为这样研究，其结果必然是片面的，不正确的，非科学的。所以研究的对象，其体系内部结构以及各个方面的史料，都要有个合理的数量比例，而不是混乱地、随意地去探讨。

其二，使用史料说明一个问题要尽可能地使用数量化的材料，尽量避免使用举例性的材料。道理很明显，史料的数量化不足，证明事物的真实性就低。

从以上两个概念来看，我们会明确一点，即计量方法能使研究设计、研究行为、研究结果更具有科学性。但是，也许有人会说，我们向当代的社会调查还会有失误、不准确、不全面，若向过去的社会调查，现存的史料本来就极不全面，也不按我们的要求比例来提供，要想做到计量方法是难上加难。尽管有这样的困难，在研究社会史时还是要力求真实性，至少是基本的、局部的真实性，尽可能避免片面性、盲目性。

我们把计量方法按实际情况分作几个等次，也是几种方式。这几种方式是按照可能性的从小到大来排列的：

（1）历史统计

就是对历史上的某种社会现象有个统计数字。这是最好的研究史料与依据，但是这样的史料太少了，只有在近现代某些极小的事物现象中有点统计数字。

（2）抽样

就是在既没有全面的计量材料的条件下，为了最大可能地使用计量方法，使史料尽可能具有科学性，只好使用在研究对象的全面结构中，抽样寻找，计算出计量史料，以此作为研究的基础，来维持研究成果的准确性。这是现实研究中可能性最大的也是最大量使用的方法，应该受到研究工作者的重视。我们从经典作家的著作中可以看到这方面的典范，在一些关键史料方面使用了计量材料，使得被证明的结论根据充分，说服力强，具有理论的权威力量。在抽样方法中，史学方法论者有细致的研究规则，如随机抽样、非随机抽样以及其他方法，计算上亦有各种科学方法。

（3）典型

如果抽样的计量史料，由于能力或是客观资料缺乏而不可得的话，退一步可以先用典型调查的方法，求得典型事物现象的典型计量史料。当然，用典型的计量证明了典型的历史史实，再用典型或是几个典型来论证某一历史社会现象的全部，在逻辑上说它也是不全面的，但是事实上在一定的研究条件下，它还是可取的一种方式。

（4）事例

在典型的计量史料都不可得的情况下，力求先取得一些计量的事例也是好的。因为史料本身具有局部的可靠性，它为进一步取得计量史料作了开端或进展，而且事例如果具备了科学性，还可以依据推理的方法论证一些历史现象。

3. 学科渗透法

社会史是一门新兴的边缘交叉学科，它和许多的学科交错相接、互相渗透，特别是和社会学、人口学、人口史、民族学、民族史、家庭学、婚姻史，与经济学、经济史、文化史等一些学科更是密切相连，以致在前面需要说明社会史与这些学科间的联系与区别。既然与这些学科之间研究对象有如斯的关系，势必在研究方法上也具有了不少可借鉴之处或相似之点。特别是社会史与社会学之间，研究的对象都是社会，一则是历史上一定的具体社会，一则是社会的综合研究，以当代为主。对社会的剖析方法、调查手段，无疑共同之处甚多。事实上，因为社会史这一学科之社会学发展更晚，因而它借用社会学研究的方法也更多。以此类推，社会史借鉴于相邻学科的研究方法，或者说在研究方法上的互相渗透就成为必然的趋势。特别是在前面已提到的几种友邻相近的学科更是如此，比如在社会史中研究历史上的人口诸问题，家庭、婚姻诸问题，社区、民族、社会生活、人际关系、社会功能等方面问题时，在研究的理论与方法上必然汲取人口学的理论与方法、家庭学的理论与方法，民族学、民俗学的理论与方法。社会史研究的理论与方法必定在学科研究的相互渗透中发展起来。

在谈过的指导思想和研究方法之后，第三个层次谈谈社会史实际研究中的一些原则。这里讲的研究原则就是指社会史在历史唯物主义总的指导下，在研究过程中需要遵守的一些具体原则。

（1）客观的、具体的研究

对历史上的社会要按照它客观的事实来研究，因为我们研究者身处自己的时代，各种社会条件不同于古代社会，由于人们总是熟悉自己亲历的东西，就容易用现有的条件来考虑过去的社会，时代是前进的，用今人的社会物质条件和精神面貌来要求古代、近代的社会就会对古代近代社会不理解，或是按个人的想象来塑造历史，失去了它的客观面貌，那就丧失了研究的科学意义与借鉴作用。我们要用今日的历史唯物主义的观点和视角观察研究过去，但不能用今天的标准来改变历史本来面貌。正如在一些描绘历史的文学作品或电影剧作中，将古代所没有的物质条件和精神生活及思想风貌，显现在古代、近代社会中，这样是不可取的，不科学的。应该是研究古代近代的社会实际情况及其发展规律，说明历史发展的必然性，借鉴于古代，更好地按历史唯物主义的规律研究过去、推动现在，这才是古为今用，面向未来。

（2）动态的研究

历史是发展着的长河，历史上的社会面貌不是一成不变的，不是一幅照片，静止不动，而是处在运动的过程中，因而社会史的研究要符合社会本身在前进的客观实际，这才符合历史唯物主义的原则，不能把历史上社会中的现象和问题看作是不变的、永恒的。

（3）群体的研究

社会的产生本身就依赖于人的交往，因而社会本身就是一个群体，各个层次的社会,即大大小小的社会都是一个群体。这些群体进行着社会活动,因而在研究社会史时必须要以群体为研究对象,而不是对个人或少数人。特别是广大劳动人民的社会活动(它应当包括社会群体中各个阶级,各个阶层,或各个层次的各个社区的社会活动)应该成为社会史研究的主要对象之一。

第一编　社会构成

第一章 人口 家庭 宗族

人口是居住在一定地区内或一定单位内的一定数量的人的总称，它是由许许多多不同质的个人组合而成。人口是社会存在和发展的基本要素，没有一定数量的人口，便没有社会。然而，每一个人都必须在一定的社会组织中生活。最普遍、最基层的社会组织要算是家庭了。在传统中国社会，家庭的进一步扩大，便为宗族。因此，研究社会史，我们必须从人口、家庭、宗族这些最基本的元素、细胞入手。

第一节 人口

一 人口数量的演变

1. 清中叶的人口猛增

清代是中国人口发展史上的一个重要阶段。据文献记载，自汉代有正式的人口统计以来，我国人口总数一直在4000万到7000万之间徘徊。清中叶以后，我国人口出现了迅猛发展的局面。乾隆六年（1741），全国在册人口总数突破有史以来的1亿大关，乾隆二十七年（1762）、五十五年（1790）又相继突破2亿和3亿，到鸦片战争爆发的1840年，全国人口总数达到了4.128亿。[①]

鸦片战争前清朝近两百年统治期间，人口的发展大致经过了三个时期：

[①] 梁方仲：《中国历代户口、田地、田赋统计》，上海人民出版社1980年版，第251—252页。

清初至乾隆初年为恢复时期。明末清初，是中国社会的大动乱时期。李自成领导的农民起义，席卷大半个中国，前后长达十余年，1644年推翻了明王朝。接着，清军入关，推行血腥的民族高压政策，凡不"归顺""迎降"者"即行诛剿"，因此，各地人民又相继开展了顽强的抗清斗争。长达20多年的兵荒与战乱，致使社会经济遭到严重的破坏，耕地荒芜，人民逃亡，全国各地一片荒凉萧条的景象。河南"满目榛荒，人丁稀少，几二十年矣"①。湖南、两广等地"弥望千里，绝无人烟"②。四川直到康熙初年仍是"有可耕之田，而无耕田之民"③。长江流域的荆州、苏州两府人口分别减至原来的1/10和2/3。④ 晋冀鲁一带也是"百姓杀戮过半""赤地千里"。据统计顺治八年（1651）全国"人丁户口"10633326，顺治末年也人口仅19137652，⑤ 整个顺治朝一直没有超过明代的人丁数。

　　康熙以后，为了巩固刚刚建立起来的封建统治，实行了召集流民、奖励垦殖、轻徭薄赋等一系列休养生息政策；同时，康熙五十一年（1712）实行"盛世滋生人丁，永不加赋"的经济政策，以康熙五十年（1711）全国的人丁户口数为准，此后达到成丁年龄的，再不承担丁役，雍正时期又实行"摊丁入亩"，取消了几千年来一直延续的人丁税，实行单一的土地税制。这些措施不仅大大刺激了人口的增殖，而且使大量隐匿的户口也涌现出来。康熙末年全国人丁户口达到25763498，⑥ 雍正十二年（1734）达到27355462。⑦ 如果按"人丁"与实际人口1∶5的比例换算，这一时期全国人口从53166630增长到136777310。

　　乾隆朝是清代人口的猛增时期。乾隆六年（1741）开始，清代的户

---

① 李人龙：《垦荒宜宽民力疏》，《皇清奏议》卷4。
② 刘余谟：《垦荒兴屯疏》，《皇朝经世文编》卷34。
③ 《清圣祖实录》卷36。
④ 据光绪六年《荆州府志》卷13，户口。同治《苏州府志》。
⑤ 清初，人口统计仍沿明制，所谓"民始生，籍其名，一不成丁。年十六一成丁，成丁而后，六十而免"（《明史》卷78，食货）。"凡民男一丁，女一口，未成丁亦一口，丁口系于户。"（《清会典》卷11）实则为纳赋"丁口"的统计。乾隆六年（1741）开始，人口统计改为"大小男妇"，当为正式的人口统计。
⑥ 蒋良骥、王先谦：《东华录》雍正卷1。
⑦ 蒋良骥、王先谦：《东华录》雍正卷25。

口统计单位由"人丁户口"改为"大小男妇",这一年全国人口总数达到143411559;① 乾隆二十七年(1762)突破2亿;乾隆末年达到3.13亿。60年间,人口增长1倍多。为什么乾隆年间人口增长如此迅速呢?除了实行新的保甲法及改变人口统计单位以外,还有两个重要原因。其一,康雍时期的经济政策在乾隆朝得到了体现。著名的"盛世滋生人丁,永不加赋"政策是当时社会经济发展的产物,经过一定的历史阶段,到乾隆朝得到充分体现。经调查,自1712年到1734年22年间,全国"滋生人丁"共计1200多万,而"永不加赋"令行的第二年,全国"滋生人丁"仅6万余,雍正末年达到93万余。可见,乾隆朝人口大幅度增长,除了人口基数加大使增长率提高外,"滋生人丁"数目是越来越大的。雍正年间实行的"摊丁入亩"政策,使清代赋税重点由人身转变为土地,更使大量隐匿的户口涌现出来;其二,版图的扩展及人口统计对象的扩大。乾隆时期,平定准噶尔部、大小和卓叛乱,控制了新疆的天山南北,在西南边疆又实行大规模的"改土归流",使清朝的版图在康、雍朝的基础上得到了空前的扩展。与此同时,一向被视为贱民的人口也大量编入户籍,如乾隆三十六年(1771)将山西的乐户、丐户,安徽徽州的"世仆""伴当",浙江的惰民等均编入保甲。② 仅山东蓬莱一岛,编甲就达203090人。③ 西南地区的云南、贵州、广西普遍推行"改土归流""以自比于齐民"。这也是乾隆朝人口猛增的重要原因之一。

嘉庆时期至鸦片战争前人口总数缓慢增长,可谓缓增时期。嘉庆元年(1796)由于爆发了川、楚、陕白莲教起义,致使人口统计缺失,人口总数从乾隆末年的3.1亿下跌至2.7亿。但嘉庆十年(1805)人口总数又恢复为332181403。④ 到道光十四年(1834)全国人口超过4亿。到1840年人口达到412814828。⑤ 这一时期,虽然人口的增长速度比乾隆朝大大减慢,但由于基数较大,仍然有大幅度的增加,它体现了乾隆朝人口大发展后的惯性变动特点。

---

① 王先谦:《东华续录》卷14。
② 《清朝文献通考》卷19,户口。
③ 《清朝续文献通考》卷25,户口。
④ 王先谦:《东华续录》嘉庆卷20,是年福建、陕西未经册报。
⑤ 王先谦:《东华续录》道光卷42,是年福建、湖南未报。

2. 鸦片战争后的人口缓增

1840年鸦片战争之后，中国逐步沦为半殖民地半封建社会。近代中国人口的发展在封建社会的基础上也随之开始了新的时期。

从1840年的鸦片战争到1851年太平天国革命爆发，全国人口仍呈继续增长的趋势。1840年全国人口总数为412814828，1845年人口为421342730，[①] 1851年人口达到431896000，[②] 这是清代人口增长的最高点。这一时期，人口增长的速度虽然大大减慢，但总数仍在缓慢地增加。其主要原因有三：

第一，人口发展的惯性变动。人口再生产具有连续性和世代性的特点，在没有特殊的天灾人祸和人口迁移的历史条件下，人口的发展呈现出惯性变动的特点。一般来说，人口基数小，不可能很快出现过于庞大的人口队伍；反之，人口基数较大，也不可能在短期内发生突然下降的现象。鸦片战争之前，全国人口总数已超过4亿，战后虽然人口增长速度大大减慢，但是缓增却是符合人口再生产惯性规律的。

第二，清初刺激人口增长的一系列经济政策仍在起着作用。"盛世滋生人丁，永不加赋"以及"摊丁入亩"的经济政策，曾经对清中叶的人口增长起到了巨大的刺激作用，致使全国人口增长速度达到了空前的程度，从社会历史的连续性来看，这些经济政策在鸦片战争后仍在起着作用。以"摊丁入亩"来看，经过雍正、乾隆、嘉庆三代一百多年之久的推行，直到道光初年才在全国范围内逐渐实行，但仍有奉天全省及山西等省的许多州县因故未能推行，如山西直到光绪初年才得以全部完成，曾国荃在一份奏折中说道："自雍正四年迄今百五十载，率土无田之民永免追呼之累，独山西一隅，办理稍歧……按之册籍，有全未归并者二十余州县，有量归十分之二三者三十余县。"[③] 全国各地由于经济和自然条件的不同，"摊丁入亩"政策不可能短期内完成，当有一部分隐匿的户口仍在继续涌现。

[①] 王先谦：《东华续录》道光卷52。

[②] 严中平：《中国近代经济史统计资料选辑》，科学出版社1955年版，第366页。是年台湾府人口未造报。

[③] 曾国荃：《缕陈要务疏》，光绪四年五月二十七日，《曾忠襄公奏议》卷9。

第三，资本主义侵略势力尚未深入。鸦片战争打开了中国闭关自守的大门，《南京条约》签订后，上海、福州、广州、宁波、厦门被作为通商口岸，资本主义的势力开始渗入，同时也影响着人口再生产过程。但是，就全国范围来讲，自给自足的自然经济仍然占据主导地位，侵略势力的渗入主要限于沿海地区，因而对全国人口的影响亦不甚大。

3. 太平天国时期的人口锐减

1851年，太平天国运动爆发，与此同时，北方的捻军起义、西北地区的回民起义以及边疆各地的少数民族起义与太平天国遥相呼应，连成一片，农民革命的狂飙席卷整个神州大地。此间，南方七八个省份的人口数字无以统计，造成了全国人口总数的统计缺失，但毫无疑问，这是近代中国人口从巅峰跌至低谷的转折点。

从大量的史料记载来看，太平天国期间，各地人口尤其是直隶、安徽、江苏、浙江、甘肃、广西、云南、贵州等直接受到战争波及的省区人口亡失十分严重。据赵泉澄先生考证，到1867年，除直隶之保定等十府、安徽、江苏、福建之台湾府、陕西、甘肃、巴里坤、乌鲁木齐、广西、云南、贵州外，全国人口总数下降为2.5亿。[①] 江苏省人口由1851年的44303000减少为1874年的19823000；浙江人口由1851年的30107000减少为1866年的6398000；[②] 在贵州，"存着不及从前十分之一""死于兵疫者几四百九十万众"[③]；在云南，经乱后，"通省百姓户口，不过十分之五"[④]；在陕西，西安府的泾阳县1841年人口19万，1864年减少为7万余人；[⑤] 同州府的大荔县1843年人口22万余，1874年减少为7万余人。[⑥] 除直接死于兵刃的人口外，因饥饿、瘟疫死亡的人数当亦不少，如1861年太平军围攻杭州，城中"一月饿死者不下十余万人"[⑦]；江西、安徽交界处，则由于"连年战斗，尸骸腐朽，蒸郁积为瘟

---

① 赵泉澄：《同治东华录人口考证》，见《齐鲁学报》1941年第2期。
② 严中平：《中国近代经济史统计资料选辑》，科学出版社1955年版，第366、369、370页。
③ 《贵州通志》，前事志，卷39；《贵州军事史》第八册，第五编。
④ 《平定云南方略》卷49。
⑤ 光绪《泾阳县志》卷3，田赋志，户口。
⑥ 民国《续修陕西省通志稿》卷31，户口。
⑦ 佚名：《寇难琐记》，《江浙豫皖太平天国史料选编》，南京大学历史系太平天国研究室编，江苏人民出版社1983年版，第191页。

气……肿头烂足而死者十有八九,多道毙"①。

这一期间人口的锐减,除了农民革命杀死一些贪官吏、地主恶霸外,地主民团、清朝武装不知惨杀了多少无辜的性命。曾国藩的湘军就是一支"以戮民为义"的反动武装,曾国藩就曾教其弟曾国荃"断无以多杀为悔之理"②。这样各地"一经湘军之所谓克复,借搜缉逋匪为名,无良莠皆膏之于锋刃"③。天京失陷之后,曾国藩三天之内就杀死10余万人。其他诸如淮军、楚军、八旗、绿营及地主团练,无一不是滥杀人民的反动武装。

范围波及14个省区、时间长达18年之久的太平天国战争,是中国近代人口锐减的转折点。战前人口4.3亿多,战后人口统计多年不及3亿。有人估计,这一时期全国死亡人口占总人口数的1/3,"约一万万以上"④。战争波及的主要地区,昔日繁盛的情景被萧条凋落的局面而取代。同治初年江苏巡抚李鸿章就这样讲道:"苏省民稠地密,大都半里一村,三里一镇,炊烟相望,鸡犬相闻。今则一望平芜,荆榛塞路,有数里无居民者,有二三十里无居民者。"⑤

4. 清末民初的人口停滞

同治末年,清廷勾结帝国主义镇压了太平天国革命及各地农民起义后,开始了所谓的"同光新政",召集流亡成为清政府善后的头等要务,经过广大人民长期的艰苦劳动,破败的社会经济又逐渐开始恢复,人口总数也在慢慢地回升。光绪元年(1875)全国人口总数为322655781,⑥ 20世纪初人口恢复到426447325,⑦ 清末又一度下降为368403710,⑧ 1919年全国人口达4.52亿多。⑨ 这一期间人口发展的特点是,50多年来人口总数一直在3亿到4亿之间起伏跌宕,处于长期的停滞阶段,造成这一现

---

① 邓文滨:《醒睡录》初集二,"迁徙须防乱后瘟"。
② 《曾文正公家书》,家书三,第66页。
③ 蔡尚思等编:《谭嗣同全集》,中华书局1981年版,第345页。
④ 陈恭禄:《中国近代史》上卷,商务印书馆1947年版,第217页。
⑤ 《李文忠公奏稿》卷3,第44页。
⑥ 《清史稿》卷95,食货一。
⑦ 《清朝续文献通考》卷25,户口一。
⑧ 梁方仲:《中国历代户口、田地、田赋统计》,上海人民出版社1980年版,第271页。
⑨ 《申报年鉴》,第86页。

象的原因主要是以下几个方面。

第一，连绵的国内战争。太平天国革命之后，从中法战争、中日甲午战争、八国联军进京，直到后来帝国主义支持下的北洋军阀混战，帝国主义不断在中国燃起战火。而中国人民从一系列的反教会压迫斗争、义和团运动到辛亥革命，一刻也没有停止过反帝反封建的英勇斗争。连绵不断的大小战乱使近代中国社会岁无宁日，数以万计的百姓、兵士，包括部分官僚、地主、缙绅、富豪纷纷死于兵燹之中。如义和团运动期间，沙俄在东北制造了骇人听闻的江东六十四屯和海兰泡惨案。海兰泡惨案中，中国人民被"枪毙、水淹、火焚不下二十余万"[1]。甲午战争中，日军侵占旅顺之后，大屠杀持续四天之久，整个旅顺陷于血泊之中，死尸堆积高达数尺，幸免者仅26人。北洋军阀统治时期，各地军阀割地称雄，相互残杀，也使大量人口死于兵刃。

第二，频繁的自然灾害。自然灾害的发生造成了人口的大量死亡。晚清各种自然灾害，包括干旱、水涝、瘟疫、霜雹、沙碱等不仅连年不断，而且波及的范围极为广泛，以致出现大面积的饥饿与死亡。据统计，自1868年至1916年48年间，长江流域江苏、浙江、安徽、江西、湖北、湖南6省，共有6163个州县受灾，平均每年受灾州县达146处之多。[2]黄河流域直隶、山东、河南、山西、陕西、甘肃6省，1868年至1911年43年间，共有7961州县受灾，平均每年受灾州县达185处。[3] 每次灾害的发生，都使成千上万的人民流离失所，饿殍载道，造成大量人口死亡。如光绪初年北方灾害"晋豫燕秦，叠遭奇荒，饿殍载道，枕藉死亡，几不可以数计。兹有泰西医士，综核前数年灾区因饥饿而死者总数，共有一百三十万人"[4]。宣统年间，江苏淮海及安徽凤颍等处水灾，"江皖二十余州县灾民三百万人，已饿死者约七八十万人，奄奄待毙者约四五十万人，就振（赈）得食者约一百四十万人"，"饥毙人数多时每日至五六

---

[1] 《盛京副都统晋昌折》（1900年9月23日），见《义和团档案史料》上册，第641页。
[2] 据李文治编《中国近代农业史资料》第一辑，三联书店1957年版，第721—722页资料计算。
[3] 同上书，第734—735页资料计算。
[4] 《益闻录》第81号，光绪六年十一月二十四日。转引自李文治编《中国近代农业史资料》第一辑，三联书店1957年版，第236页。

千人"①。晚清死于灾荒的人口确切数字无以统计,但我们估算当在5000万以上。②

第三,帝国主义侵略势力的深入。帝国主义对中国的侵略,对近代人口的消长产生了很大的影响。对华战争不仅使成千上万的中国人民死于兵锋,经济侵略的步步深入也使得中国自给自足的自然经济趋于解体,人民生活日益贫困,进而流离失所,大量死亡。晚清时期,随着帝国主义侵略势力的逐步深入,直接或间接的人口死亡也与日俱增。以鸦片为例,鸦片战争前后,由于帝国主义大量输入鸦片,清朝部分官吏兵士及地主就已开始大量吸食。咸同以后,清政府采取"寓禁于征"的政策,公开承认鸦片输入的合法性,后又实行"寓禁于种",弛禁开种,致使种植罂粟、吸食鸦片之风日甚一日。"城镇村庄,尽为卖烟馆,穷乡僻壤,多是吸烟人。约略计之,吸之者十之七、八,不吸者十之二、三。"③ 如此众多的中国人吸食鸦片,不仅"耗精血、损志气",而且严重摧残体质,缩短寿命,影响到人口的繁衍能力。有外国人统计说,自鸦片输入后,中国人口的增长率由原来的3‰下降为1‰。④ 方志中,鸦片影响人口再生产的记载更是比比皆是,如山西"太谷鸦片之毒始于清咸丰朝,蔓延于同治之世,而大盛于光绪之季年。富族大家嗜之者无论,即中下之家,降至乡僻小户,无不视鸦片为布帛菽粟之须臾不可离而倚之如命,虽光宣间上宪屡申禁令,而沉溺既久,吸食如故。及国体变更,金丹输入,盖复变本加厉,前此吸食鸦片者,喜其便利,舍旧从新,即素无烟癖者,亦皆图一时之快足而趋之若鹜,以故十余年来,因吸食丹料而破家亡身者,实不可以数计,此又为户口凋落之一大原因"⑤。

中国近代人口数量的演变,从鸦片战争前的4.1亿,上升到咸丰初年4.3亿,后又降至同治时期的2亿数千万。经过约半个世纪的发展,清末

---

① 李文治编:《中国近代农业史资料》第一辑,三联书店1957年版,第726页。
② 邓云特在《中国救荒史》一书中曾经对晚清死于灾荒的人口作过估计,自1846年至1888年估计死亡3378万。征诸其他史料,这个估计是偏低的,上海书店1984年版。
③ 刘大鹏:《退想斋日记》(稿本,藏于山西省图书馆)光绪十八年八月廿四日"鸦片烟法"。
④ 《中国近代对外贸易史资料》第二册,中华书局1962年版,第863页。
⑤ 民国《太谷县志》卷3,赋税,户口。

民初又恢复到4亿多。近百年来，人口发展经历了一个降而复升的大周期。整个看来处于一个长期的停滞徘徊阶段，它与清中叶的人口猛增以及当时的世界人口发展都是不能同日而语的。

二 过剩人口问题

1. 过剩人口问题的形成及其特点

过剩人口是半殖民地半封建中国社会人口问题的主要方面。

所谓"过剩人口"，并不单指人口数量的多寡，它只是一种相对于一定生产条件而言的"过剩"，即一种相对的过剩人口。马克思在批判马尔萨斯"绝对过剩人口"时指出，不同生产方式有不同性质和特点的过剩人口及其规律，"过剩人口同样是一种由历史决定的关系"[①]。

无疑，中国近代过剩人口产生的根源在于半殖民地半封建的社会生产方式。鸦片战争后资本主义势力的入侵，一方面破坏了中国原来可以容纳较多劳动力的传统农业和手工业布局，加速了自给自足的自然经济的瓦解，从而造成了过剩人口队伍的日益庞大；另一方面，受帝国主义、封建主义及官僚资本主义的压制，中国民族资本主义一直像蜗牛爬行，发展缓慢，根本无法也不可能吸收数以万计的过剩人口，这就决定了中国近代过剩人口不仅不能减少，而且还源源不断地增加。然而，这种过剩也只能是相对的，即相对于帝国主义、封建主义及官僚资本主义的剥削对象来说是"过剩"了。

近代中国相对过剩人口又是在封建社会末期人口猛增的基础上出现的，鸦片战争前4亿多人口是它的历史前提，这也是与资本主义人口相对过剩问题的形成所不同的。资本主义制度确立之前，人类社会的人口再生产一般呈高出生率—高死亡率—低增长率的类型，人口增长速度缓慢，整个欧洲1650年以前人口总数估计也未超出1亿，[②] 过剩人口相对为少，且影响较小。西方社会的过剩人口问题是在资本主义制度确立之后才日益突出起来的。中国则完全不同，鸦片战争前的百年，是中国人

[①] 《马克思恩格斯全集》卷46（下），人民出版社1980年版，第106页。
[②] [英]卡尔-桑德斯和[美]W. 威尔科克斯都估计1650年欧洲人口总数为1.03亿。参见邬沧萍主编《世界人口》，中国人民大学出版社1983年版，第23页。

口史无前例的猛增时期，自汉至明代长期的停滞局面被骤然打破。乾隆六年（1741）全国人口突破有史以来的1亿大关，鸦片战争前夕，全国人口总数已达到4.128亿。随着人口总数的迅速增加，过剩人口问题开始出现并日益突出。生逢"乾隆盛世"的洪亮吉有感于人口增长过快的压力，写下了《治平篇》与《生计篇》。他认为："户口既十倍于前，而游手好闲者，更数倍于前"[1]；龚自珍更进一步指出，鸦片战争前后，"不士、不农、不工、不商之人，十将五六"[2]；就连封建统治阶级的最高统治者皇帝也对"户口日增，何以为生"感到极大的忧虑。古老的中国就是带着这一沉重的历史人口包袱步入半殖民地半封建社会的。正如马克思在1850年就指出的那样："在这个国家，缓慢地但不断增加的过剩人口，早已使它的社会条件成为这个民族大多数人的沉重枷锁。"[3]

与资本主义社会的过剩人口相比，近代中国过剩人口有两个明显的特点。

第一，资本主义势力的入侵，使近代中国过剩人口问题更加突出。如果说，鸦片战争之前，过剩人口已经成为中国封建社会严重的社会问题，那么资本主义势力的侵入，就使这一问题日形突出。鸦片战争之后，帝国主义通过签订一系列不平等条约，攫取了开放商口、割地赔款、创设银行、修筑铁路、开矿采煤、开办工厂等侵略特权，以商品输出和资本输出为方式的侵略活动日益加强。中国传统的农业和手工业相结合的自给自足自然经济在这种势力的冲击下逐步趋于解体，成千上万的农民和手工业者成为失业或半失业的过剩人口。19世纪末，就有人这样指出："中国开埠通商，垂六十载。既自以情形隔膜，将利权所在，举而畀诸异国之人，频年海溢川流，岁出金钱万万。遂使廿一行省，无一富商，内外穷民之失业无依者，犹如恒河之沙，不可计算。"[4] 我们再看几个行业的具体情况。

棉纺织业："近年洋货骤赢，土货骤绌，中国每岁耗银至三四千万

---

[1] 洪亮吉：《洪北江诗文集·生计篇》。
[2] 龚自珍：《西域置行省议》，《龚自珍全集》，上海古籍出版社1975年版，第106页。
[3] 《马克思恩格斯全集》第7卷，人民出版社1980年版，第264页。
[4] 陈炽：《创立商部说》，《续国富策》卷4，赵树贵、曾丽雅编《陈炽集》，中华书局1997年版，第232页。

两，刚以洋布洋纱畅销故也……华民皆乐购用，而中国之织妇机女束手坐困者，莫啻千百万人。"①

绸缎业："绸缎绣货两色，向为粤省出产大宗，近被日本挽夺……所虑者，自被挽夺后，粤省此项工人已大半散亡……"②

冶铁业："……洋铁、洋针、洋钉入中国，而业冶者无事投闲。"③

帆船业："上海一隅之地，沿海居民多藉船业为生……自同治元年，暂开豆禁，夹板洋船，直赴牛庄等处装运豆石，北地货价因之昂贵，南省销路为其侵占。两载以来，沙船赀本亏折殆尽，富者变而赤贫，贫者绝无生理……业船者无可谋生，其在船水手十余万人，不能存活……"④

帝国主义的侵略，使众多的农业手工业者破产失业，沦为过剩人口，"自通商以来，利源外溢，民生日蹙，失业日多"⑤ 当是符合历史事实的。

第二，生产力的停滞发展是中国近代过剩人口长期存在的根源。在资本主义社会，生产力的高速发展，使雇用劳动者队伍日益扩大；而另一方面，随着资本积累及资本有机构成的不断提高，资本对劳动力的要求却在相对减少，马克思把这种"正是生产力的增长要求减少人口"的现象概括为"生产力压迫人口"。近代中国则不然，封建的生产关系已经成为生产力发展的严重桎梏，就生产力要素之一的生产工具来说，仍然保留在那种简陋、粗笨的水平上。农具最能说明问题："耕田为犁；平田为耙，为荡，为碌碡；起土为锹；挖土为锄，为铁耙；芸禾为芸禾耙；灌田为水车；灌坪田为牛车，巨轮旋转，一车可灌数十亩；打稻为禾斛；刈禾为镰；扇谷为风车；晒谷为堵簟；簸米为筛；舂米为碓；砻米为木

---

① 薛福成：《强邻环伺谨陈愚计疏》，《薛福成选集》，上海人民出版社1987年版，第502—503页。
② 《光绪二十二年广州口华洋贸易情形论略》，《通商各关华洋贸易总册》下卷，第63页。转引自彭泽益编《中国近代手工业史资料》第二辑，三联书店1957年版，第190页。
③ 郑观应：《盛世危言》卷7，纺织，第20页。
④ 《筹办夷务始末》同治朝，卷28，第38页。
⑤ 光绪二十四年十二月上，《农学报》第22册。转引自《中国近代手工业史资料》第2卷，三联书店1957年版，第505页。

耷、土耷。"① "其于辨土性、兴水利、除虫害、制肥料等事，懵然不知。"②如此落后的农业生产工具与那种个体小生产的经营方法，必然限制农业生产率的提高。整个近代农作物的单产量不仅没有增高，且有递减的趋势，每年收成不到七分的省份占绝大多数。③ 另外，以耕地与人口的关系而论，近代中国可垦耕地已经极其有限，而人口却在不断缓慢地增加，"地狭人稠""田不足耕"成为普遍的社会现象。无地可耕，必然会出现大量的过剩人口，有人曾经这样指出："今地不加广于汉，垦田不能加多。夫民倍于昔，而田不加增，则民之乏本业者众。山陬海澨，苟可种艺，尺土寸壤，无不开垦，而士工商之外，无末业可治，散而游募，去而僧道，隶为胥役，投为奴仆，流为地棍盐徒，每省不下二十余万，此皆游民耗蠹于农者也。"④ 在一定的历史时期里，一定的社会生产条件只能适应一定数量的人口，超过由这些生产条件决定的数量限度的人口便形成过剩人口。中国近代人口总数在不断缓慢地增长，而生产力的发展一直停滞不前，致使过剩人口不断涌现并长期存在，可以说，这是一种"人口压迫生产力"。

总之，中国近代过剩人口有其不同于资本主义过剩人口的特点，它是在封建社会末期人口基数过大，近代帝国主义的入侵以及生产力停滞不前基础上日益形成的。

2. 过剩人口的存在形式

中国近代过剩人口是以怎样的形式存在着呢？我们认为，马克思分析资本主义相对过剩人口存在的三种形式同样适合于近代中国。

（1）流动的过剩人口

马克思当时所指的是那些处于工业中心的，时而被排斥，时而被吸收，随着经济周期运动而出现和扩大的相对过剩人口。在中国近代，工业的发展是极其有限的，虽然在沿海洋务派曾设立过一些军事工业，帝国主义也开办过一些工厂，但其规模、设备和技术都很有限。甲午战争

---

① 同治《余千县志》卷2。

② 《农学报》第26期，光绪二十四年三月中。引自李文治编《中国近代农业史资料》第一辑，三联书店1957年版，第580页。

③ 参见李文治编《中国近代农业史资料》第一辑，三联书店1957年版，第755—769页诸表。

④ 《皇朝经世文续编》卷34，第5页。

爆发前，中国全部近代工业，包括外资在华经营的近代工业的工人人数仅9.3万人。① 民族资本主义则由于受到帝国主义和封建主义的排挤而发展缓慢，到1911年为止，民族资本所设厂矿，包括商办、官办或官商合办以及中外合办总计521家，资本额159654812元，② 五四运动前，产业工人人数也不过200万。中国资本主义工业的缓慢发展，决定了产业工人在总人口中占的比例极小，因而这种流动的过剩人口亦毕竟属于少数。但是，随着经济的萎缩，厂矿企业的倒闭或停工减产，流动的过剩人口也存在于某些沿海城市。

（2）潜在的过剩人口

这是中国近代过剩人口存在的主要形式。马克思认为，这部分人存在于农业人口之中，它与农业资本主义占有的程度及农业资本主义的发展成正比例关系，即资本积累越多，这种潜在的过剩人口也就越多，就是说这种过剩人口是由于农业资本主义化而被排挤的过剩人口。中国近代潜在的过剩人口是在农业经济破败凋零的基础上存在的，农业并没有资本主义化，相反地日趋走向衰落，这就使占人口85%以上的农业人口，不断出现处于失业或半失业状态的潜在过剩人口。资本主义社会的潜在过剩人口，会有一部分被吸收到发展中的大工业中去，而在半殖民地半封建的中国，这种出路是十分狭窄的。近代中国的潜在过剩人口在连绵不断的自然灾害时表现得尤为突出。据统计，1846年至1910年，长江流域江苏、浙江、安徽、江西、湖北、湖南6省共有8472个州县受灾，平均每年受灾州县达133处；黄河流域直隶、山东、河南、山西、陕西、甘肃6省平均每年受灾州县达146处。③ 每次灾荒发生，众多的灾民"不惟无粮可食，无田可耕，抑且无地无屋可栖止"④，成为潜在的过剩人口。由于近代中国农村人口占总人口的绝大部分，因而这种潜在的过剩人口应是过剩人口的主要存在形式。

---

① 孙毓棠：《中日甲午战争前外国资本在中国经营的近代工业》，上海人民出版社1955年版，第71页。
② 严中平：《中国近代经济史统计资料选辑》，科学出版社1955年版，第93页。
③ 李文治编：《中国近代农业史资料》第一辑，三联书店1957年版，第720—722、733—735页诸表统计。
④ 《张文襄公电稿》卷28，第26页。

（3）停滞的过剩人口

这就是马克思所指的包括家庭手工业的工业人口及被机器大工业所挤垮的手工业和家庭手工业中的无业可就人员。所不同的是，中国近代的大工业为数有限，这部分人的失业是在帝国主义的经济侵略下出现的，具有明显的半殖民地半封建色彩。资本主义势力侵入后，中国自给自足的自然经济逐步解体，大量农业和手工业者贫困失业，成为停滞的过剩人口。

另外，那些"属于待救恤贫民的范围"的过剩人口，也大量存在于半殖民地半封建社会的中国。无论是那些有劳动能力的兵痞、赌徒、盗贼、乞娟，还是丧失劳动能力的吸毒、残废、低能者，在中国近代都触目皆是。吸毒者最为典型。有人这样指出："自鸦片烟弛禁以来，流毒几遍中国。吸食之人，废时失业，病身败家。数十年来，日形贫弱，实由于此。"① 城市中这种过剩人口更是大量存在，如1915年上海《中华新报》调查，当时上海公共租界的明娟暗妓即达9791人。②

3. 人口、土地及其他

人类的自身生产必须与物质资料生产相适应，这是马克思主义人口理论的核心。恩格斯在《家庭、私有制和国家的起源》中明确指出："生产本身又有两种。一方面是生活资料即食物，衣服、住房以及为此所必需的工具的生产；另一方面是人类自身的生产，即种的蕃衍。"③ 根据"两种生产"理论，我们认为在一定的历史时期内，一定的社会生产条件只能适应一定数量的人口，超过由这些生产条件决定的数量限度的人口便形成过剩人口。假定人口数量不变，那么过剩人口就会由于生产条件变化所引起的人口限制的收缩而产生或增加；反之，假定限制人口的生产条件不变，那么过剩人口将会由于人口增长过多、过快而产生或增加。但是，无论任何历史时期，这两个方面都是在同时变化和发生作用的。

据《清实录》记载，清中叶全国人均土地在四五亩之间。康熙时期，全国土地面积在500万到600万顷之间，人口1亿上下，人均土地5亩

---

① 《东华续录》光绪，卷202，第7页。
② 邹依仁：《旧上海人口变迁的研究》，上海人民出版社1980年版，第37页。
③ 《马克思恩格斯选集》第4卷，人民出版社1972年版，第2页。

多；乾隆朝土地面积虽然超出700万顷，但人口的增长更为迅速，乾隆后期，人均土地下降为3亩余。洪亮吉此时就首次提出人口过剩的概念，所谓："田与屋之数常处其不足，户与口之数常处其有余。"他进一步指出，当时开荒地"只不过增一倍而止或增三倍、五倍而止矣，而户口则增至十倍、二十倍"，以致出现"所入者愈微，所出者益广"的局面。[1]中国近代土地面积并没有很大的增加，基本保持在700万到800万顷之间，但人口仍在缓慢地增加。咸丰元年（1851），也就是全国人口总数最多时，人均土地仅1.7亩余；太平天国革命以后，人口锐减，人均土地一度上升为2.7亩多，但这一时期"荒田废地"也没有使人口与土地的矛盾得到缓和；清末，随着人口的缓增，人均土地又恢复到原来的1亩多。[2]

在近代中国，究竟人均几亩土地可以维持生计？后人曾经对此作过估计，罗尔纲先生认为，每人须平均3亩；英国人贝克（Oe Baker）认为，北方农民每人4亩，南方3亩余方可维持生活。[3] 参照当时的一些记载，这种估计也是较为符合实际的，洪亮吉在乾隆末年这样说过："一人之身岁得四亩，便可得生计矣。"[4] 明末清初的杨履园与洪氏的估计也大体吻合。地方性的史料记载也大致如此，如山西晋南的解县："当全盛之时，户口七万有零，平均分之，每人仅得四、五亩旱地，终岁劳苦，丰年略可自饱，仍不能事父母，蓄妻子，一遇荒歉，死亡殆尽。"[5] 考虑到近代生产力毕竟有所发展，单位面积产量也有一定的增长，所以估计当时人均土地3亩方可维持生计。这个比例关系可以说是划分是否人口过剩的标准。

近代中国人口与土地始终存在尖锐的矛盾，人均土地一直没有超出3亩，也就是说过剩人口问题一直是中国近代严重的社会问题之一。在一定的生产力水平之下，一定的土地面积生产出的粮食产量是一个相对的

---

[1] 洪亮吉：《洪北江全集·卷诗阁文甲集卷第一》治平卷，援经堂重刻本，1877年10月。
[2] 人口、土地数字均据《清实录》的记载。
[3] 罗尔纲：《太平天国革命前的人口压迫问题》，《太平天国史丛考丙集 太平天国史论文集第十集》，三联书店1995年版。
[4] 洪亮吉：《洪北江全集·卷诗阁文甲集卷第一》治平卷，援经堂重刻本，1877年10月。
[5] 民国《解县志》卷3，丁役略。

常数，人口相对过剩，必然使粮食生产不能满足人口生产的需要，随着中国近代自然灾害次数增加以及波及范围的扩大，粮食生产不能自给的现象也日益严重起来。从贸易统计来看，近代中国进口的大米、面粉数量逐渐增高，1907年仅大米一项就进口1276万多担。[①] 富有意义的是，随着粮食进口数量的增加，粮食价格也日趋高涨。彭信威在《中国货币史》中，曾搜集了清代米价变动的数字，可以看出，近代米价一般保持在4000钱以上，而且呈现出逐渐增高的趋势。光绪后期，就曾有人尖锐地指出过剩人口与粮食及粮价的关系："盖近年谷米日贵，粒食日艰，无论凶荒之岁也，即年岁顺成，米价曾不少落，几几乎农田所出有不敷海内民食之患。试就广东而论，向仰食于广西、江西已也，今则两粤并仰食于暹罗、安南之米也。咸同以前，石米两银上下而已，今则石米洋银五六元岁以为常矣……韩子曰：为农者一，而食焉之家六，民几何不穷且盗！由今计之，实倍于六不止，教士也，洋商也，洋官也，洋兵也，比增之外国者也；教民也，游民也，赌民也，盗民也，则增之内地者也。夫为农者一，而食焉者至不可数计，谷米安得不贵，此病在坐食之过多一也。"[②] 最后一句，一语道破了粮价上涨的原因。

人口生产与物质资料的生产不相适应，在中国近代主要表现在人口与土地的关系上，这种关系的失调，不仅影响到社会的政治、经济及生活的各个方面，而且对人口的分布及各种结构也产生了一定的影响。

三　人口分布及其流动

1. 人口分布大势及其变动

人口分布是指人口在地区间的分布状况。它一方面是指人口在地区上不断扩展的过程，即在人类历史发展的前提制约下，人口在地区上移动定居的过程；另一方面是指人口分布的结果，即已迁移的人们表现出来的空间形式。

在中华民族的历史上，黄河中、下游地区是古代文明的发祥地，直

---

① 李文治编：《中国近代农业史资料》第一辑，三联书店1957年版，第773页。
② 张振勋：《张弼士侍郎奏陈振兴商务条议》，第14页。转引自李文治编《中国近代农业史资料》第一辑，三联书店1957年版，第771页。

至汉代，全国人口重心一直位于豫西地区。之后，随着社会经济的发展，人口重心逐渐向东南地区转移，清朝中叶，这种长期形成的人口分布大势愈发明显。以嘉庆十七年（1812）为例，当时全国人口总数已达361693379人，土地面积为5352480平方公里，平均每平方公里68人。而东南部江苏省以每平方公里近400人的高密度居各省首位。人口密度每平方公里超过200人的省份还有浙江、安徽、山东三省，超过100人的有湖北、福建、江西、河南、广东五省；相反，在西北地区，人口分布稀疏，人口密度很低，最低的吉林、新疆每平方公里不到1人。其余各省人口密度也未超出每平方公里100人。①

进入近代以后，我国人口在清中叶以来猛增的基础上仍然表现出续增的趋势。到咸丰元年（1851），全国人口达到了431894047，为清代人口增长的最高点。人口分布的重心仍然明显地偏于东南，东西两部之间的地区差异，已经成为全国人口分布的突出特点。是年，江苏省以每平方公里450人的高密度仍居各省之首，它周围的浙江、安徽、山东分别以每平方公里310人、232人、225人的人口密度紧随其后。山东以南的各沿海省份，人口密度均超过每平方公里100人或接近于100人。同时，人口的分布表现出了明显的由沿海向内地递减的趋向。在华南，从广东经广西到西南，由每平方公里122人递减到16人；往北，从福建经江西、湖南到贵州，由每平方公里172人递减到31人；在长江两岸，从江苏经安徽、湖北到四川，由每平方公里448人递减到84人；在黄河两岸，从山东经河南、山西、陕西到甘肃，也由每平方公里225人递减到32人。若以东经111°为界，此线以西虽占国土总面积大约3/5，却只占当时人口总数的22%，平均人口密度与东部相差近5倍。②

但同时，受社会政治、经济、军事等因素的影响，人口的分布较之前代也在不同程度上发生了变化。这种变化突出表现在东西两部人口稠稀的差距在逐渐缩小。这种缩小又是在东部地区人口总数增长缓慢，或有降减，而西部地区人口总数相对增长较快的过程中实现的。

致使东部地区人口增长缓慢乃至降减的主要因素是19世纪五六十年

---

① 梁方仲：《中国历代人口、田地、田赋统计》，上海人民出版社1980年版，第272页。
② 同上。

代的国内战争。1851年太平天国在广西金田起义后,历经湖南、湖北、安徽、江苏等省,攻取江南重镇南京,后期又进军浙江、江西,前后持续14年之久。在北方则有捻军的抗清斗争,边疆少数民族地区也掀起了规模较大的农民起义。这些起义,沉重打击了帝国主义和封建主义势力。但却被中外反动势力联合镇压,在战争中中外反动势力的残酷镇压与杀戮,使人口总数大量耗减。东南各省是太平军活动的主要地区,也是清军残酷杀戮的重灾区。战后,人口亡失,满目萧条。

促使西部地区人口增长相对较快的原因则是内地人民的迁移开垦。在近代,人口与耕地面积比例失调始终是半殖民地半封建社会的严重问题,广大内地"土狭人满""田不足耕"。而边疆地区,尤其是西北、东北及西南各地"土旷人稀",大量土地得不到开垦,这就促使广大内地贫苦的人民纷纷迁往边疆,开垦荒地,以便维持最低的生活水平。另一方面,随着帝国主义对中国侵略的加剧,蚕食边疆领土成为帝国主义侵略中国的主要形式之一,从维护摇摇欲坠的封建统治出发,清政府不得不废除禁令,鼓励人民"移民实边"。咸丰以后,清政府对东北、西北及黑龙江等地实行部分"开禁",光绪末年全部开放。这样,内地各省人民纷纷迁往边疆地区,致使西部地区的人口增长速度明显加快。

另外,东南沿海各省,尤其是福建、广东、江西等地大量人口移居国外,也使东部地区在总人口中的所占比例下降。

光绪、宣统之间,经过几十年的人口变迁,人口分布东西两部的差距大为缩小。东部原来人口密度最高的江苏、浙江、安徽、福建等省均有下降。宣统年间江苏省人口密度已从咸丰时期的每平方公里450人降为267人;浙江由310人降为281人;安徽由232人降为197人;福建由166人降为155人。而西部地区的大多数省份均有明显上升,最突出的是东三省,奉天省由总人口的258.2万上升到1101.9万;吉林省由32.7万上升到553.8万;黑龙江人口总数也达到150万。此外,新疆人口嘉庆二十五年(1820)仅有50万左右,宣统时期增加到208.5万人,[①] 江西、贵州等省人口也有较大的增长。宣统时期人口最多省份依次是:四川、

---

① 梁方仲:《中国历代户口、田地、田赋统计》,上海人民出版社1980年版,第269页。

山东、广东、湖北、直隶、河南、江苏、安徽、浙江。很明显，东西两部的差距大有缩小。

2. 关内向东北的迁移

中国近代规模最大的移民活动是关内向东北的迁移。

直到清朝初期，东北地区一直人口稀少，且绝大部分人口集中于南部，即今辽宁省境内。顺治元年（1644）以后，随着满族统治者在中原地区统治的逐步深化，近百万蒙古族人及早年降清的汉人几乎倾巢入关，这就使得满族长期经营的腹地人口愈发减少，大有移民充实之必要。顺治初年至康熙年间，清政府曾多次颁布招民开垦的各种法令。顺治十年（1653），颁布《辽东招民开垦例》，一度鼓励外来移民前往垦荒。但不久又在康熙七年（1668）下令"辽东招民授官永著停止"。此后，乾隆、嘉庆、道光三朝也多次颁布关于清查惩戒和禁止流民移入的各种法令。但是，民间自发的迁移事实上并没有禁绝，每年仍有数以万计的汉族人涌向关外，使东北地区的人口有所增加。以吉林为例，康熙五十年（1711）丁口总数为33025人，① 到乾隆四十八年（1783）就增加到了142220人。②

近代以来，中国人口总数增到4.3亿，人口与耕地的矛盾日趋激化，社会矛盾也日益恶化。为了减轻关内人口的压力，移民实边，借此增加政府的财政收入，咸丰十年（1860）开始，清政府对东北实行局部开放。是年上谕称："景淳瑞麟奏请垦荒一折，据称：查得吉林地方凉水泉南界，舒兰迤北王门子一带禁荒，约可垦地十万垧，省四围城边，约可垦地八万余垧，阿勒楚喀迤东蕫可图站约可垦荒八万余垧，双城堡賸存圈荒，及恒产夹界边荒可垦地四万余垧，均经委员履勘，地属平坦，别无违碍，现有佃民王永禄等认领，先交押租钱共二十余万吊，于将来查办边界，一切船粮车驮经费可资备办，请将前项各荒，一律招垦……吉林荒地，既可援案招垦，别无违碍，于经费不无裨益，著即按照所请办理。"③ 此后，放垦区逐渐扩大，呼兰、伊儿门河流域、桦皮甸子、东西

---

① 《大清会典》卷11。
② 《清朝文献通考》卷19。
③ 参见陈彩章《中国历代人口变迁之研究》，重庆商务印书馆1946年版，第118页。

围场等地均成为移民之地。一时间"直隶、山东游民出关谋生者，日以众多"①。

咸丰、同治之际，清政府对东北腹地虽然稍开禁门，准许内地人民移入东北开垦，但移入人口仍不甚多。光绪以后，清政府采取放荒、免税、补助等措施，积极鼓励关内人民到关外开垦荒地。光绪六年（1880）规定："官有荒地付民间开垦，初免税五年……至开垦达数千亩以上者，经若干年纳租之后（以垦地多寡，定年限之长短），即归已有；毗连南乌苏里地方，天寒地薄，往垦者少，故凡愿移居处者，免纳租税，每户且可领得补费三十二两。"② 1903年中东铁路通车后，关内人民向东北的涌入达到了高潮，荒芜未垦的最北部也成为移民的垦殖范围。光绪末年完全开放，"允许民人永占为业"。

大量向东北的移民，首先使人烟稀少的东北人口骤然增加。到1907年，辽宁、吉林、黑龙江三省人口总数达到16778000。③ 大量移民，对东北经济的开发起到了积极的作用，如"黑龙江省当清初时，地居边徼，土旷人稀，满蒙居民以畋猎游牧为生，无丁口土田之赋"。清末，"全省垦地增至一百五十余万垧，共收大租钱将及百万"④。民国以后，向东北的移民仍以巨大规模继续着。

3. 内地向边疆的扩散

除向东北的大规模移民外，内地人民还不断地向塞外、西北、西南、台湾等边疆地区迁徙和扩散。

塞外指今天的内蒙古地区。清初，统治者实行蒙、汉分治，限制汉族人民进入内蒙古开垦种植，但仍有内地的农民不顾禁令而成群结队地闯到塞外。乾隆末年政府宣布"往各蒙古地方谋食者不禁"。近代以后，清政府内外交困，为了增加财政收入，对塞外实行放垦政策。光绪二年（1876）废除了"禁止携带眷属出关"的法令，接着实行"恤蒙实边""开放蒙荒"的政策。于是，长城以南的汉族农民以前所未有的

---

① 徐宗亮等：《黑龙江述略》卷4，贡赋。
② 参见陈彩章《中国历代人口变迁之研究》，重庆商务印书馆1946年版，第118页。
③ 同上。
④ 李文治编：《中国近代农业史资料》第一辑，三联书店1957年版，第788页。

规模涌向河套、土默川、鄂尔多斯、察哈尔、喀喇沁、科尔沁等地。"晋、秦、燕、豫贫民争趋之，日操畚锸者常数万人，岁获粱谷至巨万，馈运口内不可胜计。茫茫荒野，至是乃村落云屯，富庶过于府县。"①

光绪后期，东清铁路开始修建，横贯呼伦贝尔盟（今呼伦贝尔市）全境，铁路沿线便成为内地人民移居之地，同时归化、包头、海拉尔、满洲里等城镇纷纷兴起。满洲里在1904年已有居民6000多人；1906年海拉尔的居民也有5000多人；包头是清末我国西北皮毛的集散地，鸦片战争前约有人口1万，至1912年已增至6.8万余，增长近6倍多；多伦诺尔在19世纪六七十年代人口估计约有20万；清末，仅绥远地区的汉族人口已达101万，另外，赤峰、呼伦贝尔、哲里木盟（今通辽市）等地也有汉族人民55万。②

清代前期即经营西北，经康熙、雍正、乾隆三朝，逐渐平定了准噶尔及大小和卓的叛乱，天山南北重新隶属于清朝版图。随后，清政府除在新疆设军府与驻重兵外，更加注意屯垦。乾隆四十二年（1777），南北两路即有屯兵13900余名，遣犯600余名，垦田282600余亩。③近代以后，19世纪60年代爆发了大规模的西北回民起义，陕西、甘肃、宁夏、青海及新疆成为回民与清军激战之地，清兵的残酷杀戮曾使西北人口数量大为降减。光绪初年，新疆设省，为加强对边疆地区的控制，清政府在西北实行招徕开垦，大量内地民人迁入西北，致使人口总数增加。如新疆"克复以来，招徕开垦，户口渐增、迪化州各属尤成效可睹。旧额民户共计四千二百有奇，现报承垦者已三千六百余户"④。依宣统年间户口统计，新疆全省共有412969户，2017931人，其中有外省人共81000余人，镇迪道最多占49000余人，该道内的迪化县占2万余人。⑤

---

① 顾颉刚：《王同春开发河套记》，转引自李文治编《中国近代农业史资料》第一辑，三联书店1957年版，第813页。
② 参见沈斌华《近代内蒙古的人口及人口问题》，载《内蒙古大学学报》1986年第2期。
③ 曾问吾：《中国经营西域史》，商务印书馆1936年版。
④ 《光绪政要》卷4，《陕甘总督左宗棠覆陈新疆情形》。
⑤ 见陈彩章《中国历代人口变迁之研究》，重庆商务印书馆1946年版，第126页。

西南地区的贵州、云南两省，是少数民族较为集中的地区，也是地广人稀的地区。清初以来，大量内地人民特别是两湖及四川的贫苦农民迁徙于此，致使当地人口数量增加。清代前期向四川的大规模移民，致使四川省成为清末全国各省区人口最多的省份之一。这里"人满为患"，大量农民被迫迁往贵州。如广安县"滋息既多，人满为患，地力虽强，常苦衣食不给……光绪中，黔苗靖，有移家携子入黔者矣"①。云南府城内织布业发达，19世纪90年代末，已有织布机数百架，这也是四川人迁来才开始的。据记载"织机的增加从几家四川人迁来时开始，他们为本省人口过多而引起的可怕的生存斗争所迫，迁来本城，便开始织布。后来四川人愈来愈多。目前云南大部分织布匠都是四川人"②。清代在贵州新设县治约20个，包括紫云、贞丰等边远县份，云南也新设县治不下30个，表明少数民族聚居地区得到了很大的开发，而且人口总数有所增加。从鸦片战争爆发的1840年的清末宣统年间，贵州人口从5410000增加到8702964；云南人口从7019000增到7209888。③

大陆人民首次向台湾的大规模移民，始于明末清初。清初，郑成功经营台湾之时，绝大部分粤闽官兵携眷而入，对台湾的开发起了极大的推动作用。清朝统一台湾后，大陆流民接踵而往，到乾隆三十四年（1769）已有"闽人约数十万，粤人约十余万，而渡台者仍源源不绝"④。光绪以后，清政府完全解除对台移民的种种限制，并在厦门、汕头、香港等地设立"招垦局"，以提供资助和种种优惠推动对台移民。1885年，台湾建省，两年之后人口已达320万。⑤

4. 海外移民

中国向海外的移民，早在唐代已经开始。元末明初、明末清初也有大量的中国人移居海外。此时移民大多落脚于东南亚地区。鸦片战争之

---

① 民国《广安州新志》卷2，田赋志。
② 见彭泽益编《中国近代手工业史资料》第二辑，三联书店1957年版，第251页。
③ 1840年数字据严中平《中国近代经济史统计资料选辑》，科学出版社1955年版，第365页。宣统数字据梁方仲《中国历代户口、田地、田赋统计》，上海人民出版社1980年版，第269页。
④ 《皇朝经世文编》卷84，兵政，海防。
⑤ 梁方仲：《中国历代户口、田地、田赋统计》，上海人民出版社1980年版，第265页。

后，移民的足迹开始遍布世界各地。

清初实行"闭关锁国"政策，严禁华人出国。《大清律例》225条明确规定："一切官员及军民人等，如有私自出海经商，或移住外洋海岛者，应照《交通反叛律》处斩立决。"但仍有一些被生活所迫的沿海人民违禁而出走海外。鸦片战争之后，列强用炮舰打开了中国的大门，加之内地人口数量的激增，土地与人口的矛盾日益尖锐，东南沿海尤其是闽、粤等省"生齿日繁""土狭人稠"，迫于生计，沿海人民纷纷出洋谋生。正如马克思指出的那样："对华战争给了古老的中国以致命的打击。闭关自守已不可能……于是旧有的小农经济制度已随之而日益瓦解……同时，可以安插比较稠密的人口的那一切陈旧的社会制度，亦随之崩溃。千百万人将无事可做，将不得不移往国外。"[①]

近代中国的向海外移民主要是广东、福建等沿海地区。如"粤东生齿过繁，久有人满之患。三十年以来，谋生海外者，其数既（即）逾百万。其始多不肖奸民，脱逃转徙，以外国糊口较易，稍稍艰衣缩食，便能捆载而归；后遂有正经商人，携本觅利者"[②]。在福建"漳泉两府，地稀人稠，居民贫困者多无以为谋生之术，幸海禁大开，于是相率出洋谋食者近至四百万人之多，皆散见于南洋各埠，几于无处不有华人足迹，极一时之盛已"[③]。

应当指出的是，近代以来，帝国主义还将大批中国人口贩卖至海外充当劳工苦力。华人被诱骗、被强掳运往美洲、澳洲及南洋一带，广州、澳门、厦门、汕头等沿海许多港口都成为贩卖人口的地方。以澳门为例，据统计1856年至1861年总计输出华工40231人。[④] 这些华工受尽欺凌压榨，尝遍人间辛酸，是帝国主义对中国人民最残酷压榨的见证。

到20世纪初年，海外华人几乎遍及世界各地，大致分布如下。

---

① 《马克思、恩格斯论中国》，人民出版社1950年版，第182页。
② 何如璋：《复粤督张振轩制军书》，转引自李文治编《中国近代农业史资料》第一辑，三联书店1957年版，第941页。
③ 《大公报》1902年6月25日。
④ S. W. Wieeiawe：《中国贸易指南》，转引自缪振鹏等《试论半殖民地半封建时期的中国人口问题》，《中国社会经济史研究》1982年第2期。

1847年，中国的"契约劳工"首次抵达古巴，不久又抵秘鲁。据估计，1847—1860年间，前往古巴的华工共5.6万人，1860—1873年间4.8万人，其中有8000人死于途中。同期内到达秘鲁的约7万人。

1852年，华工首次到达夏威夷群岛，1886年已达到2万人。

1849年，华工到达美国的加利福尼亚，1882年到美华人高达4万人。

1852年，第一批华工到达澳大利亚，1891年达36000人。

1858年由美国转达的华工到加拿大。

1904年华工第一次运抵南非。

在南洋各岛，1911年马来西亚有华侨91.7万人；1905年印度尼西亚有华侨56.3万人；1910年越南和柬埔寨有华侨23万人；清末在泰国的华侨也有70万人。[①]

遍布世界各地的海外华人，对居住国社会经济的发展，以及加强中国同世界各国人民的互相了解与友谊，都起到了积极的作用。

四 人口诸种结构

1. 性别结构

人口性别结构，即男女两性在人口总数中所占比例。人类社会的婚姻关系，在经过了乱婚、群婚、对偶婚之后，随着阶级的出现而过渡到一夫一妻制。一夫一妻制的婚姻制度，为人口两性比例的平衡提供了社会条件。在阶级社会中，两性比例一般来说是平衡的。但是，受社会生产方式和生活方式的制约，人口两性比例在不同社会和不同时期，又可能出现不平衡。

在近代中国，人口两性比例是不平衡的，具体的表现即是男多于女的现象十分严重。据清末宣统年间的人口统计资料，当时全国两性比例平均为121.7%，即每百名女子与121名男子之比。两性比例最高的山西省为135.5%，最低的甘肃省也为109.8%。[②] 无论是就全国，还是具体到各个省份，男女比例均属于高两性比例。检索卷帙浩繁的地方志书，

---

① 参见胡焕庸等《中国人口地理》上册，华东师范大学出版社1984年版，第341页。
② 《中国经济年鉴》，商务印书馆1934年版，第三章人口（C），第2—7页。

也可以发现高两性比例普遍存在于近代中国。①

中国近代高两性比例形成的原因主要有以下几个方面。

第一，妇女的经济地位低下。自给自足的自然经济在中国近代一直占有主导地位，与此相应，传统的"男尊女卑""不孝有三，无后为大"的封建意识，作为统治阶级愚弄人们的工具仍然根深蒂固。本来，古代中国社会妇女是很少参加社会生产劳动的，唯一的劳动方式纺织也仅限于家庭生产，随着近代帝国主义的经济侵略，纺织业也被逐步排挤而趋于衰落，妇女劳动的场所愈加受到限制。妇女不参加社会生产劳动，不能走出家庭、走向社会，这就决定了她们的经济地位低下，也是造成中国近代人口高两性比例的根本原因。

第二，溺女之风盛行。溺女，即溺死女婴。这在封建社会已经存在，近代仍有蔓延之势。在帝国主义和封建主义的残酷剥削和压迫之下，广大劳动人民终岁勤劳，仍不免饿殍载道，不饱温暖，而妇女又不事生产，人们往往视之为消费者和生活上的负担，致使溺女之风在全国盛行。如山西"往往初生一女，犹或冀其存留，连产两胎，不肯容其长大，甫离母腹，即坐冤盆，未试啼声，已登鬼箓"②；扬州"有践女之习，产者辄恶之，而贫民尤甚，于是相率而溺焉"③；河南登州"食指若繁，贫民恒丰岁不饱，故溺女成风"④；在广东"溺死女婴也是很平常的事"⑤；福建台州"生女多不育""至乡间溺女视为习惯"⑥。全国各地风行的溺女恶习，也是近代中国高两性比例的原因之一。

第三，妇女死亡率偏高。半殖民地半封建中国社会的妇女，不仅刚刚出生就面临被溺死的厄运，而且一生中随时都有死亡的可能。夫权制是套在妇女脖子上的一条无形枷锁，妇女不仅要绝对服从丈夫，而且还要"夫死随子"，终身不嫁。地方志"列女传"中的"节妇""烈妇"就是夫权制下的牺牲品。太平天国战争时期，扬州一地自咸丰三年

---

① 参见行龙《中国近代的人口高性比例》，载《未定稿》1989年第8期。
② 《晋政辑要》卷18，户制，恤政三。
③ 吴承志：《逊斋文集》卷7，第10页，江阴保婴局记。
④ 潘守濂：《作新续议》下册，第21页，禀为城乡上督总高文清奖稿。
⑤ 李文治编：《中国近代农业史资料》第一辑，三联书店1957年版，第637页。
⑥ 光绪《台州府志》卷60，风俗志上。

（1853）至十年（1860）"舍生取义"的妇女就有1130人。① 曾国荃破南京后，城中"妇女四十岁以下者一人俱无，老者无不负伤，或十余刀、数十刀"②。"灾荒以后，夫卖其妇，父母卖其子女者所在皆是。"③ 太平天国的外国朋友呤唎观察到"中国的穷苦人民出卖女儿是习以为常的"④。另外，由于医疗和科学条件的限制，妇女在生育期内死亡率也很高。1919年山西妇女因生育而死亡者占妇女总人数的10%左右。⑤ 相对而言，半殖民地半封建的中国妇女死亡率高于男子，这与高两性比例有很大关系。

当然，造成近代中国高两性比例的原因，诸如统计上的不实、出生性别的差异以及婚姻上的纳妾制等都应考虑进去。但是，这些不应当是主要的原因。

中国近代人口的高两性比例给社会带来了一系列严重后果。

其一，对近代中国人口再生产有所影响。人口两性比例男多于女，势必使许多男子无以得偶，不得成家，成为社会旷夫，这就直接影响到结婚率和妇女生育率，从而影响人口出生率。中国近代人口总数发展缓慢，与这种高两性比例不无关系。

其二，影响到社会婚姻生活。由于男多于女，男子往往有早择偶和早成家的愿望，富户大家，更是迫不及待，致使早婚流行。首先是订婚过早，尚未涉世的青少年男女，往往由媒妁做媒，父母包办，许定终身。指腹割襟、襁褓为婚者在某些地区大量存在。如山西平定州"今男女五、六岁即议婚，甚有襁褓为婚者"⑥；昌黎县"男女数岁以至十余岁皆议婚"⑦；兴国州"婚姻多于龆龀议定"⑧。近代中国男女结婚年龄大致估计在20岁以下，有些地区更早一些，如陕西甘泉"男二十不娶，谓之当

---

① 光绪《江都县续志》卷10，咸丰三年以来妇女殉城表第八。
② 赵烈文：《能静居士日记》六，23条，见罗尔纲《太平天国史记载订谬集》，三联书店1955年版，第40页。
③ 《皇朝经世文编》卷27，户政四。
④ 呤唎：《太平天国革命亲历记》，中华书局1961年版，第234页。
⑤ 《现代人口年龄别》，《山西省第二次人口统计》，民国八年（1919）统计，山西省档案馆藏。
⑥ 光绪《平定州志》卷5，食货，风土。
⑦ 民国《昌黎县志》卷5，风土志。
⑧ 光绪《湖北通志》舆地21，风俗。

梁，女子十六不嫁，谓之禁婚"①；宜川"男女十二、三岁即行婚嫁"②；山西兴县"往往有男子十二即娶，女子十三、四岁即嫁者"③；江苏也是"婚嫁过早，而士绅相率效尤"④。

另外，高两性比例还使买卖婚姻日盛，由于女子较男子少，人们往往视之为奇缺，男方又有及早成家的愿望，女方就可以乘机故意索取聘礼，所谓"女子适人，其父母惟视钱财多寡以为断"⑤。近代婚姻，特别是晚清，这种习俗越演越烈，为害甚大。

其三，社会风气日益腐败。人口两性比例失调，对社会风气也产生巨大影响。娼妓即为一例。严重的人口高性别比例，对娼妓的存在和发展产生了巨大的刺激作用。如北京"妓业加增，光宣以来，时有消长"。据不完全统计，1916年，北京娼妓所即有391家，人数达5500人。⑥1918年，山西也有明娼865名。⑦人口高两性比例，还造成了社会犯罪率增高，拐卖妇女等社会问题，给近代中国社会带来极大的危害。

2. 年龄结构

人口年龄结构是人口构成的一个重要内容。遗憾的是，这类资料十分缺乏，但从零星的史料中，我们也可大致窥其概貌。在宣统年间曾进行过一次较为系统的人口统计，清政府要求各省在上报户口的同时，附带上报"七岁至十六岁之学童"和"十六岁至四十岁之壮丁"两项数目。但是，无论"学童"还是"壮丁"，仅仅包括男子的数字，女子尚属缺无，加之又无严格的年龄界限，致使人们难以分别进行分析。就此次人口统计的结果计算，学童占当时男子总数的15.18%，壮丁占男子总数的37.12%⑧，7岁以下和40岁以上的男子

---

① 民国《续修陕西省通志稿》卷196，风俗二。
② 同上。
③ 石荣暲：《合河政记》。
④ 《大公报》1902年10月11号，第117号。
⑤ 民国《新绛县志》卷3，礼俗略。
⑥ 转引自郭箴一《中国妇女问题》，商务印书馆1937年版。
⑦ 《现代人口职业历年比较》，《山西省第二次人口统计》，民国八年（1919）统计，山西省档案馆藏。
⑧ 王士达：《民政部户口调查及各家估计》，《社会科学杂志》1935年第6卷第2期，第十一表。

仍无从计算。

个别地方志书中保留了关于清末年龄结构的资料，兹就奉天海龙府西安县人口年龄列表如下（表1—1）：①

表1—1　　　　　　　宣统西安县人口年龄结构略表　　　　　　单位：人

年龄组	男	女	年龄组	男	女
10岁以下	29706	24440	50岁以下	13540	8392
20岁以下	26493	19074	60岁以下	10460	5990
30岁以下	23200	16614	70岁以下	672	380
40岁以下	18430	13233	70岁以上	64	65

民国元年（1912）个别地区亦曾举行过人口统计，大多有每五岁一组的年龄分配表，兹列表如下（见表1—2）：②

表1—2　　　　　　　民国元年部分省区人口年龄表　　　　　　单位：%

省区 \ 各组年龄所占百分数	1岁至未满16岁	16岁至未满50岁	50岁及以上
北京内城	14.47	67.09	18.44
北京外城	15.57	71.12	13.31
顺直	22.52	57.5	19.94
直隶全省	22.31	57.83	19.98
山东	11.69	73.75	14.56
山西	20.55	54.72	24.73
吉林	21.91	57.75	20.34
黑龙江	17.81	64.30	17.89
各省区合计	17.60	60.15	18.25

---

① 宣统《西安县志略》，户籍篇第四。
② 《中国经济年鉴》，第三章人口（C），商务印书馆1934年版，第25页。

为清楚起见，不妨以当时中国人口年龄结构与欧美各国作一比较。据统计，欧洲 11 国 1900 年左右 1 岁至未满 16 岁者占总人口数的 36.01%，16 岁至未满 50 岁所占比例为 48.90%，50 岁以上占 15.08%；美国的年龄结构分别是 33.90%，51.70%，13.90%。①

相比而言，中国近代少年儿童所占比例较低，除了可能少报以及由于医疗条件所限致使少年儿童死亡率较高以外，主要原因是溺婴摧残了许多刚刚出世的儿童。溺婴主要受害者是女婴，但有些地区也有溺男的现象。如湖南黔阳县"明清时代，黔俗富家溺女，贫家溺子，虽迭经严禁，迄未尽革"②。河南邓州"溺女成风，或男多，而亦溺之"③。每当遇到凶荒灾害，出卖儿女又会使许多儿童断送性命。

近代中国中年及老年人口年龄所占百分比略高，首先是由于少年儿童所占百分比较低为基础。另外，中年人已经发育成熟，没有特殊的疾病死亡率比少年组应当是较低的。老年人又受到儿女的孝敬，死亡率也相对较低。就全国而言，人口的平均寿命偏低，高龄老人比例较低。据江西省 20 世纪 30 年代统计，年龄在 30 岁以上的上海为 5%、无锡为 4%、青浦 4%、金山 5%、川河 4%、宝山 8%、奉贤 10%、松江 1%，平均为 5%。④ 这样的百分比，不仅不能与当时的世界情况相比，而且大大低于清朝鼎盛时期。雍正四年（1726）"直隶各省七十以上至百岁以上老民老妇共一百四十二万余名……仕宦、绅士、商贾、僧道皆不入此数"⑤，这个数字无疑会有冒赏浮报，但即使打对折也仍大大高于近代社会。

值得注意的是，在近代中国，除生理上妇女寿命较男子为长外，溺死女婴及生育期的大量死亡，都使妇女的死亡率大大高于男子，这是应当肯定的事实。

---

① 《中国经济年鉴》，第三章人口（C），商务印书馆 1934 年版，第 25 页。
② 民国《湖南各县调查笔记》下册，第 47 页。
③ 潘守廉：《作新续议》下册，第 21 页，禀为城乡业督总首事请奖稿，转引自李文治编《中国近代农业史资料》第一辑，三联书店 1957 年版，第 473 页。
④ 转引自冯和法《中国农村经济资料》，上海黎明书局 1933 年版。
⑤ 尹继善：《江南通志》卷首之三。

总之，近代中国社会，从年龄结构来看，其特点是既多早夭，又乏高龄。

3. 职业结构

"社会内部的分工，也以人口数及人口密度作为物质前提。"① 人口职业结构，是人口构成中一个十分重要的内容。一方面，一定数量的人口，特别是劳动力人口是一定经济结构的前提和条件，人口的职业结构对经济结构的形成和发展有重要的影响；另一方面，一定的经济结构对劳动力人口与生产资料的结合起到重要的制约作用，从而对人口的发展也有重要的影响。

士农工商是中国封建社会长期形成的基本职业结构。所谓"凡民有四，一曰士、二曰农、三曰工、四曰商。论民之行，以士为尊，农工商为卑。论民之业，以农为本，工商为末"②。近代中国人口的职业，以农业为主，商业和手工业次之，出仕和以文为生者又次之。但是，传统的职业结构在半殖民地半封建时期发生了明显的错动，这些在后面将要详细论述，这里着重谈谈工商业人口的增加及职业结构的扩大。

近代中国人口职业结构最大的变动是工商业人口的增加。随着外国资本主义经济侵略的加剧和国内积弱积贫的严重现实，迫使朝野上下不得不改变"工商为末"的传统观念。从洋务运动、维新变法到清末"新政"以及辛亥革命，无一不把发展工商业作为变革的重要内容，这种"振兴实业"的热潮促使人们对工商业"趋之若鹜"。大致看来，从原有职业转变为工商业者，主要有以下三种：

一是广大贫苦农民"舍本而逐末"。近代中国农业生产的衰败，是农民转而从事工商业的一个重要原因。另外，随着土地与人口矛盾的尖锐化以及单位面积产量的限制，农村现有的土地已经不能维持农民的基本生活水平，也使许多贫苦农民离开土地而从事工商业。如山西"以商贾为重，非弃本而逐末；土狭人满，田不足耕也"③。广东"粤东附省各县，

---

① 《马克思恩格斯全集》第23卷，人民出版社1980年版，第391页。

② 谢阶树：《保富·约书》卷8。转引自赵靖、易梦虹主编《中国近代经济思想资料选辑》上，中华书局1982年版，第156页。

③ 光绪《五台新志》卷2，生计。

地广人稠，服贾者多，业农者少"①。江西抚州"土狭民稠，为商贾三之一"②。河北昌黎县"惟因人稠地狭，习商者三分之一"③。当然，农民从事工商业者，大都是小商小贩，拥有资本有限，开办工厂企业者更属寥寥，但这种离开土地而从事工商业的现象则是大量存在的。

二是绅士投资于工商业。绅士是中国近代史上一个非常活跃的阶层，也是分化明显的一股社会力量。清末，随着"实业救国"思潮的兴起以及科举制度的废除，越来越多的绅士开始投资于新式工商企业。据统计，在民族资本主义发展的早期阶段，各类企业主除华侨外，买办为30家，商人8家，学徒2家，官、绅18家。④像张謇、陆润庠等状元、进士们也巨额投资工商，众多的举贡生员更是纷纷效仿，"弃儒经商"。封建文人刘大鹏在其日记中这样写道："近年吾乡风气大坏，视读书甚轻，视为商甚重。才华秀美子弟，率皆出门为商，而读书者寥寥无几，甚至有既游庠序，竟弃儒而经商者……当此之时，为商者十八九，读书者十一二。"⑤此中虽然不免有喟叹夸大之词，但也说明绅士"弃儒经商"已成为一种社会风气。

三是官僚从事工商业。官僚从事工商业，不仅是传统职业观的大转变，而且是近代中国工商业人口增加的一个重要因素。其实，洋务运动时期的官督商办、官商合办企业就是官僚从事工商业的典型，像盛宣怀、严信厚这样的洋务大员，都凭借官僚的庇护、政府的购货及资金来办企业，甚至像皇帝的师傅孙家鼐和翁同龢也安排自己的子孙从事工商，社会上的督抚大员、知州知县从事工商业者也大有人在。所谓"商与官近至以'官商'连称，通常专保护商民，殆渐以打破从来之习惯，而以商居四民之首"⑥。

人口职业结构的扩大是中国近代人口职业结构变动的另一个明显特点。一般来讲，职业结构的扩大同社会的发展成正比例关系，社会越发

---

① 转引自李文治编《中国近代农业史资料》第一辑，三联书店1957年版，第473页。
② 光绪《江西通志》卷48，风俗。
③ 民国《昌黎县志》卷5，风土志。
④ 《中国近代工业史资料》第二辑下，科学出版社1957年版，第925—926页。
⑤ 刘大鹏：《退想斋日记》（稿本）光绪十八年。
⑥ 《胡汉民先生自传》台北影印本，第226页。

展，社会的分工亦越细，职业范围亦越发扩大。近代以来开埠通商的直接社会效应是，社会生活比之前代更呈现出千姿百态的风貌，新生事物的出现，新的机构的设置以及报刊、学堂、文化等诸方面的发展，都为人们谋取新的职业提供了广阔的社会条件。编辑、记者、医生、作家、翻译家、教师、技师、律师等新的职业逐渐专门化和社会化，从事这种职业的人口数量亦随之增加。

另外，除士农工商及新型的职业外，那些属于"江湖无赖之人"从事的职业在近代中国也五花八门，相当繁杂。孙宝瑄称这类职业共有8种60类，即"彼中人自称曰八行：曰经，曰皮，曰李，曰瓜，曰风，曰火，曰除，曰妖。所谓经者，如拆字、占课、相面、算命，及卖春联等，均分九类，属于文墨者也。所谓皮者，如贩卖药材、行医及伪神仙等，分十八类。所谓李者，如变戏法等，分四类。所谓瓜者，如挥刀舞拳卖艺等，分三类。以上四行，知者颇伙，盖所操技业多为王法所不禁也。若风、火、除、妖四种，皆显犯国宪，踪迹甚秘，故罕有知者。何为风？即绿林大盗，分七类。何为火？如冒充官长、私刻印玺，及假造金银等，分八类。何为除？即诈骗讹索一流，分五类。何为妖？即惯用邪术，以色诱人者，分六类"。其实，这类职业都是属于无业游民从事的职业，实质上是过剩人口问题在人口职业结构中的反映。孙氏接着说："此八种人，大抵无业游民，遁而入此，彼中各联小社会，有急相助，大有共产主义，故其群能久而不误。然其宗旨，不外诈、骗、劫、夺四字。"[①] 在近代中国社会，原有的人口职业有些绝迹，有些得以发展，一批新型的职业也逐渐兴起，人口职业结构的变动是很明显的。

4. 文化教育结构

文化教育结构是衡量一个民族人口素质的重要指标。

中国近代教育结构的基本状况是，受教育者人数极其有限，即使所谓的知识分子，大多也是一些半耕半读的封建文人；受高等教育的人更属寥寥；广大妇女则完全被剥夺了受教育的权利。清末，这种状况虽然有所改变，但变动的幅度并不很大。

清代沿袭明制，继续实行科举制度，而科举内容仍然采用八股程式，

---

① 孙宝瑄：《忘心庐日记》（上），上海古籍出版社1983年版，第794页。

从四书五经中出题，文章的思想以及段落、格式都有严格规定，以此作为禁锢知识分子思想的一种手段。在这种教育制度的支配下，受教育者是极其有限的。一般家庭的子弟只能在书院及私塾初识文字，"子弟八岁就学，贫者学至十岁而止，富者或延师、或走读，而皆囿于家乡"①。有人估计从太平天国起义以前到 1871 年，儒学生员从 25089 人增至 30113 人，武学生员从 21200 人增至 26800 人。虽然人数有所增加，但在全部人口中的比例仅仅是 18‰。② 文盲可谓触目皆是。《江苏》第三期一篇《教育通论》的文章说道："奈之何吾祖国四百零七兆有奇之国民，不若此车夫下女盲哑聋痴辈者，比比皆是；彼身为残役而夙婴痼疾者，因无论矣。全国民数中未受教育之妇女去其半，减余之数未受教育已农工商又居十之七、八，仅有此士林中人身轻教育。然而沉溺于帖括，糜烂于词章，膏肓之疾中毒已深，凡哲理、科学、政治、法律之属，茫乎未有所知。"③ 严复更"约而言之"，中国之不识字人民"触处皆是也"④。受普通初级教育者固然人数极其有限，而受中高等教育的人更是极少，据统计，有清一代 268 年中开会试 112 科，录取进士 26742 人，平均每年得进士 99.8 人。⑤ 更为严重的是，占人口半数的广大妇女，被完全剥夺了受教育的权利，有条件的富裕家庭，妇女教育亦"惟恃家庭"⑥。

清末，办学堂、废科举已成为大势所趋，为了挽救摇摇欲坠的封建统治，1905 年，清政府正式下令废除科举制度，鼓励兴办学堂、出国留学。一时间全国各地各类新式学堂纷纷涌现，教育的普及也达到了空前的程度。据记载，1910 年全国学堂数字为 42696 处（各省 42444 处、京师 252 处）；全国学生数字为 1300739 人（各省 1284965 人，京师 15774

---

① 《浙江潮》第九期，调查全稿（台州宁海县）。
② 张仲礼：《中国的绅士》，转引自《剑桥中国晚清史》下卷，中国社会科学出版社 1985 年版，第 600 页。
③ 云窝：《教育通论》，转引自《辛亥革命前十年间时论选集》第一卷，下册，三联书店 1960 年版，第 558 页。
④ 严复：《论教育与国家之关系》，转引自《辛亥革命前十年间时论选集》第 2 卷，上册，三联书店 1977 年版，第 370 页。
⑤ 参见《光明日报》1979 年 10 月 26 日。
⑥ 宣统《高要县志》卷 5，地理篇五，风俗。

人）。另外尚有数千人留学国外。① 1907年学都又奏定了《女子师范学堂章程》及《女子小学堂章程》，各地女学也相继开办。据记载，1907年京师、直隶、奉天等19个省份，共有各类女子学堂428所，学生人数15496人。② 宣统元年（1909）仅直隶一省即有女子学堂121所，学生2622人。③ 可见，清末学堂的大规模兴起，确使受教育的人数大为增加，尤其是妇女走进学堂，更是前所未有。但是，从整体上来看，受教育者在总人口中所占比例仍然十分有限，妇女受教育的比例更低。另外，这一时期开办的各类学堂，主要是蒙养学堂、高初等小学堂以及师范学堂、实业学堂等，高等学堂所占比例较低。④

第二节 家庭

一 家庭的成立

1. 婚姻条件及择偶标准

婚姻是组成家庭的媒介，没有婚姻也就没有家庭，而婚姻的结成，必须具备一定的主客观条件。

我们先来分析近代婚姻成立的客观条件，即社会法律对婚姻的规定及男女双方的初婚年龄。

在清代的法律上，对于婚姻有多种禁忌：

同姓为婚。同姓不婚是从周代已开始的传统婚姻禁忌，它不仅关系到封建的伦理纲常，而且考虑到同姓的结合，对子孙后代有一定的害处。清律明文规定："凡同姓为婚者，（主婚与男女）各杖六十、离异。"⑤ 对于同宗为婚者又分服亲和无服亲两种。娶同宗无服亲者杖一百，若要缌麻以上亲者，则各以奸论，处刑自徒三年至绞，斩不等。⑥ 实际上，这种规定主要是限制同宗为婚者，同姓为婚者在社会现实生活中也时有出现，

---

① 刘锦藻：《清朝续文献通考》，第8634页。
② 学部总务司编：《第一次教育统计图表》（光绪三十三年分）。
③ 《顺天时报》，宣统元年十二月五日。
④ 参见乔志强《辛亥革命前的十年》，山西人民出版社1986年版。
⑤ 《大清律例》，《婚姻》，"同姓为婚"。
⑥ 《大清律例》，《婚姻》，"娶亲属妻妾"。

清律对此实际上已经承认，所谓："同姓者重在同宗，如非同宗，当援情定罪，不必拘文。"①

表婚。表婚即指与外亲之中亲属的通婚。清沿明律，专条规定禁止姑舅两姨姊妹为婚，违者杖八十，离异。表面上看来限制颇严，但实际生活中与法律规定有很大的距离，民间这种表婚现象十分严重，以致法律形同具文，政府不得不弛其禁。清代后来明定条例："其姑舅两姨姊妹为婚者听从民便。"②

娶亲属妻妾为婚。在婚姻传统上，中国历代严禁妻妾与其夫家兄弟等人结婚。丈夫生前妻妾犯奸的行为固须加重治罪，丈夫死后，妻妾也不能与夫家亲属结婚，只能改嫁外姓。清律规定："凡娶同宗无服之亲及无服亲之妻者，男女各杖一百；若娶同宗缌麻亲之妻及舅甥妻，各杖六十，徒一年，小功以上之妻各以奸论，其亲之妻曾被出尼已改嫁而娶为妻妾者，各杖八十；若收父祖妾及伯叔母者，不问被出改嫁皆斩；若兄亡收嫂、弟亡收弟妇者，不问被出已改嫁俱坐各绞，妾各减二等；若娶同宗缌麻以上姑侄姊妹者，亦各以奸论，并离异。"③虽然法律规定甚严，但在民间，尤其是广大的贫困人家，这种兄收弟妻、弟收兄嫂的情况已经渐次形成习惯。

良贱为婚。良贱为婚也在清律严禁之例，这主要是从巩固封建统治的等级制度出发。清律规定，家长与奴不准娶良人妇女为妻，明知故犯者重加其罪，还定"若以奴婢为良人而与良人为夫妻者杖九十，各离异改正"④。不仅如此，还规定豪势之人不得强占良家妻女，官吏不得娶乐人（妓女）为妻妾等。

异族通婚。清兵入关后，一度实行民族隔绝政策，禁止满汉结婚。光绪后期，皇帝降旨，令满汉通婚。清初，亦曾禁止汉苗通婚，乾隆时弛其禁。

另外，清律还对婚姻嫁娶者有许多限制，如父母居丧期间不得婚娶，

---

① 《大清律例汇辑便览》。转引自瞿同祖《中国法律与中国社会》，中华书局1981年版，第92页。
② 《大清律例》，《婚姻》，"尊卑为婚"。
③ 《大清律例汇辑便览》卷10《户律》，《婚姻》"娶亲属妻妾"条。
④ 《大清律例汇辑便览》卷10《户律》，《婚姻》"良贱为婚姻"条。

祖父母及父母犯死罪被囚禁时不得嫁娶等。僧道娶妻也在严禁之例。

需要指出的是，虽然清代法律对婚姻有种种限制，但是社会婚姻生活却与法律大有距离。同姓为婚、表婚、兄收弟妻、弟收兄嫂等婚姻形式不仅在社会上大量存在，而且法律实际上也不予追究。至于家奴为婚、降妻为妾、升妾为妻以及官吏妻妾成群的事例更屡见不鲜。僧尼结婚在有些地方也公开化，如江苏"靖江尼庵最多比丘尼与比丘僧公然结婚，发柬请酒，恬不为怪。诸檀越亦登堂以贺，视为固然"①。清末还有留学生与外国人结婚者。

婚姻成立的客观条件除社会法律的限制而外，另一个就是男女当事人的婚龄。

周礼曾规定"男子三十而娶，女子二十而嫁"。其实这不过是一种结婚年龄的标准而已，实际婚龄是比规定大大提前的。近代以来，一般男女结婚年龄大都在20岁以下，而且大部分地区早婚十分盛行。试举数例：河北昌黎"男女数岁以至十余岁皆议婚"②。山西盂县"独男女婚嫁太早，或不及十四、五岁"③。安徽徽州"熹人多婚早，每十五、六皆嫁娶"④。广东乐昌"男子十五以上多冠娶"⑤。不一而足。

从男女两性的夫妇年龄来看，一般男大于女。社会上视男小女大的婚姻为不正常的婚姻，然而这种婚姻却又存在，其主要原因是夫家想早得贵子，或出于增加劳动力的愿望，反映了近代社会自给自足的自然经济对婚姻形成的影响。如直隶深州"缔婚往往男小女大，年几不相称，良由阿母多欲早得子，妇以自助而男女不相得"⑥。山东"往往以及笄之女配未成丁之男……其用意不过欲令执炊爨之劳，供缝纫之役"⑦。另外，一些地区还有童养媳、指腹为婚等形式。

婚姻是一种社会行为，社会的变化决定着人们择偶标准的变化。择

---

① 《清稗类钞》卷5，婚姻类，中华书局1984年版，总第2099页。
② 民国《昌黎县志》卷5，风土志。
③ 光绪《盂县志》卷6，地舆考，风俗。
④ 汪士铎：《乙丙日记》。转引自赵靖、易梦虹主编《中国近代经济思想资料选辑》第一册，中华书局1982年版，第308页。
⑤ 同治《乐昌县志》卷1，方域志，风俗。
⑥ 光绪《深州风土记》，记21，物产。
⑦ 《大公报》1909年5月28日，2460号。

偶标准的变化也反映了社会的变化。

中国近代社会中，择偶标准既重门第又重财产，不过更重视后者；有知识的一些人还重视对偶的文化水平，但在社会中毕竟所占比例极小。

婚姻论财。光绪以后，这种买卖婚姻的风气日甚一日，各地地方志书中保留了大量的此类记载。如姚安县"自离乱后，嫁女者皆索聘金，转相效尤，遂成敝风"①；东平县"有清末叶，婚丧晏会，多务侈靡，相沿成风"②；上虞县"惟富家务在妆奁丰厚，甚或鬻产负债以求观美，贫家许字论财，或七、八十金，或百金，或百数十金，聘礼盘仪，多多益善，每见有千金之家因嫁女而中落，农民积十年赢余，因娶妇不足又称贷而益之遂穷，约以终身，甚有老死不相婚者"③；海宁州"男家具财礼聘物丰俭不等，近趋奢靡，中等之家率以百金为聘，寒素亦必具数十金"④；镇海"近时风气大变，未递庚帖，先论聘金，礼物陈设，华丽相夸"⑤。更有甚者，有因择偶论财而悔婚或抢婚者。如嘉定县"有相沿之陋习曰争亲，即女家向男家争论财币也"。"凡民间聘妻，女家力争财礼，无力迎娶，或悔婚不愿嫁者，则纠人抢之。"⑥《清稗类钞》也记载了苏州一少年的退婚之事，少年曰："吾幼聘某富绅女，彼以我家渐落而悔盟。今遣人持聘金见还，令我作退婚书。谓如不从，则以旬日持三百金来，方为若妇。"⑦当然，重视"门等户对"也是择偶的一个重要条件，上层阶级"毕沅联姻孔氏""胡文忠娶陶文毅女""骆文忠娶富户金氏女""沈文萧娶林文忠女""张佩纶续娶李文忠女"等都是典型。

一些有知识的男女，对对方的知识和才华也十分重视。《清稗类钞》有这样两例：闽县良家女张红娇，"父母无子而家富，富家子弟争欲委禽，乃坚执不愿，自于父母曰：'纨绔子多不才，无才必无情，无情者不

---

① 光绪《姚安县志》卷53，礼俗志，风俗。
② 民国《东平县志》卷5，风土。
③ 光绪《上虞县志》卷38，杂志，风俗。
④ 光绪《海宁州志》卷40，杂志，风俗。
⑤ 民国《镇海县志》卷41，风俗。
⑥ 光绪《嘉定县续志》卷5，风土志，风俗。
⑦ 《清稗类钞》卷5，婚姻类，总第2092—2093页。

可偶也。儿愿得一才而有行者天之。'"① 咸丰、同治年间，某邑富家女张翠君，以少年曹壁"聪泼攻词"而"颇属意焉"，而曹某家贫，"不敢启齿"，最后赘壁为婿。②

值得指出的是，清末随着自由结婚之兴起，一些进步知识分子，尤其是留学生的择偶标准发生了很大的变化，兹录《大公报》1902年6月26日一则求偶广告于下："今有男清志士某君北来游学，此君尚未娶妇，意欲访求天下有志女子聘定为室，其主义如下：一要天足，二要通晓中西学术门径，三聘娶仪节悉照文明通例，尽除中国旧有之陋俗，如有能合以上诸格及自愿出嫁而又完全自主权者，毋论满汉新旧、贫富贵贱、长幼妍媸，均可请即邮寄亲笔复函，若在外埠能附寄大著或玉照更妙，信面写'AAA'，托天津大公报馆或青年会二处代收。"

2. 婚姻礼俗

婚姻礼俗是社会生产方式在生活方式上的一种反映。在中国近代社会，随着社会性质的逐步半殖民地半封建化，自给自足的自然经济日益趋于解体和资本主义因素的出现和成长，以及新的交通、通信、企业、学校等新事物的出现，使封建的道德观念、价值观念受到严重挑战。婚姻礼俗也随之发生变化。

中国近代婚姻礼俗的变化主要体现在以下三个方面：

第一，主婚权的变动。中国传统的婚姻目的既然是"合二姓之好，上以事宗庙，而下以继后世也"③，那么，主婚的权利就在于"父母之命，媒妁之言"了。这种婚姻，完全排除男女当事人的主婚权利，而仅仅是一种以封建的礼仪法律维系起来的契约关系。清律规定："嫁娶皆由祖父母、父母主婚，祖父母、父母俱无者，从余亲主婚；其夫亡携女适人者，其女从母主婚。"④ 一般社会下层人家遵循这种主婚权的上下之分，社会上层，富豪大家也以越僭而为背常。曾国藩为长子曾纪泽订婚可为一例。原来，纪泽曾由其祖父主婚将与贺家订盟，但其母却以为嫡庶之别而觉

---

① 《清稗类钞》卷5，婚姻类，总第2044页。
② 同上书，总第2088页。
③ 《礼记·昏义》。
④ 《大清律例汇辑便览》卷10《户律》，《婚姻》，"男女婚姻"条。

不适，时在京师的曾国藩也不敢违父之命，只得书信"请缓"。咸丰元年（1851）十月十二日曾国藩家信中写道："纪泽聘贺家姻事，观闰八月父亲及澄弟信，已定于十月订盟……而此间却有一点挂碍，不得不详告家中者。京师女流之辈，凡儿女定亲，最讲究嫡出庶出之分……知贺女实系庶出，内人即甚不愿。余此晓以大义，以为嫡出庶出何必区别。且父亲大人业已喜而应允，岂可有他议？……求诸弟宛转禀明父母，尚须斟酌，暂缓订盟为要。"①

媒妁，即媒人。从"父母之命，媒妁之言"可以看出，男女婚姻的主婚权媒妁也有其责。既然当事人双方不得面订终身，那么媒妁的作用就显得十分重要。社会上人们注重"明媒正娶"，无媒则以非礼贬之。在近代社会，媒妁在主婚上不仅有中间人的作用，而且要在法律上负责，清律规定嫁娶违例亦治媒人之罪，"招婿须凭媒妁明立婚书，开写养老或出舍年限"②。在这种"父母之命，媒妁之言"的主婚条件下，男女当事人被排除在订盟的范围之外，即使不相情愿，也不能解除婚约。反之，情投意合的青年男女，没有"父母之命"与"媒妁之言"，也不能轻易违例，私订终身。

清末，随着婚姻自由与女权运动的兴起，传统的主婚权开始发生了新的变动，明显的特点就是婚姻的成立不仅受父母之命，而且须征得当事人的同意。徐珂这样总结清末的情况："以父母之命，媒妁之言，而取男女之同意，以监督自由。其办理次序，先由男子陈志愿于父母，得父母允准，即延介绍人请愿于女子之父母，得其父母准允，再由介绍人约期订邀男女会晤，男女同意，婚约始定。"③ 这种主婚权的变动不能不说是进步与文明的表现，尽管这种变动主要限于一些城市及具有一定文化教育的家庭。至于像秋瑾、蔡元培等资产阶级先进知识分子，在主婚权上冲破家庭、独立自主的例子，在清末民初社会也屡见不鲜。

第二，婚姻程序的删繁就简。中国古代婚姻程序遵循着自西周以来

---

① 曾国藩：《致澄弟范弟既弟季弟》（咸丰元年十月十二日），《曾国藩全集·家书（一）》，岳麓书社1985年版，第225页。
② 《大清律例汇辑便览》卷10《户律》，《婚姻》，"男女婚姻"条。
③ 《清稗类钞》卷5，婚姻类，总第1987页。

就开始实行的"六礼"。到近代社会，虽然人们仍然崇尚着古代的六礼遗风，但删繁就简的趋向在婚姻生活中表现得日益明显，一般从议婚到成婚大都经过以下三个阶段：一是订婚。开始议婚，往往由男家求亲友为媒通言女家，女方若许可，两家互订婚约，并相易庚帖，订婚之日，有些地方设宴以谢媒人，这就是订婚，也叫许亲、定亲等。二是纳聘。这是把古代的纳吉和纳征合二为一，但男方均须向女家送交不同数量的聘金，女家以冠履等物回之。如山西浮山"定婚之后，择吉纳亲，互相交换，履行规定手续"[①]。最后就是成婚，也叫亲迎。俗名又叫娶媳妇，就是新婿亲到女家迎娶新妇的仪式。这是婚姻程序中最为重要，也是最为繁缛的一个阶段，从迎娶进门到入室就要经过迎轿、下轿、祭拜天地、行合卺礼、入洞房等程序。如山西临县"古者婚礼六，后约为三，临县谓纳采，为定亲纳征，为送钱"[②]；新绛"六礼之中仅存纳采、请期、亲迎三种"[③]；广东茂名县"婚之六礼并而为四"[④] 等。

婚姻程序的删繁就简还表现在有些地方干脆取消了繁缛的亲迎一礼，如广东潮阳县"惟亲迎则从省"[⑤]；海阳县"雍乾以前有亲迎事……今则不行之矣"[⑥]；山西虞乡"而娶亲迎者，百之一二"[⑦]；临县"嫁娶之时，亲迎与否，听其自便"[⑧]。此类例子还可以举出许多。当然，与之相反在婚姻程序上奢靡无度、繁缛礼节的礼俗在社会上尤其是富户大家仍然存在。但删繁就简却是婚姻程序的一个变动趋势。

第三，文明婚礼的出现。这是清末民初婚姻礼俗的新现象。"光、宣之交，盛行文明结婚，倡于都会商埠，内地亦渐行之。"[⑨] 这是符合当时实际的。这种新婚礼的一般程序是：奏乐、入席，证婚人宣读证书，各方用印，新郎新娘交换饰物，相对行鞠躬礼，谢证婚人及介绍人，行见

---

① 民国《浮山县志》卷32，风俗。
② 民国《临县志》卷13，风土略。
③ 民国《新绛县志》卷3，礼俗略。
④ 光绪《茂名县志》卷1，舆地，风俗。
⑤ 光绪《潮阳县志》卷11，风俗。
⑥ 光绪《海阳县志》卷7，舆地略，风俗。
⑦ 民国《虞乡县志》卷3，礼俗略。
⑧ 民国《临县志》卷13，风土略。
⑨ 《清稗类钞》卷5，婚姻类，总第1987页。

亲族礼，行受贺礼，来宾演说等。兹录上海《女子世界》二年三期的两例新式婚礼如下：

其一，"丙午闰四月初五日，王君雅先（前上海爱国学生社）与吴君震（上海务本女学生），在锡金学务处，举行婚礼，屏除一切旧俗，参用文明规则，来宾云集，欢声若雷，新娘新郎，皆服西装，首行结婚礼，次见家族，次受贺。竞志女学生及单级私塾女士合唱自由结婚歌，歌毕而散"。

其二，"九月十二日为上海郑端甫君与上海张瑞娥女士结婚之期……次序如下：（一）司仪员入席，北面立。（二）男宾入席，西面坐，奏琴。（三）女宾入席，东面坐，奏琴。（四）主婚人入席，西南面立，奏琴。（五）介绍人入席，东南面立，奏琴。（六）新郎新娘入席，北面并立，奏琴。（七）主婚人展读证书。（八）新郎新娘用印。（九）主婚人用印。（十）介绍人用印。（十一）主婚人为新郎新娘，交换饰物。（十二）新郎新娘对立，行鞠躬礼。（十三）主婚人颂词，新郎新娘谢主婚人及介绍人。（十四）主婚人介绍人退，奏琴。（十五）贺客拍手"[①]。

文明婚礼出现的同时，许多与婚俗有关的风俗也得到了一定程度的改革，改跪拜礼为鞠躬就是当时一种普遍的现象。称谓也有改变，"结婚之日，婿称新郎……女称新媳或简称新妇，女家称婿曰姑爷，称女曰姑娘，男女翁姑称媳妇曰某家某姐"[②]。这些新名词及新现象的出现，说明旧式婚礼有了一定程度的改变。

3. 离婚、纳妾及其他

婚姻关系有成立，也有解除，离婚即是婚姻关系的解除。由于离婚使男女双方在身份上、财产上都发生一系列的变化，而且涉及子女的抚养教育等各种问题，对家庭和社会都会产生一定的影响，因此，离婚问题历来为社会所重视。

清代关于离婚的规定，沿袭历代各朝，以"七出三不去"为主，这就是结婚妇女若有"无子、淫佚、不事舅姑、多言、盗窃、妒嫉、恶疾"

[①] 上海《女子世界》（一九〇七）二年三期。转引自张玉法主编《近代中国女权运动史料》（台湾版），台湾传记文学出版社1975年版，第1314—1315页。

[②] 民国《安邑县志》卷5，礼俗略。

者应"出妻",亦即离婚;"三不去"即曾持舅姑之丧、贫贱后富、贵有所娶无所归。即使有"七出"之嫌而符合"三不去"者,法律规定也不能离婚。清律对离婚还有各种细节的规定:"凡妻无应出及义绝之状而出之者杖八十;曾犯七出有三不去而出之者减二等,追还完聚;若犯义绝应离而不离者,亦杖八十;若夫妻不相和谐而两愿离者不坐;若妻背夫在逃者杖一百,从夫嫁卖因逃而改嫁者绞;其因夫逃亡,三年之内不告官司而逃去者杖八十,擅改嫁者杖一百,妾各减二等;若婢背家长在逃者杖八十,因而改嫁者杖一百,给还家长,窝主及知情娶者,各与同罪,至死者减一等,不知者俱不坐。"①

从以上清代关于离婚的法律中可以看出,其目的主要出于维持封建家长制及夫权,进而巩固宗法家族制度。在无以下继后世、上事宗庙、不孝有三、无后为大的社会,"无子"当然要作为头等大罪来处置。其他如淫佚、不事舅姑、多言、妒嫉、恶疾等无不从维护夫权及家长制出发,盗窃之罪既辱家风,又危害社会,也在当出之例。当然,在法律许可的条件下,因犯义绝,②或夫妻不和而两愿离异者,也是可以离婚的,但是,这些也无一不是从夫权出发,妇女离婚的权利是极其有限的。

中国近代是一个激烈动荡的社会,社会政治及经济基础新旧斗争,必然反映到作为社会生活方式的婚姻上来。封建的从一而终的婚姻观固然束缚着千百万劳动妇女的思想,但婚姻自由,不合则离的思潮,在近代中国社会,尤其是在资产阶级民主革命思潮的冲击下,也日益在整个社会产生了现实的效应。清末民初,不仅离婚之案多有发生,而且出现了妇女主动要求离婚的现象,并且日益得到社会舆论的承认。如镇海"离婚之案,自民国以来,数见不鲜"③;河北雄县"离婚之诉,日有所闻"④。当时社会上"大抵离婚出自男子者予妇赡养费用,出自女子者,女家须偿还聘金"⑤。这可以说是婚姻生活中的一大进步。

---

① 《大清律例汇辑便览》卷10《户律》,《婚姻》,"出妻"条。
② "义绝"是离婚的另一种条件,包括夫对妻族、妻对夫族的殴杀罪、奸非罪,及妻对夫的谋害罪。参见《大清律例》条例。
③ 民国《镇海县志》,沿革志。
④ 民国《雄县新志》,礼俗。
⑤ 民国《鄞县通志》,文献志。

与离婚相联系的是，贞节观念不仅受到清代法律的保护与褒扬，而且在实际生活中仍然统治着人们的思想，束缚着妇女的婚姻自由。贞女、节妇、烈女、烈妇在保存的方志中，占据了相当大的分量。夫死改嫁者为社会舆论所不齿。如广东《顺德县志》这样写道："邑内妇女最重名节，妇人青年，夫死者多不改嫁，有再醮者，乡俗皆非笑之。即许字而夫死者，亦多到门守节，程子谓：'饿死事小，失节事大'，邑中妇女皆懔然知此耻焉。"①

纳妾制在中国有着长久的历史，半殖民地半封建社会时期，这种婚姻制度在特定的社会环境中得到恶性发展，法律上虽然只承认一夫一妻制，但实质却是一夫多妾制。妾者接也，聘则为妻，奔则为妾，妾是不能行婚姻之礼的。妻妾的主要区别就在于结合方式和身份及权利的不同。妾以夫为家长，只能称其为老爷，而不能以夫为之，相应地，她们被称为姨太太或姨娘，她们与家长根本不发生任何亲属关系，连自己的父母、兄弟、姊妹也不能往来于家长之家。法律上家长与妾之间的不平等较夫妻之间的不平等更甚，家长殴妾之治罪要比殴妻轻二等，而妾若殴詈家长，其罪较妻要重得多。另外，若妻无子，则可以纳妾，这是法律所承认的。妾既可以被买进，又可以被卖出，没有丝毫的人身自由，完全属于家长的财产。

随着近代中国半殖民地半封建社会的日益深化，西方资产阶级的生活方式也逐渐影响到婚姻生活，贵族官吏、富豪大家穷极奢靡，荒淫无度，纳妾之风盛行。1909年，天津甚至出现了禁止纳妾的民间广告。《大公报》这样记载着："近年天津宦场中有以二千元而纳妾者，有以六千元而纳妾者，有以二万元而纳妾者，纳妾之风愈盛，而妾之价值亦愈高，于是天津市面乃出现一种奇特之广告，大书禁止纳妾四字，此禁令之命意虽不知果何指，亦不知出于何人，然使本于社会公共之要求亦足以触目惊心为世炯戒。"②

社会上公开买卖妇女，刺激着女价日高，再嫁更甚。如陕西临潼"以寡妇为奇货，由来久矣。光绪三年，婚姻论财，女子十七、八岁有卖

---

① 民国《顺德县志》卷1，舆地，风俗。
② 《大公报》，1909年7月30日。

银十五、六两，或有卖银百余两者，人咸以为耻。至二十年后，公然买卖作亲，七、八岁女子竟卖百余两，十七、八岁女子甚至卖银二、三百两不等，贫富皆恬不为怪，从此人愿生女，不愿生男，俗谓生女曰财神进门，生男曰瞎事寻人……寡妇之价昂于幼女数倍，往往有出五、六百，七、八百金买二十余岁之寡妇，而不出七、八十金定聘十六、七岁之闺女者"①；台湾澎湖地区"女价愈贵，娶妇亦愈难，而惟再醮者尤甚"②；上海附近的南汇县甚有"扛孀"的名目，"有强娶孀妇者，诱其远族私立婚书，夜率鼓乐，破门而入，扶妇升舆，谓之扛孀"③。

家庭的成立（婚姻制度）是社会生产方式及一定经济基础在生活方式上的反映。中国近代半殖民地半封建的社会性质，决定了婚姻制度也只能在新旧冲突、中西交融的矛盾运动中发展，婚姻制度中虽然有各种新现象的出现以及旧婚制的变动，但落后、愚昧、封闭的封建传统意识仍然束缚着人们的思想，抑制着婚姻变动的力度和深度。

二　家庭结构及其关系

1. 家庭规模

家庭规模，亦称户规模，指每个家庭中的人口数量。家庭规模的大小及其变迁，受一定社会的政治、经济、文化、习俗的影响，存在着不同的差异。我国历代家庭规模就有很大差别，东汉时期每户多在4—5人之间；三国魏蜀吴分别平均为3.36人、6.68人、4.34人；南北朝时期各代差别较大；隋唐时有了明显的上升，唐乾元三年（760）平均高达8.79人；宋代则一般在2—3人；明代初期一般在5人左右，中期上升为6人左右，晚期又降为5人左右；进入近代以后，每户平均人口也在5—6人之间。④ 为更加准确地说明近代中国家庭规模的大小及变迁，特列各省区户规模比较如下（见表1—3）。

---

① 民国《续修陕西省通志稿》卷196，风俗二。
② 《光绪甲午新修台湾澎湖志》卷9，风俗。
③ 光绪《南汇县志》卷20，风俗志。
④ 见梁方仲《中国历代户口、田地、田赋统计》，上海人民出版社1980年版，甲表1，第1—10页。

表1—3　　　　　嘉庆、宣统全国各省区家庭规模比较表①

省区	嘉庆二十五年（1820）户数	口数	户均口数	宣统年间（1912年汇造）户数	口数	户均口数
直隶	3951477	22430748	5.67	5187758	26721353	5.15
奉天	129653	1338415	10.32	1707642	11018517	6.45
吉林	111847	698501	6.24	800099	5538405	6.92
黑龙江	28465	—	—	269433	1858792	6.90
江苏	—	29095985	—	5397738	25883336	4.80
安徽	—	33499316	—	3241018	16229052	5.01
山西	2394903	16378904	6.83	2097082	10099135	4.82
山东	4548817	31445329	6.91	5380277	29556688	5.49
河南	4772097	25888005	5.42	4661566	26109931	5.60
陕西	—	14379400	—	1605342	8074013	5.03
甘肃	2175754	17722321	8.14	907940	4700058	5.18
浙江	4823524	29362308	6.08	4251383	18072226	4.25
江西	4379629	25126078	5.73	3439873	16977029	4.94
湖北	4314737	29544241	6.84	4938625	27646651	5.60
湖南	3235317	18991741	5.87	4349371	23402992	5.38
四川	7066267	28327581	4	9141410	44140462	4.83
福建	3377525	20035979	5.93	2515756	12500266	4.97
广东	—	22736369	—	5052418	28010564	5.54
广西	1279015	7622423	5.95	1393467	7789480	5.59
云南	1118174	7096088	6.34	1548034	7209888	4.66
贵州	1118884	5526154	4.93	1771533	8702964	4.91
新疆	75189	—	—	471205	2085340	4.57

中国近代户口统计严重缺失，现存史料中，或缺户有口，或有口缺户，不足以说明近代家庭规模及其变迁。为进一步理解这一问题，我们从各地方志中，抽样列出一些户口统计较为系统的州县资料（见表1—4）。

---

① 嘉庆二十五年（1820）数字据梁方仲《中国历代户口、田地、田赋统计》乙表77，第401—411页。其中口数一项为"原额"与"滋生"之和。宣统年间户口数字据《中国经济年鉴》上册，商务印书馆1934年版，第3章第1节。

表1—4　　　　　　　　　　部分地区家庭规模变迁表

类别 省府州县名称	乾隆时期 户数	乾隆时期 口数	乾隆时期 户均	嘉庆时期 户数	嘉庆时期 口数	嘉庆时期 户均
江苏嘉兴府	467159	2416105	5.17	474031	2533530	5.34
江苏桐乡县	53818	263769	4.90	55175	274826	4.98
山西太谷县	—	—	—	—	—	—
陕西岐山县	20085	113461	5.64	—	—	—
湖南靖州	32455	153341	4.72	—	—	—
湖南永定县	—	—	—	19860	128370	6.46
广东韶州府	—	—	—	—	—	—
云南腾越厅	—	—	—	20136	200813	9.97
江苏崇明县	—	—	—	—	—	—
江苏青浦县	—	—	—	—	—	—
陕西兴平县	17889	142465	7.96	—	—	—
陕西华州	—	—	—	—	—	—
安徽歙县	—	—	—	—	—	—
安徽沪县	—	—	—	48780	145622	2.98

类别 省府州县名称	道光时期 户数	道光时期 口数	道光时期 户均	咸丰时期 户数	咸丰时期 口数	咸丰时期 户均
江苏嘉兴府	541336	2933764	5.42	—	—	—
江苏桐乡县	68151	327125	4.80	—	—	—
山西太谷县	38586	289225	7.49	46631	333877	7.15
陕西岐山县	—	—	—	26823	184535	6.87
湖南靖州	28378	128567	4.53	—	—	—
湖南永定县	—	—	—	—	—	—
广东韶州府	91100	562300	6.17	145581	908229	6.23
云南腾越厅	48512	373870	7.70	—	—	—
江苏崇明县	—	—	—	—	—	—
江苏青浦县	—	—	—	—	—	—
陕西兴平县	—	—	—	—	—	—
陕西华州	11200	45809	4.09	—	—	—

续表

类别 省府州县名称	道光时期 户数	道光时期 口数	道光时期 户均	咸丰时期 户数	咸丰时期 口数	咸丰时期 户均
安徽歙县	114950	617111	5.36			
安徽沪县	—	—	—			

类别 省府州县名称	同治时期 户数	同治时期 口数	同治时期 户均	光绪时期 户数	光绪时期 口数	光绪时期 户均
江苏嘉兴府	253447	953053	3.76			
江苏桐乡县	50557	114273	2.26	—	—	—
山西太谷县	—	—	—	35983	160322	4.45
陕西岐山县	—	—	—	27212	149446	5.49
湖南靖州	16382	74152	4.52	20822	79906	3.83
湖南永定县	21540	135370	6.28	31330	152251	4.85
广东韶州府	193502	1237771	6.42	—	—	—
云南腾越厅	—	—	—	10936	54407	4.97
江苏崇明县	—	—	—	131535	634634	4.82
江苏青浦县	—	—	—	89661	379388	4.23
陕西兴平县	16700	105342	6.30	14990	117944	7.86
陕西华州	—	—	—	21105	96159	4.55
安徽歙县	57477	309604	5.38	—	—	—
安徽沪县	—	—	—	108345	520044	4.79

类别 省府州县名称	宣统时期 户数	宣统时期 口数	宣统时期 户均	资料来源
江苏嘉兴府	—	—	—	光绪《嘉兴府志》卷20，户口
江苏桐乡县	—	—	—	光绪《嘉兴府志》卷20，户口
山西太谷县	—	—	—	光绪《太谷县志》卷3，户口
陕西岐山县	—	—	—	光绪《岐山县乡土志》卷3
湖南靖州	—	—	—	光绪《靖州乡土志》卷2
湖南永定县	—	—	—	光绪《永定县乡土志》卷3
广东韶州府	—	—	—	同治《韶州府志》卷11，舆地略
云南腾越厅	—	—	—	光绪《腾越厅志》卷3，舆地志，户口
江苏崇明县	107020	670884	6.26	民国《崇明县志》卷6，户口

续表

类别 省府州县名称	宣统时期 户数	宣统时期 口数	宣统时期 户均	资料来源
江苏青浦县	—	—	—	民国《青浦县续志》卷6，户口
陕西兴平县	—	—	—	光绪《兴平县兴土志》卷3，户口
陕西华州	19706	118007	5.98	宣统《华州乡土志》，户口
安徽歙县	—	—	—	民国《歙县志》卷3，食货志，赋役
安徽沪县	—	—	—	民国《沪县志》卷3，食货志，户口

表1—3、表1—4显然不是全面的家庭规模资料，或有统计不实的现象存在，但其至少反映了以下两个方面的问题。

第一，中国近代家庭规模表现出它的不平衡性，各地存在着一定的差异。就全国而论，宣统年间东三省户均规模为6.63人，华北为5.22人，华中为4.80人，华南为5.04人，新疆地区为4.57人[①]，呈现出明显的北方高于南方的现象，这除了各地社会政治、经济、文化、习俗及环境的影响之外，各地土地占有之多少起着重要的作用。北方地区耕地面积广阔，一般地区每人约占五六亩土地，东北地区则更多；而南方许多地区人均耕地仅二三亩左右，有些地方甚至不足其数。耕地面积较多，不仅需要众多的劳动力从事生产，而且可以扩大再生产；而耕地狭小，在近代农业生产力发展的水平之下，限制着人口对土地的投资。它充分说明土地占有形式的不同对家庭规模起着不可忽略的限制作用。

第二，家庭规模出现了由大而小的趋向。近代中国全国性的家庭规模资料完整的仅有宣统年间的数字，即66880591户，341826088人，平均户规模为5.11人。但是检索各种方志资料，如同上表所列各地一样，家庭小型化的趋向已经十分明显。随着近代资本主义商品经济的发展，生产越来越社会化，传统的自给自足的自然经济逐步趋于解体，这种经济结构的变动，必然影响到人们的家庭规模，小型化也就势所必然了。分家别居越来越成为一种普遍的社会现象。刘大鹏在其日记中这样写道：

---

① 《中国经济年鉴》上册，商务印书馆1934年版，第3章人口。

"每见近世，父母在堂，兄弟尚觉和翕，迨父母没而心遂变矣，或兄憎其弟，或弟恶其兄，概不念同气枝连，相视胜于仇人，每欲荡析离居，由是将家产判为数段，兄弟东西，各操其业，甚至有父母在堂，即分家离居者。"①

2. 家庭结构

近代中国家庭规模每户多在5人左右，这是一个平均值，那么，在这种平均户规模之下，各种不同规模的家庭户在总体中占多大比例？其内部结构又究竟如何？

首先，我们需对中国近代家庭作个初步的分类。一般而言，在半殖民地半封建的中国社会，主要有如下四种家庭类型：(1)核心家庭，即由父母和未婚子女组成的家庭。(2)直系家庭，即由父母和一个已婚儿子再加未婚子女及孙子女等组成的家庭。(3)联合家庭，它包括三种类型，一是由父母和数个已婚儿子再加未婚子女及孙子女组成的家庭；二是已婚兄弟和各自的未婚子女组成的家庭；三是已婚兄弟和各自的已婚儿子再加未婚子女及孙子女组成的家庭。(4)缺损家庭。它包括一对夫妻户及鳏寡孤独等单亲家庭。

以上四类家庭在总体上各占多大比例，这类资料很少具有系统性，单个家庭不足以说明问题。这里，我们据王梦泉《咸丰十一年九月被难大小男丁妇女节义纪实》进行考察，特列表1—5于下：

表1—5　　　咸丰十一年山东宁海州家庭结构分类统计

类型	户数	人口数	户均人口	各类家庭占总户数的比例（%）			
核心家庭	70	354	5.06	35.53	64.97	89.85	35.53
直系家庭	58	352	6.07	29.44	^	^	54.31
联合家庭1	49	470	9.51	24.87	32.99	^	^
联合家庭2	7	54	7.71	3.55	^	8.12	8.12
联合家庭3	9	93	10.33	4.57	^	^	^
缺损家庭	4	31	7.75	2.03	2.03	2.03	2.03
合计	197	1354	6.87	100	100	100	100

（说明：联合家庭中的1、2、3分别指上述联合家庭的三种类型。部分数字略有出入）

---

① 刘大鹏：《退想斋日记》（稿本），光绪十八年十月初六日。

从表1—5中可以看出，核心家庭及父母和一个已婚儿子再加上其未婚子女及孙子女的家庭占到总户数的64.97%，这两类家庭是近代山东家庭结构的主体，也就是五口六口之家的主要构成模式。从家庭第一代人口构成的区别来看，由一对夫妻及其子孙组成的家庭（核心家庭和直系家庭）占总户数的89.85%，而兄弟两对以上夫妻及其子孙组成的家庭类型仅占8.12%，可见近代家庭中父母乃是维系联合家庭的主要因素，换言之，父母逝世之后，大部分兄弟是分居离析的。

上述分析的这份《咸丰十一年九月被难大小男丁妇女节义纪实》材料，背景是1861年（咸丰十一年，辛酉）9月捻军的一支部队围攻宁海州城时，由于当地封建政府及地方乡绅团练组织的顽强抵御，因而攻城4日未克，旋即撤退。这份材料就是这场战争中的全部死亡人口名单。由于州城未陷，城内居民没有受到巨大损伤，这份记录因而主要是乡村人口，其中一部分青壮男子系与捻军直接交战被杀，大多数则是为了保全"名节"而自尽者。考虑到农民起义军打击的主要对象是官宦乡绅、地主豪富，而刻意追求名节为封建统治者尽忠尽孝者也以这部分为多，我们估计，"殉难"者大约以乡村中较富有的家庭为主。虽然如此，这仍不失为一份考察中国近代家庭结构的难得抽样资料，一定程度上推及整个近代也许是较为合适的。①

五口、六口家庭之所以成为中国近代家庭的主体，具有其一定的社会经济原因。首先，这种家庭作为一种独立的生产单位，是与当时的生产力发展水平相适应的。资本主义势力的侵入，虽然给近代社会带来了新的资本主义经济因素，但是自给自足的自然经济仍在社会经济生活中占有相当地位。在这种经济结构之下，生产工具基本停留在封建社会那种粗笨的、简陋的水平上，生产技术虽有发展，但提高的幅度十分有限，"广种薄收"是主要的经营方式。这限制着家庭的规模，家庭结构也必须与之相结合，以更好地维持生产与生活。

其次，这种家庭与中国近代的土地所有制相适应。近代土地占有形态主要表现为农民对地的少数拥有，五六口之家往往只有数亩至十多亩

---

① 参见许檀《清代山东的家庭规模与结构》，载《清史研究通讯》1987年第4期。

土地。而且随着人口数量的增长，人均土地面积只会越来越少，一般保持在2—3亩。光绪、宣统之间，以全国户数与人口比较，每户拥有土地在5亩多，① 如果以每户5人计算，每人平均仅1亩稍多点。"一个五口六人的家庭，如果有八亩地，年成好时，可以勉强过得舒适些，但是绝无余力购买奢侈品。这些人家，从来不能有任何积蓄，或者即使微有积蓄，遇着婚丧大事，便化为乌有。"② "占有上等田十二亩（二英亩）的土地所有者，如果一家只有五口人，就可以不事耕种，专靠土地的生产品生活了。"③ 山东"一人一亩田，巴巴结结过个年"④。这些都说明，土地占有的形态限制着五六口家庭的发展。

当然，拥有数百甚至数千亩土地的官僚、地主及豪富之家，在中国近代社会也屡见不鲜。这些豪富官绅是中国近代社会中大家庭的体现者，他们往往每户数十口，多世同堂，合家共居。但是，这种合族共炊、数世同堂的大家庭，尽管长期以来为人们所推崇和敬仰，并不断受到朝廷的旌表奖掖，而在实际生活中它们相对于全国总的家庭户数而言所占比重实在是太小。总之，没有足够充裕的经济收入，要维持众多人口的共同生活是难以想象的。这也就是中国近代五六口之家作为家庭主体的原因所在。

3. 家庭关系

所谓家庭关系，即指家庭成员之间的关系，如夫妻关系、父母与子女关系、兄弟姐妹关系、婆媳关系、妯娌关系等，它表现着家庭成员之间的不同联系方式和互助方式。

在中国近代社会中，一般五六口之家，即核心家庭中，家庭关系较为简单，有夫妻、父母与子女、兄弟姐妹等关系。而在数世同堂的联合

---

① 见梁方仲《中国历代户口、田地、田赋统计》，上海人民出版社1980年版，第10页甲表1。
② 《英国皇家亚洲学会中国分会公报》，乔治·捷米逊（Geo. Jamieson Esq）关于江西省农民状况记述。转引自李文治编《中国近代农业史资料》第一辑，三联书店1957年版，第634页。
③ 广东汕头美国浸礼会菲尔德女士（Miss A. M. Fielde）的报告。转引自李文治编《中国近代农业史资料》第一辑，三联书店1957年版，第640页。
④ 山东青州府，英国浸礼教会牧师斯泊金·梅德斯特（Rev. Spuvgeon Medhovst）的报告，转引自李文治编《中国近代农业史资料》第一辑，三联书店1957年版，第646页。

家庭中，家庭关系则十分复杂，纵的方面，这种家庭包括父母、祖父母、曾祖父母以及子、孙、曾孙等直系亲属；横的方面则有兄弟、姐妹、妯娌、堂兄弟、堂姐妹，以及伯叔父母、姑母、祖姑母、侄子女等旁系亲属，另外还有主仆、妻妾等关系。但是，无论是在核心家庭，还是联合家庭，父子关系、兄弟关系、夫妻关系乃是各种关系中最主要和起主导作用的关系。有关这三种关系的具体内容将在第六章第一节亲缘关系中详加阐述，这里仅简单叙述一下。半殖民地半封建中国近代社会的家庭关系的主要特点。

第一，明显的宝塔形。从各种复杂的家庭关系来看，辈分分明，儿子服从父亲，父亲又服从祖父，弟恭其兄等，都呈现出明显而严格的上下、尊卑关系。所谓"父辈曰尊，而祖辈同；子辈曰卑，而孙辈同；兄辈曰长，弟辈曰幼"。①

第二，严重的重男轻女。男性的父子关系是各种家庭关系的中心，妇女处于极其低下的地位，她们必须"未嫁从父、既嫁从夫、夫死从子"，一生受到父权和夫权的双重压迫。在读书、从政、婚姻、继承等问题上，均依附于男子，甚至被剥夺了各种正当的人生权利。

第三，嫡庶有序。在家庭关系中，嫡庶的名分既有不同，她们之间的尊卑也就有很大的差异。妻与妾所生子女及其后代具有明显的尊卑区别。家长死后，其特权及财产由嫡长子继承。如果既有嫡（妻）出之子，又有庶（妾）出之子，即使后者年长，也要立"贵"（嫡）而不立长；如果只有嫡出或只有庶出之子，就要根据年龄大小来决定继承权；如果嫡长子病殁或有罪、疾，就立嫡长孙，再而嫡次子；如果没有嫡子，嫡长孙又有故，也只能等到嫡妻年老后立庶长子。种种规定和限制，无不体现了嫡庶有别这一家庭关系中的特点。

第四，夫权与君权紧密结合。在家庭各种关系中，家长拥有绝对的权威，把这种家庭中的家长制扩延到政治统治的权力构成上来，皇帝就是全国的大家长。父权与君权紧紧地结合在一起。国家机器、社会礼教不仅维护家长的各种权利，而且维持家庭关系。反过来说，家长制下的家庭各成员，在家长的支配和带领下，对国家具有交纳赋税等义务，并

---

① 《大清律例汇辑便览》。

在遵纪守法、平息争讼、维持秩序等方面对安定社会、维持正常的生产和生活秩序具有一定的社会作用。这就是家庭关系中君权与父权互相依赖和共存的特点。

在一定的社会历史时期，具有一定形式的家庭关系，家庭关系并不是一成不变的。在半殖民地半封建的中国近代社会，随着家庭关系中各种固有矛盾的日益尖锐和民主革命思想的广为传播，封建的等级森严、尊卑有秩的家庭关系日益受到人们的抨击和反抗，家庭各种关系中也出现了一些新的变动，兄弟离析、子背父命、妇女再婚等都是家庭关系松动的具体表现。

三　家庭的功能

所谓家庭功能，就是家庭对于人类社会的功用和效能，或者说家庭在历史发展过程中所起的作用。在半殖民地半封建的中国近代社会，家庭的功能包括生产功能、生育功能、感情交往功能、教养功能、娱乐功能、信仰功能、政治功能等方面，这里只叙述中国近代家庭的几种基本功能。

1. 生产功能

生产功能是进行生活资料即食物、衣服、住房以及为此所必需的工具的生产，满足人们吃饭、穿衣、住房等需求。只有这些基本的需求得到满足，人们才能进行政治、宗教、艺术等其他方面的活动，因此，生产功能是历代社会家庭的主要功能。

在半殖民地半封建的中国近代社会，自给自足的自然经济仍占主导地位，这种小农业与家庭手工业相结合的基本经济结构具体表现为"耕"与"织"的结合。而这种结合的基本经济单位就是家庭。整个近代，以家庭为单位的"男耕女织"一直是社会生产的主要形式。如湖南巴陵"滨湖沙土，宜种木棉，妇女工织纴"。[1] 江苏松江"乡村纺织，尤尚精敏，农暇之时，所出布匹数以万计。以织助耕，女红有力焉"。[2] 山西太

---

[1] 光绪《巴陵县志》卷17，杂识二。
[2] 光绪《华亭县志》卷23，杂志。

谷"农利于野，商贾勤贸易，无问城市乡村，无不纺织之家"①。直隶大名"民野处者，尚俭习劳，甘啖粗粝，终身不著纨帛。妇勤纺织，中夜不辍。夏秋禾熟时，妇则从事陇亩，佐夫收获"②。耕织紧密结合在全国各地是极为普遍的现象。

在半殖民地半封建的中国近代社会，封建的土地所有制以及帝国主义和封建主义的压迫，决定了广大农民仅仅依靠农业生产是很难维持其最低生活水平的，这就迫使他们"以织助耕"。即使如此，这种"以织助耕"的劳作也是十分辛劳的，家庭的其他副业生产也同样成为农民维持生活的基本生产形式。

中国近代农民的家庭副业生产，除纺织业而外，因地而宜，种类繁多。比如湖南平江"茶市方殷，贫家妇女相率入市拣茶……塞巷填衢，寅集酉散，喧嚣拥挤，良贱莫分"③。衡山县"近水诸农，其田常苦水潦，十种而九不收，往往有弃农而渔者，亦有且农且渔者，以渔之所获，补农之不足，生计弥苦"④。江西乐平县"秋稼既登，闲有鬻石炭、石灰、青靛、甘蔗、烧酒等物，往来吴楚市易，稍获赢余，赋税日用咸取给焉"⑤。直隶玉田县"各邨近因草辫价昂，城乡间亦无贫富，趋之若鹜"⑥。江苏无锡县，"新安、开化之间，居民田事稍闲，辄以织席为业，成则鬻于浒关虎丘之肆中"⑦。四川郫县妇女"多以麦草编成笠帽卖之。赤贫之家，妇女多以此为生活计"⑧。事实上，种类不同的各种家庭副业，不仅是家庭生产的一个重要组成部分，而且也是小农家庭收入的重要来源。比如山东的草帽缏生产，"为山东北部农民的一项极为突出的副业"，自烟台通商以后，"这种副业在国外市场刺激下，已经

---

① 光绪《太谷县志》卷3，风俗。
② 光绪《畿辅通志》卷240。
③ 同治《平江县志》卷20，物产。
④ 光绪《衡山县志》卷20，风俗。
⑤ 同治《乐平县志》卷1。
⑥ 光绪《玉田县志》卷7。
⑦ 光绪《无锡金匮县志》卷31，物产。
⑧ 同治《郫县志》卷4。

大大的发展起来，而且是山东中北部大多数人民的主要收入之一"①。同样副业在山西潞城"巧者岁取十余两，拙者岁取数两，总计不下二十余万两"②。

中国近代家庭的生产功能，还包括在分配、交换及消费等。家庭既然是社会生产劳动的组织单位，也就决定了以家庭为单位对所获产品进行分配和交换，并且统一核算收入和支出，具有消费的功能。

2. 教养功能

家庭的教养功能包括父母对子女的教育和子女对父母的赡养两个方面。这两个方面是互相联系和互为依存的，也是半殖民地半封建近代中国社会中家庭的一个重要功能。

在中国近代社会，儿童教育主要是通过父母在家庭中完成的。这一方面是由于父母和子女之间有着不可分割的血缘关系，父母作为子女天生的老师是必然的和无可选择的，而子女对于父母一般说来也特别亲近和敬佩，乐于听其所言，仿其所行。另一方面，中国近代教育事业的落后也限制了儿童走出家庭、进入学校接受教育。

一般来讲，中国近代社会中广大贫苦人民的子女刚刚出生就被剥夺了受系统教育的权利。因为他（她）们的生身父母是斗字不识的文盲，而且难以支付即使是极其微薄的上学费用。五六岁以前的儿童能受到户内教育的只限于那些豪富文人大家，比如梁启超"四五岁就王父及母膝下授《四子书》、《诗经》，夜则就睡王父榻"③。

到五六岁以后，儿童进入启蒙阶段，开始学习识字、算术等知识，家庭教育主要由家塾、私塾来承担。近代学堂兴起之前，家塾在社会上较为普遍，一般官绅富族都聘用"先生"前来授课。穷苦人家的子女除少数能到有亲缘关系的亲戚家塾就读外，大多数儿童仍没有机会受到这种启蒙教育。私塾中的授课内容无非《三字经》、"四书""五经"等儒学经典，述兼及算术、故事、人生道理等内容。一般来讲，受家庭政治

---

① 《中华年鉴》(*China Year Book*)。转引自李文治编《中国近代农业史资料》第一辑，三联书店1957年版，第923—924页。
② 《山西农务公牍》卷3。
③ 丁文江、赵丰田编：《梁启超年谱长编》，上海人民出版社1983年版，第6页。

和经济条件的限制,官僚、地主、绅士、富商等上层社会的家庭子女入塾年龄较小,秋瑾、焦达峰、禹之谟以及陈其美、黄郛、徐世昌等人都在五六岁即进入私塾学习。如焦达峰的家庭是湖南浏阳的一家地主,家有土地500余亩,他的父亲还担任过地方上的团总,焦5岁即入私塾学习。[1] 而处于社会下层的一些农民家庭的子女入塾时间较晚,孙中山就是10岁才进入私塾学习的。另一名资产阶级革命家陈天华,由于母亲早年去世,家庭贫困,幼年一直替人放牛,或卖些零碎的东西借此糊口,直到15岁才有机会入蒙塾。杨虎城则由于家境贫困,只念过两年村塾,便到一家小饭铺替人烧火。

与不同家庭儿童入塾时间迟早相联系的是,不同等级的家庭中,儿童参加劳动、谋生立业的先后也有很大差别,一般来讲,富贵家庭的子女就业时间较晚,而贫穷家庭的子女较早从事生产劳动,入塾学习的时间很短,大多数甚至没有机会受到启蒙教育。光绪年间左宗棠的一份奏折讲到当时新疆的情况:"太凡以农世其家者,子弟自成童后,责其牧牛拾粪,成人以后,习鉏耨耕获牵车扶犁之事,故童而习之,壮而称良,老以传家也。"[2] 而女童被完全剥夺了受教育的权利。在"女子无才便是德"的封建意志束缚之下,女童不仅没有上学的权利,进入私塾读书识字的也属寥寥,除极少数贵族家中的女子以及极少数供上层阶级狎弄的高级妓女之外,广大妇女包括一般的地主家庭的妇女也是不识字的文盲。

清朝末年,随着科举制度的废除,各类学堂在全国各地蓬勃创办,这就使得受教育的人数增多,范围扩大,从而使家庭的教育功能有一部分被社会教育所取代。从清末各地兴办的学堂种类来分析,小学堂所占比例比中等以上学堂所占比例大出许多,如上海历年开办学堂共249所,而初等、两级、高等三类小学堂就有161所;直隶1907年开办各类学堂4519所,学生总数88744人,而小学堂一类就有4287所,学生人数77445人。[3] 同时,女子各类学堂也在一些地区相继开办,妇女也开始走

---

[1] 冯自由:《革命逸史》第2集,中华书局1981年版,第280页。
[2] 陕甘总督左宗棠陈新疆屯田事宜,见《光绪政要》卷2。
[3] 参见乔志强《辛亥革命前的十年》,山西人民出版社1987年版。

出家庭，接受教育。

在中国近代，家庭教育还不仅仅限于传授给子女以必要的基础文化知识，育德和育才也是家庭教育的两个重要方面。无论是上层贵族家庭还是一般的农民家庭，育德是最为重要的，它是父母教导子女如何做人的重要课题。上层家庭大都有严格的"家训"，多侧重于封建伦理道德及遵纪守法的教育，比如平遥冀氏就有饬伦纪、睦党族、重宗祠、修坟茔、训子弟、肃闺门、遵律例、急输将、勤职业、汰奢侈、禁酗酒、严斗殴、息争讼、戒赌博、禁无类、黜异端等16条家训。[①] 劳动人民家庭多采用言传身教的方式，以讲故事、唱儿歌、猜谜语的方法对子女进行经常的诱导和训诫，起到育德的效果。育才方面除上已述及进塾学习文化知识以外，传授子女以家技家艺，进行初步的家庭职业教育也是一个重要内容。在一般家庭中，父母的职业以及他们的技术对子女有很大影响，如广东香山出生的唐绍仪，父亲唐巨川是一位上海的茶叶出口商，族叔唐廷枢曾任上海轮船招商局及开平矿务局总办，这使唐绍仪自幼就有机会到上海学习外语和洋务知识，早年出国留学。北洋军阀曹锟的父亲为天津的小贩，他幼年亦曾推车贩布于津沽间。民间的一些家传手艺更是子女在幼年时就从父母那里开始学习。当然，随着社会环境的变化和不同的个人经历，子女的就业方向与家传相离的也大有人在，像孙中山这样一位农民家庭出身的子弟，最后成为职业革命家就是典型的例证。

赡养是子女对父母生活上的供养和照顾，表现为下一代人对上一代人的责任和义务，它与父母对子女的教育是互相联系、互相依存的关系。在中国近代，受社会生产力水平发展的限制，劳动者的剩余产品极其有限，社会物质财富极为贫乏，社会不具备有养老的物质条件，因而赡养就成为家庭的一种重要功能。

在半殖民地半封建的近代中国，子女对父母的赡养义务同封建的纲常名教及孝道观念紧密地结合在一起。法律不仅对不孝子女处以罪行，而且对必需赡养父母的犯罪者给予种种宽松条件。比如，罪犯按律应当处死或流放边疆者，如果家中父母年老而无人侍养，可以由地方官层层

---

① 《冀氏宗谱·家训》。

上奏朝廷，符合条件者可以"存留养亲"。反之，如果罪犯长期流离在外，没有赡养侍老之意者，则其罪不在宽免之例。同时规定兄弟均拟正法者，可以存留一人侍养父母。[①] 法律上的这些规定同实际生活中对父母的赡养尽孝是互相吻合的，在清代各类史籍中的列传以及稗官野史中，割股以医父母之疾、倾家荡产而事父母，甚至卖妻鬻子以养父母的记载俯拾皆是，数不胜数。

在社会上，除了家庭养老以外，清朝在各省也设有养济院，收养那些无人赡养的孤寡老人，帝国主义也在沿海一些大城市设立过一些慈善机构。但是，由于经费的紧张，这些养济院往往不能得到保证，况且收养人数也极其有限，帝国主义的慈善机构则带有明显的侵略性和欺骗性，所以赡养父母一直是中国近代家庭的重要功能。

3. 生活功能

由于家庭是半殖民地半封建中国近代社会的基本生活单位，因而生活功能就成为任何一个家庭的基本功能。

家庭的生活功能首先表现在生殖功能上。人们为了传宗接代，繁衍子女，就必须不断地进行人口再生产，即生殖子女，否则人和社会将无法延续和生存，家庭首先满足了人和社会的这一基本需求。在近代中国，家庭是社会生产的基本单位，在生产力发展水平低下，劳动生产率低，剩余产品极其有限，生活条件艰苦的情况下，一家一户的个体小生产要想维持简单再生产需要耗费大量的劳动，而要扩大再生产，更需要投入比生产增长比例更大的劳动才能进行，为抵销由于生活水平低下所形成的人口高死亡率，就只有用早婚和多生育的办法来缩短人口再生产的周期，从而维持并增加劳动人手。社会上流行的"不孝有三，无后为大""多子多福"等传统的伦理观念，就是家庭生殖功能的直接反映。半殖民地半封建中国近代社会的人口出生率是很高的，估计当在20‰—30‰之间，直至20世纪二三十年代，出生率仍然很高，社会学家乔启明曾对1924—1925年安徽、河南、江苏、江西4省4216家农户进行过调查，统计结果表明一年内平均每千人中出生42.2人，安徽宿县最高每千人平均

---

① 参见《大清律例汇辑便览》卷4。

出生70.5人。① 早婚的现象在中国近代也很普遍，这一点前文也论及，兹不赘述。

家庭生活功能的另一个重要表现是家庭成员中，无论男女老幼，在物质生活和精神生活中具有一定的共同性。无论是在多世同堂的大家庭，还是在四五口人的一般家庭，在衣饰、食物、住房、交通、用器等物质生活的主要方面，大家都一起共同生产，并进行共同的消费，如广东彭夏（译音）一家，"他和他的儿子种田，收割时雇工帮忙，妇女织布，并为全家大小缝衣、养猪、养鸡，并担任一切家务工作。这十口人住的房子值一百二十元，地基在内。家俱值四十四元，衣着约值四十元，农具约值四十元"②。在精神生活方面，每个家庭都有一定的家祭、家庆、信仰、娱乐等方式。以信仰来说，一般家庭都供有财神爷、土地爷、门神、灶神等诸神作为家庭成员共同的信仰对象。

此外，家庭在近代中国的功能还有宗教、政治、感情交往等功能，这里不再一一叙述。

第三节　宗族

一　宗族的历史变迁及清代宗族

古代的宗族，最早可以追溯到原始社会末期的父系氏族时期。这种以男性为中心、以血缘关系为纽带、由同一男性的后代组成的氏族，可以说是最早的宗族形态。

进入奴隶社会，古代宗族组织也遗留下来。夏商两代的情况，我们无从知道。但到了周代，奴隶主阶级把宗族进一步制度化了，其结果是产生了宗法制度。这些制度反映在相传为周公所制定的古代典籍——《周礼》之中。宗法制度不仅巩固了奴隶主宗族组织，而且成为奴隶制国家的组织法。奴隶主以这种制度把国家上至天子，下至诸侯、大夫都网

---

① 乔启明：《中国乡村人口问题之研究》，《东方杂志》第25卷21号，东方杂志社1928年版。

② 《英国皇家亚洲学会中国分会会报》，广东汕头美国浸礼会菲尔德女士（Miss A. M. Fielde）的报告，转引自李文治编《中国近代农业史资料》第一辑，三联书店1957年版，第640页。

罗其中，严格规定了他们相互间的地位、关系和义务。并通过吉、凶、宾、军、嘉等种种烦琐而严格的礼仪来维持和体现这种奴隶等级制。按照这一制度，周天子是天下共主，是大宗，王位由其嫡长子继承，世代维系大宗。周天子的兄弟为诸侯，诸侯对周天子而言是小宗，但在本国则又是大宗，其位同样由嫡长子继承。嫡长子的兄弟为卿大夫，卿大夫对诸侯是小宗，在本邑又是大宗。小宗对大宗承担有义务，对本宗则有无上的权力。大宗通过宗法，把各小宗分到各地，按等级固定下来，形成金字塔形的权力结构。

　　从春秋战国至秦、西汉，是宗法制衰落、礼崩乐坏的时期。奴隶制经济的瓦解和封建小农经济的产生，从根本上动摇了奴隶主宗法制的基础。但西汉末期，随着地主豪强势力的发展，宗族又以新的形态发展起来。

　　东汉以至魏晋南北朝时期，宗族主要表现为门阀士族。西汉武帝罢黜百家、独尊儒术后，使儒学中的礼法观念随之得到流传。并奖励生育，提倡孝道，通过各地推举孝廉以吸引士人。东汉诸帝更以孝道为重，诸帝倡导于上，仕宦躬行于下。于是以服行久丧和累世同居为标志的宗族组织得到恢复和发展，从此纳入封建社会体系。这时发展起来的宗族，多由累任官职而渐盛。如汉末袁绍，其宗四世三公，地位显赫，势力庞大，族众由此而逐渐兴旺。由于累世同官，当时甚至有以官职为姓者。《汉书·食货志》就有"为吏者长子孙，居官者以为姓号"的说法。到魏晋南北朝，封建门阀士族形态，在经济上由于大庄园经济的支持，政治上有九品中正制度的维护，发展极盛。一时强宗大姓，遍及各地。

　　这一时期的门阀士族，在形态上呈现出宗族合一的趋向。士族内部，族人同居共财，分工司职。累世同居，族众几达数百上千的大宗族在当时非常普遍。又因为九品中正制的实行，这时的门阀士族特重门第和族望。这导致了一门新的专门学问——谱牒之学的产生和兴盛。世宗大姓都拥有自己的谱牒，用以判别门第的高下贵贱，并用来指导婚姻和维系血统。

　　隋唐时期，由于科举制度的实行和庶族地主的兴起，门阀制度逐渐衰败。大庄园经济也由于战乱受到破坏。唐末五代时，经长期的战争，士族遭到沉重的打击，门阀势力被荡涤殆尽。宗族的形态也由此开始了新的演变。

宋明时期，社会经济的发展达到了一个新的阶段。经济领域内一种新的生产关系——租佃契约制产生并得到迅速发展。在这种新生产关系下，农民对地主的人身依附关系大大松弛，地主对农民的非经济性制约也渐渐削弱。大规模的地主庄园经济已不复存在。代之而起的是蓬勃发展的契约租佃经济。这时，宗族制度应时而复兴，正好适应了社会经济的发展和社会上人们的心理需要。

宋明的宗族复兴，得益于宋明道学家们的大力提倡和身体力行。宋明时期，儒学经过改造，以理学的崭新面貌出现于社会，很快得到统治阶级的首肯和倡扬。这一时期的理学的一个鲜明特征，就是极力倡导恢复和加强封建的人伦关系。儒家的礼教在理学中得到大大发展，以"三纲五常"为核心的一整套封建伦常观念被推广到社会上以拯救"世道人心"。在这种趋势下，古代废弛的宗法制度被理学家们重新提出，加以新的阐释，赋予新的意义，以为是一种很好的社会组织制度。迄于清代，宗族制度和组织已达到极盛时期。

清代宗教组织发展极为盛行。由于清朝标榜以孝治天下，对宗族组织积极倡扬和维护，朝野士绅更是身体力行。因此，宗族组织日益发展，宗族观念渐入人心。当时，士大夫凡有地位、有名望者，莫不以睦族惇宗为先务，乡间士绅也多有心于敬宗收族，纷纷修谱联宗，建祠立祀。宗族组织一时遍及全国城乡。这时的宗族组织已发展成为以血缘关系和地缘关系为纽带而联系起来的同姓聚落体。在汉族居住的地方，人们普遍聚族而居，或一姓一村一镇，或几姓一村一镇，或一姓几村。有族必有祠，以福建莆田一县为例，"该县城中诸世族有大宗祠、小宗祠，岁时宴飨，无贵贱皆行齿列，凡城中之地，祠居五之一"[①]。义田义庄所在，更是比比皆是。如庐江章氏，义田多至3000亩；[②] 长洲陆豫斋，设义庄于陆苍，割遗产500亩以赡族人。[③] 这些遍布各地的宗族组织，把众多的小家庭聚集在一起。由于历史原因，宗族的发展呈不平衡状态。南方由于长期开发及历代北方士人南迁，经济文化较为发达，

---

① 《莆田县志》，民国十五年重印本。
② 见魏源《庐江章氏义庄记》，《皇朝经世文编》卷58，礼政。
③ 见钱大昕《陆氏义庄记》，《皇朝经世文编》卷58，礼政。

宗族组织极为发达。而北方由于经济文化相对落后，宗族组织相形见绌，规模小得多。

清代的宗族以敬宗收族为目的，宗族组织在发展中，逐渐具备了以下多种社会职能。

1. 祭祀。对祖先的祭祀是宗族最重要的祭祀。尊祖故敬宗，敬宗才能收族。对本宗族祖先的祭祀是宗族的头等大事。唯有祭祖，才能唤起族人的血系观念。唯有祭祖，才能强化宗族的内聚力。清代宗族祭祖，分为家祭和墓祭。"祭期在岁之清明、冬至"①，即所谓春秋大祭。除此而外，遇有大事，如婚嫁、赴试、中举、升迁等也要祭祖，但规模、仪式要次于春秋二祭。

墓祭主要在清明时举行于宗族墓地。清明这日，族人家家禁火，各具祭品，聚于墓地，除草培土，修整坟茔，献祭品于墓前，焚纸烧钱，祭告祖宗。这一祭日也称寒食。但清代多数地区寒食与清明合为一体。有的宗祠在坟茔旁近，家祭与墓祭也合二为一了。

此外，宗族遇有大事，如求雨排涝、消灾弭祸、与外族械斗等，也要祭祖。这类祭祀，既无定时，亦无定例，因事而设。

2. 赡济与协助。为团聚族人，宗族还具有经济方面的功能。一方面是赈济孤寡贫疾。这一社会事业在清代多由宗族施行。宗族内的孤寡老人，贫弱残疾，由宗族负责赡济，或由族人捐资，或由宗族公田负担。遇有灾荒，族人也或多或少可以从族中得到帮助。

经济协作是宗族另一方面的经济功能，在小农经济下农民从事耕作时，时常有劳力问题。或春播秋收农忙之季，或修房造屋之时，每逢此时自家劳力总不敷用。宗族内部，族人可以通过相互换工来解决这个问题。族人相帮或换工，自然要比请外人帮工合算，花费少又靠得住。对于农业事关重要的河渠水利农业，也是宗族经济功能的重要内容。

3. 教育。宗族多设有私塾和义学，以便能使族内子弟或贫穷无力人家子弟上学。在一些仕宦家族尤其注重这件事。如《京兆归氏世谱》规定："凡子弟自童年入塾，而后岁给银若干，赴试者助费若干……其有登

---

① 乾隆《偃师县志》卷5，风俗。

仕版，膺外任者，酌量廉俸厚薄，捐银置产。"① 对参加科举也往往进行奖励。湖南湘潭县甘氏族规有规定："奖赏入泮，给银四十两，登贤书给银八十两，及进士第并蜚声翰苑者，给银一百两，至若武者，给一半。"②

4. 内部自治。宗族内部族人遇有纠纷，都尽量在族内求得自行解决，宁愿由族长调解和裁决，也不愿外姓插手。"倘遇不平事，必先告之房长、族长，约期传集宗祠质理，不得动辄兴讼，违者公罚。"③ 遇事不求内部解决，而付之诉讼，将被认为是宗族的耻辱，因而受到处罚。至于族内群众有酗酒聚赌、行窃为盗之事，更是由族长行使族权按族规家法惩治。在清代，相当数量的轻微犯罪都在宗族内部得以处理。

5. 对外防御。涉及族人利益及安全时，全由宗族出面。如族人与外姓人发生争端，常由宗族出面交涉。许多宗族独居一寨，寨墙高耸，敌楼四立，俨然成为军事堡垒，北方的坞、堡，南方的圩、寨都是这样的宗族堡垒。

清代宗族组织的多种职能弥补了清代国家与社会职能的缺陷，同时满足了国家、社会、个体成员三方面的需要，因而显示出宗族组织在社会结构中的重要地位，反过来又促进宗族组织的繁盛。

二 近代宗族的内部结构

近代的宗族大体上保持了清代前期以来的形态。但是在历尽了清代初中期的繁荣之后，伴随着封建社会的衰落，也无可奈何地渐渐走上衰落的进程。然而在社会体系发生裂变，社会生活发生激烈动荡之时，宗族却以它特有的稳态与内聚力，依旧维持了它在社会结构中的地位。

近代宗族的内聚力，来自于宗族的内部结构。近代宗族体系由族长、族规、族谱、祠堂和族田构成。其中族谱、祠堂和族田是宗族存在的基础，而族长、族规则是宗族权力系统的象征和集中体现。

---

① 《京兆归氏世谱》4，义庄志，《书田规条约考》。转引自王思治《宗族制度浅论》，《清史论丛》第四辑，中华书局1982年版。

② 《中湘甘氏族谱·族规》。

③ 《中湘甘氏族谱·祠规》。

1. 宗祠是宗族的标志

宗祠既是宗族的标志，自然受到宗族的重视。近代各地宗族的宗祠其建制各异，形式不一，但都体现了礼尊而貌严。一般的形式包括龛室，用来供奉祖先神主，分别昭穆；大厅，用来集聚族众行礼；回楼，用于接待宾朋和宣讲经旨，两厢则设置义学，以供子弟读书。在许多地方，族众常常是围绕祠堂而居，宗祠的这一核心位置，也体现了宗祠在族人心目中的地位。由于宗祠为一族的象征，所以宗族规模愈大，宗祠规模也愈宏大，反之亦然。如太仓何氏宗族的宗祠就修成一座园林，内除有正殿外，亭台楼阁，山水花木，无不备具，题名叫"怿园"。[①] 而衰落的宗族则是另一番景色。河北玉田县孙氏宗族的宗祠两次被水淹塌，至同治九年（1870），合族以公产出售，并利用祠中原有旧材，才"建得正殿三间，门楼一座。较昔之壮丽不敌远矣"[②]。

宗祠之所以成为一族的标志和象征，不仅在于它的建置和规模，更重要的是它具有多种用途：

（1）祠堂为祭祖的圣地，用以举行春秋大祭。祭典时族人齐集宗祠，由族长领祭行礼。通过烦琐而又严肃的祭典，使族人受到人伦孝悌的教育和训练。"是堂也，上奠祖先之灵，下规后嗣之则，所以祠堂之设原为后世孙嗣报本追远之地。"[③] 正因为祠堂是这样的圣地，所以不仅祭仪严格，而且参加祭礼的人也是有限制的。在年龄上，一般限制在15岁以上；在性别上，女性一概不准入祠堂祭祀。因此，祠堂是成年男性的世界。

（2）宗祠又是宗族聚会和执法的场所。族中有关公众事务，由族长传集族人聚于宗祠，公商解决。宣讲族规、乡约、家训，也都在宗祠进行。族人违犯家规家法，必在宗祠当众处罚。由族长召集族众，酌其轻重惩处，以戒族人。如果族人有犯大罪者，则于宗祠当众告祖，或绑送官府，或鸣官处死。尔后从族谱中剔去其名字，祠堂和族墓都不准入祭。

（3）宗祠又是宗族的执事机构，负责宗祠的公共事务。如来往宾朋，

---

① 冯桂芬：《显志堂稿》卷3《怿园记》。
② 《玉田孙氏族谱》祠堂碑文。
③ 《中湘甘氏族谱》卷18，《祠堂记》。

同宗的接待住宿，族田、族产的管理，宗族公产的保管和使用等。由于涉及财产，管理宗祠成为宗族的一项任务，多由族长选择亲信充任。

2. 宗谱是宗族的联系纽带

宗谱也称族谱、家乘，这也是宗族结构中的重要一环。宗谱的内容一般记载全族的世系源流，支派辈分，族人的生卒婚配，生育情况，祠堂、祖宗坟茔和族产公田的方位、数量，并常附有族规和家训等。

宗谱是家史。它记载一姓宗族辗转迁徙，兴盛发展的历史。宗谱之所以成为宗族的联系纽带，是由于它给族人提供了一条根，这条根一头是始迁的祖先，它的支须则连系着每个族人的心。这条根绵绵不断，系牵着一族人的血脉，也启迪着族众的亲睦之情。

宗谱又是教科书。它通过叙传、碑记记叙历代先人中出类拔萃者的事迹。如显宦名儒、孝子贤孙、烈女节妇等。为后人树立了一大批效法的楷模。许多族谱还将先人因做官或行孝得到的旌表、诰命罗列谱中，以激发后人行孝为善，扬名千古，建功立业，耀祖光宗。宗谱还通过族规、族戒、族训等将一整套安身立命、为人处世的思想体系和言行方式灌输给族人，让族人明白，言行举止的规矩，以收教化之功。

宗谱还是户籍簿和备忘录。它以清晰的脉络记载了宗族的源流世系，有效地防止了血缘关系的混乱和外姓假冒扰乱宗族。族谱只载亲生婚配，赘婿与外姓养子一概不得入谱。例如河北玉田《孙氏宗谱稿·凡例》中规定"异姓袭宗及抱养子不录，则鄫继异姓春秋书灭之例也"[1]。族谱又因备载了宗族诸如世系支脉、宗祠族产等有关详情，当族内或与族外发生种种纠纷时，族谱就成为解决纠纷的依据和凭证。

为了保持族谱的功用，族谱要不断续修。有 10 年一修，也有 30 年一修。许多宗族在族规中告诫后人定期修谱，致有三世不修谱为不孝的说法。总之，近代宗族对宗谱的修撰、保存和续修极为重视，成为借以维系宗族血缘关系的纽带，巩固和稳定了宗族的存在。

3. 族田是宗教的命脉

族田是维持宗教的经济手段和财源。宗族赖族田得以聚之不散。近代的族田名目繁多，北方有称义田、义庄、祭田，南方有称蒸尝、众尝、

---

[1] 河北玉田《孙氏宗谱稿·凡例》。

祀田、太公田等。按其功用，大体有祭田、义田（赡族田）、学田等几类。祭田的收入专用于祭祀；义田的收入专用于救济族中的孤寡贫疾者及赈荒和一些修桥补路的公益事业；学田则专用于兴学和资助族人参加科举。族田只是宗族地产的总称。除农田外还包括坟地、坟山、茶山、竹山、山林、池塘、水井、水源，等等。凡自然经济所需的资源，宗族应有尽有，族田因而构成为宗族实体的经济基础。

族田的管理，由族长派专人负责。也有由各房轮流经管，而实际上，族田多操于族中殷实之户。这些经管族田者有很多名称，如理财、理数，或值理、理事。① 这些理数或理事有1年一任、3年一任、5年一任的。在许多地方，掌管族产的人常常是世袭的。族产中的塘租、房租、利息、田租，都归理事或理数管理支配。族产收入除用于纳税、祭祀、修理族产、资助教育以外，余额都由他们保管。内中很大部分通过舞弊手段据为己有。所以族产在某种程度上成为变相的私产了。在近代，族田的耕种多采用租佃制。出佃时一般先尽族人，并且租额也较低。但也有不少地方将族田专佃外人。因为这样，能多收田租。在耕地少的地方，为争取到一份族田耕种，族众常常要给理事们行贿，请吃饭。② 这又给族田管理者以更多获利机会。族产名义属一族所有，按规定是不能出卖的。但常有理财者利用职权盗卖族产的。晚清以至民国以后，祠规中不得出卖祠产的条文多半已成具文。

近代族田作为维持宗族存在的经济手段，它的功用是显而易见的。

（1）族田的收入为宗族活动提供了物质基础。宗族的祭祀、聚会、教育、救济寡孤贫疾、修谱、修祠、置买坟茔等事项的经费来源都是族产收入。没有足够的经费这些有关宗族的重要活动就无法举办。

（2）族田的存在为宗族聚居提供了条件。在小农经济条件下，土地资源是最宝贵的生产条件，有了族田，宗族也就有了根，生有所养，死有所葬。族田不散，宗族长存。就是最缺乏族田的宗族，也有几亩族坟，供族人埋葬。

---

① 陈翰笙：《广东农村的生产关系与生产力》，上海中山文化教育馆1934年版，第18、20页。

② 同上书，第25页。

（3）族田的佃种，在许多地区成为族众唯一较为可靠的生活来源。族田的出佃，多收较低租额，是族中佃农较理想的耕地。在一些地方，族田是近于永佃制的。只要租子按时交清，就可以一直耕种下去。[①] 在南方一些族田较多的地区，有时除了族田，就佃不到其他田地，这时族田就成为唯一的生活来源了。

在近代，族田确实维系和支持着宗族的存在，它为宗族实体的生长提供了营养剂。

4. 族长是宗族的主宰

宗族的权力系统，由宗长、房长和族长构成，而族长是这一权力系统的集中代表。族长名称很多，有族正、宗盟、族尊、会首等。在日常生活中，族长代行宗族的权力，其职能包括：

（1）主持祭祀。这类事务最能体现族长的尊贵地位和身份。族长通过重要的祭祀（主要是祭祖）活动，把自己同死去的祖先联系起来，不断强化自己作为宗族权力代表的形象，从而成为不可侵犯的精神权威。

（2）族长负责主持族人的婚嫁、分家、立嗣、财产继承，以及调解族人的纠纷。这时的族长，以公证人和裁判者的身份出现，其裁决具有不可更改的效力。

（3）族长要负责宣讲族规乡约和宗族法的执行。作为一项经常的事务，族长要常在宗祠向族众宣传族规、家训、乡约等。对族人灌输封建礼教和戒条。如果族人公开反抗族长、宗长，便形成逆伦，或者作奸犯盗，则由族长主持开革出宗，或绑送官府，或鸣官处死。

（4）代表宗族对外交涉。族长既为一族的代表，在本族与外族发生争执以及本地有涉及本族利益的活动时，都由族长出面交涉和参与。有些地方一族的赋税，都是通过族长向国家交纳，族长成为宗族对外交涉的唯一发言人。

近代族长的选任，已不拘于宗子。其原则已由"亲亲"变为"长长""贵贵"。较多的情况下是由殷实富户或有功名者担任。因此，族权和绅权在某种程度上渐渐合为一体了。有些族姓、族长并不固定，而由各支派或各房长轮流值任，一年一轮。

---

① 陈翰笙：《广东农村生产关系与生产力》，上海中山文化教育馆1934年版，第25页。

5. 族规是宗族的法典

族规是族人必须恪守的规范。它具有强制性。是宗族权力的具体体现，族规包括成文和不成文的，家训、族训、戒条、族约、宗约等都属此列。成文的一般载于宗谱、族谱之中，不成文的则以习俗形式存在。

近代中国宗族的族规形式不一，内容多寡也不相同。但主要包括下列内容和功能：

（1）宣扬封建的人伦孝悌观念，使族人的言行完全符合家长制的要求。尊长孝悌是首要内容，"凡小儿甫能言，则教以尊尊长长，稍长就蒙，则教以孝悌忠信礼让廉节"①。

许多族规设有针对妇女的条文，以三从四德作为判定妇女言行的准则。要妇女恪守妇道，严禁妇女干预家政，如："贤良女子，惟持守口如瓶。""居家须男女有别，而授受不亲，并不许入寺烧香，与三姑六婆往来。"②"男正乎外，女正乎内。"若有"或不敬翁姑，或欺辱夫主，或淫邪不正，或长舌撒泼，乃室家之妖狐，司晨之牝鸡也。族内有此，严加逬逐"③。

（2）宣扬宗族观念，以亲情掩盖阶级差别。使族人念及亲情，息争止斗，达到宗族和睦。许多族规都强调祖宗源流、要人们各安其分，勿结异心。"夫均一体，荣枯亦属偶然，何得生心异视。"④"一族之人分支异派，不无亲疏之殊，然皆祖宗一脉所流衍也，幸而居处一方，固宜相亲相爱，即散处他方者，也应一体相爱，和宗睦族，所谓亲者无失其为亲也。"⑤一方面，要族中穷者安贫乐道，对富人不要生妒忌之心；另一方面，也要富人念及同宗之情，不欺贫，不傲贱，不凌弱，要不吝恤族。对于不顾宗族之情，寻衅纷争的，则按家法处置。

（3）宣扬奉公守法，要族人遵守法令，承担对国家的义务。有的甚至直接把封建律条有关条目摘集列入族规，⑥意在使族人知法守法，引以

---

① 《陈氏宗谱》，《常州》卷1，家规。
② 《冀氏宗谱》，家训六，肃闺门。
③ 《中湘甘氏族谱》家训，正夫妇。
④ 《敕旌义门王氏族谱》卷6，宗约。
⑤ 《中湘甘氏族谱》，家训，睦族党。
⑥ 《中湘甘氏续修族谱》设律例一目，将清律中有关亲族的律法摘抄汇编，以警族人。

为戒。忠君爱国，这更是许多族规的重要内容。忠君上，不仅体现在遵守国法，而且体现在完粮纳税方面。许多族规劝族人要按时纳税，不可拖欠，更不能与顽户相比，抗税不交。"故国课早完，亦畎亩之效忠也。"①

除了以上三方面主要内容，族规还包含有许多内容，诸如对族人各种家庭角色的言行规范，族人为人处世的规矩等。总之对族人日常生活的思想道德和言行都有相应的规定。因此，族规也可以说是一部宗族的习惯法，它既是族长权力的体现，又成为族长统治一族的有力工具。

三 近代宗族的社会作用

1. 宗族与自治

宗族权力本是宗族内部的权力，与国家政权不发生联系。清朝统治者虽然重视宗族组织，一贯加以倡扬，但对族权却不愿正式承认，而近代的政治形势变化和社会动荡，又迫使清政府逐渐放弃了这一政策。先是雍正时（1723—1735），政府在广东推行保甲，对一些不能编甲的巨堡大村，设立族正以行察举之职。乾隆时（1736—1795），巡抚陈宏谋在江西也曾根据江西聚族而居的情况，奏准给予族长官牌，以约束族人，使族权具有了政权的性质。但不久即废止。道光十年（1830），政府才下令重新给予族长以行政权力。"该省通省皆聚族而居，每姓有族长绅士，凡遇族姓大小事件，切听族长士绅判断……如有不法匪徒，许该姓族长绅士捆送州县审办。"② 这也仅限于局部。进入近代，在声势浩大的太平天国起义的强烈震撼下，清政府被迫改变政策，于咸丰初年规定"凡聚族而居，丁口众多者，准择族中有品望者一人为族正，该族良莠责令察举"③。至此，族权开始普遍在基层与政权相结合。当太平天国进一步发展，清政府军事力量面临崩溃之时，清政府又被迫准许在职官吏各回本籍凭借宗族势力举办团练。这样甚至把平时国家才能具备的拥兵权也下放到地方宗族了。这在清政府是一时的权宜之计，但对地方宗族势力来

---

① 《冀氏族谱》，家训，急输将。
② 《清实录·宣宗实录》卷181。
③ 《户部则例九十九卷》卷3，保甲。

说,是一个难得的发展良机。这以后,宗族势力经历了一个膨胀时期。

进入民国,历届政府虽无明令授予族长权力。但对地方宗族中的士绅都格外重视。国民政府推行的乡村自治,也是借重地方绅士来加强其统治。蒋介石在《中国之命运》一书中对这种意图表述得再明白不过,他说:"要知道,中国古来建设国家的程序,自身而家而族,则系之以血统。由族而保甲而乡社,则合之以互助。由乡社以至县与省,以构成我们国家大一统的组织。故国家建设的基层实在乡社。"又说:"由个人日常生活的箴规,推而至于家,则有家礼、家训,推而至于族,则有族谱、族规。在保甲则有保约,在乡社则有乡约和社规,其自治的精神,可举修齐的实效,而不待法令的干涉。"[①] 一言以蔽之,要借宗族社会组织来作为政权统治的辅助工具。而在实际上,宗族组织确也在近代动荡的社会中保持了超然的自治状态。例如广东,在推行乡村自治时,区长、乡长、村长、里长等都由宗族当权者所荐之人充任,有许多族长干脆就自己兼任这些职务。[②] 例如在20世纪30年代的冀—鲁西北平原上,村庄政权的结构都植根于自然村的宗族组织,异族纷争及村庄外界的交涉,由村内各族领袖组成董事协商处理。村内各姓前清时自成一派;有首事或会首,无论南京政府推行保甲,还是日本占领者推行邻间制度,都不影响到这个实质结构,有的换个名称,有的干脆不接受。[③] 这种封闭的自治体构成了近代地方主义、分散主义和军阀割据的基础。

2. 宗族与地主经济

近代各地宗族拥有多寡不等的族田。它的数目由于涉及宗族,调查难于开展。因此没有较为全面的统计数字。但从20世纪30年代的一些社会调查中,族田数字可略见一斑。如浙江的新昌县约有5万亩、诸暨约16万亩、嵊县约6万亩、兰豁县5.6万亩。[④] 江苏的常熟、吴县、无锡、昆山县族产都在10万亩上下。[⑤] 在广东要更多些,全省太公田约占全部

[①] 转引自王玉波《历史上的家长制》,人民出版社1984年版,第71—72页。
[②] 陈翰笙:《广东农村生产力与生产关系》,上海中山文化教育馆1934年版,第19页。
[③] 黄宗智:《华北的小农经济与社会变迁》,第13章"清政权下的村庄",中华书局1986年版,第57、247页。
[④] 行政院农村复兴委员会:《浙江省农村调查》,商务印书馆1935年版,第104页。
[⑤] 行政院农村复兴委员会:《江苏省农村调查》,商务印书馆1934年版,第6页。

耕地面积的30%，总数约1260万亩。① 各地存在的大量的族田，对近代社会农村经济产生着不可低估的影响。

（1）族田的大量存在，是造成农民贫困化即贫农、雇农比例高的重要原因之一。从族田的拥有比例来说，华北较少，江南较多，岭南最多。而从阶级分化的程度来看亦是如此，华北较低、江南较高，岭南分化程度最高。② 由此看出族田的多寡与农村阶级分化有着密切的关系。族田越多，阶级分化程度越高。

（2）族田收入的使用，掩盖了阶级剥削的实质，却产生出大批祠产地主。族田、族产的收入一般有部分用于祭祀、赡族、兴学等公益事业，其余则由族长、房长、理财、理数们掌握，实际与己产无异。这样就产生出一批以掌握祠产为特征的地主，构成近代地主阶级中较为特殊的一部分。而且族田和赏钱、赏谷等都以族人为对象出佃和借贷，利息和租额一般较低，所以明白的剥削实质往往被宗族温情脉脉的面纱遮盖了。

3. 宗族与封建社会秩序

近代的宗族组织正是从社会条件和生产方式上制约族人的生活方式的。

（1）宗族通过族规及日常宗族活动影响和培植族人的亲族观念、等级观念、劳动态度等。例如《冀氏家训》中有"饬伦纪、睦族党、重宗祠、修坟茔、训子弟、肃闺门、遵律例、急输将、勤职业、汰奢侈、禁酗酒、严斗殴、息争讼、戒赌博、禁无类（赖）、黜异端"③ 等条目。这些内容涉及生活的各个方面。一般宗族的家训、族规中都有详尽的条文解说。宗族组织以这些内容通过宣讲族规、家训和举办祭祀、冠婚丧礼等宗族集体活动，灌输和培养族人的法律观念、宗法观念、职业态度和生活态度。

（2）宗族组织通过日常活动和族规的执行来培养和规范族人的生活

---

① 陈翰笙：《广东农村的生产力与生产关系》，上海中山文化教育馆1934年版，第16—17页。

② 参见《浙江省农村调查》，商务印书馆1935年版，第126、177、73页；《江苏省农村调查》，商务印书馆1934年版，第175页；《广东农村生产力与生产关系》，上海中山文化教育馆1934年版，第1—2页。

③ 《平遥冀氏宗谱》，家训。

习惯和行为方式。除了从观念上影响族人的意识，宗族通过祭祀烦琐的仪式，冠婚丧礼的礼仪等长期地对族人进行严格的教育和熏陶，并且通过家长、房长的管教，族内舆论的规劝，甚至族规的惩戒来强制族人适应和遵守宗族的一整套习俗。如争讼，"族尚雍睦宜戒讼端，讼卦六爻，凶多吉少。倘遇不平事，必先告之房长、族长，约期传集宗祠质理，不得动辄兴讼，违者公罚"[1]。"或有无赖子弟以大压小，以卑犯尊，寻衅欺诈，直谕之，曲斥之，而所欲不厌，则公禀究不贷。"[2]

总之，近代的宗族组织作为社会组织，对近代社会尤其广大农村的社会结构、阶级结构和生活方式都产生着不可低估的影响和作用；作为封建性的宗法组织，宗族长期为维护封建主义和地主经济起了巨大作用。

---

[1] 《中湘甘氏续修族谱》，祠规。
[2] 同上。

第二章　社区与民族

人口是社会的基本要素。人们最基本的生活单位就是家庭，家庭乃是社会的细胞。若干个家庭按照一定的制度组织起来，他们共同居住在一定的地域内，从事经济生活、政治生活、文化生活以及社会生活，这样的共同体就是社区。简言之，社区是一个相对独立的地区性社会。在半殖民地半封建的近代中国社会，社区可分为农村社区和城市社区两大类型。另外，少数民族也属于一个特定的社区。

第一节　农村社区

一　农村社区类型

1. 乡村社区

乡村社区是由零星分布的若干村落组成的。在中国近代历史上，乡村大多以村、庄、寨、屿、岭、院、潭、隩等命名。一般来讲，平原地区多以村、庄为称，山区则多称为寨、岭，水乡多称潭、屿，不过很大一部分乡村都称为某村或某庄。

在半殖民地半封建的中国近代社会，村落的分布极不平衡，主要原因是受到生产力发展水平以及地理条件的限制。人口稠密的平原地区，村落之间距离很近，鸡犬之声相闻，而且村庄的人口数量较多，有的多达上百户、上千口。相反，在山区和边疆地区，村落间的距离相对为远，有些地区甚至十几里、几十里不见人烟，村庄的人口数量也较少，往往几户或几十户便形成一个村落。大体来讲，中国近代东半部，即东北、华北、华南等地村落较大，而西北部地区和边疆地区村落较小。

在乡村社区中，十户八家，或数十户的散村数量很大。以直隶为例，民国初年保安州 500 户以上者 8 村，300 户以上者 27 村，100 户以下者 100 余村；怀安县"阖邑村落近三百处，然人民稀少，平均每村不及百家"；西宁县"村数约二百余，但未及百户之村居多数"；龙门县"阖邑总共二百三十一村，满百户之村仅二十余处，五六十户及十余户村居多"；南宫县"村数四百，过百户者十之三，不及百户者十之七"；阜平县"大村少而小村多，大者不过百家，小者数十家或十余家。甚有三五家成村者"。平泉州"散居之户不成村镇者，难以历举"；雄县"过百户者 23 村，不过百户者 80 余村"；平谷县"共 73 村，足三百家者仅四五村，余皆数十户"；宛平县"村凡 383，在百户以上者 74 村，50 户以上者 110 村，50 户以下者 198 村"；宝坻县"大村 36，小村 788"。① 河南省的南阳县在光绪末年统计，大村有 181 个，而小村就有 1831 个。② 可以肯定，在落后、偏僻的山区及边疆地区，这类规模很小的村落为数更多。

当然，在一些平原地带，上千户甚至上万户的大村落也为数不少，这些村落一般具有优越的地理环境及交通便利等条件。如安徽省泾县，"人民聚族而居，村庄络绎。村之大者数万家，至数十万家，小者亦必数百家至数千家"③。浙江奉化县的栖凤村也有 888 户，人口 3744。④ 广东省香山县总计乡村 413 个，人口 598024，平均每村也有人口 1448 人。⑤ 这类大型的村落形态，大多是由于地理条件而形成的，在依山傍水或交通干线上的村落大多呈长条形，平原地区则多是圆形村。

在中国近代社会，乡村社区经历了一个兴衰存废过程。鸦片战争之后，由于外国资本主义的入侵，中国封建社会一步一步变成了半殖民地半封建社会。社会性质的变化，为乡村的兴衰存废造成了新的历史条件。首先，由于外国资本主义的经济侵略，致使中国农民和其他小生产者的家庭手工业不断蒙受打击，自给自足的自然经济不断遭到破坏而趋于解体。在帝国主义和封建主义的双重压迫和剥削之下，农业生产日益衰退，

---

① 《直隶风土调查录》，上海商务印书馆 1916 年版。
② 潘守廉：《河南省南阳府南阳县户口、地土、物产、畜牧表图说》，光绪三十年石印本。
③ 《申报》，光绪九年六月十六日。
④ 光绪《忠义乡志》卷 5，村族。
⑤ 民国《香山县志》卷 2，舆地志，户口。

农民生活日益贫困,一些偏僻落后的乡村日益破败,进而不复存在。这种现象在各地连绵不断的自然灾害之后,表现得尤为突出。如光绪初年,山西发生了200年未有的自然灾害,"被灾极重者八十余区,饥口入册者不下四五百万……而饿死者十五六,有尽村无遗者"①。凤台县(今晋城),"有全家俱毙者,有阖村同尽者"②。同治十年(1871),直隶文安县发生特大水灾,"灾民四出,村落成墟,老弱转沟壑以万计"。原先文安村落有360处,灾后调查"实不符旧有之数。殆以水患频仍,风击浪卷,遂至片瓦无存欤!"③江苏光绪初年"夏秋各处偏灾,因而十室九空。百姓无稻果之食,流离载道,散处四方"④。宣统时期,江苏、安徽大灾,"凡灾重之区,邨庄庐舍,多荡为墟,流亡者十逾五六。每行数里十数里,罕见人烟"⑤。光绪初年湖北灾害,"老幼男女,相率而逃荒者几千人,村落一空"⑥。光绪初年,滦河大水,"滦境东南一带,前后被漂没者四百八十余村,沧桑改易,民无栖止,境内大荒,无复当年富庶气象"⑦。每次灾害之后,都使许多乡村进一步破坏。另外,由于兵燹的破坏,自然条件的变易、交通路线的更动、贸易地点的迁徙等原因,也有不少的村落陷于衰败和荒落。

"外国资本主义对于中国的社会经济起了很大的分解作用,一方面,破坏了中国自给自足的自然经济的基础,破坏了城市的手工业和农民的家庭手工业;又一方面,则促进了中国城乡商品经济的发展。"⑧鸦片战争之后,外国资本主义在中国开设工厂、修筑铁路、开辟商埠,采取一系列侵略手段扩展势力范围,这些在客观上对中国商品经济的发展起到了一定的推动作用,有些乡村就是在这种条件之下形成的,有些则由乡村而扩大为集镇或城市。比如云南碧色寨原来是一个名叫坡心的村落附近"空旷"之地,滇越铁路通车后,"倏尔成立一小村",并迅速形成一

---

① 王锡纶:《怡青堂文集》卷6,丁丑奇荒记。
② 光绪《凤台县志》卷4,记事。
③ 民国《文安县志》卷1。
④ 《益闻录》第849号,光绪十五年二月二十九日。
⑤ 冯煦《蒿盦奏稿》卷4。查办江皖两省急冬各赈并拨款协济折。
⑥ 《申报》光绪三年七月二十三日。
⑦ 光绪《滦州志》卷18。
⑧ 《毛泽东选集》第2卷,人民出版社1991年版,第626页。

个矿区中心和重要集镇。哈尔滨、石家庄等大型城市也是在这时由于铁路的敷设而由乡村变为大城市的。由于人口的迁移而形成的散村也有相当一部分。

2. 集镇社区

集镇既不是纯农村，也不是纯城市，而是众多农村社区共有的经济、政治和文化中心。顾名思义，它是逢集和设镇的地方。这就是集镇社区。

近代中国集镇，名称多种多样，南方多称墟、场，北方则多称集、市，还有称为会或街的。近代集镇不仅种类繁多，而且分布极广，各省、州、县以至乡，到处都有。以四川为例，川江流域16个府州，120个州县，光绪时期即有场市2885个，平均每县就有场市24个，其中场市最多的涪州即有120个。有人估计，清末光、宣时期，四川场数约达4000个。① 浙江奉化县忠义乡，光绪末年即有"市镇"16个。② 而在一些偏僻落后地区，集镇的数目则相对为少，如同治时期，广西梧州所属苍梧县"墟市"24个，藤县11个，容县15个，岭溪县6个，怀集县16个。③

近代中国集镇的规模大小不一，相差悬殊。著名的集镇有湖北的汉口镇和河南省的朱仙镇，有江西省的景德镇，还有广东省的佛山镇，各省也有一些著名的市镇。景德镇早在道光时期就"列市受廛，延袤十三里许，烟火逾十万家，陶户与市肆当十之七、八，土著居民十之二、三。凡食货之需求无不便。五方借陶以利者甚众"④。广东"佛山镇为南韶孔道，南通梧桂，东达省城，商贾辐辏，帆樯云集……铺舍星罗，街市栉比，与夫户口之繁盛，廛肆之骈连，水陆交通，津梁互接，屹然为海内巨镇"⑤。嘉定县的南翔镇，"为邑中首镇，纵跨横沥，横跨光马塘，街衢南北五里，东西六里，距沪宁铁路车站两里……云翔寺前东街、南街最繁盛，大小商铺四百数十家，晨间、午后，集市两次"⑥。

虽然集镇的规模大小不一，但都有逢集的固定日期，即所谓的"市

---

① 参见高王凌《乾嘉时期四川的场市、场市网及其功能》，《清史研究集》第三辑。
② 光绪《忠义乡志》卷5，市镇。
③ 同治《梧州府志》卷2，疆域，厢里墟市附。
④ 道光《浮梁县志》卷2。
⑤ 民国《佛山忠义乡志》卷1，舆地志。
⑥ 民国《嘉定县续志》卷1，舆地志，市镇。

日""场期"等。一般逢集的频率，有 10 天两次的，10 天三次和四次，甚至五次者，如"一四七""二五八""三六九"等。关于逢集的安排，就多数而论，往往是互相错开的。照顾相邻的集间关系而安排逢集的做法，既有利于农民、商人和小贩，也反映出一定区域间经济交流比较繁荣的情况。

中国近代规模不同的大小集镇，对当时的社会生产和社会生活产生过巨大的促进作用。首先，它促进了各地间贸易与经济的交流。集镇是大小不同的商品聚散地，农民和手工业者所生产的农副产品及手工业产品，绝大部分通过集镇进入商品流通领域。有些在当地彼此买卖，进行商品交换；有些则运往全国城乡各地分散销售，互通贸易。这样，不同层次的大小集镇互相补充，环环联结，共同构成一个完整的农村贸易市场。农村集镇又与更高层次的市场和大的商业城市相连，形成地域性的，甚至跨越省区的商业体系。农村社会内部相互之间的、农村与城镇及其他行业之间的经济贸易交流，正是通过集镇才得以实现的。

其次，集镇还有利于社会生产力的发展。近代中国农民和小手工业者生产的农产品和手工业品，除自给自足者外，大部分拿到集镇上去出售，实现其价值，然后再以所得货币购回自己需要的生产资料，用以再生产，集镇无疑起到了促进生产的作用。

此外，由于集镇上买卖的大部分是生活日用品，举凡四乡农民和小手工业者以及本地居民的日用所需，无论是衣食还是日常杂用，有很大一部分都要在集镇上购买。这样，集镇贸易在满足广大城乡人民日常生活需要方面，也发挥了普遍而有效的作用。

在中国近代历史上，集镇也经过了一个兴衰存废的复杂过程。

外国资本主义经济侵入，使中国原来的自给自足的自然经济结构逐步趋于解体，农民和其他小手工业者的产品日益卷入了商品流通之中，这就造成了商品经济的发展。同时农民和小手工业者有一部分衣食所需和日常杂用，也转而仰给于市场。商品从四乡涌向某一固定地点，设摊销售，各种商贩蜂拥而至，有些商人还开设店铺，居间贸易，出售商品以及供应四乡农民和小手工业者的日常生活需要，这就逐渐形成了各种各样的商品市场，大小集镇就是在这种条件之下形成的。在半殖民地半封建的中国近代社会，江南地区和东南沿海遭受外国资本主义经济侵略较早，自然经济的瓦解也较为迅速，所以在这些地方，新集镇的兴起表现得较为明显。以江苏为例，川沙县"文兴镇，清光绪二十年间，横沙商家无几，只有小本经营，向西滩、白龙港、合庆等处贩运者五、六家。旋有张炳华、曹翔青等开设南北杂货、花、米行，渐见发达。于是，各商闻风咸集。至光绪三十年间，异常兴盛。文兴镇为全沙各镇之冠"①。南汇县的万祥镇，"离城三十里，在三墩乡中六甲，昔本无市，自光绪初元，里人闵姓设肆于此，曰万祥，厥后店旋易姓，而市面日渐繁盛，遂即以万祥名其镇"②。在广大内地和边远地区，也陆续有一些新的集镇兴起，例如黑龙江呼兰"县属之松浦镇，旧为一片荒甸，民国九年始辟市场……商业日称盛矣"③。

外国资本主义还通过订立不平等条约，进而开辟商埠、设立租界，在中国土地上扩大自己的势力范围，侵略势力所到之处，有些形成踞以对中国进一步进行经济侵略的集镇，有些则先成为集镇，后来更被并入租界，变成租界内的一部分。比如上海"静安寺在法华东北四里许，本一大丛林，无所谓市也。粤匪时，英商开辟马路，渐成市集"④。辽宁省开原县东清铁路修筑后，俄国在此设立租界和小孙家台车站，"宣统初年，各埠商多在该站租界内辟盖房间，开设粮栈及各种商业计四百余家，凡海龙、东丰、西丰、西安及境内各屯粮石均运至小孙家台售卖，从前之荒僻小村，竟易为全境商务之中心点矣"⑤。

集镇是物产会聚、商贾辐辏、货物交流的场所，交通运输便利是集镇赖以存在和发展的重要条件。在近代中国，随着一些新的交通运输事业的发展，某些交通枢纽和货物聚散地，很快形成大大小小的新兴集镇。如浙江杭州"拱宸桥市，去北关镇三里，地本荒凉，墟墓所萃，光绪二十一年，中日《马关条约》辟其地为商埠，设杭关于此，既而江墅铁路踵兴，设拱宸车站于桥西，市廛栉比，稍稍繁盛矣"⑥。黑龙江呼兰县

---

① 民国《川沙县志》卷7，交通志，街巷。
② 民国《南汇县续志》卷1，疆域志，市镇。
③ 民国《呼兰县志》卷5，实业志，商业。
④ 民国《法华乡志》卷1，沿革。
⑤ 民国《开原县志》卷3，人事志，商务。
⑥ 民国《杭州府志》卷6，市镇。

"康金井镇,在县东北,距县治七十里,旧为一小村屯,自从呼海铁路于此设车站,乃渐发达"①。

在东南沿海及内地一些地区,由于资本主义近代企业的兴起,这些地区也成为人口较为稠密的地区,一批商贩为谋取市利,收取各种食物和日用百货前来销售,供应当地居民的生活需要,甚至有些地方的企业资本家也加入了追逐商业利润的行列,在此基础上,这些地区也兴起了一批新兴集镇,比如江苏省嘉定县"曹家渡在法华北三里。同治三年,英商开辟马路至梵王渡,地甚荒僻,绝少行人。光绪十八年,有人购地建筑油车,是为成市之始。继而,西段开办缫丝厂,东段开办面粉厂,招集男女工作,衣于斯、食于斯、居于斯者不下数千人。由是,马路两旁造房开店,百工居肆而成市矣。面临吴淞江,帆樯云集,富商巨贾莫不挟重资设厂经商,除缫丝、面粉两厂外,若洋纱厂、织布厂、鸡毛厂、牛皮厂、榨油厂、电灯厂,不数年间,相继成立,市面大为发达,东西长二里许,鳞次栉比,烟户万家"②。

新的集镇兴起的同时,一批旧有的集镇也因种种原因而趋于衰落。一种是由于战祸影响而衰落的集镇。在中国近代历史上,外国侵略者发动的战争,以及国内战争连绵不断,每次战争都使一些昔日繁盛的集镇趋于衰落。如江苏的南汇县新场镇,早在宋代已是"歌楼酒肆、商贾辐辏",明清两朝也称极一时,太平天国战争之后"廛舍焚毁,名迹就湮,今虽复成市,寥落处尤多"③。周浦镇,"居民稠密,为通邑巨镇。雍正四年,置新县粮仓,漕艘毕集,市肆益盛。咸丰癸丑春,仓毁于火,西市为之衰落;辛酉、壬戌间,为粤匪所扰,兵燹相仍,几成焦土"④。四川峨边县"太平场,县北十里,一名接官坪,前清道、咸时,商务颇盛;同治间,被夷匪焚掠,商务减色,不能成市"。清朝被推翻后,北洋军阀在南北各地连年争夺不已,兵连祸结,不少集镇遭到严重破坏,有的甚至多次被焚毁,无法恢复。

---

① 民国《呼兰县志》卷1,地理志,市镇。
② 民国《法华乡志》卷1,沿革。
③ 光绪《南汇县志》卷1,疆域志,邑镇。
④ 同上。

另一种是由于自然条件的变化，如交通路线的更动以及贸易地点的迁徙等原因而衰败和荒废的集镇。如河南南阳县"赊旗店亦豫南巨镇也，在县东北九十里……地濒赭水，北走汴洛，南船北马，总集百货，尤多秦、晋盐茶大贾……乾隆嘉庆中，置巡检司，设营讯。咸丰军兴，榷关其市，岁税常巨万。自铁路、轮船兴，道僻，商贾日稀，近益就衰矣"①。江苏奉贤县的泰日桥镇，"跨运盐河两岸，居民相望，亦东北一巨镇……自光绪二十七年采取官运后，市况顿衰"②。上海县的江桥镇，亦为"上海、嘉定水陆交通要道，市面虽不甚旺，而环镇村落，实视此为中心点。乃自铁路开行以来，绕越镇东，要道变为僻径，顿失过客买卖之利"③。

近代集镇，除了新兴的和趋于衰落的两类之外，还有一批是旧有的集镇由于帝国主义经济势力尚未深入，某种程度上得到了一定的扩展。如安徽太湖县"徐家桥镇，邑南四十五里，咸丰初，村店数间，近年（指清同治年间——引者）添造铺户，分上、中、下三街，商贾辐辏，水陆懋迁，遂成巨镇。"④ 山东泰安县境，"自津浦铁路通，乡镇之情形一变……附近铁路之村镇，则蒸蒸日上"⑤。

从总体来看，在中国近代难以胜数的集镇中，虽然兴衰互见，存废都有，但还是兴多于衰，存多于废，总的趋势是发展的。⑥ 主要原因是近代以来，中国经济结构的变动。

二　农村社区特点

1. 人口分布稀疏

在半殖民地半封建的近代中国社会，农业在国民经济中占绝对优势，全国90%以上的人口居住在农村。

虽然至今学术界对如何划分农村社区与城市社区问题，仍然意见不一，然而，就人口的密集程度而言，农村社区一般比城市社区为低，这

---

① 光绪《新编南阳县志》卷3，建置志，集镇。
② 民国《奉贤县志编》，疆域。
③ 光绪《上海乡土志》第十七课，江桥镇。
④ 同治《太湖县志》卷5，舆地志，乡镇。
⑤ 民国《重修泰安县志》卷1，舆地志，疆域。
⑥ 参见黄苇《中国近代集镇墟场的兴衰存废问题》，载《学术月刊》1979年第34期。

似乎已成定论，也是区分农村社区与城市社区的一个基本标准。

在中国近代历史上，农村社区中村庄与集镇的人口密集程度究竟如何？大体而言，村庄社区人口稀疏，每个村庄人口悬殊，少至几十口，几百口，多至几千口。民初山东朝阳县共552个村庄，人口15.1万余，平均每村约为270人；① 光绪时期山东郓城村庄数为1129，人口数673334，平均每村为596人；② 河北的束鹿县光绪后期有314个村庄，共263500人，平均每村839人。③ 山东齐东县宣统时期村庄412个，人口119578，平均每村为290人；④ 光绪时期直隶望都县龙家庄、辛街、陈家庄、沈家庄、南关等五村人口2800余，平均每村为560人；⑤ 广东香山县民国初年乡村413个，人口598024，每村平均1448人。⑥ 浙江奉化县忠义一乡不足100人的村庄即有55个。⑦ 在内地一些偏僻地区，尤其是在地广人稀的边疆地区，数十人的村庄为数更多，以新疆为例，清末新平、蒲犁、诺羌、哈密、清河、绥定、阜康等县每县人口也未超出万人。⑧ 以上这些例子虽然很不全面，但我们可以肯定，中国近代农村社区不仅人口分布稀疏，而且各地差别悬殊，既有数千人的大型村庄，又有数十口的零散小庄，也正是这些规模不一的、星罗棋布的村庄构成了近代中国的村庄社区。

20世纪初期，一些社会学家也对农村社区的人口进行了一些调查，在这里特举几例，也可推想并证实中国近代村庄社区的人口密集程度：

民国十九年（1930），李景汉在定县调查453村，每村平均人口为847人。

民国二十二年（1933），行政院农村复兴委员会进行江苏、浙江、河南、陕西等四省农村调查，各省每村平均人数，最高者为713人，最低者

---

① 民国《朝阳县乡土志》。
② 民国《郓城县乡土志》。
③ 光绪《束鹿县志》卷5，户口。
④ 宣统《齐东县乡土志》。
⑤ 光绪《望都县乡土图说》，附郭。
⑥ 民国《香山县志》卷2，舆地，户口。
⑦ 光绪《忠义乡志》卷5，村族。
⑧ 《新疆乡土志稿二十九种》。

为102人，四省平均每村为250人。

民国二十三年（1934），陈翰笙在广东38县调查152村，计24776户。据修正民国十七年（1928）各省区户口统计总表载，广东每户平均为5.54人。以此推算，每村人口903。

民国二十四年（1935）7月，乔启明在江宁县调查：孝陵乡24村，平均每村186人；仁陵乡27村，平均每村151人；信陵乡26村，平均每村256人；香陵乡19村，平均每村236人。以上4乡，共计96村，平均每村208人。

> 据调查所知，华南及华北村庄人口较多，其中最大者，竟在三千人口以上。华中村庄人口较少，常在300左右。①

同农村社区相比较，集镇社区人口则较为密集，一般人口均在数千人，甚至上万人。如宣统时期山东德州人口175816人；② 上海附近的真如宣统时期18979人；③ 江苏的双林镇光绪初年有9174人；④ 浙江省奉化县忠义乡，光绪末年各集镇人口数为：吴家埠2227人，桐照2885人，蕈湖100人，应家棚1199人，杨村1826人，马头735人，松隩1988人，裘村2648人，曹村1812人，棲隘8003人，桐照513人。⑤ 20世纪初的一些调查也可供参考，民国二十四年（1935）乔启明在江苏调查，江宁县淳化镇有1805人；句容县除县城不计外，有25个市镇，其中市镇人口超过2500人者有6个，最多者达5114人，各市镇人口平均数为1978人。同年据对安徽和县乌江镇调查，该镇人口为3316人；武焦县5个市镇平均人数达8478人。⑥ 可见，集镇社区的人口密集程度，各地也差别很大。

集镇是农村社区中的政治、经济及文化中心，也是人口较为密集的地区，从人口密度的角度来看更为明显。曾经有人对清代四川的场市进

---

① 乔启明：《中国农村社会经济学》，商务印书馆1946年版，第16—18页。
② 宣统《德州乡土志》。
③ 民国《真如志》卷1，舆地志，户口。
④ 民国《双林镇志》卷18，户口。
⑤ 光绪《忠义乡志》卷5，村族。
⑥ 乔启明：《中国农村社会经济学》，商务印书馆1946年版，第18—19页。

行过较为细致的研究，兹举清末光绪时期四川几个县份的场市人口密度于下：新繁县5场，每场面积27平方公里，每场平均人口15253人，每平方公里为564人；灌县21场，平均面积29平方公里，人口18733人，人口密度每平方公里646人；彭县26场，面积48平方公里，人口9183人，人口密度为191人；奉节47场，面积93平方公里，人口3751人，人口密度为191人；屏山48场，面积59平方公里，人口1801人，人口密度为31人；威远17场，面积43平方公里，人口11061人，人口密度为257人；德阳11场，面积118平方公里，人口11832人，人口密度为100人。① 从四川这些场市的人口密度来看，集镇社区人口密度稀疏者每平方公里有几十人，稠密者有上百人至数百人，悬殊也是很大的。

2. 经济结构单调

农村社会经济结构单调的原因是多方面的，但农业本身的特点是其中最主要的原因。在半殖民地半封建的近代中国农村，农业生产力发展水平有限，自然条件、环境及气候等因素对形成农村经济结构的单调性更有着密切的关系。一般来讲，在田连阡陌的平原地区，农村居民主要从事种植业；在水草丰盛的高原地区，人们则以畜牧业为主；而在靠近江海湖泊的地区，则以捕捞和水产养殖业为主。社区的经济活动与自然条件有着密切的关系。

中国是一个以农业为主的国家，从春秋战国始起，以农业和手工业相结合，以男耕女织为特征的自给自足的小农经济开始占有了主导地位。在这种自然经济结构中，"农民不但生产自己需要的农产品，而且生产自己需要的大部分手工业品"②。生产的目的主要是为了自给。他们自备生产工具，以自己的生产品为原料，生产单位只限于一家一户，全部生产过程在家庭内完成，生产的技术主要是手工。

鸦片战争之后，外国资本主义的入侵，中国自给自足的自然经济逐步分解，但是，这种分解过程进行得十分缓慢。而且各地破坏程度也不一样，在沿海、沿江及交通发达的地区，特别是通商口岸附近的地区，由于洋货浸入较早、较深，破坏的程度较为严重。而在交通不便，洋货

---

① 参见高王渡《乾嘉时期四川的场市、场市网及其功能》，《清史研究集》第三辑。
② 《毛泽东选集》第2卷，人民出版社1964年版，第586—587页。

侵入较晚，甚至还达不到的边远、偏僻地区，受破坏的程度就相对为轻，甚至有原封不变的。

以棉纺织业为例，到19世纪80年代，由于洋布"幅宽质细价廉，而适于用，人皆便之，反弃土布而不用，其夺我之利，实为最巨"①。90年代"通商大埠，及内地市镇城乡，衣土布者十之二三，衣洋布者十之七八"②。这些记载虽有夸大，但在一定程度上也反映了实际情况。如上海县"自西域各国通市之后，洋布盛行，夺其生计，民情益形困乏"③；广西贵县"清光绪中叶以前，衣料多用土货，县属比户纺织，砧声四彻，一丝一缕，多由自给。于是以服自织市为贵，而布质密致耐用。平民一袭之衣，可御数载。光绪季年，衣料寖尚洋货，即线缕巾带之微，亦多仰给外人。迨洋纱输入，而家庭纺织之工业，逐渐消灭。今欲于乡村间觅一纺车，几不可得矣"④。直隶南宫县"固产棉故，纺织遂为家庭间之普通工艺，无贫无富，妇女皆习之……自洋布盛行，其业渐衰"⑤。

而在一些内地和边缘地区，自然经济的破坏程度相对为轻，甚有仍然保持传统手纺手织的。如直隶正定县"女勤纺织，木棉花布之利，不减蚕桑"⑥；湖南湘乡县"农无余粟，资女红以继之……夜以继昼，纺声不绝者，迄于春而后止"⑦；江西彭泽县"农有余粟，女有余布，而女子纺织之暇，继以缲丝，犹之男子耕获之余，又为之种靛造纸也"⑧。

另外，中国农村社会经济结构的单调还从农村居民的职业中反映出来。

农业是农村社区居民的主要职业，虽然有些人从事商业和小手工业，还有半耕半读读书人。但在"士农工商"四个基本职业中，从事农业者占绝大多数。比如光绪末年陕西中部县"地瘠民贫，人安乐土，凡士农

---

① 参见彭泽益《中国近代手工业史资料》第2卷，三联书店1957年版，第222页。
② 郑观应：《盛世危言》卷7，纺织。
③ 民国《上海县续志》卷5，水道下。
④ 民国《类县志》卷2。
⑤ 民国《南宫县志》卷3。
⑥ 光绪《正定县志》卷19。
⑦ 同治《湘乡县志》卷2，地理志。
⑧ 光绪《中部县乡土志》。

工商之民，皆以农业为重，为士而兼于农，恐俯仰不足。为工为商而不代于农，恐饔飧不给，所以士不专士，其成名者仅增廪、附生、五贡而已，未成名者仍为农人，而增廪附五贡共计二百之数。农人甚多，凡工商之人，俟农隙之时，工则为土木石铁之数，商则为肩挑贸易之业，然其人亦不多"①。湖南永定县"实业有四，曰士、曰农、曰工、曰商。本境四民以农为多，士与工商约占十之二、三焉，而为工商者仍必兼活农功，始足以自给，士虽不自作苦，有恒产者亦莫不经营田亩，以农为本业，稍弛懈，冻馁随之矣……工则泥执高曾矩矱，不能变通以利用，商则株守乡间门户，不能远服以招来，而工商之业亦窳且窒矣"②。雒南县"不务耕作，别无养身之计，即供书巨族，亦无一不兼务农业"③。北边一些地区则以牧业为主，或耕牧兼作，如新疆沙雅县"业农者十之五，为工商者各十之一，游牧者其数倍焉，弋猎者亦间有之，不以为业。境内南乡一带尽是草湖，故户民仅恃牧畜为业者有之，未有农民而不兼牧畜者也"④。洛浦县"无专业读书之士，农民以耕牧为业者各庄皆是，工则泥水铁木丝布毡毯等匠人，随处有之，商无大贾，皆小贸营生"⑤。

与村庄社区比较，近代中国集镇社区的经济结构相对较为复杂，除"士农工商"外，清末有些集镇还出现了相当规模的手工及机器工厂。如嘉定县的曹王庙"跨蒲华塘，光绪初年只三、四小户，其后日渐稠密，居民百余户，开设小茶肆、酒肆、杂货铺十余家，肉铺、药铺、染纺等相继而起，并有鱼市、水果各摊，下午茶肆尤热闹，已成市集"⑥。南汇县的万祥镇"商业为塘东诸镇冠，南北街长里许，北市跨灶支港，入二团下南甲界，有花、米、榨油等工厂，港南有善堂，有学堂，廓然大规模之市镇焉"⑦。南汇县的泥城镇"自光绪初元有张锦之、朱曾三先后建屋于城中之横港西岸，于是商贩纷至，蔚成市镇，是为横港镇。后又

---

① 光绪《中部县乡土志》。
② 宣统《永定县乡土志》卷4，实业。
③ 《雒南县乡土志》。
④ 《新疆乡土志稿二十九种》，沙雅县。
⑤ 《新疆乡土志稿二十九种》，洛浦县。
⑥ 民国《嘉定县续志》卷1，疆域志，市镇。
⑦ 民国《南汇县续志》卷1，疆域志，市镇。

展拓往北，跨港而东，有陆姓等建里、西面列肆，总计南北延袤二里余，虽间有断续处，而有衙署、旧粮署，有善堂（纯阳堂），有学堂（发蒙小学，以旧义塾改），有工厂，市廛栉比，百业完备"①。集镇社区这种经济结构，决定着集镇中从事工商业者占居民多数，如江苏元和县的田庄镇"近地之人，在镇者业商贾，习工技为多"②。

3. 血缘关系浓厚

农村社区血缘关系浓厚的突出表现是，绝大部分村落居民属于单姓，或者以某姓为主，另有一些零星户。浙江省奉化县《忠义乡志》记载了此乡各村的这类情况，从中我们可以看到，马隩、碶头、东连屿、西连屿、菱湖、青湾、萧家、庄隩、何家、裹陶坑、王家麻车、官路头、岭头、山下李、徒家畈、大岭头、上磐塘、王皇塘、淡水湖、营口、裹枫弄、徐家、岭下下宅、小梅山、双竹桥、前山、兴化院口、田畈中央、徐家、深柳村、九峰隩、翁隩、杨家弄等33村属于单姓，占全乡124村的26%以上。另外一些复姓的村落，大多也以某一姓为主，如尹家村，君姓户73、口271，零姓户11、口40；裹陈村，柳姓户31、口111，裘姓户13、口64，王姓户6、口21，杨姓户8、口22，零姓户8、口27；阎家村，阎姓户31、口126，杨姓户6、口31，陈姓户6、口11，陈姓户6、口19。③

集镇社区一般来讲，商品经济较为发达，居民成分也比较复杂，不存在有单姓居住的集镇，有些集镇甚至是"五方杂处""人烟稠密"的地区。我们仍举忠义乡的例子：裘村镇，裘姓463户、2015人，戴姓30户、120人，吕姓40户、158人，陈姓5户、17人，陈姓4户、11人，陈姓6户、17人，俞姓10户、37人，管姓6户、30人，周姓6户、16人，杨姓10户、28人，顾姓2户、12人，零姓51户、187人；楼隘镇，楼姓187户、645人，蒋姓103户、247人，张姓22户、81人，邬姓6户、16人，忻姓17户、41人，方姓47户、147人，王姓16户、47人，张姓15户、65人，张姓8户、36人，俞姓10户、26人，张姓14户、46

---

① 民国《南汇县续志》卷1，疆域志，市镇。
② 光绪《田庄镇志》。
③ 光绪《忠义乡志》卷5，村族。

人,王姓7户,22人,孙姓5户、13人,零姓40户、136人。①

农村社区血缘关系浓厚的另一个表现是,家庭在农村社区中的作用非常重要。农村社区的文化、风俗习惯,都是由家庭这个社会细胞推广传递的。在农村社区中,家庭是一个最基本的生产单位,每个家庭不仅生产自己的农产品,而且生产本家庭所必需的手工业品,家庭成员都有较为固定的社会生产分工,男子一般从事田间生产劳动,妇女大多则操持家务。农村居民社会交往活动范围也十分狭窄,多限于亲戚等各种血缘关系。婚姻的缔结多限于本村或附近村庄。家庭在农村中也是教育的中心,不仅子女的教育主要限于家庭,而且家庭成员的闲暇时间也基本上在家庭中度过。乡土观念、地域观念、亲缘和血缘观念在农村社区中都表现得较为突出。

第二节 城市社区

一 城市社区类型

鸦片战争之前,中国的城市主要有作为封建统治的都城、省区封建统治的中心、一般府县及工商业城市等类型,虽然它们的规模不同,但是大多发展缓慢,变化微小。进入半殖民地半封建社会以后,中国的社会性质发生了根本的变化,由于外国资本的输入和本国资本主义的发展,一批新兴城市纷纷兴起,同时,原来的封建城市也发生了不同程度的变化与发展。

1. 新兴城市

中国近代新兴城市可分为两种类型。一类是帝国主义利用不平等条约设立"租界"、开辟商埠而兴起的城市;另一类是由于近代资本主义的发展及铁路的敷设而兴起的城市。

从第一次鸦片战争开始,英、法、美等帝国主义国家屡次对中国发动侵略战争,迫使清朝政府签订了一系列不平等条约,在沿江、沿海及广大内地,开设商埠,作为掠夺中国农、矿原料和手工业产品的聚集地。随着资本主义侵略的扩大和加深,铁路沿线也出现了一些被开设的商埠。

---

① 光绪《忠义乡志》卷5,村族。

据统计，从1842年中英《南京条约》签订，到五四运动之前，英、法、美、日、俄、德、比等国先后在中国开设商埠92处。① 在一些主要商埠里，资本主义国家还引用不平等条约中关于租地建屋的规定，划设租界，"在这种所谓'租界'内实行了完全独立于中国的行政系统和法律制度以外的另外一套政治制度，即帝国主义的殖民制度"②。把它变成半殖民地中国的国中之"国"，租界不仅成为帝国主义设立工厂、商店、银行、船坞以及市政工程的据点，而且成为帝国主义列强对中国进行政治、经济、文化侵略的中心。这样，商埠和租界，尤其是那些设有租界的主要商埠，城市也出现了畸形的繁荣。上海、广州、厦门、福州、天津、汉口、杭州、苏州等原来具有一定规模的城市，在近代更得到进一步的发展。以上海为例，1843年它作为第一批通商口岸开埠，接着英、美、法三国先后划分地皮、设立租界。帝国主义各国在上海租界内设立大量的洋行、工厂、银行、仓库、码头作为对中国进行侵略的大本营。同时，修建许多教堂、教会学校及各种"慈善"机构，对中国进行文化侵略。《马关条约》以后，各国变本加厉，在上海大量投资，设立各种工厂。加上洋务运动时期，清政府也在上海创立了一些洋务企业。接着，民族资本家也纷纷在上海设立各种企业。这使得上海的工业、商业、对外贸易及文化设施迅速增长起来。以学堂为例，从1849年到1911年帝国主义在上海设立的教会学堂即有27所。③ 光绪末年，上海"租界内康庄如砥，车马交驰，房屋多西式，轩敞华丽，有高至六、七层者，钟楼矗立，烟突如林，入夜则灯火辉煌，明如白昼。会审公廨、中西邮局、海关、银行、领事馆、电报局、巡捕房、丝厂、船坞、轮船公司皆在焉"④。其他各地也无不各业发达，繁华胜昔。

由帝国主义开辟商埠，设立租界而发展的城市，都是中国近代的大城市，而且带有明显的殖民地色彩。

中国近代新兴城市中的另一种类型，是在铁路枢纽或铁路与主要河

---

① 见严中平等编《中国近代经济史统计资料选辑》，科学出版社1955年版，第41—47页。
② 《毛泽东选集》第2卷，人民出版社1991年版，第617页。
③ 民国《上海县续志》。
④ 李维清编：《上海乡土志》，租界之繁华。

道交叉处兴起的城市。自从 1876 年吴淞铁路修建以后，帝国主义各国在中国境内攫取筑路权，到五四运动前，共筑铁路 29 条干线，42 条支线。[①] 铁道所经之处，都有一批新的城市兴起。比如东北的哈尔滨原为松花江右岸的几个自然村，1898 年俄国人开筑铁路之后，哈尔滨迅速成为黑、吉两省的经济中心，又成为"中外交通之枢纽"，也是俄国侵略东北的据点。大连、旅顺，本也是一个很不著名的"青泥滩"，南满支路通达后，俄国在此筑港设埠，后又经过日本的经营，使其迅速成为东北的贸易中心，1909 年到 1911 年，它在全国对外贸易总值中所占比重已达到了 4.9%。[②] 齐齐哈尔、佳木斯、满洲里、海拉尔、宁古塔等地也因铁路的修筑而日益发达。在华北地区，天津原来是华北政治、军事上的一个重要据点，自 20 世纪 60 年代被开埠后，开始向国际贸易港口转变。清末，天津已成为京奉中枢、津浦起点，遥与平绥、平汉等铁路连接，成为仅次于上海的第二大港。郑州原来是一个小县城，平汉、陇海铁路修筑后，郑州迅速成为湖北、河北、山西、山东、河南、陇西、北京、天津等省市的货物集散地和商业中心，俨然一大城市。石家庄直到 1903 年还是一个荒凉的农村，随后随正太铁路修筑而形成集镇，此后平汉铁路也经过此地，使其变成山西、河北、河南各省进出货物的汇聚之地，加工工业急剧发展起来。其他如烟台、青岛、济南等地也在这时逐步发展起来。在华东地区，上海与汉口本是内河与海运便利的城市，铁路的修筑更促进了这两个城市的贸易发展。华南、西南及西北地区，像昆明、包头等地，也因铁路的建设而成为大、中型城市。

2. 原有城市

原有城市一类是变化不太明显城市，主要是在封建社会中的统治中心，包括都城北京和省城西安、成都、太原、南昌、长沙等。相对来讲，这些城市居内地、交通运输条件有限，受帝国主义经济侵略的影响较小，故而整个变化不大，甚有一些处于相对衰落的境地。

而另外的一些原有封建城市，由于近代资本主义工商业的发展也发

[①] 据严中平等编《中国近代经济史统计资料选辑》，科学出版社 1955 年版，第 172—179 页。

[②] 同上书，第 69 页。

生了一些变化，比如南通、无锡、自贡等地。南通与上海仅有一江之隔，是苏北平原的出口要道，因而它较早受到资本主义发展的影响，1895年，民族资产阶级代表张謇首先在南通开办大生纱厂，大量投资。后来又陆续建成榨油厂、资生铁工厂、复新面粉厂、天生港、垦殖场等工厂企业。此外城市的一些文化教育及社会福利设施也纷纷开办。清末民初，南通市不仅有南通师范学校、女子师范学校、南通医专、南通农科专校、南通甲种商业学校、南通纺织专门学校、图书馆、博物苑等文化教育机构，而且形成了专门的商业街、养老院、习艺所、幼稚园等社会福利机构，城市规模不断扩大，工商业得到了很大的发展。无锡在中国长期的封建社会中，就是一个历史悠久的商业城市，为江南大米的主要集散地。1894年业勤纱厂开办，接着申新、茂新、振新、庆丰等厂也纷纷建立，运河两岸烟囱林立，工厂商店鳞次栉比。其他一些城市，也因资本主义生产的发展而有所发展。这类城市一般是中型的城市。

原有封建城市的另一种类型是相对衰落的城市。这类城市在长期的封建社会中，或由于地处交通要道而突出，或因为商业、手工业的发达而繁荣。进入近代以后，在资本主义经济侵略之下，这批城市开始被新的资本主义工商业或位于交通沿线上的城市所取代，逐渐失去了以前的地位，成为相对衰落的城市，有些甚至出现了倒退的现象。大运河沿线的山东临清和江苏的淮阴、淮安、扬州等都是比较典型的例子。苏北重城淮阴，地处大运河沿岸，远在隋唐时期就是著名的"淮、扬、苏、杭"四大城市之一，随着近代海路运输的兴起及黄河的改道，昔日繁荣的商业和手工业逐渐衰退，城市经济趋于萧条。镇江的衰落则明显是受到铁路运输的打击。镇江地居长江与运河之交点，鲁、豫、皖、浙各省商务辐辏，是历史上的商业巨城、华东大埠，平汉、胶济两路先后通车后，货物半往汉口，半往青岛。津浦铁路一通车，南京又分占了它的部分商务，镇江乃趋向衰落。1904年，镇江口出口土货2090202海关两；胶济、京汉、津浦铁路通车后，1912年其出口土货减少为210827海关两。[①] 镇江的转口贸易，无论是转往安徽，还是转往山东、河南，

[①] 杨端六、侯厚培等编：《六十五年来中国国际贸易统计》，中央研究院社会科学研究所1931年版，第92页。

京汉铁路通车后均日见衰落。

沿海地区的一些城市也是如此。东北的营口长期以来不仅遁海道至烟台,与华北平原密切联系,而且与上海交往,使长江中下游和福州以北沿海各地物产得以与东北的物产交流。1861年营口辟为商埠,日益发展成为本地区的一个商业中心。但自东北铁路及支线通车后,它的贸易量急剧下降,城市相对衰落。山东的烟台位居山东半岛北部,湾广水深,终年不冻。出入渤海船只,必于此碇泊,为渤海沿岸贸易集散中心,本是山东南至江苏、浙江、福建以至广东,北与东北地区交往的通道,1862年被迫开为通商口岸。直到20世纪初,山东敷设铁路以前,它成为华北对外的一个重要的贸易港。1903年经由烟台的贸易值在山东的进出口贸易值中比重占72%,足以反映烟台当时的兴盛情况。华北地区的铁路渐成系统之后,烟台的贸易地位迅速下降,到1913年,烟台在山东全省进出口贸易中所占比重跌到35%,以后越来越低,烟台城市昔日的繁盛也逐渐不复存在。

应当指出的是,在半殖民地半封建的中国近代社会,无论是新兴的城市,还是原有的封建城市,它们都因帝国主义的侵入而发生了一些变化。向不闻名的集镇或人烟稀疏的村落急剧发展成为新兴的城市。相反,昔日曾经繁盛一时的集镇和城市,有些则转趋衰落,甚至被淘汰了。但是,有一点十分清楚,这些原有的或新兴的内地城市无一不是在不同程度上为那些借航运直达海外的滨江沿海的港口都市服务,它事实上使外国资本主义侵略势力可以以滨江沿海为据点,控制内地中心城市,支配广大的农村,从而实现对整个中国的经济掠夺;它还使全国经济重心完全倾倒到上海、天津、汉口、广州、青岛等沿江沿海港埠,使内地更加偏枯。这是近代中国经济发展不平衡的一种表现,也是半殖民地半封建中国城市面貌的一个特点。

二 城市社区特点

1. 人口集中

城市是经济活动的中心,同时也是人口的集聚之地。在半殖民地半封建的中国近代社会,随着大批城市规模的扩大,人口也不断汇集起来,尤其是在沿江、沿海及开埠通商的城市,人口城市化的速度更加迅速。

这方面上海也很典型，1843年上海开埠以前，人口55万左右，①1862年上海人口即发展到60万左右，1905年达到135万左右，1911年达141万，到1920年市区人口达到200万左右，②成为中国近代人口最多的城市之一。广州人口在1891年约为180万，到20世纪初估计达到240万。③遍布各地的商埠人口增加也相当迅速，如胶州湾在1898年《胶澳租界条约》签订以前人口约8.3万余，"自开埠以后，全区人口逐年增加，市内尤甚"，1910年即达161140人。④烟台人口在19世纪末的十年中增加了一倍。云南省昆明府"自滇越铁路通后，商务渐臻繁盛，外省及外县之商人多接踵而至，故人口总数逐年增加"⑤外国人曾对中国20世纪初期各通商口岸的人口做过估计：广州85万人，汉口85万人，天津70万人，杭州70万人，福州65万人，上海62万人，苏州50万人，重庆30万人，宁波25万人，南京23.5万人，镇江14万人，芜湖10.2万人，厦门9.6万人，温州8万人，沙市8万人，九江6.2万人，芝罘6万人，梧州5.2万人，牛庄5万人，宜昌4万人，汕头8.8万人，琼州3.5万人，岳州2万人，龙州2万人，北海2万人，思茅1.4万人，蒙自1.2万人，三都澳0.8万人，三水0.5万人，共计658.4万人。⑥虽然这种估计不一定符合实际，如对上海，广州等地的人口显然低估，但也说明了中国近代这批通商口岸人口集中的程度。

内地的城市，虽不像沿海那样人口集中如此迅速，但也具有相当的规模，如北京"人烟稠密，五方杂处，民数向称三百万"⑦。成都在宣统时期也有人口637776人，⑧都是人口相对集中的地区。

城市人口的集中带来了一些严重的城市问题。

第一，城市人口过分集中，经济的发展又相对缓慢，其结果是失业

---

① 《上海研究资料续集》，上海书店1984年版，第575—577页。
② 《上海人口志略》，上海文献委员会刊本1948年版，第6—8页。
③ 孙毓棠编：《中国近代工业史资料》第二辑，下册，第1172页。
④ 民国《胶澳志》卷3，民社志，户口。
⑤ 民国《昆明市志》。
⑥ 《大公报》1922年9月4日，第80号。
⑦ 彭泽益编：《中国近代手工业史资料》第2卷，三联书店1957年版，第516页。
⑧ 施居文：《四川人口数字研究之新资料》。见《清代四川财政史料》上，四川省社会科学院出版社1984年版，第38页。

人口队伍庞大，这是中国近代绝大多数城市都存在的问题。比如"京师游民来自远方，觅食之艰，竟成流落，旗丁游惰失业者尤众"①。上海闸北的棚户区是当时上海失业者的栖身之地。天津"游手好闲之辈，所在多有"②。"长沙省城，人烟稠密，乞丐孔多。"③湖北省城汉口"冶游者车水马龙，昼夜无有止息"④。

第二，人口两性比例严重失调。大量涌向城市人口，主要以男子为多，这使得城市的两性比例严重失调，男多于女的现象比农村更为突出。上海公共租界自1870年到1915年间，有10年人口两性比例的统计，其中有6年两性比例均超过200%。最高的1870年人口，男46447，女15999，性别比例为290%（即每100名女子与290名男子之比）。⑤北京在宣统年间内外城人口，男506999，女254107，两性比例为199%。福建的南台、厦门、三都澳各商埠性别比例为151%。江南各商埠188%。⑥天津华界清末性别比例为155%。⑦如此不平衡的两性比例，必然使近代中国城市犯罪率增多，社会秩序动乱，带来一系列严重的后果。

第三，消费性人口比重过大。从人口的职业结构来看，中国近代城市的生产性人口远远低于消费性人口，从而决定了城市的消费性。以北京为例，1908年北京内外城除去八旗和女子以外，从业人口共27万多人，而消费性人口包括官员、士绅、兵勇、书吏、差役、杂业即占近12万人，如果再加上八旗和女子人数，非生产性人口则多达60多万。⑧此外，城市人口中流浪、地痞、赌徒、乞丐、盗匪、娼妓人数所占比例也很高。以娼妓为例，据1915年上海《中华新报》调查，当时公共租界的明娼暗妓达9791人。⑨北京"妓业加增，光宣以来，时有消长"。1916

---

① 彭泽益编：《中国近代手工业史资料》第2卷，三联书店1957年版，第525页。
② 《大公报》1902年9月2日。
③ 《大公报》1909年4月3日。
④ 光绪《湖北通志》卷21，舆地。
⑤ 引自邹依仁《旧上海人口变迁的研究》，上海人民出版社1980年版，第122页。
⑥ 《中国经济年鉴》，第二章人口。
⑦ 宣统《天津指南》。
⑧ 《北京史》，北京出版社1985年版，第356—357页。
⑨ 据邹依仁《旧上海人口变迁的研究》，上海人民出版社1980年版，第37页。

年娼妓人数有5500人，官方登记过的妓馆数目有391家。① 这两个数字都属官方的记载，实际上的明娼暗妓为数可能更多。

2. 经济活动聚集

在半殖民地半封建的中国近代社会，城市经济活动聚集主要表现在以下两个方面。

第一，城市的对外贸易及商业手工业集中。自19世纪40年代五口开放始，帝国主义利用一系列不平等条约，迫使清政府在全国各地开辟了近100个商埠。这些商埠大都占有优越的地理及交通位置，又是周围地区的经济中心，尤其是上海、广州、汉口、天津、福州、宁波、厦门、长沙等大中城市，对外贸易首先发展起来。据统计，1909—1911年，广州、上海、汉口、天津、大连五大港即占当时对外贸易总值的67.7%。② 上海在通商以后，一跃超过广州而成为全国第一大城市，与它对外贸易的迅速增长是分不开的。由于上海临近太湖流域，五口通商后，江浙皖出产的大宗丝茶，不再绕道广州出口，而径直由上海外销，这便使广州的出口贸易迅速下降。从广州和上海对英国的进出口货值来看，1852年两地进出口货值基本相近，1853年起上海即超出广州，1856年上海已比广州多出1470万元。③

虽然中国近代的对外贸易主要限制于沿江沿海开埠的大中城市，但内地的城市，包括原有的一批封建城市，也是帝国主义经济侵略的主要据点，同样被卷入资本主义世界经济的旋涡之中，对外贸易也有不同程度的发展。

城市对外贸易的发展，直接刺激了中国近代城市商业和手工业的繁荣。在长期的封建社会中，中国的城市许多都是商业和手工业发达的中心。近代以来，随着资本主义经济侵略的渗透和商品经济的发展，这些城市，尤其是沿江沿海开埠通商的城市，商业和手工业也进一步发展起来。五口通商以后，外国商人就开始在这些通商口岸建立各种洋行，为

---

① 郭箴一：《中国妇女问题》。
② 严中平等编：《中国近代经济史统计资料选辑》，科学出版社1955年版，第69页，表13计算。
③ 《马克思恩格斯选集》第2卷，人民出版社1972年版，第34页。

洋行推销洋货的商店也陆续出现。上海早在20世纪50年代初期，随着洋布的大量流入就出现了专销洋布的"清洋布店"，后来进一步发展成为洋布公所。① 城市的市面也日益繁华，商业中心逐渐形成并发展起来，大、中城市均有固定的街区场所从事商业和手工业活动，有些小城镇也开始形成固定的商业区，各类商品日渐繁多。如嘉定县的西门，"自钓桥以西至高义桥，街道长三里余，沿练祁南岸至虬桥西，街道长一里余，大小商店二百五六十家，以钓桥至虬桥上下塘一带为最殷盛。每日一市，贸易物自日用品外，以棉花、米、麦、蚕豆、黄豆、布、茧、六陈、豆饼、竹木、牛皮之属为大宗，市况向极繁盛，尤为米商萃会处"②。商业的繁盛，使得商业组织增多。19世纪60年代至90年代中叶，传统的手工业商业行会在城市中的数目日益增多，汉口、芜湖、苏州、上海、南京、扬州、杭州、宁波、广州、佛山、汕头、梧州、重庆等24个城市，有具体年代记载的行会活动，计有商业行会107个，手工业行会76个。③ 到清末，商会在城市中建立的更多，仅从1903年到1908年全国各地成立的商会就有265个，④ 且绝大多数建立在大、中城市。商业是城市经济发展的重要标志。中国近代城市商业和手工业的发颤，一方面说明外国资本主义的入侵强烈地刺激着城市商品经济的发展；另一方面也反映了城市商业和手工业的繁荣促进了城市经济的发展。

第二，工业的集中。城市在资金、市场、劳动力、技术等方面集中的特点以及便利的交通环境，为工业的发展提供了合适的场所。事实上，在半殖民地半封建的中国近代社会，工业包括帝国主义在中国投资开办的工厂、民族资本主义工业及清政府所办工业，绝大多数都集中在城市，尤其是集中在沿江沿海城市。这里仅举几个数据加以说明：

1896—1913年帝国主义各国在中国设立各类工厂114家，其中上海41家、大连13家、汉口7家、天津5家，占53.8%；其余福州、武昌、

---

① 上海的"清洋布店"到19世纪80年代已发展到62家，见中国社会科学院经济研究所编：《上海市棉布商业》，中华书局1979年版。
② 民国《嘉定县续志》卷1，疆域志、市镇。
③ 参见彭泽益《十九世纪后期中国城市手工业商业行会的重建和作用》，载《历史研究》1965年第1期。
④ 据《农工商部统计表》计算。

苏州、哈尔滨、营口、长春等城市总计48家，占46.2%。①

1872—1894年民族资本经营的近代企业共有75家，其中上海38家、广州8家、福州4家，占66.7%；其余杭州、厦门、宁波、镇江等共25家，占33.3%。②

1910年，上海、武汉、无锡、南通四大城市华商纱厂纱锭总量共313224，占全国锭数497448的63%。③

1895—1913年全国各地厂矿共549家，资本12028.8万元，而上海、广州、武汉、杭州、无锡、天津6个城市就有厂矿169家，资本额5410.3万元。④

清政府所办的军事工业和民用工业也大都集中于城市。⑤

3. 组织结构复杂、血缘关系淡化

"随着城市的出现也就需要有行政机关、警察、赋税等等，一句话，就是需要有公共的政治机构。"⑥ 人口的集中、经济活动的聚集，这些都使城市的组织结构日益复杂。在半殖民地半封建的中国近代社会，城市中除了封建的政治、经济、军事、文化等机构外，随着帝国主义侵略的加剧，各类具有殖民色彩的机构在城市中，尤其是在通商口岸及开辟租界的城市中，日益增多。以上海为例，它不仅有县衙、江海关署、分巡苏松兵备道、松江府海防同治等封建机构，而且设立了万国商团、公董局、高等法院、公审会堂、领事公堂、马路工程善后局、工程总局、商务总会、城厢内外自治公所等殖民机构。

教育、文化及社会福利机构也在城市中大量出现。中国近代城市也是文化教育的中心，许多著名的书院都集中于城市，清末学堂兴起之后，城市所占比例也占绝大多数。据初步统计，上海自1849年至1911年，各

---

① 据汪敬虞《中国近代工业史资料》第二辑（上册），科学出版社1957年版，第7—11页表统计。

② 汪敬虞：《中国近代工业史资料》第一辑（下册），科学出版社1957年版，第1166—1169页表统计。

③ 汪敬虞：《中国近代工业史资料》第二辑（下册），科学出版社1957年版，第655页。

④ 同上书，第654页。

⑤ 参见汪敬虞《中国近代工业史资料》第一辑（下册），第565—566页，第二辑（下册），科学出版社1957年版，第654页。

⑥ 《马克思恩格斯选集》第1卷，人民出版社1972年版，第56页。

类学堂即有249所，著名的复旦公学、南洋公学、圣约翰大学均集中于上海。1910年，山西省城太原即有山西大学堂、法政学堂、医学馆、师范学堂等17所学堂。[①] 新闻出版业也主要集中于城市。据初步统计，上海从开埠到1900年，外国人创办的中、外文报刊即达60多种，占同一时期外人在华报刊总数的30%左右。[②]《申报》《字林西报》《万国公报》及墨海书院、同文书会、商务印书馆等出版机构也都集中于上海。戊戌变法及辛亥革命前后，创办报刊成为一种社会风潮，上海、汉口、天津、广州、福州、宁波等城市都创办了许多较有影响的报纸杂志。作为居民业余活动场所的一些社会福利机构也有许多在城市中开始出现。上海到清末就有图书馆、博物院、公园、影戏院等机构。另外，随着城市经济和生产力发展，医院、养济院、自来水公司、电气公司、电报公司、煤气公司等社会福利机构也纷纷建立。

城市各种组织结构的复杂多样，使城市居民的血缘关系日趋淡薄，家庭的职能与规模都有所缩小。原来，家庭不仅在经济上自给自足，而且担负着养育和教育后代的职能，同时又是居民感情生活、文化生活的中心。城市经济的发展，各种社会组织的建立，使得家庭的职能首先发生了变化，比如教育、文化事业的发展，就使得许多人可以进入学堂学习知识，家庭的教育职能缩小；工商业兴起，又会有许多人走出家庭而进入工厂；养济院、养老院的建立，也削弱了家庭的抚育职能，如此等等。另外，由于中国近代城市人口中大多属于从外省区迁入的人口，因而这类家庭规模一般较小，家庭成员都有很大的流动性。加之城市中的离婚现象也较多，这都使得家庭规模在城市中日益缩小。

另外，城市社区在生活方式、人际交往、风俗习惯、伦理、语言等方面都有着与农村社区不同的特点。这里不再一一细述。

第三节　民族

中国自古以来就是一个多民族的国家。在中国近代社会，除汉族而

[①] 参见乔志强《辛亥革命前的十年》，山西人民出版社1987年版。
[②] 见刘惠吾编《上海近代史》（上），华东师范大学出版社1985年版，第257页。

外，少数民族即有 50 多个。由于幅员广阔，民族众多，因而少数民族社会历史的发展也相当复杂，社会经济的发展很不平衡，民族与民族间的发展也不平衡。就社会形态来说，中国近代少数民族呈现出多样化，其中有些已进入封建社会后期的地主经济阶段；有些地区资本主义经济也有一定发展；有些处在封建社会早期的领主制阶段；有些奴隶制仍占着统治地位；另有一些还存在原始社会末期的形态。要全面反映中国近代社会的历史与变迁，必须了解少数民族的社会面貌。这里就少数民族的人口及其分布、经济发展状况做一概述。

一 民族人口及其分布

由于历史的原因，中华人民共和国成立以前，各少数民族的人口一直没有具体的统计，这类历史记载也较为缺乏，而且甚为零散。中华人民共和国成立后，经过大规模的少数民族调查，确定了 55 个少数民族，但在云南、西藏等省区仍有一些待识别的民族成分。这里，只能根据现有的历史文献记载及中华人民共和国成立后的一些统计材料，对中国近代少数民族的人口及其分布进行初步的分析与概括。

在半殖民地半封建的近代中国社会，我国的 50 多个民族在人口数量上差距很大。其中汉族人口最多，占全国人口总数的 95% 以上，而其他少数民族仅占 5% 左右。在各个少数民族中，人口数量也差距悬殊，人口最多者有 100 万人以上，而最少者不足 1000 人。

人口在 100 万左右的少数民族有：蒙、回、藏、维、苗、彝、壮、布依、满、侗、瑶等。

人口在 10 万到 100 万之间的少数民族有：土家、哈萨克、傣、黎、傈僳、佤、高山、水、纳西族等。

人口在 1 万到 10 万之间族的少数民族有：景颇、羌、布朗、锡伯、阿昌、怒、崩龙、普米、基诺族等。

人口在 1 万人以下的少数民族有：乌孜别克、裕固、独龙、鄂伦春、赫哲族等。

中国近代少数民族人口虽少，居住的地区却很广，约占全国土地面积的 50%—60%。北部和西部的高原、山区、沙漠、草地几乎都是少数民族聚居的地方。从省区来看，少数民族主要居住在内蒙古、新疆、西藏、广西、宁夏、黑龙江、吉林、辽宁、甘肃、青海、四川、云南、贵州、广东、湖南、河北、湖北、福建和台湾等省区。云南省居住着20多个少数民族，是我国民族成分最多的省区。高山族居住在台湾省。除聚居之外，还有一些少数民族杂居和散居在全国各地的大小城镇和农村。

从地理分布上来看，各少数民族在近代主要居住于以下四个地区：

东北地区有：满族、朝鲜族、赫哲族、蒙古族、鄂伦春族、达斡尔族等。

西北地区有：回族、东乡族、土族、撒拉族、保安族、维吾尔族、哈萨克族、锡伯族、乌孜别克族等。

西南地区有：藏族、门巴族、羌族、彝族、白族、哈尼族、傣族、傈僳族、佤族、纳西族、景颇族、布朗族、阿昌族、怒族、独龙族、苗族、布依族、侗族、水族、普米族等。

中南和东南地区有：壮族、瑶族、毛南族、京族、土家族、黎族、畲族、高山族等。

各少数民族人口地理分布大致有以下特点：

一是居住分散。这种情况主要有回族和满族。回族几乎遍布全国各省区；满族也基本上分散于汉族聚居区。

二是一个民族被分为二，相距万里。这完全是历史上人口迁移的结果。属于此种类型的有锡伯族和达斡尔族，它的一部分人口居住在东北，另一部分却在新疆。

三是相对集中。绝大部分少数民族属于此种类型。有些人口较少的民族基本上都集中在一个省区，甚至某省区很少的几个县中。有些人口较多的民族，分布范围极广，但聚居地域却是连续的，比如藏族就分布于西藏、四川、青海、甘肃、云南五省区，基本上连成一片。其他像苗族、彝族、瑶族、侗族等也属此类。

在半殖民地半封建的中国近代社会，少数民族人口发展过程中一个突出的问题是：民族人口增长缓慢，或出现下降趋势，甚至有些少数民族濒于灭绝的境地。以蒙古族为例，有人估计自19世纪初到1912年的近一个世纪里，内蒙古地区蒙古族人口由100余万降到87.8万人，减少

15%左右。① 其他如哈萨克族、傣族、赫哲族等少数民族人口一定程度上都有减少。

中国近代少数民族人口下降的原因较为复杂，各民族间也有一定的差异，概括起来，主要有以下几个方面：

第一，残酷的民族压迫与剥削。清朝统治者入关后，为了统治全国各族人民，采取了联合汉族中的地主阶级，及少数民族地区的一些贵族的办法，以加紧对各族人民的剥削与压迫。同时，挑拨民族团结，制造民族纠纷，以阻止各族人民联合起来对统治阶级进行反抗，进而巩固封建统治。在这种封建统治之下，少数民族地区所受的封建剥削与压迫更为惨重，各种赋税、徭役比汉族地区有过之而无不及。加之少数民族大多居住于沙漠、山区及高原地区，自然环境恶劣，生产力水平低下，都使少数民族人口的发展受到极大的限制。

第二，宗教的影响。一般在少数民族地区，宗教都较为盛行，它对少数民族人口的发展有重大影响。因为为数庞大的各类教徒不事生产，又不娶妻室，影响着民族人口的出生率。据调查统计，清末内蒙古境内的喇嘛庙即有1000座，喇嘛官和喇嘛有12.8万人之多。

第三，国内外反动势力的残酷杀戮。许多少数民族地区，都是多民族人口杂居的地区，民族矛盾也比较尖锐，这使得许多少数民族地区盛行着家支间或家支内部"打冤家"的流血械斗，它不仅严重破坏生产，而且引起大量人口特别是青壮年人口的死亡。另外，各少数民族人民在历次起义中，也遭到清军及外国侵略者的残酷杀戮。比如，19世纪六七十年代，清军在镇压西北回族起义的过程中，就使众多回族人民丧生；英、俄侵略者在西北、西南，及日本侵略者在东北的侵略活动中，都使许多少数民族人民大量死亡。

第四，医疗卫生条件的限制。在清朝封建统治之下，少数民族地区经济文化十分落后，医药卫生设施极端缺乏，疫病猖獗，不少疾病的发病率达到惊人的程度，夺取了各族人民大量的生命。天花、霍乱、伤寒、痢疾、疟疾、梅毒及一些地方病的传染，引起了大量人民死亡。如1917年内蒙古包头地区发生过一次鼠疫，死亡人数达4000多人。另外，妇女

---

① 参见沈斌华《近代内蒙古的人口及人口问题》，载《内蒙古大学学报》1986年第2期。

生育期间的死亡率、婴儿的死亡率在少数民族地区都很高。

总之，在半殖民地半封建的中国近代社会，少数民族地区在封建的剥削与压迫、战争、贫困、饥饿、疾病及各种自然灾害的威胁下，人口的增长十分缓慢，有些甚至出现下降的趋势，这是与清朝的反动统治及半殖民地半封建的社会性质分不开的。

二　民族经济的发展

在半殖民地半封建的中国近代社会，像人口的数量与分布一样，少数民族经济的发展也呈现出不平衡性。概括起来，主要有以下几种类型。

第一，占少数民族人口大多数的壮、回、维吾尔、满、朝鲜、布依、白、土家、侗、苗、彝等民族，与汉族一样，已经进入了封建社会末期。在这些少数民族中，封建地主占有大量土地，他们把一部分土地租给农民耕种，通过地租形式剥削农民。占人口绝大多数的农民则占有土地极少，甚至没有土地。这些少地或无地的农民为了生存向地主租地耕种，每年以全部产品的 1/3 至 2/3 给地主作为地租。如在湖南、贵州的苗族地区，湘西乾州厅石板桥的龙则灵兄弟，凤凰厅西岔河的波耶米朵，贵州清靖县的彭耀光等，都是拥有两三千亩田地的苗族大地主。在广西、云南两省的壮族地区，广西贵县覃塘大地主宋定柯占地方圆几十里，每年收租谷几百万斤。而 90% 以上的壮族劳动人民，仅占有 20% 左右的土地。[①] 此外，地主还利用农民生活的穷困进行高利贷剥削。

第二，藏族、傣族和哈尼族等少数民族族处在封建社会早期的领主制阶段。这种制度的特点是农民被迫按照封建主的规定以奴役性条件从封建主那里领得一块土地，世代使用。从此农民被终身束缚在土地上，对封建主处于人身依附的地位，成为农奴。封建主可以任意惩罚，没收其财产，迫使农奴提供无偿劳役，缴纳高额实物或货币地租。

第三，在四川、云南两省交界处的大、小凉山彝族中，奴隶制仍占统治地位。彝族中有四个严格的等级：黑彝、曲诺、阿加、呷西。黑彝是世袭的奴隶主，他们可以任意买卖或处死奴隶；曲诺是被统治等级中的最高等级，他们的人身隶属于奴隶主，不能任意迁出主子的辖区，每

[①] 广西壮族自治区通志馆编：《太平天国革命在广西调查资料汇编》，第 4—5 页。

年都要向奴隶主服一定时日的无偿劳役，但可以占有少量土地和其他生产资料，少数曲诺还拥有少数奴隶；阿加是已被奴隶主婚配成家的奴隶，大部分时间为奴隶主服劳役，没有迁徙的自由，个别阿加还拥有极少量的土地和奴隶；呷西是奴隶中最低的一个等级，是奴隶主身边没有成家的单身男女，属于家奴。作为奴隶主的"黑彝"，"好抢掠，不知法度，其大户别无蓄积，惟牛羊奴仆百十，随时迁徙。艺山粮者十之七，艺水田者十之三，水田多熟地，艺毕上山，成熟下取"①。直到光绪时期，奴隶主仍"生于冷山寒谷之中，居于深菁峻岭之上，性情顽野……其强健者，以抢劫为荣"②。

第四，在边疆地区一些人数较少的民族中，还处在原始社会的末期形态。如云南的独龙族、怒族、傈僳族、景颇族、佤族、布朗族，内蒙古地区的鄂伦春族、鄂温克族，海南岛部分地区的黎族和台湾的部分高山族等。这些民族，靠集体的劳动获得有限的生活资料，除了维持生活外，没有剩余，也不存在剥削。如云南丽江、鹤庆两府内的怒族，所到之处，"以弓矢射猎……负筐持橐剟黄连，亦知耕织"③。狩猎仍是经济生活中不可缺少的部分。

鸦片战争之后，外国资本主义侵入中国，自然经济开始逐步解体，少数民族地区经济也受到影响。

首先，一些地区自给自足的自然经济开始受到冲击。外国资本主义除了在中国大量倾销商品外，还在广大农村加强经济掠夺，少数民族自然经济的破坏也伴随着资本主义侵略而来，同时又随着侵略的程度而发生变化。比如东北满族自然经济的分解就是从牛庄正式开辟为通商口岸后逐步开始的。自此，不仅俄国和日本在积极争夺东北市场，美、英等资本主义国家也接踵而来，极力向东北扩张势力。到 20 世纪初年东北地区的洋货充斥城乡市场，农业和家庭手工业相结合的自然经济受到极大破坏。"近复交通四辟，远来物品，充斥市廛。吾民无创造之才，何自而筹抵制之法。其大而精者无论已，即粗如布匹，小如纸张，尚不能不仰

---

① 乾隆《东川府志》卷 8，户口附种人。
② 光绪《续修永北直隶厅志》卷 7，滇蘷土知州所属夷人种类。
③ 道光《云南通志》，人种志。

于外方之输入。在昔无此漏卮，虽日涸于内，尚可以弥缝接续，而不即暴露。今则日用之品，南北交驰，大半为外国制造，一若全球生计竞争之点，集此一隅，其涸固可立而待也。"① 农业产品卷入商品流通市场，输出国外。它一方面促使满族地区商品性农业如大豆、柞蚕、烟、麻等经济作物的耕地面积扩大；另一方面则使农民同市场发生关系，使自然经济开始解体。

南方通商口岸附近地区的少数民族遭到外国经济侵略最早，自然经济的解体也开始较早。以壮族为例，鸦片战争之后，外国商品就经梧州沿郁江、柳江而上，渗入广西壮族地区。中法战争后，随着龙州、梧州、南宁和云南的蒙自先后辟为通商口岸，帝国主义商品源源流入，广西壮族地区"穷乡僻壤，未有不用洋货者"②。桂平、靖西等地原来的土纱、土布遭受到排斥。在贵州新城县布依族地区，光绪中叶以后，"在这个地区，廉价而又适用的孟买棉纱完全排挤了用本地棉花的手纺纱……据说此地共有织布机三千架，在过去曾有大量的汉口花、江西花进口"③。

北方的蒙古族，鸦片战争前是一个以农牧业相结合的自然经济为基础的民族。19世纪60年代开始，沙俄强迫清政府订立《中俄陆路通商章程》，80年代又强行在蒙古、新疆的国境线上开放35处卡伦，准许俄国商人自由出入。这样，在俄国商人所到达的蒙古地区，外国商品开始泛滥，而蒙古地区的皮毛、牲畜、土产则被俄商满载而去。到19世纪末，南起张家口、北抵库伦等蒙古物产集散地的市场，基本上为外国资本主义势力所控制。据统计，20世纪初，内蒙古地区日用品计有153种，洋货竟占121种。由于洋货的大量进口，蒙古地区城镇手工业作坊纷纷倒闭，许多手工业工人失业，沦为赤贫。在畲族、回族、苗族等少数民族地区，这种现象也普遍存在。

其次，少数民族的民族资本主义也得到了微弱的发展。中国少数民族地区的自然经济是在外国资本主义依靠武力和各种政治、经济特权进

---

① 徐世昌：《东三省政略》卷11。
② 《张中丞奏议》卷3。
③ 《1896—1897布莱克本商会访华报告书》，李文治编：《中国近代农业史资料》第一辑，三联书店1957年版，第506页。

行的商品倾销下分解的，因而这个国内市场首先是被外国资本主义的商品霸占着，它给中国少数民族资本留下的空隙十分有限，这就给中国少数民族资本主义的发展以很大的局限性。

少数民族地区的民族资本主义兴起于19世纪70年代，但其发展速度缓慢，企业规模较小，而且大多是地主官僚资本。例如东北的满族，满族贵族掌握着清朝的统治权，封建官僚较多，资金也稍为充裕，所以，19世纪60年代以后，在北京和各地有势力的满族官僚地主就纷纷开始投资经营工矿企业。甲午战争以后，盛京将军依克唐阿奏请试行新法采矿，满族官僚地主纷纷集股试办；吉林将军、珲春副都统也投资办矿；其他满人也有投资办铁矿、煤矿、金矿的，但都在封建生产关系的抑制和帝国主义的压迫下受到摧残。在蒙古地区，内地汉族商业资本随着清政府封锁"蒙地"禁令的松弛和州、县的设置，陆续出边。这些商业资本或与封建势力结合成为高利贷资本，或联合蒙古王公贵族对工矿业投资。他们开辟了一些矿山，兴办了一些半机械化的或完全使用手工劳动的工厂或工场，蒙古族地区开始出现了资本主义经济成分。但是由于帝国主义和封建势力的严重压迫而得不到发展，有些虽然靠着残酷剥削廉价劳动力，勉强维持下来，但只限于小规模的采掘业和皮毛及农产品加工几个方面，发展极其缓慢，力量十分微弱。

与此同时，南方广西壮族，贵州、湖南等地的苗族，云南的白族，浙江、福建一带的畲族中也都出现了资本主义性质的企业。19世纪60年代以后，壮族地区一些主要城市的官僚、地主、商人开办的采矿、碾米、制糖、火柴、榨油等类工业都有所发展。例如贵县天平山银矿，就有矿工达1000多人，最多时有三四千人。资本主义性质的垦牧公司和航运事业企业也相继出现。但这些企业对封建主义、帝国主义的依赖性相当明显，因而很难得到发展。苗族地区开办的近代工业，最早出现的是1888年在贵州开始筹建的青溪铁厂。这个铁厂以"招集股本、矿由商办，官为督办"的方法经营，其机器设备"大多仿照西法"[①]。同年，云南矿务督办唐炯又在苗、汉族杂居的巧家，建立起一座用新法采煤的铁厂。[②]

[①]《清德宗实录》卷260。

[②]《皇朝续文献通考》卷44，唐炯奏稿。

1906年，湘西古丈厅以招商集股的方式开办煤矿、锑矿、铜矿、铁矿多处。随着工矿业、商业的日趋活跃，新兴的市镇和苗族资本主义剥削关系也已出现。但由于封建剥削制度与买办资本和高利贷资本的剥削结合在一起，农民的贫困日益深重，商品市场不能扩大，民族资本主义的发展也就相当困难。

在北部的游牧民族中，虽然有些在近代仍保留不少原始部落诸特征的残余和奴隶制的残迹，但也出现了资本主义的萌芽。资本主义势力侵入之后，少数民族牧区的畜产品，特别是羊毛，已变成商品，具有了资本主义商品生产的性质。当时，青海、甘肃藏族地区所产的羊毛，不仅是国内地毯、制毡的工业原料，而且是帝国主义热衷的掠夺物。而新疆地区，羊毛和各种畜产品早就是沙俄的重要掠夺对象。20世纪初，伊犁、塔城等地官商合办皮毛公司、茶叶公司，以茶布交换畜产品的情况大量出现。这就使得牧区的生产与资本主义市场更加密切地联系起来，加速畜产品、牲畜和农作物的商品化进程，但还没有能够动摇自给自足的自然经济的基础。

总之，在半殖民地半封建的中国近代社会，少数民族的经济发展是很不平衡的。外国资本主义的入侵，一方面使少数民族地区的自然经济开始解体；另一方面又使少数民族地区的资本主义性质的经济有了微弱的发展，这种趋向与汉族经济的发展是一致的。

第三章 近代社层变动

社会总是以其特定的结构形态存在和发展着。社会结构的广义是指社会部分领域之间的相对稳定关系的总和；狭义则是指社会——阶级结构体系。社会组成的要素甚多，如人口、家庭、宗族等，但它的核心结构却是一定历史条件下的社会——阶级结构。因为它不但规定和制约着人口的社会构成、家庭的社会构成，而且还决定着整个社会的性质及其演进的趋向。在近代中国社会急速变化的过程中，最本质的变动也表现为社会——阶级结构关系的变化。在这"千古变局"的历史趋势中，传统的社会——阶级结构体系日渐瓦解，新生的社会——阶级结构体系不断成型发展，围绕着这一结构性易变，形成了前所未有的近代社会流动和阶级分化情状，出现了"士农工商"社会结构空前的错动奇观，这一切都构成了近代中国整体社会结构变动内蕴的深刻的历史内容。

第一节 社层与绅士集团

一 近代社会分层

1. 社层与阶级关系

"社会——不管其形式如何——究竟是什么呢？是人们交互作用的产物。"① 在人们社会关系结构体系中，具有相同经济利益、社会地位、生活方式与价值观念的人们，形成一个个巨大的社会集团。这些集团的形成与活动显现着特定社会的层次结构，即社层。社层是家庭、社区以外

---

① 《马克思恩格斯选集》第4卷，人民出版社1972年版，第320页。

社会成员的又一种重要组合形式。社层又是社会的核心结构——阶级结构的表现形式。因而，社会层次结构的第一层次，就是阶级及其构成。

在近代社会——阶级结构体系中，最基本的阶级集团表现为两大类属：一是与封建社会生产关系相联系的地主阶级与农民阶级；二是与近代社会新兴生产关系相联系的资产阶级与无产阶级。两大类属的社会阶级集团的兴衰及其结构变动，一定程度上反映着近代中国社会运行演进的历史进程，也体现着近代中国社会性质的基本特点。

地主阶级与农民阶级是封建社会生产方式及其交换关系的产物，"一句话，都是自己时代的经济关系的产物"[①]。1840年以后，中国社会开始步入近代，社会生活的变动与社会生产关系的初步变化并未能从根本上导致传统阶级结构的变动，封建生产关系依然是近代中国社会的主要成分，与之相联系的地主与农民两大社会阶级集团，也仍是近代中国社会最基本的阶级成分。但是，随着近代社会经济关系的不断变化，作为最基本的社会阶级集团——地主与农民，也相应地发生了新的变动。这种变动的主体趋向，一方面表现为地主、官僚集团向近代企业主、资本家的转化；另一方面表现为农民向近代工人阶级的流动。这种旧阶级新变化正是近代中国社会阶级关系结构变动的起步。它的社会变动的基本情状将在后面的"社会流动"与"阶级分化"中作进一步的展示。

近代资产阶级与无产阶级是伴随近代中国新兴生产方式的发展而成长起来的，也是在旧阶级结构的变动中逐步形成的。从19世纪六七十年代开始到20世纪初年，由于近代新式工业、商业的发展，引发了传统社会——阶级结构关系的分化变动，逐步生成了规定近代中国社会性质的新的社会阶级集团——资产阶级与无产阶级。这是与旧的阶级集团社会性质不同而又密切联系着的近代中国社会的又一基本的社会阶级集团。

阶级一旦在社会中形成，就必然在社会关系体系中占有一定的地位，就会形成一定的阶级结构。任何社会都具有一定的结构形态，社会结构一般表现为社会部分领域之间相对稳定关系的总和，而社会结构的核心部分就是阶级结构。其中决定阶级结构本质和社会性质的阶级，就形成了社会的基本阶级。在近代，地主阶级与农民阶级，资产阶级与无产阶

---

① 《马克思恩格斯选集》第3卷，人民出版社1972年版，第66页。

级从主导方面规定着中国社会的性质和发展趋向，因而属于最基本的社会阶级，也是社层构成的第一层次。有关近代阶级及阶级关系的历史，在已出版的中国近代史著作中阐述比较详细，这里就不多重复。

人的社会性从本质上也表现为阶级性。因此，阶级结构对于社会结构，阶级关系对于社会关系，具有决定性意义。但是，在日常社会生活中，在社会关系体系中，人们相互之间的关系，人的活动并不总是直接表现为阶级关系。相反，同乡、同寅、同年、同族等一般社会关系更是直接覆盖在人们生活上的面纱，人们直接感知和注重的也是这些一般社会关系。清代社会着重"同寅关系"，称："同寅有兄弟之谊，自宜和衷共济。"① "近世习尚浇薄……不问生平，不问门第，方一谋面，同姓拜兄弟，异姓结同寅，官厅相会，动称大哥二弟。"② 近代中国人也十分讲究"同年"关系，"近世凡同岁得科第谓之同年。同年之谊，其风古矣"③，这表明，一方面人们的阶级关系一般被社会关系所遮掩；另一方面，近代人还没有清晰的阶级意识，而只有"稍异阶级，遂已人卑我尊"④ 的等级观念。而且，在封建生产关系仍占主要地位的近代中国社会，人们的阶级属性，或者说社会——阶级结构更直接地表现在"重名分""严等级"的封建等级结构体系中。人们直接的生活，包括物质生活和精神生活更多地受到浸透着"礼法"精神的身份、等级、地位、品级乃至职业的制约，这一切其实就形成了社层的第二结构层次，即社会阶层。

2. 基本的社会阶层

社会结构的第二层次是阶层。在社会的发展演变历程中，阶级的分化形成了社会的基本骨架，而阶层的分化、组合，则丰富和深化了整个社会结构。阶层是社会结构体系中比阶级更深入的一个社会层面。在近代中国社会中，除了基本的社会阶级集团以外，还存在着各个不同的社会阶层。阶层通常指在同一社会阶级内部由于社会地位不同而形成的不同层次，或在社会基本阶级之外不直接和生产方式相联系的社会集团。

---

① （清）王植：《寅谊》，载徐栋《牧令书》卷六。
② 同上。
③ 孙宝瑄：《忘山庐日记》上，1903年。
④ （清）王植：《寅谊》，载徐栋《牧令书》卷六。

在近代中国最基本的社会阶层有：

（1）贵族阶层。贵族泛指奴隶社会、封建社会统治阶级中享有政治、经济特权的社会集团。近代中国社会的贵族阶层是以清朝皇室为核心的爵位等级分明的社会集团。其中包括自和硕亲王至奉恩将军的十等宗室封爵①和自亲王至塔布囊的八等蒙古封爵。② 在贵族集团中，满蒙贵族处于这一等级秩序的最上层。满蒙宗亲贵族以外，还有一般旗人和汉人的封爵，称"世爵"。世爵贵族向分为公、侯、伯、子、男五等。但是，清代自"三藩之乱"后，汉人无有封王爵者，也甚少封公爵者。近代曾国藩、左宗棠等"中兴"名臣，曾为清王朝立下汗马功勋，也格于满、汉之嫌，仅得侯爵。③ 在整个近代社会中，汉人膺封侯爵者有曾国藩、李鸿章、左宗棠，得伯爵者有曾国荃、李长庚、王得禄、许世亨；另有封为子、男爵者20多人。④

贵族爵位身份一般具有世袭性，而且处于社会等级结构的顶端。在封建政权的上层也确保着贵族阶层独特的地位。直至1912年中华民国成立后，作为一个独特社会阶层的贵族集团才趋于消亡。

（2）平民阶层。在西欧封建社会中，平民是指城市居民中的帮工、雇工、短工、手工业者、小商人等。在近代中国社会中的平民阶层实际泛指"老百姓"，是包括农、工、商或没有功名身份的读书人在内的复杂的社会阶层，有时亦称为"布衣"。此外，近代中国的城镇市民、新兴的买办、企业主，在未形成独立的阶级力量之前，同有身份的封建等级相比，也属于平民阶层。平民是一个复杂的社会阶层，是封建社会身份等级制度的产物。在封建制度及其政权统治下，"身份等级制度，已成为国家组织中被确认的，在行政上正式起作用的要素了"。⑤ 因而，在封建等级身份之外，没有任何身份或功名的人，一般都属于平民阶层。

（3）贱民阶层。贱民是指平民阶层以下的，法律上没有独立人格的

---

① 《清续文献通考》卷287，封建5，考10327。
② 龚书铎：《中国通史参考资料》近代部分下，中华书局1980年版，第454页。
③ 《清续文献通考》卷291，封建5，考10368。
④ 同上。
⑤ 《马克思恩格斯全集》第19卷，人民出版社1979年版，第556页。

社会阶层。在封建社会等级阶梯结构中，贱民处于社会的最底层。在近代中国社会，贱民阶层包括奴仆、奴婢等家内奴隶。直至光绪年间，这些"名列贱籍"的贱民仍是大量存在着，如两江总督周馥奏称，"……以奴婢与财物同论，不以人类视之。举动不得自由，生杀悉凭主命，相沿成俗，视为固然……贫家子女一经卖入人手，身命即属于人，不复能以自主……虐使等于犬马，苛待甚于罪囚……惨酷有不忍言者"①。

奴婢之外，浙江惰民、闽粤的疍民也是贱民阶层的一部分。浙江惰民在清末民初主要分布于东阳、义乌、温岭、上虞、余姚、鄞县、慈溪、奉化、镇海、定海、象山、绍兴等地，人数约有5万人。②惰民在社会生活中备受歧视，大都从事戏曲、羽毛、破旧、打帮工等被认为最卑贱的职业，只能在"悲苦和被人轻蔑的环境下过着日子"③。疍民主要分布于福建、广东、广西沿海地区。他们不与平民共居而以舟为家，都信奉蛇神、喜唱疍歌，具有共同的语言、风俗和信仰。在近代社会中，疍民仍被认为是"习于卑贱、不齿平民"④的贱民阶层。甚至在光绪、宣统年间，有人呈书谘议局准疍民与平民平等，也被谘议局以"习惯相沿"⑤而加以否决。

（4）绅士集团。从社会阶层结构来看，贵族阶层在近代中国处于社会关系结构体系的上层，贱民阶层处于这一结构的最底层，中间是大量存在着的平民阶层。在这一相对闭锁的社会——阶级、阶层结构中，有限的社会流动多在"平民阶层"中发生。平民阶层中，部分人或通过科举，或通过捐纳，或通过战绩等而获取了一定的封建身份、功名、地位，他们形成了区别于平民，而又低于贵族阶层的另一社会集团，即绅士阶层。而且，在封建社会秩序中，官、民之间的联系、政权与社会的相互影响与作用，很大程度上是通过绅士集团来完成的。因而，在整个社会结构中，绅士集团具有特殊的社会地位与功能。

---

① 《清续文献通考》卷26，户口2，考7782。
② 徐宝山：《浙江省》"总说"，商务印书馆1931年版。
③ 鲁迅语，见《浙江惰民小考》，载《浙江师院学报》1984年第3期。
④ 徐珂：《清稗类钞》第14册，种族类，疍人，中华书局1984年版。
⑤ 同上。

二 绅士集团

1. 绅士集团的构成

绅士本是明清以来流行的一个称谓概念,最初仅指中举的人,后来扩展至生员。绅士最初包含两个不同的成分,即绅(退职乡居的官员)与士(举贡生员)。但在近代中国社会,绅士已发展为一体化的称谓概念:"无论出仕未仕"一概目之为绅士。① "官退为绅,绅出为官,初非异致。"② 在近代社会,绅士指的是官、农、工、商以外的一个特定的社会集团。③ 不过,这一集团的构成成分更为复杂一些。在近代社会中被称之为绅士者,约有以下几类人员:

(1) 具有举重生员以上功名者。在封建社会,科举功名是改变人们身份、地位的主要进身途径,对于平民阶层尤其如此。虽为平民布衣,一经科举获中,即使取得秀才(生员)功名,也足以跻身于绅士之列,而异于平民。"大抵为秀才者,区区小功名足以自异于人,而人亦以其秀才而相与异之。"④ 晚清地方官荐举人才,一般限于绅士集团,多是具有举贡生员功名出身的人员,如1881年张树声应诏荐举的绅士即为进士朱次琦、举人陈沣等。⑤ 清末,清政府在各类政法学堂中设立"绅班",也是限于举贡生员入堂学习。⑥ 举贡生员是绅士集团的主要构成者。

(2) 乡居的退职官员或具有官衔身份者。在封建专制制度统治下,官民势分悬殊,退居乡野的官员或乡居的具有官衔身份者,其地位居于平民之上而属于绅士集团。"夫乡绅非必读书起家退居林下,方能取重乡里。今人由随商官者不知凡几。"⑦ 因此,所谓绅士必然包括那些"已仕而致政归里者也"⑧。封建官退职还乡,仍具顶戴身份之荣,不能与平民

---

① 故宫博物院明清档案部编:《义和团档案史料》上,中华书局1979年版,第217页。
② 《江苏学务总会文牍》,清刻本,转引自《中国社会通史·晚清卷》,第315页。
③ 《清末的北京人口》,见1986年8月21日《文摘报》。
④ 《论秀才轻重》,1883年10月18日《申报》。
⑤ 《皇朝掌故汇编·内编》卷4,荐举。
⑥ 《锡良遗稿》第一册,中华书局1959年版,第649页。
⑦ 《敦品行以崇乡望论》,1882年7月22日《申报》。
⑧ 石成金《官绅约》。

为伍，所以"在任之官还乡即绅也"①。

（3）具有军功劳绩的乡居退职人员。近代社会战事频仍，由军功升迁的人员显著增多，他们退职回乡恃军功顶戴而名列绅士。湘军将领在镇压太平天国革命后，衣锦还乡，"长沙新增'宫保第'十三家，湘乡一县二品以上军功官僚绅士将近二千家"，②使湘南地区形成了"军兴以来绅权大张"③之势。

（4）具有武举功名出身者。"古今取士非一途，而武居其一；武人进身非一途，而武科居其一。"④ 有武科功名身份者也属于绅士集团。在"明等威，定贵贱"的封建社会，功名出身决定人们社会地位的高下，获得武科功名，自然成为高于平民的绅士。有时，人们把那些武举人、武进士径称为武绅士；"咸丰四年七月十三日……在局诸绅借辞潜逃，局为之空，时留局者……十数武绅士而已"⑤。

总之，以上四种人员就是绅士集团的基本成分。他们通过不同的途径获取封建社会所认可的顶戴身份，借此，而成为超乎平民之上的特殊社会势力。

2. 一个独特的封建阶层

由以上四种成分构成的绅士集团究竟是什么？清末统治者把绅士作为一个社会职业集团来与农、工、商并列，这在清末民政部的户口职业统计表中得到了说明。⑥

但是，职业是人们从事社会工作的性质，是社会分工程度的体现。绅士们从事的活动千差万别，有执掌书院的山长，有经管地方公产的仓董，还有"充当书吏、衙役、乡约"⑦ 者，更有无事乡居以"包揽词讼""武断乡曲"为业者。⑧ 而且，绅士们的经济收入也不是由同一个源泉流出。故而，绅士不是一个社会职业集团。

---

① 《樊山汉书》卷20。
② 杨世骥：《辛亥革命前后湖南史事》，湖南人民出版社1982年版，第8页。
③ 胡思敬：《退庐疏稿》卷3，民国二年问影楼丛刻初稿本。
④ 《陕西辛卯科武乡录叙》，《樊山集》卷23。
⑤ 《罔城枕戈记》，《广东历史资料》1959年第1期。
⑥ 《吉林省宾州府政书》丁编。
⑦ 《吉林省宾州府政书》丙编。
⑧ 徐世昌《将吏法言》卷5，第8页。

这样，我们就必须从社会阶级关系角度来认识绅士集团的属性。

"士绅者，一邑之矜式也"①，"世之有绅衿也，因身为一乡之望，而为百姓所宜矜式，所赖保护者也"②。虽然如此，绅士具有较高的社会地位，但它也不等于地主阶级。因为阶级通常是由在一定生产关系中处于相同地位的人们组成的，可以说划分阶级的标准是经济。地主阶级通常必须是占有大量土地，并以剥削农民为生；资本家阶级必须是拥有资本，并以剥削雇佣工人为生。但绅士之所以为绅士，不是以其是否占有大量土地，而是以其有无功名、顶戴来决定的。绅士中常有一些贫寒之士："四民之中士最贵，亦最贫……举人为破家之子，亡命之徒……又云，举人老，盘川少，不虚也。"③ "悲哉绅也，痛哉绅也……读书之人不善逢迎，则保举无路，不善居积，则捐纳无资。"④ 有些绅士经济上十分拮据，生活特别寒酸，甚至处于"有志游学，无资办装"⑤ 的困境。从经济地位来看，绅士不等同于地主。

尽管绅士富不及地主，而其"贵"又为一般地主所不及。绅士们享有各种封建特权：

（1）在封建差徭方面，绅士享有优免权。"征收差徭，旧分衿户、民户"，⑥ 区别甚严。"乡绅举贡生员……本身应免编派。"⑦

（2）绅士还享有各种法外特权。地方官屈从于绅士势力，各种杂税苛捐并不派及绅士，"所谓绅士者……无论有地百千垧，丝毫不捐其出。此款者半为良弱小民"。⑧

（3）绅士独立编户，以区别于平民或一般地主。"自文生以上及有职人员绅衿子弟又读书训蒙者，应提出丁册，另编绅士册。"⑨

---

① 民国《临晋县志》，第1页。
② 《绅衿论》，同治壬申五月一日《申报》。
③ 冯桂芬：《政会试议》，《校邠庐抗议》，光绪二十二年，广仁堂，第49页。
④ 1904年2月4日《大公报》。
⑤ 樊增祥：《樊山政书》卷15。
⑥ 民国《广宗县志》。
⑦ 马逢皋：《筑堤详文》，《牧令书》卷9。
⑧ 《吉林省宾州府政书》丙编。
⑨ 《开办城团防酌定章程录》，《四西斋决事》卷6。

（4）封建地方官员特别优礼绅士，"其交际之间，宜持之以礼"。①

因此，从社会地位和政治特权来看，绅士是不能等同于地主的。这些特权或地位并不是由于其占有土地，而是由于其独特的功名顶戴来决定的。在《皇朝掌故汇编》中对于绅士的规定性有一补充的说明："教士常言，教民与平民争讼，教民多输，以平民有秀才、举人、进士说情，而教民无之……今宜由教士择其身家清白者……不论有无职衔顶戴，准官谕派作为教中董事。州县官待之以礼绅之礼，略如生监见官礼节。"② 可知，由封建制度赋予的功名、顶戴才是绅士集团的唯一标志。

综上所述，绅士这一社会集团有两个明显特征：第一，其构成的成分复杂，指属范围比较广泛；第二，具有不同于平民和一般地主的独特地位。因此，绅士集团在近代中国是一个重要的封建社会阶层。绅士是一个居于贵族之下，平民之上的独特的封建社会阶层。

3. 绅士的社会角色

绅士这一具有等级性的社会阶层的形成，是封建社会政治制度发展的必然产物。功名、顶戴等名器是封建法典所认可的特定社会地位或身份的标识，也是借以维系纲常名教社会秩序的工具。清末"名器"之滥至于极端，"民间之宝贵名器视朝廷而转移。捐例愈广，功名愈轻"③。遂造成庞大的具有功名、顶戴而又无从置以官位的乡居绅士阶层。鉴于明代绅士集团的发展给上层统治者带来的动荡，清朝统治者曾严颁"卧碑"，对绅士加以种种限制。"乡绅于地方民事，原不应有所干预，以滋把持官府之咎。"④ 否则，"按定例，绅士干预罪至革职"⑤。但是，死板的条文又如何框约住变动不断的社会生活！"卧碑"之律在近代社会早已形同虚文了。绅士们在近代社会不啻是干预公事，甚至发展成与封建官府抵牾的力量。张集馨记述1860年的福建政情说："福建省会，素称人

---

① 《福惠全书》卷4。
② 《皇朝掌故汇编》外编，卷37，教务，下。
③ 陈康祺：《郎潜纪闻》卷2。
④ 石成金：《官绅约》。
⑤ 《复宁学务处沈观察桐论官绅办学意见书》，见《江办学务总会文牍》。

文，惟绅士把持政务。"① 在近代绅权勃盛的湖南，甚至形成了"自咸同军兴以后，绅权大张，虽举贡诸生皆得奋其口舌与地方官长为难"② 之势。因而，在近代社会生活中，在官、绅、民三种社会力量之间，绅士扮演着重要的社会角色。从近代绅士们的具体社会活动来看，他们在地方上主要管理以下事务：

（1）地方学务。地方上兴办学务，设馆授徒，全赖绅士为之。"馆师"的选择范围也严格限于绅士集团之内。"无论本地举贡生员及外来绅士，必须立品端方，学有根底者，延之为师。"③ 这种社会角色的稳定性，便使绅士集团在近代新学堂的兴建中成为了地方新学堂的当然承办者。"今之言学务者，往往是绅非官。"④

（2）地方公产。一般属于地方公众财产，经济事业，如育婴堂、恤嫠局、义仓、社仓等，官府都"以其事委诸绅士"⑤。

（3）地方公务。"邑有兴建，非公正绅士不能筹办"⑥，地方官办理地方公差事务，只能借助于绅士的力量。因而："凡地方公事，大都由绅士处理……绅士之可否，即为地方事业之兴废。"⑦

这三项事务并不包含绅士集团的全部活动。作为重要的社会集团势力，绅士们的脚印遍及社会各个领域和层次。但就此三项事务，也足可窥见绅士在官、民之间的独特作用与角色。

封建官府代表皇权宰治属民，各地兴革大事本为官府应尽之责。但封建官员的回避制和更换制，使地方官对所治理区域的民情风俗无从周知；格于严格的等级身份，官民不能轻相交接，地方民情也不能径直上达于官府。官、民势分悬殊，就须借助第三种力量加以沟通。绅士集团既有身份，顶戴，又是"四民之首"，故"地方官兴除利弊，体察民情，

---

① 张集馨：《道咸宦海见闻录》，第274页。
② 胡思敬：《退庐疏稿》卷3。
③ 陈宏谋：《义学条规》，《牧令书》卷16。
④ 《复宁学务处沈观察桐论官绅办学意见书》，《江苏学务总会文牍》。
⑤ 《郑观应集》上，第533页。
⑥ 《作吏要言》，《牧令书》卷7。
⑦ 浙江同乡会干事编：《浙江潮》第2期，第8页；转王先明《中国近代文化史论》，人民出版社2000年版，第13页。

必先访之乡绅"。① 绅士阶层的社会作用在社会实际生活中被强化了。"邑有兴建……俱赖绅士倡劝，始终经理。"② 不然，封建专制统治力量无法施之于民；地方民情风俗也无从上达于官。

当然，官与绅也是不同的。首先，官是封建统治权力的直接代表，绅士只是统治力量实施的工具。同时，绅士又是"民"的代言人，"盖乡绅者，众人之领袖也"③。从民的角度而言，绅士又是民众对付官方的代表。对官来讲，"绅士，耳目也，无耳目何以纳益"④。在官与民之间，绅士是二者发生关系的中介或桥梁。其次，官是统治阶级中有权位的获利集团，而绅士则不然。绅士的一部分是从宦海中被抛离出来的分子，即"已仕而致政归里者"也，一部分是有功名顶戴而无官位者，即"将来即应出仕者"。绅士阶层既包含了统治集团中垂直下降流动的部分，也包容了被统治者中垂直上升流动的部分；它是统治者和被统治者中的交流汇合点。因而，"绅士的社会空间在官民之间"。⑤ 在近代社会，人们常以"中等社会"来表述绅士阶层的社会角色或地位，也可谓形象而中肯。

在官、绅、民三者之间错综复杂的相互关系的变化过程中，绅士的社会角色是举足轻重的。绅既借官势以欺民，官也恃绅力以施治；民既靠绅势以行事，绅也恃民力以拒官。如此，在通常情况下，要维持封建社会的有序结构和社会平衡，就舍绅士莫属了。

绅士集团不唯是官、民之际在封建社会政治秩序中的中介力量，而且，在近代新、旧社会形态的转轨时期，也发挥着重要的承转作用。

中国社会是在缺乏必要的经济关系、阶级关系、思想文化准备的条件下，受西方资本主义的冲击而迈向近代社会的。因而，一个传统的封建社会在向近代社会转变过程中，就需要有相应的社会阶级力量来"承转"这两种不同社会新旧转轨的联系。只有借助这种"承转"中介力量，才能完成新旧社会的转换。1840年以后，中国虽然形式上进入了近代世界，却迟迟没有产生出近代意义的新的阶级力量，新的思想文化代表力

---

① 石成金：《官绅约》。
② 叶镇：《作吏要言》，《牧令书》卷7。
③ 《警告全蜀》，《四川》第2号，第7页。
④ 《用人为仕宦丞务》，《牧令书》卷4。
⑤ 《绅士和绅士政治》，《贵州民意》第4卷。

量。因而，这种新旧社会转换就需要一个中转环节。绅士集团在近代社会生活的冲击下，扮演了这一转换的历史性角色。绅士首先向"商人"渗透，并引起"商人"向绅士的逆向渗透，在这种"互渗过程"中，绅士集团发生转型，形成了近代意义的"绅商"力量。继而，绅士集团又转向"中等社会"，或成为自由职业者，或成为近代知识分子等。这一转型形成了近代新的思想文化的代表力量。

到20世纪初年，随着新的阶级力量的成熟。新的思想文化载体力量的成长，绅士集团通过"转型"而担负的社会承转作用便告完结了。这从清末谘议局议员和民初国会议员的成分中可以得到说明：清末谘议局中绅士议员占90.9%以上。各省议长21名，绅士占到20名。① 所以人称"谘议局的人，不是翰林进士，就是举人秀才"②。而到了民初，情况就不同了。在民初国会参众两院议员中，绅士仅占到34.4%，新式知识分子占据绝对的多数。③

毋庸置疑，绅士阶层在近代社会中扮演着十分重要的社会角色，它的变动、发展与近代社会生活和阶级关系结构的变动紧紧联结在一起。这一变动的具体状况将在近代社会流动与社会结构变动两节中详加阐述。

第二节　近代社会流动

一　近代社会流动的开端

1. 社会流动与近代社会

近代中国社会处于剧烈的变动之中。西方资产阶级以携雷挟电之势向古老的中国进逼，"它迫使一切民族——如果它们不想灭亡的话——采用资产阶级的生活方式"④。商品市场、劳动力市场、资本、机器、资产阶级生活方式，近代社会的诸多变化，促使社会阶级结构关系发生急速变化。社会阶级结构变动在社会现象上首先表现为量的变动，即社会

---

① 李守礼：《清末谘议局》，《中国近代现代史论集》第16编，台北商务印书馆1986年版。
② 蔡寄鸥：《鄂州血史》，龙门联合书局1958年版，第133页。
③ 张玉法：《民国初年的国会》，书目文献出版社1987年版，第32、36页。
④ 《马克思恩格斯选集》，人民出版社1972年版，第285页。

流动。

　　社会流动是指人们的职业和社会地位不断变化的社会现象。它既是社会职业结构变化的表现，也是社会阶级、阶层构成的量变过程。社会流动是一种普遍的社会现象，它不仅是与阶级相关的一个变项，而且也是社会制度方面的重要标志。虽然在封建社会中也有社会流动现象，如平民通过科举而进入较高的社会层次，贵族因犯罪和社会变动而削籍为民等。但是，这种社会流动是极其有限的，并且很多不是由于社会经济、技术进步而导致的正常流动，而是由于政治的、权力的偶然因素而促成的；它不能引起社会职业结构或阶级、阶层构成的变化，也不能形成阶级、阶层间大量交流变动的现象。况且，封建社会关系体系本质上是封闭的，其森严的等级制度从根本上阻碍社会流动。

　　封建社会重名分、严等级，强行制约"士农工商"，"少而习焉，其心安焉，不见异物迁焉"，所以，人们的社会职业及其社会地位也具有较大的稳定性。"古者官有世职，即有世禄。其下则士亦恒为士，农亦恒为农，工商也恒为工商。"[1] 因此，社会流动受到了等级、身份制度的阻碍。

　　中国社会由古代迈向近代以后，社会生活发生了极大的变化。"迩来欧风东渐，生活程度日益增高，向来单纯之农业，端不足应今日繁重之需求，于是工商兴焉……我绛近数年来，文明日进，纺织也而有器，缝纫也而有机，他若铁之工厂、石印之局，亦无不相继而兴。"[2] 在娘子关内的山西新绛县尚且如此，通都大邑的生活变化则更具蒸蒸日上之势。随着新的经济关系的产生和发展，随着社会分工的日趋精细，随着旧的经济关系的衰败解体，"世业恒为"的职业结构模式被打破了，社会流动也加剧了。与新的经济、技术、职业联系着的社会流动的普遍发生，便成为中国社会由闭关走向开放、由古代走向近代的重要标志。

　　2. 社会流动与买办集团

　　近代社会流动是伴随着近代职业的出现而发生的。可以说，最早与商品经济紧密结合，并与外国资本集团联结的买办职业的出现，是近代

---

[1] 《论居官经商》，1883年1月5日《申报》。
[2] 民国《新绛县志》卷3，生业略。

中国社会流动的开端。

买办一词早已有之,但并不具有近代买办的含义。① 在鸦片战争前,买办一般是指管理外国商馆的内部经济和事务的人,诸如总管、账房、银库保管,以及照管外商贸易,生活等方面事情的办事人员。"遇洋船来,十三行必遣一人上船,视货议价,乃偕委员开仓起货。及货售罄,洋人购买土货回国,亦为之居间购入。而此一人,当时即名之为买办。"② 早期买办并不具有阶级特征,而首先表现为一种近代社会的新职业。

鸦片战争以后,公行制度被废弃,买办不再受公行控制而受外国资本的雇佣,充当外国商人在中国推销商品、掠夺原料的工具。随着外国经济侵略活动的扩大,买办职业也发展起来。早期买办基本都是广东人,"沪地百货阗集,中外贸易惟凭通事一言,半皆粤人为之"③。到后来,买办由半皆粤人扩大到以江浙人为主。

一种新的职业集团的出现,是社会生活与分工发生变化的体现。鸦片战争后,在封建社会传统的"士农工商"结构之外,外国资本主义经济攫取了一定的市场,适应这一新的社会生活的需要,产生了买办这一职业集团。作为社会职业而言,同买办相联系的还有所谓"通事"。鸦片战争前的通事,由"户部"④指定,通过行商来控制。"通事"也是洋行的雇员,"帮助他们照料日常事务"⑤。有时"通事""买办"不易清楚地区分,因通事时而也兼负买办职责,所以王韬说:"中外贸易惟凭通事一言"。这里的"通事"实际就是买办。但是,通事、买办是具有不同特点的两种职业,"与洋商交易,通语言者谓之通事,在洋行服务者谓之买办"。⑥ 五口通商后,中外贸易活动日趋频繁,从事"通事"活动者,"亦正不少",⑦ 因此,鸦片战争后,不惟买办职业得到发展,于"士农工商外,别立一业",⑧ "通事"人数也日益增多,成为一种新的职业。

---

① 明朝称专司宫廷供应的商人为买办。后凡官府从事采购的人员亦称买办。
② 徐珂:《清稗类钞》,《农商类》。
③ 王韬:《瀛壖杂志》,《上海近代史》上,华东师范大学出版社1985年版,第230页。
④ 实际是"海关监督"。
⑤ 《广州番鬼录》《鸦片战争》一,第271页。
⑥ 周庆云:《南浔志》,《上海近代史》上,华东师范大学出版社1985年版,第213页。
⑦ 同上。
⑧ 《李文忠全集》奏稿,卷3,第11页。

如冯桂芬说："上海通事人数甚多，获利甚厚"；也"遂于士农工商之外别成一业"。① 由此以后，买办、通事作为近代社会新职业而出现，促使一部分"商贩""行商"由传统职业而流向了这一新的职业。由此形成了近代特征的社会流动。

由传统"商人"向买办职业的流动，从总体上看，属于垂直式的上升性流动。旧式商人在中国封建社会中处于"四民之末"，社会地位是十分低下的。鸦片战争后，买办商人却显示了独有的优越性，他们不仅可以获得丰厚的经济收入，而且还受到外国资本主义的领事裁制权的庇护。② 这就导引着曾经专事中外贸易的行商自愿地向买办流动。广东十三行商人在鸦片战争后迅速转变为替外国资本主义势力服务的买办商人，在广州和其他通商口岸供外商驱使。③ 所以，上海开埠之初，买办皆由广东而来。"中外贸易唯凭通事一言"，"半皆粤人为之"即指当初的情况。其后，在上海经营丝茶的商人很多也转而流向买办，"镇之人业此因而起家者亦正不少"。④

近代中国最早的社会流动即表现为由商、贩、学徒或游民向买办的流动。但是，买办作为新的社会职业，也具有"商"的性质，在传统的封建等级制度和观念的影响下，上层阶级和有身份的人开始还不屑为此。故而，最初的社会流动一般限于由行商、贩夫等下层社会向买办的流动。但是，到了近代后期情况就截然不同了，一部分绅士或权贵也流向买办职业。于是两江总督沈葆桢的孙子沈昆山，禁烟督办柯逢时的儿子柯纪文，福建知事胡琢之的儿子胡二梅，直隶总督李鸿章的乡友吴洞卿，山东巡抚孙宝琦的把兄弟王铭槐，甚至翰林院的编修江霞公等都变成了买办。⑤ 这时的买办不仅需要有地位的人来充当，而且也需要有专门的知识和技能，所以"一些教会学校的毕业生和欧美留学生也加入了买办行列"⑥。

---

① 《上海设立同文馆议》，《显志堂稿》卷10。
② 《上海钱庄史料》，上海人民出版社1960年版，第38页。
③ 黄苇：《上海开埠初期对外贸易研究》，第106页。
④ 刘惠吾：《上海近代史》上，华东师范大学出版社1985年版，第231页。
⑤ 1924年8月21日《新闻报》。
⑥ 刘惠吾：《上海近代史》上，华东师范大学出版社1985年版，第235页。

向买办职业的流动是近代社会流动的开端。随着社会生活的更深层次的变动，参与流动的人数和社会阶层都在迅速地增加和扩大着。这样，封建社会"严等级"的社会构成体系便在社会流动中逐步趋于解体。由此，近代中国的社会流动便在社会生活的变动中展开了。

3. 社会流动的原因

即使在封建等级社会中，社会流动的个别现象也还存在着，虽然它并不具有普遍的社会意义。在严格的等级制度下，下层集团受到上层等级的压迫鄙视，并不安于现有的社会地位。通过科举企求改变自己的身份和地位，是封建社会中最基本的社会流动方式。揭竿而起的农民革命也曾改变部分农民，特别是农民领袖的身份和地位，但是"成者王侯，败者贼寇"，这不是正常状态下的社会流动方式，而是阶级矛盾冲突时期的现象。它更多地表现为个人和个别集团政治身份的变化，并不与社会职业结构有所联系，也不能触动整个社会的构成体系。这类流动不具有近代社会流动的特征。即便太平天国革命，虽曾对清朝封建等级制度造成凌厉的冲击，试图打破不平等的等级结构体系，喊出了农民群众渴望平等的最强音："天下多男子，尽是兄弟之辈，天下多女子，尽是姊妹之群"[①]，"男呼兄弟，女呼姊妹，不别尊卑，不分贵贱"[②]。然而，最终不仅不能促成普遍的社会流动，打破森严的等级格局，反而制造了新的王爵封赏和等级体系。

导致近代社会流动的发生与发展，是由几个方面的基本原因决定的。

（1）传统社会生活秩序的破坏。在近代中国，由于外国资本主义经济的冲击，自给自足的自然经济和封建地主经济结构受到破坏而趋于解体。个体小农业与小手工业相结合的经济结构承受不了西方资本主义商品重炮的轰击而开始瓦解。这一分解过程为社会流动和阶级结构的变动创造了前提条件。鸦片战争后，"洋货汹涌而来"，"华人生计，皆为所夺"，[③] 千百万小农和手工业者破产失业，"小工小贩，因失业而坐失万万

---

① 《原道醒世训》，龚书铎：《中国通史参考资料》近代部分上册，中华书局1985年版，第157页。

② 王永年：《紫荆山诗抄》，《太平天国史料丛编简辑》第6册，中华书局1963年版，第393页。

③ 郑观应：《盛世危言》卷7，纺织，第20页。

之资财"。① 破产失业的劳动者为生活所迫，寻找新的职业，导致社会职业结构的变动，形成近代社会的流动。

（2）新的社会生产方式的出现。一定的社会职业结构和阶级、阶层结构受一定的生产方式的制约。新的社会生产方式的出现，是社会经济，技术进步的根本标志，它直接促使社会职业结构和阶级结构发生巨大变动，使从事传统职业的人们迅速向新的社会职业流动，使传统的阶层向新的社会阶层流动，从而造成了大规模的社会流动现象。近代中国社会出现资本主义生产方式以后，直接导致了农民流向工人，地主、官僚、商人流向资本家阶级的社会流动。这一流动直接破坏了传统的封建等级制度。

（3）社会政治方面的巨大变革。社会经济方面和技术方面的进步或迟或早要集中表现为社会政治方面的巨大进步。社会政治的变革导致社会制度和社会观念方面发生巨大变化，也促使大规模的社会流动的发生。比如近代中国科举制度被废除后，使全国数十万生员、数万举贡等传统"功名"之士开始向"自由职业"或其他行业流动。维新变法后，一批封建知识分子开始向新兴的报刊编辑职业或学堂教职流动。

社会流动趋于普遍或不断加强，是近代社会不同于封建等级社会的特点之一。近代中国社会是半殖民地半封建的社会，是被外国资本主义的商品和炮舰逼迫着走上近代之路的。因而，近代中国的社会流动一开始就带有鲜明的半殖民地半封建社会的特点。由传统行商向依附于外国商人的买办的转化便成为近代中国社会流动的开端。这一开端毕竟撕破了旧有的社会职业和阶级结构体系，形成了具有近代社会特征的社会流动。

二 社会流动的方式与特征

1. 自由性社会流动

社会流动是一个复杂的社会现象。导致社会流动的原因和条件是多方面的。社会流动的程度和规模也是不断变化与发展的，引起的社会结

---

① 《十九世纪后半期几种洋货和土货在国内市场上的竞争》，载《经济研究》1856 年第 2 期。

果也是不同的。社会流动最常见的方式是自由性社会流动。

自由流动是指由于特殊原因引起的单个人的流动，它还不表明大规模的阶级、阶层的整体变化，也不足引起较大的社会结构的变动。近代中国的社会流动一开始只能表现为自由性流动。

广东行商由于鸦片战争前即与外国商人发生联系，凭借这一"特殊原因"，便在鸦片战后开始向"买办"流动。这种流动无论就其原因还是规模，都是自由性流动。最初向"买办"的流动局限性很大，是一种"单个人"的流动。诚如冯桂芬所言：通事买办"别成一业……其人不外两种，一为无业商贾，凡市井中游闲跅驰不齿乡里，无法转移执事之路者，以学习通事为逋薮；一为义学生徒"[1]。虽然到后来，向买办流动的阶层扩大到社会中上层，甚至扩大到权贵之中，但这一流动仍然是有限的。这一流动本是随着外国经济入侵中国社会而出现的，因而带有明显的半殖民地社会的特征。

随着社会生活的进一步变化，随着近代生产关系，生产技术向中国社会的引进和发展，社会流动便日益成为最频繁的社会现象，社会流动的范围也就不再限于"买办"与"通事"。从19世纪60年代至90年代，社会流动不仅更为普遍，而且流向更加多样化。这时的社会流动主要是由于中国近代机器生产的产生而引起的。

从1861年洋务官僚曾国藩创办"安庆军械所"开始，一批洋务官僚热衷于"洋务"活动，大批地引进西方机器生产设备和技术，兴建了近代工业。到19世纪90年代，洋务企业共设立有近40个，创办资本约4500万两，雇佣工人达1.3万—2万人左右。[2] 70年代以后，民族资本企业开始出现，由此引起了地主、官僚、商人、买办向近代资本家的流动。到1894年，由民族资本兴办的近代企业共有136个，创办资本约有500万两，雇佣工人达3万人左右。[3] 近代企业的产生是近代社会生活方面的质的变化。新式的机器生产，要求按照新的生产方式进行生产和管理，

---

[1] 《显志堂稿》卷10。
[2] 孙毓棠：《中国近代工业史资料》第一辑上册，科学出版社1957年版，第565—566页。
[3] 孙毓棠：《中国近代工业史资料》第一辑下册，科学出版社1957年版，第1666—1173页。

围绕着新的生产方式新的社会职业产生了，社会分工也更为精细。由此，导致了两个方向的社会流动；由官僚、商人、买办向近代资本家的转化；由破产农民、市民、手工业者向近代雇佣工人的转化。

这一社会流动的发展，最终形成了近代中国的资产阶级和无产阶级，而新的社会阶级的形成又必然伴随着社会流动的进行。向企业主，资本家和向工人的流动，是近代中国早期社会流动的主流，是适应中国社会内部变化，适应社会生活发展需要的流动，因而也是中国社会结构变动规律的体现。这种社会流动的迟缓进退，同近代中国社会发展的起伏缓急也是相适应的。这一阶段的自由性社会流动的发展概况大致如以下几个特点：

第一，社会流动频率逐步加快。要从现有的史料中科学地、准确地测定社会流动的频率是不可能的，但通过新式企业建设的情况可以看出一个大概面目。从19世纪60—90年代，中国近代企业有170多个，平均每年有3个企业出现，每年都有向资本家、企业主和向工人的社会流动现象的产生。这比近代社会开端发生的向买办流动的频率要高。在上海，1890年后的5年内，平均每年有7个新企业诞生。在这些新式企业中，再加上外国资本的100多个企业，仅由农民、手工业者、市民向工人的流动人数大约就达到10万人，其中向中国自办企业的工人流动约有6万人，平均每年有2000人向工人职业流动。[①]

第二，社会流动范围呈现扩大的趋势。最早的社会流动的流向一般限于买办，流源限于商人、贩夫，参与社会流动的阶层是狭小的。随着社会生活的近代化趋势，社会流动范围日渐扩大，其流向由买办扩展到企业主、资本家、工人；其流源扩展到官僚、地主、商人、农民、手工业者、学徒等诸多阶层。[②] 参与社会流动的阶层更为广泛了。

社会流动是社会阶级结构的量变过程。近代中国的社会流动是从封闭的封建社会等级结构体系中开始的，这种流动的迟缓进退既与封建社会阶级结构的解体过程相关联，又与新的社会生活因素的增长相联系。

社会流动的发生、发展，在近代中国已经成为一个普遍的社会现象。

---

① 见《旧中国的资本主义生产关系》，人民日报出版社1976年版，第24页。
② 同上。

就社会流动的方式、规模来看，甲午战争之前，还属于自由性社会流动。因为新兴的近代企业对于整个庞大的封建经济体系和封建阶级结构，确实是微不足道的；而且，向企业主、资本家的流动还处于过渡阶段，甚至很多是以封建官僚身份来"督办"企业的，官僚仍具有官僚的地位、特征和权威，不曾真正流变为近代资本家和企业主。数万雇佣工人相对于4亿人口的80%的农民，也远远不足为数；而且，近代工人的形成始终没能引起农民阶级的整体变化。因而，这时的社会流动依然是自由性流动。

但是，近代社会流动，毕竟是中国近代社会生活演进规律的表现，所以，自由性社会流动既已发生，就具有不可遏止的趋势，它的产生、发展也就为结构性的社会流动规划了基本走向和提供了必要条件。

2. 结构性社会流动

中日甲午战争以后，帝国主义政治、经济势力在近代中国社会中占据了支配地位。与此同时，由于民族危亡的强烈刺激，中国进步人士倡导的"变法图存"得到社会各界的热烈响应，民族意识得以弘扬光大，形成了持续发展的"设厂自救""实业救国"热潮。这一热潮首先促成了"绅士"阶层向资本家的社会流动。

甲午战争以后，"实业救国"由绅士们率先实践，一大批近代民族资本企业先后出现。经过维新变法运动和1905年发生的反美爱国运动和收回利权运动的推动，民族资本企业建设迭起高潮，一批绅士、巨商、官吏，甚至买办以"救亡图存"为直接目的，认为："经营企业是收回利权的最好手段，关系国家命运的兴衰。"[1] 十分踊跃地投资和经营近代企业。甲午战后是中国社会全面地急剧变化的时期，也是中国社会半殖民地半封建经济结构形成的时期。因此，标志社会变化更深层次的结构性社会流动也就发生了。

结构性社会流动是指由于生产技术方面或社会方面的变革、革命而引起的大规模的阶级、阶层结构或人口地区分布的变化。这一时期的社会流动之所以为结构性流动：

---

[1] 根岸佶：《收回利权运动对中国的影响》、《支那经济报告书》第32号，1909年8月，转引自汪敬虞《中国近代工业史资料》第二辑下册，科学出版社1957年版，第737页。

其一，社会流动规模迅速地扩大了。甲午战争后，社会流动的流向基本上同中国社会生产方式的变动相适应。伴随着甲午战后民族资本企业发展的三次高潮，社会流动仍突出表现为由传统阶级、阶层向资本家、企业主阶级的流动。甲午战后到1913年新设的民族资本厂矿达到549家，比甲午战前增长了36.6倍。[1] 据此可知，向资本家、企业主的流动规模至少也扩大了30多倍。同时，由于近代企业的发展，由农民、手工业者向近代工人的流动也迅速加强，流向工人的人数已达200万左右。

其二，社会流向的扩大。社会流动的流向不仅局限于向与新的生产方式相联系的阶级、职业流动，而且更多地向不与某种生产方式相联系的其他职业或阶层流动。甲午战后，近代学堂、报刊等标志近代社会生活特征的事业相继兴起，于是，在社会进步的强制作用下，绅士"士子"们大批地向报刊记者、编辑、教师等自由职业方向流动。比如1902年端方保奏的湖北教习都是由"绅士"流动而来，其中举人6名、生员2名。[2] 从1902年《大公报》记载的各学堂教职来看，也大都是由封建绅士流动而来，其中进士1人、举人8人、贡生1人。[3] 社会生活的全面变化，导致人们的生活态度与价值观念发生变化，也引发了原有阶层社会地位的交错变化。一些阶层或社会集团为了适应新的生活要求，奋力去追求新的职业、新的社会位置，因此，社会流动不仅急速频繁，而且复杂多向。绅士阶层不仅向资本家、股东、总董、企业主流动，更大量的是向自由职业者流动；还有的向下层社会流动，如投军从戎等。清末军制改革，秀才、举人相率弃文从武，投入新军效力。1902年清政府派铁良视察长江，"至皖检阅武备练军，许其成绩优美，而兵士多系举人、廪贡、秀才之优秀分子"[4] 1905年《大公报》也报道，有举人、秀才30多人"充当兵勇"。[5] 清末，秀才当兵是很时兴的社会风尚，足见社会流动的流向已是十分广阔了。

其三，社会流动源的相对集中性。向企业主、资本家的流动，就阶

---

[1] 人民大学政治经济学系：《中国近代经济史》，人民出版社1979年版，第224页。
[2] 《端忠敏公奏稿》卷2，第25页。
[3] 见7月1日，8月1日，18日、25日，11月30日、25日，12月4日《大公报》。
[4] 《近代史资料》1979年第3期第7页。
[5] 1905年12月22日《大公报》。

层来源讲，绅士阶层居多。甲午战后，"士绅出身的张謇开始投资近代企业"，带动了东南一批绅士向资本家、企业主流动。绅士朱仲甫说："我从政数十年，乏味得很，要做实业"①。在《中国近代工业史资料》统计的 58 家企业主中，出身绅士阶层者竟占 20 多家（华侨不计）。② 此外，向自由职业者和新军兵士流动，绅士阶层也居多数。特别是新式教育制度排挤掉科举制度后，绅士们的功名顶戴已形同敝屣，社会强制着这一阶层"四方觅食"自谋出路，向各个社会职业流动。这样，传统的绅士阶层就大规模地流向了其他社会阶层。

甲午战争后，绅士阶层集中地、大规模地流动，是在社会制度变革的强制作用下发生的，因而，这种流动便具有了结构性社会流动的特点。

3. 近代社会流动特征

社会流动的规律受着社会生活发展变化的制约。社会生活越是走向开放，社会工业化程度越高，社会分工越细密，社会流动频率就越快，流向就越广泛。这一趋向在近代中国社会也是很明显的。我们可以从"流源""流向""流程"几个方面来把握近代社会流动的总体特征。

"流源"是指参与社会流动的分子（阶层），相对于该阶层向其他阶层流动方向而言。"流向"是指社会流动的基本方向。"流程"是指社会流动的过程，即由流源到流向的变化过程。

近代早期的社会流动，主要是由商贩向买办、通事的流动，这种流动是简单的，流源、流向都是单一的：

| 流源 | 商贩 | 流程 直接流动 → 买办 | 流向 |

19 世纪 60 年代以后，由于近代生产方式、技术设备的出现，社会流动由单一趋于复合。参与社会流动的阶层，即流源，已不仅是商贩，而且扩展到官僚、绅士、地主、买办、学徒、农民、手工业者等社会各阶层，社会流动的流向也由单向变为多向：买办、企业主、资本家、工人

---

① 汪敬虞：《中国近代工业史资料》第二辑下，科学出版社 1957 年版，第 708、1123 页。

② 同上。

等。社会流动的流程也出现了间接流动。比如徐润、祝大椿等人的流动情况为：

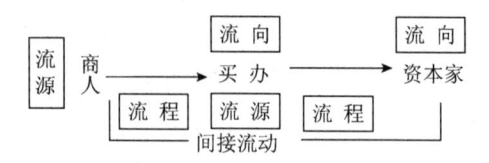

```
┌──┐     ┌──┐      ┌──┐
│流│ 商人→│流向│──→ │流向│
│源│     │买办│     │资本家│
└──┘ ┌──┐└──┘┌──┐ └──┘
     │流程│    │流源│ │流程│
     └──┘    └──┘ └──┘
        间接流动
```

社会流动是不断发展的历史过程，在第一阶段经过社会流动由商人变为买办者，随着19世纪60—70年代近代企业的兴起，民族资本工业的出现，他们再度参与社会流动，由买办流向资本家。这实际是紧密相连的两个流动过程。分而言之，各是两个直接流动的单程，就整体而言，又是一个完整的间接流动过程。这一流动程序表现为两个直接流程，两个流向和两个流源，可称之双程流动。双程流动不是两个流程的简单合一，不是并列关系，而是一个有机的整体流动过程，是前后持续发展的复合流动过程。它是社会流动更为广泛，社会生活走向开放的显著标志。这一社会流动方向及其过程，是同近代社会的变动相协调的。徐润、祝大椿、朱志尧等都是经过双程流动由行商成为资本家的。他们在"早期的中国私人工业投资资本中占第一位，1895年以后开办的棉纱、面粉、缫丝厂和航运企业的创办人数中，买办仍占第二位"[①]。买办阶层在近代中国社会流动中是变动最早、最为显著的社会集团。它的流动方向，既反映帝国主义侵华活动的特征，也受中华民族意识觉醒和民族反抗斗争的制约。

19世纪90年代以后的社会流动是结构性社会流动。这一时期半殖民地半封建的中国社会局面已经形成，社会生活的变化异常猛烈和深刻；阶级关系、阶级结构体系都发生着剧烈的变动，社会流动的流向又进一步向自由职业和近代知识分子扩展。从流源本身来看，却并无扩展，而且相对于流向而言，流源更为集中于绅士阶层。绅士阶层既向企业主流动、更向自由职业者流动，也向下层社会流动。科举制度废除后，举贡

---

① 凌耀伦等：《中国近代经济史》，重庆出版社1982年版，第157页。

生监已为历史陈迹，"破戏台，烂秀才，小足板子洋烟袋"① 终于成为"四种不时兴"的东西。曾经保持一定社会地位的绅士阶层，在社会进步浪潮面前，首先受到全方位的冲击，不可能在原有的社会位置中继续生活下去，便"四方觅食"自谋生路。绅士阶层向其他社会集团的流动是时势之使然。这一阶层的社会流动是在社会进步的强制作用下进行的，因而基本表现为向下的垂直流动。

在近代社会流动过程中，"名分""身份""等级"的社会存在和观念，逐步淡化和消失了。在封建等级名分的消亡过程中，绅士阶层又是首当其冲。因而，绅士阶层的结构性流动，促进了近代社会阶级、阶层的上下对流，并成为推动封建等级"平均化"过程的一个主要方面。结构性社会流动是社会阶级关系结构由量变向质变转折的前提；这一流动过程中流源的相对集中和流向的扩大，则又表明一个传统阶层走向分化的过程。于是，剧烈的阶级分化局面也就随之发生了。

第三节 社会结构的变动

一 "士农工商"的错动

1. 错动的走向

"士农工商"结构其实是封建社会核心结构——阶级结构的社会表现。它是整个封建社会结构的基础部分。它的稳定和错动直接关系到封建社会的平衡与动荡。它是农耕经济的产物。"先王分士农工商以经国事，各一其业而殊其务。"② 然而，"一其业""殊其务"的"四民之分"，其本来的社会分工意义被严格的封建身份等级所淹没，遂成为一种封闭的结构体系，严重阻碍了正常的社会流动。封闭的社会结构虽然经受过政治、经济、民族诸力量的冲击，但其最终结果仅仅是改变了某一阶层中的特殊集团和个别分子的社会地位，对于"士农工商"结构本身却无能为力。因此，"士农工商，各有正业"，③ 直到近代社会之初仍然顽固地

---

① 张守常：《中国近世谣谚》，北京出版社1998年版，第195页。
② 《晋书·傅玄传》。
③ 裕谦：《勉益斋续存稿》卷1，清道光年间刊本，第25页。

生存着。

"士农工商"结构根植于深厚的封建农耕经济之中，它表现为强烈的"农本"特征，即"重农抑商"或"崇本抑末"。以农为本是封建统治者维护这一结构的基本国策，这一政策至少在汉代就已定型化，"夫农，天下之本也"。[①] 由此产生的"本末"观念和"重义轻利"意识，便获得了长足发展。"士农工商"结构是封建等级制度的社会表现。在"定贵贱，明等威"的封建社会中，个人的身份和社会地位有可能发生改变，而整个"士农工商"的有序地位却不宜变动。这一结构表现为鲜明的重士轻商特征，使"士为四民之首"，"商为四民之末"的地位不可更易。在"士农工商"结构中，"商"既受到"农本"的排挤，又受到"士首"的压制，处于极为卑下微贱的地位。封建政权的经国治民政策，是以牺牲"商"的利益为前提的，"然与其病民，不如病商"。[②] 清朝徐鼒的《务本论》可谓典型："今之等国用者在于重农桑……重农桑必先贵粟帛，贵粟帛必先禁淫侈，淫侈禁，而后商贾之利微，商贾之利微而后耕织之人众……"[③] 这种无视社会进步的愚顽心态和恐商心理，正是"士农工商"结构"抑商"特征的深层表现。但是，"士农工商"结构在近代中国，则发生了亘古未有的错动。这种社会错动表现为两个趋向：

（1）"末商"对"农本"的排挤。由于近代社会生活内容的变动，有识之士从两个基本视角出发，很快发现"士农工商"传统结构已经很不合时宜了：一是通过中西社会文化的横向比较，认为"中国以农立国，外洋以商立国"，[④] 而工商之业才是真正的富强之业，"西国明此而至富，中国昧此而至贫"。[⑤] 二是通过古今时代变化的纵向对比，认为"士农工商"结构只是历史上自足农耕经济的产物，也只能适应那个时代的需要。"稽古之世，民以农为本；越今之时，国以商为本。"[⑥] 近代中国处于世界列强竞争之时，不打破"士农工商"传统结构，中国社会便无法摆脱农

---

① 《汉书·文帝纪》二年诏。
② 朱其采：《海防议》，《洋务运动》丛刊本一，上海人民出版社1961年版，第338页。
③ 徐鼒：《务本论自序》，《经世文续编》卷24，户政一。
④ 《盛世危言·商务三》，载《郑观应集》上册，上海人民出版社1982年版，第614页。
⑤ 《理财议》，载《申报》1875年9月27日。
⑥ 《商战》，载《郑观应集》上册，上海人民出版社1982年版，第593页。

耕经济的狭小天地而走向世界。近代人实际已淡化了"商末"意识,"沿海士民嗜利忘义,习尚日非"。① 从19世纪60年代以后形成到80年代以后充分发展的"商本"思想,便是这种"农""商"地位变动的急迫呼声。"商本"思潮的出现,直接动摇了"士农工商"结构中"重农"的地位。经过官商合办、官督商办、商办企业的实业发展,"商"在社会生活中的地位已不再屈居四民之末。甲午战争以后,"绅商"一词风行社会,清朝廷也明谕"通商惠工",为经国之要政。"农""商"地位的更易变动终于导致了传统"士农工商"结构的错动。因此,1905年"商"向社会宣称:"窃惟国家兴亡,匹夫有责。天下虽分四民,而士商农工(不再称士农工商)具为国民之一分子……方今拒约事起……而实行之力,则惟商界是赖。"② 由传统的"士农工商"变为"士商农工"标志着这一结构的第一步错动。

(2)"士""商"地位的更易。在传统的"士农工商"结构中,"商"的末位同时也是由"士首"地位决定的。"士首""商末"是这一结构封建等级特征的社会表现。"尊卑贵贱礼制殊严,士农工商品流各别"。③ 封建社会的有序结构体系,通过等级、身份加以巩固或强化。"士""商"之间有着不可逾越的鸿沟。但是,在近代商品经济的冲击下,"商本"已成为近代社会思潮的主体内容。经商不仅不是下九流的贱业,而且是士大夫实现"救亡图存""经世济民"抱负的主要途径。在洋务运动中和近代企业活动中,官商结合方式,已经缩短了"士""商"间的距离,"中国将使官商一体无异乎?"它标志着"士""商"关系发生激烈易动的远景。面对近代中国千古变局的动荡,"士"的"正人心""端风俗"作用显得苍白无力。"兵战不如商战"④ 的现实,逼迫着"士"必须重新选择路径。"执鞭之士,富不可求。当今之世,笔舌已无能为战,能战惟

---

① 许瑶光:《谈渐》,中国史学会主编《太平天国》丛刊本6,上海人民出版社1958年版,第615页。
② 汪敬虞:《中国近代工业史资料》第二辑(下册),科学出版社1957年版,第732页。
③ 刘锡鸿:《读郭廉使议时事书偶笔》,《洋务运动》,上海人民出版社1961年版,第296页。
④ 郑观应:《商战》上,《郑观应集》上,上海人民出版社1982年版,第588页。

商。"① 一批开拓之士由此弃仕从商，"士""商"界限已不那么分明了。在近代企业，商务、教育活动中，士商（或称绅商）经常携手共事，致使"士首""商末"等级差别，变成了"士官商民混一无别"② 的现实。随着科举废弃和清朝封建政治统治的灭亡，天下之"士"最终失去了依托和凭借，使"士农工商"结构发生了最后的错动："通都大邑贸易繁盛，商人渐有势力，而绅士渐退……殆渐已打破从来之习惯，而以商居四民之首"③。

传统的"士农工商"社会结构，在近代中国发生了引人注目的错动。这一错动的基本走向，恰恰标志了近代中国社会的发展轨迹。

1. 错动的中心

在近代社会的剧烈变动中，"商"经历了由末而本、由末而首的变动过程。在"士农工商"结构中，"商"是变动的中心。这并不取决于"商"本身的地位或力量，而是世界历史发展变化的必然程序。西方资本主义在叩击古老中国的窗棂时，正是商品经济显示了巨大优势。于是，被中国传统观念视为"淫巧"之物的商品，首先冲垮了"上都少年"的精神堤防，他们以追求"舶来品"为乐事。充满激情的士大夫曾主张厚风俗，正人心来抵制商品的诱惑。但是，价值规律的作用在现实生活中毕竟是强大的，实在的。商品涌进了每一个中国人的家庭与社会生活之中。"悦上都少年"的商品，不几年几乎。"家皆有之，遍及穷荒僻壤"。④ 面对商品经济持续不断的攻势。"只安于家居耕作以谋衣食"⑤ 的农本经济结构便丧失了固有的防御能力，"迩来欧风东渐，生活程度日益增高，向来单纯之农业，端不足应今日繁重之需求，于是工商兴焉"⑥。在世界性商品经济浪潮的冲击下，中国社会终于突出了商的地位，使"商"在"士农工商"结构变动中居于中心地位。

---

① 《栩园丛稿二编》。
② 民国《海宁州志稿》卷40，杂志风俗，第4329页。
③ 《胡汉民回忆录》，《辛亥革命史刊选集》上册，湖南人民出版社1981年版，第205页。
④ 郭嵩焘：《伦敦致李伯相书》，《郭嵩焘诗文集》，岳麓书社1984年版，第190—191页。
⑤ 郑永禧：民国《衢县志》卷6，食货下，商市，第三十六页，民国十八年辑，二十六年铅印本。
⑥ 杨兆泰：民国《新绛县志》卷3，生业略，第一页，民国十八年铅印本。

第一，商的绝对数量获得空前增长。"中国自互市以来，商务日盛。"① 很多人弃农经商或弃仕经商，骤成巨富。19世纪70年代的上海附近的南浔，仅丝商就有数百十户，其中有财产达百万元以上的巨富，也有达50万元以上的"中富"。② 经商人数呈现逐年增长的显著趋势，如奉天商号开设情况：③ 咸同前，102户；光宣间，594户；民国后，3344户。要确切统计出全国的经商人数还不可能，但从几个县志的商户统计中可以略见其大势：④

表3—1

县　名	总户数	人口数	商户数	商人数
兴　县	20470	89672	363	1406
衢　县	59246		1047	
阜宁县	193381	992193	305	1475
南田县	4851	20493	82	

第二，商的主体意识开始觉醒。甲午战争以后，商的力量迅速增长，"商"已意识到了自己的社会价值。在汉口商学会成立大会上，他们已把自己置于时代的中心："诚以商务一道，在中国古代误置于士农工商之末，乃不知现在列强均借此以应优胜劣败之雄谟。"⑤ 曾居"四民之末"的商，成为"握四民之纲"的主体力量。"商"这时已逐步摆脱了对封建社会等级制度的依附，而同近代资产阶级胶合在一起，"商"的阶级内容正在发生时代的变化。"商"开始形成一股左右社会生活的主体力量。于是，体现商的意志，表现商的力量的社会组织——商会，开始出现。从1902年到1911年，全国除西藏外，各省区都成立了商会，总数达到793个，其中有总商会47个。1905年后，商会组织已扩展到县乡城镇，全国

---

① （清）蒋云骧撰：《光绪朝东华录》第5册，中华书局1980年版，总第5091页。
② 汪敬虞：《中国近代手工业史资料》第二辑（上册），三联书店1957年版，第83页。
③ 王树楠、吴廷燮、金毓黻等纂：《奉天通志》卷115，实业3，商业，辽宁出版社2003年版。
④ 据《合河政纪》，民国《衢县志》《阜宁县志》《南田县志》等。
⑤ 光绪三十四年（1908）5月19日《江汉日报》。

商人、绅商都聚集在商会，形成巨大的社会力量。到1912年，全国加入商会的商号有19.6万家，会员近20万人。如此，商在许多地区"已趋于'四民之首'的地位"，成为"士农工商"错动的中心力量。

3. "士"的作用

社会生活的变化为社会结构错动准备了历史条件，即使如此，单凭"四民之末"的"商"也无法排挤掉"农本"和"士首"的传统地位。没有"士"的觉醒和推动，社会结构错动便无法完成。"士"是结构错动的中介。

（1）"士"是近代"重商主义"的倡导者。近代"重商主义"是转折时代的启蒙思想，其鼓噪者是"士"而非商。19世纪60年代之初，曾国藩就有"商鞅以耕战，泰西以商战"的认识。尔后，士大夫主张"以商务为体""以工商立国"①的思想很快波及整个社会。推动"重商主义"思潮汹涌前行的正是居于四民之首的"士"。从王韬的"恃商为国本"论，到郑观应的"视商如士"论，这股由士掀起的"重商主义"浪潮有力地冲决了传统社会结构的堤防。"视商如士"观念促使了"商"的地位的上升，也促成了"士"的分化。

（2）"士"也是"商务""实业"活动的倡导者和实践者。在近代社会，传统之"士"拘泥于八股制艺，很难适应日趋精细的社会分工的需要；执着于"耕读"生活，无法承受商品市场的压力，因而，"舍儒而商"②成为"士"顺应潮流的一种必要选择。清末状元张謇便是以绅士身份，创建了近代实业集团。"士"的行为对于社会风气的转移具有导向作用，"下等社会之视听，全恃上中社会为之提倡"。③各省商务局也大都是由"通官商之邮"的绅士来担任的。在近代，本来判若天壤的士、商两个等级渐趋混一，形成"今天下士商相聚，抵掌侈谈四海内外"④的新的社会风尚。

（3）"士"也是"四民平等"的倡导者和实践者。在"士农工商"

---

① 中国史学会编：《湖广道监察御史李璠奏折》，《洋务运动》（一），上海人民出版社2000年版，第166页。

② 陈栩：《代徐执中为其先考裕生府君传》，《栩园丛稿》（二），民国铅印本1923年。

③ 《吉林全省自治筹办处第一次报告书》中卷，清宣统二年铅印本。

④ 《经世文四编》卷25，户政，公司。

结构中，士居其首，是这一社会等级结构的上层。受到近代社会进步思潮的启蒙，"士"率先觉醒，最先喊出了"四民平等"的时代强音："士农工商，四大营业者，皆平等也，无轻重贵贱之殊。"① 不言而喻，"四民平等"对商意味着社会地位的提高；对"士"却标志其优越地位的下跌，那么，在"四民平等"的实践过程中，在"士农工商"结构错动中，"士"将何以自处？唐才常对比西方社会为"士"规划了前程："且其农中有士，商中有士，工中有士，艺成之后，皆日出其新法，以笔之书，垂为宪典……安得而不强且富也？"② 在"士农工商"错动中，在近代社会变动中，"士"只能走向分化，或为农，或为商，或为工，这是必然的历史趋向。"士"所拥有的独特地位和特征，都将被社会进步的浪潮所吞没。

由于近代"士""商"的交错对流和"四民平等"的实现，士、商间的等级界限在清末已渐趋消失，由此产生了一个反映这种现实的不甚确定的概念：即"中等社会"。"中等社会"是包括了"商"与"士"在内的混合体，是发生在由等级社会转向平等时代的过渡时期的产物。因此，在整个"士农工商"结构错动中，"士"扮演了"中介"角色。"商"借助于"士"的力量完成了自身地位的实现。"士"则伴随"四民平等"而丧失了自身特有的地位。"士"是以极大的牺牲精神和历史自觉来换取时代的前进的。

二 剧烈的阶级分化

1. 绅士阶层的分化

阶级分化是社会历史运动中较深层次的变动。在近代中国，绅士阶层首先发生了分化。

鸦片战争后，近代中国社会发生了阶级关系、社会流动的变化，但还不曾导致剧烈的阶级分化。"阶级间的关系的变化是一种历史的变化，是整个社会活动的产物，总之，是一定'历史运动'的产物。"③ 阶级分化的发生不在社会变迁的开端，而在社会变迁的一定的历史阶段。导致

---

① 悲时客稿：《贵业贱业说》，《大公报》1902年11月20日。
② 唐才常：《历代商政与欧洲各国同异考》，《唐才常集》，中华书局1982年版，第4页。
③ 《马克思恩格斯选集》第1卷，人民出版社1972年版，第191页。

整个绅士阶层分化变动的转折点是中日甲午战争。

甲午一战,蕞尔日本竟击败了以天朝自居的清王朝,"中国自甲午中东一役而情实露……盖不独列强之所以待我者大异乎其初,即神州之民所以自视其国者亦异昔。于是党起朋兴,世俗之人从而类分之,若者为旧,若者为新。"①"士夫之有知识者,亦知讳变法不足以自强。"② 受此民族危机的刺激,绅士们开始弃置空泛的浮议和对官场的向往,走向充满危机的社会。绅士们率先倡行"实业救国",于是绅办之苏经丝厂、苏纶纱厂、通益公纱厂、业勤纱厂、通州纱厂等相继兴起。③ 战后十数年间,他们集资借款或纠股招募,"到处创办起股份、合伙或独资经营的新企业"④。掖起了青衿绅带的举贡生员,甚至进士、状元们,在近代企业厂房中寻找到了新的落脚点;在江阴有贡生吴听胪的华澄布厂;在长沙有监生禹之谟的织巾厂;在巴县有秀才杨海珊的火柴厂;在厦门有生员孙逊的电灯公司……⑤在早期近代民族资本企业中,由封建绅士分化出来的资本家居于重要地位。由封建绅士阶层大量向近代企业主的转化,标志着绅士阶层走向分化的第一个主要途径。

另外,甲午战后,兴学育才也成为"时势所趋,大圣难遏"的当务之急。绅士们热衷于举办新式学堂,实行"教育救国"。绅士办学蔚然成风:江苏绅士王同愈举办四所半日学堂;安庆绅士方象堃设立三所女医学堂,广东绅士梁祖光设立农务学堂;四川孝廉张式卿举办蚕桑学堂,湘绅胡元倓设立高等商业学校……吮吸着封建文化的绅士阶层,却热衷于新式学堂的创建。"科举停止以来,各省地方绅士热心教育,开会研究者,不乏其人。"⑥ 旧等级、新动向,它标志着绅士阶层走向分化的第二个主要途径。

这两个途径是绅士阶层走向大分化的基本点。在近代社会的不断运动中,这两个基本点又进而扩展,终于使绅士阶层走向更深层次的分化。

---

① 《大公报》,1902 年 6 月 26 日。
② 张继昀:《张文襄公治鄂记》,湖北通志馆 1947 年版,第 10 页。
③ 汪敬虞:《中国近代工业史资料》第二辑(下册),中华书局 1962 年版,第 686 页。
④ 同上书,第 738 页。
⑤ 参见王先明《近代中国绅士阶层的分化》,《社会科学战线》1987 年第 3 期。
⑥ 同上。

这种分化的总体趋向我们可略分为三：首先是分化为近代企业主或资本家；其次是分化为近代自由职业者，如记者、编辑等。早期的近代报刊记者、编辑，大都是具有功名出身的举贡生员们。① 再次是分化为下层社会，相当一批绅士或充任新军兵士，或投身于劳动群众的秘密结社。②

绅士的这些活动与其传统的社会等级身份格格不入，是新的历史时代的特征。这种分化不是一个地区，而是全社会范围；不是几个代表人物，而是整个阶层的变动。唯其如此，才造成绅士阶层的大分化。

2. 绅士分化的社会影响

开风气的倡导性和对外的民族抵御性，是绅士阶层分化中的两个特点。倡导社会、开辟风气，走向近代的绅士们一开始就揭橥了这面旗帜。无论是绅办企业，还是绅办学堂，均具有"创开风气"、号召士民的作用。由爱国而实业，由爱国而学堂，正是严重的民族危亡局面和"匹夫有责"的责任感促成了绅士阶层的分化，因而，对外国侵略的民族抵御性是走向近代的绅士们的鲜明特点。绅办企业莫不具有"杜外人觊觎之渐"③ 的民族信念。他们不止一次地强调，"不招集洋股，亦不借用洋款，庶免利权外溢"④。正是在"救亡图存"旗帜下，绅士们积极参与组织了反美爱国运动和收回利权运动。

另外，绅士分化对近代中国还产生着极其深远的社会影响。随着近代社会的发展，分化绅士越来越走向封建主义的反面。在"自由"、"民族"的呼声中，在资产阶级政治思想引导下，绅士们热衷于通过地方自治和谘议局的形式来谋求参政。"自治云者，对乎官制而言。"⑤ 20世纪一开始，地方自治就成为绅士们主要的政治活动。各省府、县组织的自治机关，基本上是由绅士们形成的自治体，且具有了资产阶级民主议政的形式和内容。⑥ 地方自治是绅士们要求摆脱封建专制控制，获得

---

① 参见王先明《近代中国绅士阶层的分化》，《社会科学战线》1987年第3期。
② 同上。
③ 曾国藩：《复盛杏荪》，选自《曾国藩集》第四卷，岳麓书社2008年版，第195页。
④ 《上海三和五金矿务提炼公司章程》，转引自张家瑜、陶涛主编《中国近代史》，上海社会科学院出版社1988年版，第234页。
⑤ 攻法于：《社说：敬告我乡人》，《浙江潮》第2期，第4页。
⑥ 《社说：驳正刘铁云之矿事启及呈晋抚禀》，《浙江潮》第10期，第11页。

了"绅权"的较好形式。"一、二年来,地方自治之论,日腾于士大夫之口。"①

从自治人才的培养,到地方自治实施和组织谘议局,都是绅士们上下其手、左右其中。各地的自治所章程都是以保证绅士入选为原则的。② 这就使进入地方自治所学习资本主义政治法律的学员,大多集中于绅士阶层。③ 通过自治所的培养训练,绅士们比较系统地接触了西方资产阶级的法律、财政、经济、政治等主要课程,一定程度上更新了观念,获得了新的思想内容。由此,产生了一批开明进步绅士,为近代中国的资产阶级政治活动造就了人才。

通过自治、立宪和谘议局活动,绅士们在分化中形成一股新的政治力量。他们控制了谘议局,热心于立宪政治,绅士们理所当然地成为各省、州、县议员的主体。1910 年山西省选出的常驻议员 18 名,其中举人 5 名、贡生 5 名、生员 7 名。④ 1910 年资政院各省互选议员 98 人,其中进士 26 人、举人 37 人、贡生 18 人、生员 11 人、监生 1 人。⑤ 由此,绅士们"内而资政院,外而谘议局",⑥ 由乡居走上合法的政治舞台,开始了新的政治斗争。清末,从事地方自治和立宪活动的主体是那些由封建等级向资产阶级转化的绅士。可以说,绅士阶层的分化是资产阶级立宪派形成的直接前提。另外,分化绅士们还直接投身于民主革命斗争中。很多绅士不断交往革命党人,"受到影响,逐渐倾向革命"。⑦ 各地同盟会支部的骨干很多都是清朝的举人秀才,"主谋及联络者,为加盟之进士、举人,实行者皆学生、农民及兵士也"⑧。

"在阶级斗争接近决战的时期,统治阶级内部的、整个旧社会内部的

---

① 四川杂志社:《四川》第 2 号,四川杂志社 1908 年版,第 55 页。
② 《吉林省宾州府政书》2 编,李澍恩编:《公牍辑要》,长春北大街商务印书馆 1908 年版,省图藏,第 188 页。
③ 同上。
④ 山西省地方志编纂委员会办公室编:《近现代山西政权机构概况》,山西地方史志丛书之三,第 48 页。
⑤ 《辛亥革命回忆录》3,文史资料出版社 1982 年版,第 146—151 页。
⑥ 胡思敬:《退庐疏稿》卷 2,民国二年(1913)问影楼丛刻初稿本,第 35 页。
⑦ 《辛亥革命回忆录》2,文史资料出版社 1982 年版,第 454 页。
⑧ 《辛亥革命史料选辑》下,湖南人民出版社 1981 年版,第 262 页。

瓦解过程，就达到非常强烈、非常尖锐的程度"，① 绅士阶层的分化，正是伴随着整个旧世界的瓦解而进行的。作为清朝专制统治社会基础的绅士阶层，它的分化无疑是掘松了清王朝统治大厦的根基。虽有鲁阳，亦无从挥戈反日，清朝败亡已是指日可待了。

2. 绅士分化的历史条件

阶级分化有其深刻的社会原因。近代中国严重的民族危机，亡国灭种的紧迫感，清政府的政治昏聩，引起了绅士阶层的分化。张謇由此成为状元资本家，曾朴少年科第，也因甲午之耻，觉悟到"中国文化需要一次除旧布新的大改革"。有着不同等级身份，有着不同个人生活历程，却又有大体相同的深邃执着的社会识见，这是社会历史运动的力量作用于个体人的顽强表现。正是在绅士们不约而同的实践活动中，隐现着人类旨在探求的历史发展的必然。

近代中国的社会历史条件，对于任何阶级和阶层都是相同的，不同的则是绅士阶层首先具备了分化的条件。第一，绅士阶层是一个社会知识层。在一个国家，民族处于剧烈变动的时代，首先觉醒者是社会知识层。这样，绅士阶层具有首先接触西方先进文化的条件，具有传播、改造、发挥这种文化的能力和手段。在进步文化的浸染下，绅士阶层放弃了传统而走向新生。第二，绅士是"中等社会"阶层。绅士处于官民之间，在封建时代，是官民的中介和平衡力量。官绅之间常常发生冲突、裂痕。而"中等"阶层，是最易发生分化的阶层。随着近代社会的发展，官、绅冲突日趋激化，且又注入了新的阶级内容，绅权和民权交织在一起，制约着绅士阶层走向其阶级属性的反面。第三，科举制的废除和清朝官途壅塞也加速了绅士阶层的分化。在科举制度下，举贡生员疲精死神于举业，在于功名；博取功名，在于出仕。但清季，捐纳、保举两项得官较易，② 这对绅士走上官场极为不利。清末，流品混淆，奔竞百出"仕路近来尤拥挤不堪"③。"候补正佐各员"千百为群，"无

---

① 《马克思恩格斯选集》第1卷，人民出版社1972年版，第261页。
② 《端忠敏公奏稿》卷7，复印本，第22页。
③ 《大公报》1905年9月28日。

所事事者，或不免酒食征逐"。① 官途壅塞是政治衰败的表现，它阻滞了绅士们的晋升之路。因此，近代绅士更具有现实感，相率弃仕而从商，走向分化。

科举废除后，绅士阶层既断绝了来源，也根绝了功名的眷恋。各省数万举贡，数十万生员不得不四方觅食，自寻生路。清末举贡生员大批涌向新式学堂，从事实际工作，谋求新的职业出路，是科举废除的必然结果。

造成阶级分化的社会原因和历史条件是多方面的，也是相互联系互为因果的。它们在近代特定历史环境中结合为一体，相互关联制约而发生作用。从甲午战后到辛亥革命是上述诸条件和因素充分发生作用的时期，绅士阶层的分化也就在这一时期充分展开。

4. 近代阶级结构的特点

近代社会历史是资本主义的历史，资产阶级曾经扮演了历史舞台上的主角。随着世界市场、商业、航海业、交通业和工业的发展，"资产阶级也在同样的程度内发展了起来，逐渐增加着自己的资本，将中世纪遗留下来的一切阶级都排挤到后面去了"②。但是，中国不同于西方。中国社会进入近代以后，资产阶级还未出现，封建的社会阶级结构形式还完整地存在着。中国是先有近代历史，然后才逐步形成了近代社会—阶级结构体系。这一新的结构体系，是在剧烈的阶级分化过程中逐步形成的。它一方面表现为封建社会—阶级结构体系的分解和近代新的阶级结构体系的成长，又表现为新旧两种社会—阶级结构在近代社会生活中的融合。这在社会性质上体现为半殖民地半封建的特点。

20 世纪初年，由于近代中国民族资产阶级以及无产阶级的形成，近代中国社会—阶级结构体系也基本成型。这一结构体系中既包含了新生的社会基本阶级如资产阶级与无产阶级及其知识分子阶层，也保留了旧阶级结构体系分解后的地主阶级与农民阶级等社会基本阶级。可以说，新与旧两种阶级关系都存在着，却都无法独立组合为一个完整的阶级结

---

① 袁世凯撰、沈祖宪辑：《养寿园奏议辑要》卷 9，民国项城袁氏宗祠朱印本，第 26 页。
② 《马克思恩格斯全集》第四卷，人民出版社 1958 年版，第 467 页。

构体系。这表明近代中国社会不是一个独立的、完全形态的社会，而是一个过渡性的社会历史阶段。

即使如此，这一社会—阶级结构也具有了近代社会的特征，因为它破除了层累的由各种身份、品级组成的封建等级结构，而使阶级结构关系趋于简化。"资产阶级时代，却有一个特点，就是它使阶级矛盾简单化了，社会日益分裂为两大敌对的阵营……"[1] 近代中国的阶级结构关系也破除了封建的金字塔式的等级体系。清代贵族、皇室虽然在辛亥革命后依然保留，却不构成基本的社会集团，而且也丧失了在社会生活中的地位。"资产阶级在凡是它已达到统治的地方，就都把所有封建的、宗法的和淳朴的关系一一破坏。"[2] 近代中国软弱的资产阶级没能从根本上推翻封建主义的统治，却通过辛亥革命打碎了君主专制制度，废除了封建等级结构。辛亥革命以后，身份、爵位、顶戴从制度上都已不复存在。因而，资产阶级最终使整个社会—阶级结构都趋于简单化了。

在典型的资本主义社会，基本阶级结构诚如马克思所言："单纯劳动力的所有者，资本的所有者，土地的所有者——他们各自所得的源泉是工资、利润和地租——那就是，工资劳动者、资本家、地主，是建在资本主义生产方式上的近代社会的三大阶级。"[3] 然而，社会—阶级结构在实际上始终不是纯粹的，它比理论分析更为复杂和多样。即使在"典型"的英国，"近代社会在它的经济结构上已经是最高地、最典型地发展"，马克思还认为："这种阶级结构也还不是纯粹地出现的。在那里，也还有各种中间的过渡阶层，到处把限界的决定弄得含糊。"[4]

这一特点在过渡形态的近代中国社会尤其明显。不啻整个近代社会存在着两个不同性质的阶级关系集团，就是在一个阶级内部也不可避免地带有新旧两个阶级的某些特性、印记、残痕。近代中国有为数不少的亦官亦商、亦绅亦商人物，或地主官僚而兼具企业股东，或资本家又投资于封建土地，或企业主又捐纳封建功名顶戴……双重身份、两面人物，

---

[1] 《马克思恩格斯全集》第四卷，人民出版社1958年版，第466页。
[2] 同上。
[3] 《资本论》第3卷，人民出版社1957年版，第1159页。
[4] 同上。

是近代中国社会—阶级结构场面上的特有角色。在这种复杂的社会关系体系中，新与旧不仅存在着冲突、斗争和交锋，也表现为交织、互存和重合。一切死亡先辈的传统，好像噩梦一般，笼罩着活人的头脑；一切旧的、死的因素缠绕或依附于新生的事物；传统陈旧的重负拖累着新的社会形态不能真正脱胎而生。

　　一定的社会—阶级结构具有自己特定的生活方式、价值观念、思想情趣。近代中国复杂、多样的社会阶级集团、社会关系体系为社会生活画面增添了多彩的内容；有传统的"耕读之家"的地主乡绅生活，也有男耕女织的小农生活，有一掷千金的冒险家的乐园生活，也有一贫如洗的黄包车夫的生活……这一切，就构成了近代社会生活的基本风貌。

第二编　社会生活

第四章 物质生活

人类的社会生活，主要包括物质生活和精神生活两个方面。物质生活是社会生活的前提和基础，"人们首先必须吃、喝、住、穿，然后才能从事政治、科学、艺术、宗教等，所以，直接的物质的生活资料的生产，因而一个民族或一个时代的一定的经济发展阶段，便构成为基础。人们的国家制度、法的观点、艺术以至宗教观念，就是从这个基础上发展起来的，因而，也必须由这个基础来解释，而不是像过去那样做得相反"[1]。从社会史的角度研究人们的物质生活，既要探讨物质生活的演变及其规律，又要探讨物质生活在一定生产方式之下的特点，以及它对社会历史的影响与作用。

第一节 物质生活演变概况

一 服饰

1. 官场服饰

服饰是人体外部装饰和保护物的总称。从服饰的构成来看，主要有衣（上下衣）、帽、发、髻、鞋、袜等；从职业和性别上来看，则主要有官场服饰、民间服饰（普通男子）、妇女服饰三种类型，我们先看近代的官场服饰。

中国历代王朝都重视冠服之制，用礼法加以约束，服饰的更动一般不大，即使改朝换代，服饰也只是稍有异同。除非异族入侵，用屠刀逼

---

[1] 《马克思恩格斯选集》第3卷，人民出版社1972年版，第574页。

令人们改衣换服。清代的官服是伴随着清王朝的建立逐步形成的。一方面，为确立满族的统治地位，满族贵族在入主中原及迁都北京后，就强行进行适于满族的服饰改革；另一方面，为笼络汉族，缓和急剧尖锐的民族矛盾，许多方面又沿袭明代的官服制度。自清初至乾隆朝，清代官服制度初步形成，并绘图载入于《大清会典》，直至清末没有多大改变。

清代官服的类型，按用途来分主要有常服（日常用服）、行服（出行用服）、礼服、吉服四大类；按季节来分，有冬服和夏服两种；按身体部位来分，有冠饰、衣饰、脚饰及其他附件。常用的冠饰有朝冠、吉服冠、行冠、常服冠、雨冠；衣饰有衮服、龙袍、龙褂、朝服、蟒袍、补服、端罩、常服褂、行褂、行袍、行赏、雨衣、雨赏等；脚饰及其他附件有花翎、披领、朝珠、腰带、鞋靴等。

历代官服都很重视等级尊卑，秩序井然，不得僭越，清代也不例外，最能体现此特点的便是顶戴和补服。顶戴，俗称"顶子"，指品官所戴冠服顶镶嵌的宝石。清制，从皇帝到各级官员，无论穿何种服装，均须在所戴冠顶立——表示本人品级的顶戴。如文一品朝冠顶红宝石，二品顶珊瑚，三品顶蓝宝石，四品顶青金石，五品顶水晶，六品顶砗磲，七品顶素金等。补服，亦称"补褂"，即前胸和后背缀有用线和彩丝绣成的"补子"，故也称"背胸"。补服是品级的徽识，文官绣鸟，武官绣兽。清制，一品文鹤，武麒麟；二品文锦鸡，武狮；三品文孔雀，武豹；四品文雁，武虎；五品文白鹇，武熊；六品文鹭鸶，武彪；七品文鸂鶒，武彪；八品文鹌鹑，武犀牛；九品文练雀，武海马。另外，无论何时穿补服，内须衬以蟒袍，这是官场中最为注重和常见的。

此外，朝珠、腰带、蟒纹、花翎也都体现出等级分明的特点来。在清制，朝珠限五品以上及内廷官员服用，其质料按品级有别。皇帝本支用黄带，伯叔兄弟之支用红带，其他均用石青或蓝色。腰带上所缀宝石及带扣亦品级分明。蟒袍之蟒纹，三品以上九蟒，四至六品八蟒，七至九品五蟒。帽上花翎一般限于有爵位和皇帝近侍。王府护卫、禁卫京城内外的武职营官，自一翎到三翎不等，其他则须有军功和特赐方可戴用。

清代官场服饰，其质料之讲究、花样之复杂、做工之精细都是前代所未有的。以最常见的蟒袍而论，其质地"或蓝色，或酱色，制作或组绣，或缂丝，无大别也。但分劲五彩者，去红加紫者，三蓝彩者。尚有暗水、暗蟒一种，远望如蓝袍，而其花纹则蟒袍也。寻常之袍分蓝、酱、骆、灰四色。蓝色最适于用。灰色素服也，朝会、庆寿，概不能著。花样则名目繁多，以二则团花为敬。有二龙团光者，有拱璧形者，有八吉祥者，有瑞草螭簠者，有卍字牡丹者，有圆寿字者，有长寿字二龙抱之为团者，有江山万代者，有团鹤、松鹤种种式样。其本质有宁绸者，有库缎者。至散花纹名目尤多，不胜数矣"[1]。如此昂贵和考究的服饰，也只有清朝统治者才能穿戴，广大人民是根本无条件享用的。

清代官场服饰大体如此。辛亥革命以后，随着清朝封建统治被推翻，清代官定服饰也被废除，数千年来"昭名分辨等威"的官场服饰也即走向坟墓。

2. 民间服饰

民间服饰指社会上一般阶层的民众平常穿用的服饰，包括男服、女服及官宦日常便服。妇女服饰接下来我们将专门论述，这里先谈近代社会中一般男子的服饰。

清代一般男子衣饰主要有长袍、衬衫、马褂、马甲、短衫、袄、裤、套裤等，其中以袍子和马褂最为重要，通常所讲的"长袍马褂"往往被用作礼服。袍子是中式长衣的通称，北方人叫大褂，南方人称裪，较为单薄的称长衫。袍的式样和结构较为简单，有圆领、捻襟（大襟）、窄袖、扣袢，可以做成单、夹、皮、棉各种。袍色则大多为月白、湖色、枣红、雪青、蓝、灰等。马褂本是满族骑马时经常穿用的一种外褂，康乾时代，汉人穿马褂者渐多，近代便无人不服了。马褂的式样很像今天的对襟小棉袄，一般衣长齐脐，袖长及肘，四面开裾。冬季可做成皮、棉，色用宝蓝、天青、库灰等。在袍衫外面，往往上身加穿马褂或马甲。可以说，"长袍马褂"乃是近代普遍民众一年四季的常服。

长袍马褂的质料，一视各地风土民情，二视家境贫富而有所不同。以满族奉天而论，"当清同、光以前，民间风俗犹尚朴素。男子平居，各服锦袍、马褂、白袜、青鞋。袍色多用灰黑，以耐污也，或用蓝色。马褂则用青色。质皆以布，如大布、花旗布之类，坚实致密，一衣可御数

---

[1] 崇彝：《道咸以来朝野杂记》，北京古籍出版社1982年版，第32页。

冬。农家或自种棉织布，名曰'家机布'，用以制衣，尤为坚实耐用。衣式宽博，腰间束带。俭者或不著袍褂，只于棉袄之外，套蓝布大衫，长可及膝……新年庆吊，亦服丝绸及羊裘。绸以宁绸、墨缎为上品，湖绉、宫绸次之。常服则多用粗茧绸耳……夏日居常著蓝布裤褂，色微浅，向用麻布、茧绸。出行则服长衫，或竹布、夏布、纱葛、缯纂不等"。①至于衣服之宽窄长短，有清一代多变无常，大致"道咸间之衣虽长，而紧窄若裹"，"光绪之初，宽而长，二十年前后，其宽至于缩手衣裹可以抚全身……光绪庚子以后则又窄且短，民国初元，亦窄而若裹"。②《奉天通志》亦载："当清光绪中叶，衣尚宽博，喜秃领，往往大褂之袖宽可及尺，女衣尤肥硕。光、宣之际，政尚维新，衣喜瘦狭，束身贴肤，曲臂维艰，领高可及耳际。"③江苏金山县《重辑张堰志》载："咸丰以来，渐起奢侈，制尚紧短。同治又尚宽长，马褂长至二尺五、六寸，谓之湖南褂（时行营哨官、管带皆穿袍长褂，多湘产，故云）。光绪年又渐尚短衣窄袖、至季年，马褂不过尺四、五寸半，臂不过尺二、三寸，且仿洋装，制如其体。"④

长袍马褂之外，清代男子不分老幼，四季都要戴帽子。其种类大致有礼帽、便帽、风帽、毡帽、皮帽、笠帽、帕子等，其中最常用的是礼帽和便帽。礼帽一般是在新年庆吊、宴客会晤时，表示某种礼节而戴的，有暖帽、凉帽之分。暖帽质料或缎子，或呢绒，或毡子，或毛皮，以御寒过冬、冬积季戴用；凉帽质料或玉草，或竹丝，或藤丝，以乘凉度暑，春夏季戴用。近代以降，礼帽有所简化，但许多场合仍需戴"大帽子"，"譬如读书人在考试的时候，必定要戴大帽子。乡绅人在家里、谢年、祀先、扫墓，以及先人阴寿、忌辰之类，也必定要戴大帽子"。⑤便帽，即小帽，俗称"西瓜皮帽"，冬春时一般用黑素缎为面，夏秋时多用黑实地纱为面，讲究点的人，有在颜色和纹饰上与身穿袍褂配套的。一般帽顶

---

① 金毓黻主编：民国《奉天通志》卷260，东北文史稿丛书出版社1983年版。
② 刘文炳撰：民国《徐沟县志》（稿本）民俗志，山西人民出版社1992年版。
③ 金毓黻主编：民国《奉天通志》卷260，东北文史稿丛书出版社1983年版。
④ 姚裕廉等：民国《重辑张堰志》卷1，区域志，风俗，金山姚氏松韵草堂出版社1920年版。
⑤ 夫笑：《六十年来妆服志》，《杂志》第15卷，3期，第15页。

上缀一用丝绒结成的"算盘结",黑红不等。为区分帽子的前后,帽檐下正中,订一明显的"标志",叫作"帽正"。便帽是近代普通男子最为普遍戴用的帽子。至于下层劳动民众,普遍戴毡帽和笠帽,还有用帕子替帽包头的。

辛亥以后,随着"剪辫"在城乡各地的展开,民间服饰也发生了很大的变化。大礼服,即西式礼服,民初开始在一般男子中流行,这种礼服,分昼晚两种:昼服长与膝齐,袖与手脉齐,前对襟,后下端开衩,一般用黑色。晚服类似西式燕尾服,脚配可露出袜子的鞋,并缀黑结。"中山服"在民国之后更是风行一时。

3. 妇女服饰

一般妇女服饰,在清代没有严格的规定。近代妇女服饰虽在一定程度上吸收了满族服饰的特点,但主体仍沿袭明制。

清代妇女一般服饰有:围巾、披风、背心、一裹圆、裙子、马甲、衫袄、裤、腰子、抹胸、腰带、膝裤、手笼、手套、手帕等,其中以裙子最为重要。一般无论褶裙、斜裙,一律缝成"筒式",系于上衣之内。官宦富室的女式裙子,制作精美,鲜艳华丽,一般妇女则系单衣裙、夏布裙而已。裙子的颜色,以红色为主,而且有许多讲究。一般婚嫁、节日、喜庆大事均需着红裙。只有正室嫡妻可系红裙,妾辈则不可。

与一般男子服饰相应的是,袍褂在妇女服饰中也占有重要地位。春夏秋冬、室内户外,袍褂是最普遍的日常穿着。《道咸以来朝野杂记》对此也有详细记叙:"妇女制服,最隆重者为织绣丽水袍褂,袍则大红色,褂则红青。妇女袍褂皆一律长的,不似男服之长袍、短褂。有时穿袍不套褂,谓之领袖袍,亦得挂朝珠。其次礼服,则氅衣、衬衣皆挽袖者。氅衣分大红色、藕荷色、月白色,以上皆双全妇人所著者。若孀妇氅衣或蓝色,则酱色衬衣,刚视外氅衣之颜色配合之。女褂有八团者,亦天青色,下无丽水,以织绣团光八个嵌诸玄端上下左右。内衬褂矣。妇女补服,随其夫之品级,但皆圆形。汉官夫人则仍是方补,与男子无别。又有补褂一种,即长与衬衣齐之大坎肩也。其色以天青为正,亦有蓝色者,或绣花,或净面,亦礼服之一。"[①]

---

① 崇彝:《道咸以来朝野杂记》,北京古籍出版社1982年版,第33页。

妇女服饰除裙子、袍褂而外，发髻是一种重要的修饰。发髻的式样，就年龄而论，幼女多挽"双丫髻"或垂辫于后，或把辫子梳成"抓髻"。及至十三四岁，梳成正式的发髻，或将发根分二，左右作成空心，似像蜻蜓两翅。或在额弯挽一撮髻，似像蚌中之圆珠，叫"蚌珠头"。或作成左右二螺髻。也有在额正中作一小螺髻者。出嫁之后，改梳圆髻。光绪年间，妇女以圆髻结于脑后或加线网结，以光洁为尚。民初，多喜欢留"前刘海"，其式样有微作弧形，有似初月弯形，有如垂丝等，又有将额发与鬓发相合，垂于额两旁鬓发处，颇像燕子的两尾分叉，北方叫作"美人髦"。多数妇女在发髻上还加以首饰，其质料视个人条件和身份而定，一般以金银、翡翠、宝石制成，式样则多种多样，有花朵、禽鸟、秋叶等。除此之外，耳环、臂镯、项圈、多宝串、指环、钏等，都是妇女重要的装饰品。

值得指出的是，清代妇女缠足之风仍因袭前代，"小脚妇人"一直是社会上人们崇尚的典型女性，只是到清末民初，随着民主思潮、男女平权等思想的传入，"天足"才开始取代小脚。这些在后面将专作论述。

辛亥之后，在"剪辫易服"的运动中，妇女也曾一度流行剪发，民初在天津妇女中，"有剪了头发穿件长衫戴顶洋帽的，也有光着头穿洋装的，这是剪发的一起了。不剪发的呢？大半不梳辫子啦，有把髻梳在前面像一朵花、像一个蝴蝶似的，也有梳在头顶上的，梳在两旁边的，梳在后头的，有千百个式样"①。虽然这种现象在民初流行时间不长，但它确实说明辛亥之后妇女在发辫上也有一定变动。另外，妇女衣着采取上衣下裤、上衣下裙、旗袍等形式，到民初也开始在社会上流行。穿耳、傅粉等在学生及大城市妇女中也不再流行。

二 饮食

1. 饮食结构

中国是一个历史悠久的农业大国，这就决定了以植物性食物为主的饮食结构。近代饮食结构包括主食、副食、饮料三大类。

---

① 《大公报》1912年6月27日。

(1) 主食

主食，亦即饭类，是经过加工而熟的谷类食物。在中国近代社会，粮食作物种类繁多，其中食用量最多的是稻谷、小麦、谷子、高粱、豆类、红薯、土豆等。随着生产力的提高和科学技术的进步，近代以谷粒和面粉为原料制作而成的主食，远远超过以往，极大地丰富了人们的日常生活。

近代社会中的主食主要有三种。一是米饭，这是近代人民，尤其是南方人民的主食。米饭名目繁多，就其原料而言，一类是单一谷物制成的，如稻米饭、糯米饭、小米饭、黍米饭、豆饭等，其中以稻米饭最为普遍。一类是由多种原料制成的，如"二米饭"（小米和绿豆）、"团油饭"（在谷物中加以鱼、虾、鹅、牛、羊肉等）、"蟠桃饭"（用各种花叶果实与米制成）。少数民族中，还有"炒米""乌米饭"等名目。水米同煮的主食——粥，在近代一般平民生活中也是常见的主食。清人黄云鹤所著《粥谱》，即选载各种粥类达200多种。

二是面食。其制作方法有蒸、煮、烙、炸等。蒸类有蒸饼、馒头、包子、烧麦、蒸饺、窝头等，其中以窝头和馒头为最常见，窝头是近代民间的一种平民食品，一般用玉米面，豆面以及其他杂粮而做成，贫困的人们还掺和糠菜，形状似一小尖塔。馒头则用面粉发酵蒸制而成，按其面团的软硬有发面馒头和呛面馒头之别，按其形状有圆形、长方形之异，北方多为实心，南方则大多包馅。

煮类有面条、水饺、馄饨、汤圆等，其中以面条最为常见。其制作方法有擀、抻、切、削、拔、剔、搓、压、捩等。面条自古以来是中国北方人民的主食。其名目之繁多可谓不胜枚举，如五香面、山药面、八珍面、插肉面、长寿面、春盘面、腊面、打卤面、刀削面、臊子面、鱼焙面、阳春面、担担面等。在煮类主食中，水饺也是常见且颇受欢迎的主食。其制作方法多种多样，饺皮有用手捏的，有用擀面杖擀的，也有用小茶盅扣的，其馅有肉的、有溲的。每当年节，北方不分城市乡村，还有吃饺子以示庆祝的习俗。

烙类有烧饼、烙饼、麻饼、馅饼、月饼等，其中烧饼最普遍。烧饼一般用溲面制成，或有馅或无馅。无馅的一般味咸，表面有芝麻，用火烘熟略焦。馅饼品类很多，如"羊肉饼""鸭饼""芙蓉饼"等。月饼也是一种喜食的馅饼。

炸类有油饼、油条、馓子、麻花等。其中油条最普遍。

三是糕点。糕点通常是用米粉或豆粉等做成的块状食品。在近代社会，糕点有两种含义：一种是指糕饼之类的小食，为正餐以外不定时的食品，往往是饥饿时略进食物，因此也称点心。各地糕点名目繁多，如北"以面裹榆荚，蒸之为糕，和糖而食之，以豌豆研泥，间以枣肉，曰豌豆黄，以黄米粉合小豆，枣肉蒸而切之，曰切糕，以糯米饭夹芝麻糖为凉糕，丸而馅之为窝。窝，即古之不落夹是也"①。另一种是几种蒸制糕点的统称。这些糕点多来源于古代的岁时节令，一般作为供品、礼品和茶食。从风味上看，有北式糕点，南式糕点，"满洲饽饽"等；从品种上看，有应节的元宵、月饼、粽子、花糕、玫瑰饼、藤萝饼、五毒饼、萝卜丝小饼等。

（2）副食

副食，亦即菜类。菜肴的原料在近代主要有植物性和动物性两种。植物性原料主要由蔬菜、干果、粮食、植物、油等组成；动物性原料主要来自家禽、家畜、野禽、野兽等。此外还有水产类、调味类。

蔬菜和肉类是副食中的两大主料，调味品则是烹制和调剂的媒介，根据原料不同，配合以不同的烹调方法，可以制成多种多样不同风味的菜肴。京菜、鲁菜、闽菜、川菜、粤菜、徽菜、鄂菜、淮扬菜等在近代已形成各自的特色。少数民族中，还有不同地方特色和民族特色的菜肴，如蒙、回族的"烤全羊""涮羊肉"，维吾尔族的"烤羊肉串"，朝鲜族的"烧狗肉"等。至于皇宫官府、寺庙庵观也有一些极为讲究的菜肴，自然是一般平民享受不到的。

果品类也成为近代城市居民中不可缺少的副食。果品分鲜果和人工制品。鲜果应时上市，如北京地区农历五月上市的有甜瓜、云南瓜、白樱桃、白桑椹、桃、杏等；六月初西瓜开始上市；七月有苹果、香槟、枣、石榴、梨、山楂；八月上市者越多。人工制品中有简单加工过的"果干"和"果脯"。果干是由各种水果经过日晒或烘干而成的食品，如荔枝干、葡萄干、红枣干、无花果干、杏干、桃干等。果脯则是干制的

---

① 徐珂：《清稗类钞》第13册，中华书局1986年版，第6396页。

蜜饯果品，著名的有杏脯、桃脯、苹果脯、炒红果、蜜桔饼、蜜饯杨梅等。另外，果浆、果糕等也逐渐成为不可缺少的副食。

（3）饮料

在近代中国社会中，饮料主要由茶、酒、汤、羹、奶汁等几种组成。中国是茶的故乡，有着种茶、制茶和饮茶的悠久历史。及至近代，随着帝国主义经济侵略的逐步深入，茶叶的出口及产量大增，各地饮茶之风十分普遍。不仅达官贵人把饮茶作为一种滋养，消食，乃至交际的方式，一般城乡平民家庭大多也有饮茶的习惯，一些少数民族中，也有喜欢喝茶者。茶馆在大中小城市普遍兴起，有平民常喝的"大碗茶"，也有高级的"榻茶"，一般普通茶馆，三教九流，流茶其间。著名艺术家老舍的《茶馆》，极其生动地展现了近代茶馆的情景，反映了旧时代的风貌。

饮酒也很普遍，有相当一部分人一日三餐必饮酒，某些人更是嗜酒成性。礼仪、节日、祭祀、社交往来等方面，酒已成为不可缺少的物品。酒之名目极多，宫廷有特制酒，民间则多古法炮制，如糯米酒、高粱酒，葡萄酒、红薯酒等。茅台、汾酒等名酒在近代已誉满海外。

汤的用料广泛，搭配灵活，粮食、蔬菜、水果、肉类、禽蛋皆可用来做汤的原料。近代常见的有米汤、豆汤、蛋汤、鱼汤、鸡汤、豆腐汤等。羹则有菜羹、豆腐羹、羊羹、鱼羹、虾羹、鸡蛋羹等。

4. 饮食惯制

饮食惯制即饮食在社会生活中形成的习俗惯制，其内容主要包括饮食的次数、时间、方式，以及在宴席、社交、年节等重要场合形成的饮食习惯。

在中国近代史上，一般南方日食三次，北方日食两次，这是主要的南北差异。但各地又有自己的特点，如兰州人日皆两食，江浙地区日则三次，富贵之家有日食四次至五次者。一般普通人家还按季节分每日两餐或三餐，北方尤其明显。其食量也有所不同，如奉天（今辽宁）地区"春、夏、秋从事农作，每日三餐。晨、午多食高粱米，通称曰'秫米'。作法不一：熬米而糜烂之，曰'粥'（晨餐多食之）；浙之以水，曰'水饭'（夏日多食之）；沥汤而干之，曰'干饭'（佣人、劳力晨午皆食之）……晚食谷米，通称曰'小米'，或干、或粥、或水、或焖，随时通变,无定制也……冬令农闲天短,日具两餐,食亦如之"①。

饮食方式在近代仍以共餐制为主,无论城市乡村,显户小家,用餐时男女老幼杂坐饭桌四周,置食品于桌中央,热气腾升,欢声笑语,充满家庭欢乐。用餐时,家庭成员的座次也不相同,一般长辈及家长坐正方,小辈及子孙坐两旁。在一些地区,妇女还有不能上桌者,这种现象在一些富户大家表现得较为突出。

在广大乡村地区,尤其是在北方,用饭时,每人用大碗端上饭菜,聚集在饭场(村民吃饭和聚会的地方)用饭,一年四季,除非刮风下雨,几乎天天如此。饭场一般是居民集中的中心地,有一定的空旷地,平常聚会、聊天于此,用餐时也乐于聚此共进。

在一些重要的宴席用餐上,也有一套久已形成的惯制。各地虽名目不一,但大多都是从社会需要出发,有吉祥如意的意思,如婚礼从订亲到相亲,都有以食品酒类为部分礼品的,在婚宴上有"交杯酒""食姊妹桌""食汤圆",各地还有"吃子孙饽饽""食酒婚桌""吃新娘茶"等,都是表示祝贺吉祥的意思。婚宴上的用餐,各地又因地制宜,花色不一,如山西芮城县,婚宴时,"款客以冰人为席主,肴馔极丰,腆者前以九碟佐酒,中则海碗大盘各二,具小碗八具,多系海味珍馐,酒罗进饭刚用八碗或四碗,肉属居多,次者中无海碗大盘,但有小碗四具而已。一时亲朋满座,笙箫俱奏,与诗所称宴"②。

在日常的人际交往中,食物礼品的相互赠答也十分盛行。像友人聚宴,敬献给老幼美食,亲友之间互赠食品等,都是用食品来表达感情,维系着社会上亲族、邻里、朋友、师生之间的关系。互赠食物的习俗,因人们的阶级地位、经济状况以及当地传统习惯的不同而各异。

在一年四季诸多的节日中,节日食俗也是其重要的内容。春节即到,许多地区都讲究吃年糕,以示万事如意年年高;春节多食饺子,取"更岁交子"之意;正月十五吃元宵取"团团如月"之意;端午节食粽子和雄黄酒;八月十五食月饼;腊月初八食"腊八粥",还有寒食清明的冷饭糕饼、立春的春饼、重阳节的重阳糕和菊花酒、冬至的馄饨等,都是年

---

① 金毓黻主编:民国《奉天通志》卷260,东北文史稿丛书出版社1983年版。
② 芮城县志编委:民国《芮城县志》卷5,礼俗略,三秦出版社1994年版。

节不可少的食品。各种方志对此都有许多记载，如东北海城县："元旦食水饺，上元食元宵，端午食角黍，中秋食月饼，伏日食切面，腊八食黄米粥，此又一年节令所食，固定不移者。"①

此外由于各地宗教信仰的不同，饮食惯制也有不同，形成不同的饮食习惯。有一些地方生育小孩后，到乡里各家"讨百家饭"等，取其百家保佑之意，也成为一种饮食惯制。

5. 西式饮食

传统饮食结构和惯制，是在中国历史上各民族之间的饮食交流和不断实践中逐步形成的，这是近代中国饮食生活的主体。但是随着帝国主义势力的侵入，西方的一些饮食也逐渐传入中国，并在一定范围内引起反响。

西餐是西方国家膳食的统称，中国人初称为"番菜"，亦称"大菜"。鸦片战争以前，西餐就由外国传教士献艺款客和使节进贡的方式传入中国，像"西洋饼""葡萄酒"等西洋名品在宫廷，王府和权贵之家的宴席上可以见到，但对中下层社会来说，这些西方食品只是他们私下聊天的趣闻。鸦片战争以后，西餐开始在一些沿海通商城市流行，清末各大中城市都出现了一些以营利为目的的"番菜馆""面包房"和"咖啡店"，不少中国食店也开始增营西餐或"日本料理"。在光、宣之际，北京即有醉琼林、裕珍园、得利面包房等30余家西式食品店，天津、上海、广州、汉口等城也有类似的情况。

辛亥之后，在一些大中城市，吃西餐成为一种时髦，这种风气由城市而农村、由沿海而内地，以至一些边远县城也开始流行西餐。如上海"遇有佳客，尤非大菜花酒，不足以示诚敬"②。在重庆"民国光复、罐头之品，番餐之味，五方来会，烦费日增"③。四川绵阳县"至清末叶，竞尚海味，民国以来，舶来品输入，以中产人，宴客一席，亦费钱十万"④。在上层社会，西餐更受欢迎，宫廷，王府和民国社会名流的公馆，

---

① 廷瑞修、孙绍家、张辅相纂：民国《海城县志》卷6，辽宁民族出版社1999年版。
② 《申报》1912年8月9日。
③ 赵志忠等：民国《巴县志》卷5，重庆出版社1994年版。
④ 蒲殿钦等修，崔映棠等纂：民国《绵阳县志》卷1，1932年刻本。

大都聘有番菜厨师，或设番菜房，专门为其服务。

与西餐相应的是，西方饮料在清末开始流行，大中城市都有一些西式饮料厂和饮料公司出现。据载，1853年，在上海英国商人开设的老德记药房，就生产冰激凌、汽水了。19世纪60年代初，英国人埃凡在上海开设埃凡洋行，生产了啤酒。不过，那时所生产的西方饮料，主要是为供应在华的外国人，清末中国人也逐渐由适应而感兴趣，啤酒、汽水、面包等发展成为一定规模的食品制造业。如山东张裕葡萄酿酒公司（1892年）、青岛英德啤酒公司（1903年）、北京双合盛啤酒厂（1914年）、上海泰丰罐头食品公司（1906年）等，都是具有相当规模的食品或饮料公司。

西式饮食的传入，还在一定程度上影响到传统的饮食惯制。清末，在官绅阶层，已有人主张"中菜西吃法"，采取西方的分餐制。参照中西宴席的规格，用中国菜组成新的"改良宴席"，也被官绅界极力提倡。同席不得有13人，不得以盐粒洒落在桌上等西方饮食惯制，也在一定场合中被中国人吸收。

三　居住

1. 乡村居住

居住是人类生活最基本的空间，是物质生活的要素之一。中国近代社会的居住，一方面沿袭数千年来的传统习惯，一方面又有新的居住形式的出现。

乡村居住主要依据各地不同的自然条件，气候环境以及风俗习惯，形成不同地区的特色。

在北方地区，由于气候寒冷、干燥，居住的建筑都十分注意防寒和保温。墙壁和屋顶一般较为厚实，室内均设有炕床、火墙，以便取暖。另外，房屋的窗户一般向阳，也有在房四周开窗者。土炕在室内有很重要的地位，起居、饮食乃至待客，一般都在土炕上进行。民初所编《吉林汇征》对当地居住有详细描述，一定程度上也代表了北方居住的特征，"室以内，靠壁设土炕，或南、北二炕，或东西二炕，或南、西、北接绕三炕，空其东。各方面多开窗户，有如炕大者，俱从外闭。其一方面皆窗者，谓之'明装'；每方面仅开中央一窗者，谓之'暗装'。此等形式，无贵贱贫富皆然。居民有室无堂，寝食、起居、待客均于土炕。炕高尺有咫，阔长五六尺。男女各盘膝坐，南为尊，西次之，北为卑。夜卧则头临炕边，脚抵窗。无论男女，尊卑皆并头，如足向人，则谓之不敬，惟妾横卧其主脚后。头不近窗者，盖因天寒，窗际冰霜，衾裯为寒气所逼，故交秋之后则生火于下，非此不足以御寒也。"①

北方地区，尤其是华北、西北的黄土区，还可以看到各种窑洞式住宅。这种窑洞，利用黄土层质地坚硬的特点，既不易漏水和倒塌，又节省砖瓦木材及地基屋顶，一般窗户向阳，墙壁房顶深厚，有冬暖夏凉之特点。窑洞的形式多种多样，有卧房厨房分开的，也有合用的；有全依黄土层挖成使用，也有外加砖、石作墙壁，券成半圆形屋顶以使更加牢固的；有随黄土山一层一排建起的，也有顺山势回转，形成几家和一群的。山西、陕西、甘肃、河南、河北等地山区，均有许多窑洞分布其间。如山西隰州"民皆穿土为窑，工费甚省，久者可支百年。有曲折而入层楼复室者。每过一村，自远视之，短垣疏牗，高下数层，缝囊捆屦，历历可指。坡之高者，路峭而窄，老翁驱犊，少妇汲水，登降甚捷，殊不以为苦。平地亦多垒砖为窑，山木难购，且窑中夏凉冬暖也"②。

北方居住的典型代表是四合院，一般每户人家都四周围墙，形成一院。其形式南北稍长，左右对称，中庭开阔，似一矩形。院内四周以房屋或墙垣环绕，有些还有前后两院的，北京地区的四合院就很有代表性。四合院也有富家建成多进的四合院，有多至四五进，几院连在一起者。

在南方地区，又可分为江南水乡和南方山区两种不同的居住形式。江南地区河道纵横，一般住宅均临河依水，有宅前、场地和住房三间。宅前场地用作农忙晒场，堂屋除用作生活起居外，也是收藏农作物和从事家庭手工业的场所。其街道一般与河平行，路基狭窄，仅供步行。邻水面街上的房屋一般多为楼房，以防水浸。由于江南地区气候炎热，空气潮湿，墙壁和住宅较北方单薄，建筑轻盈疏透，粉墙灰瓦，配以果木

---

① 郭熙楞：民国《吉林汇征》（复印本）卷2，民国三年（1914）铅印本。
② 山西省隰县县志编纂委员会翻印：光绪《隰州志》卷3，山西省隰县县志编纂委员会1982年版。

绿化，格外明快。

南方山区，如浙江、四川等地，多山地丘陵，气候炎热潮湿，阴雾多雨，一般因地形而宜，建造房屋。其形式常以三台院围绕院坝为中心，正中为堂屋，侧为家长住室，两厢为晚辈住室或厨仓之类。南方山地住宅分散，常一宅一院，位于山坳，四周遍植竹木。房屋外墙白色、木构部分多为木料本色，门窗则多深浅褐色或枣红色。

少数民族的居住，更是千姿百态。壮族的"麻栏"、傣族的竹楼、藏族的"碉房"、蒙古和哈萨克等民族的"毡包"、维吾尔族的簇居等，都有自己民族的独特风格。

2. 城市居住

近代中国城市居住最普遍和最典型的是居住大院和里弄住宅。居住大院多分布于北方城市，其中东北的沈阳、哈尔滨尤为普遍。这种住宅不是一户一宅，而是十几户甚至数十户的集中式住宅，是在四合院的基础上扩大而成的。一般有大小不等的院子，周围建二三层外廊式楼房，多为砖木结构，院内设集中公用的下水口和厕所。这类住宅建筑密度大、卫生条件较差，是城市一般商业职员和市民的主要居住形式。

里弄，也叫"弄堂"、多称"里"或"坊"，是一种毗连式的木屋，或圈有砖木结构，上海、天津、汉口、福州、青岛等城市均有大批里弄建筑，其中以上海最为典型。这种里弄建筑，从传统四合院房屋蜕变而来，将门棣改为石库门，前院改为天井，形成三间两厢及其他变体。主屋正中为堂屋，左右为次间和厢房，客堂后面为横向楼梯，再后为横向长方形天井，最后为单层灶间等辅助用房。里弄住宅占地面积节省，用材简单，是一般城市职员、店员的主要居住形式，一般普通二三层里弄可居住几户、十几户人家。从19世纪末至20世纪中叶，上海至少有70%—80%的居民都居住于这类里弄内。

随着外国帝国主义势力的侵入，西式的建筑也在一些大城市开始兴起，租界与商埠之类的城市更加突出。这类新兴居住建筑，主要有独院式高级住宅和花园住宅两类。独院式高级住宅最初为帝国主义侵略者独有，20世纪初开始出现于各大城市。其住房多为两层小楼，采用砖石承重墙，木屋架，铁皮屋面。室内有数间卧室及餐厅、厨房、卫生间等，并设有火墙、壁炉。总平面宽敞，讲究排场，追求华丽装饰，注意庭院绿化。花园住宅在19世纪末开始兴起，其内庭院宽广，设备齐全，装饰豪华，大者占地百亩，小也数亩，是洋商、买办、资本家的主要居住形式。大中城市中各类新兴住宅，大都也有一些模仿西式的住宅，但其比例并不很大。

与独院式高级住宅和花园住宅形成鲜明对比的是，大城市中的棚户区，这里居住的是下层贫苦人民。棚户区的建筑有草棚、滚地龙、水上阁楼等形式。草棚是用几根毛竹做柱子，竹笆上抹泥作墙，破布为门，破墙开洞；滚地龙是用几张芦苇弯成半圆形的窝棚，水上阁楼则是架设在岸边的水上棚舍，一般用几根毛竹或木头插入河底以为支柱，墙壁用木板拼成或用竹笆抹上泥土，多数以稻草盖顶。这类贫民住宅的共同特点是低矮、破烂、阴暗、潮湿。在近代中国，上海、南京等城市的租界边沿或码头、车站铁路附近，都有一些棚户区坐落其间。仅上海一地，到解放前夕，估计棚户总数即有20万户，居民将近百万人。①

四 交通

1. 陆路交通

近代意义上的交通，可包括以交通工具为标志的陆路交通，水陆交通，以及借交通工具而进行的信息传递。

中国近代时期的陆路交通，以土面路和碎石面路为主，以动物和车作为主要交通运载工具。机械化的交通工具在近代也开始出现并得以发展。

利用动物作交通工具，是与驯兽相结合的一种古老方法，近代社会也极为普遍。常用的动物有马、驴、骡、牛、骆驼等。民间最常用的是毛驴，因为毛驴性情温顺、价格便宜、使用方便，北方地区尤为普遍。山东潍坊地区"城乡都有出租毛驴的人，靠赶驴送客或进货谋生，俗称赶脚的，用毛驴驮人，贫苦人家只要在驴背上垫一条麻袋或被褥，就可骑乘，富户人家则为毛驴装上鞍辔和坠镫，以求舒适方便"②。南疆维吾

---

① 上海社会科学院经济研究所经济组编：《上海棚户区的变迁》，上海人民出版社1962年版，第7页。

② 刘华民：《潍坊风物》，山西人民出版社1983年版，第171页。

尔族，多以毛驴代步；蒙古族、哈萨克族则骑马而行；新疆、内蒙古许多地区多以骆驼代步；西藏则用牦牛和驴骡，马则用于官吏富商远途行旅。动物类中，马在当时算是较高级的交通工具。

民间车辆，因地理环境及乘坐对象与用途的不同，种类繁多，不胜枚举。从节省人力的角度区分，大致有如下三类：第一类是以人力为动力，用车轮转动的交通工具。如独轮车，亦称"小车"。这种车将车架安置在车轮两侧，用以载货或供人乘坐，便于在田埂小道行驶。各地名目繁多，如上海的"羊角车"，山东的"二把手""猪嘴车"，西南山区的"鸡公车"，华北地区的"独轮车"等。清末，日本的"东洋车"及黄包车在各大中城市中颇为流行，这种人力车装置两个轮子，两个车柄，一个坐箱，坐箱有幕可舒张，以御风雨日晒，一个人用手腕挽车柄拉行，运送过往行人，是市内重要的交通工具。第二类是兽力车，最常见的有大车（牛车）、小车（马车）、轿车（骡车）、西式马车。大车一般在农村使用，通常用来运物，便于在田野间行驶。小车驾马，可运物坐人，各地因地而异，又有不同种类。如东北地区的"耙犁，用辕木作底，立插四柱，高三寸许，上穿二横木，或铺板或搪木，坐人、拉运货物皆可用，前辕上湾穿以绳，套二马，服驾轻捷过于车。若驿驰更换马匹，冰雪之地，可以日行三、四百里。并有作车棚于耙犁上，设旁门，套鹿皮围，谓之暖耙犁"。① 轿车近似西式马车，车身装有木制车篷，篷外罩衣，并装有玻璃窗户，光宣间，京朝贵官多乘骡车。西式马车同光时期传入中国，有船式、轿式、四轮、二轮各种形式，这是城市中官僚、买办、商人与外国人交际的必备之具。第三类是轿。轿用人抬行，主要是贵族官僚等上层阶级的享受工具，以抬轿的人数、轿身颜色质地、轿顶装饰分别官级高下。一般平民，只是婚嫁丧葬时才用它。

机械化的交通工具，主要是火车、汽车、电车，也在近代中国开始出现并得以发展。这是中国交通工具上的一场革命，它不仅给传统的交通工具带来了新的活力，而且大大方便了人们的日常生活，显示出巨大的生命力。自1876年吴淞铁路运行起，到辛亥革命为止，全国20多条铁路干线建成并运行。中华人民共和国前夕，全国境内计有铁路干线

---

① 郭熙楞：民国《吉林纪征》（复印本）卷2。

58条，全长23443.21公里，连同各路附设专线，共长24945.52公里。① 汽车在清末也开始使用，当时人们称之为"摩托车"或"机器车"。1901年，上海最早从美国输入两辆汽车。此后，在沿海各港口城市和内地大城市也多有外国进口汽车运行其间。1912年仅上海经登记的汽车即有1400余辆。电车在近代有有轨电车和无轨电车两种类型。1905年，英商在上海成立了第一家电车公司，1908年完成今西藏路到南京路外滩的线路，同年法商也在法租界的常熟路到十六铺铺成电车铁轨。海关报告载上海"自从铺设有轨电车线路以来，每年运送乘客的总数大约较前一年增长40%"。1911年上海乘客总数量达到近2800万人次。② 天津有轨电车，到20世纪20年代，已有大车66辆，小车80辆，全路程32里。继有轨电车之后，民初上海等大城市开通了无轨电车。当然，这些机械化交通工具的出现，是伴随着帝国主义对中国的侵略而来的，但是它对社会生产力的发展，以及人们物质生活水平的提高，都在客观上起到了一定的积极作用。

2. 水路交通

中国是一个江河湖泊众多的国度。尤其南方更是湖泊成群、水网密布、顺河设街、临水建房、依水成市，这种自然条件，便使舟楫成为主要的交通工具。近代中国的水路交通，除传统的各类舟楫而外，轮船也开始出现和使用。

根据舟楫的用途来区分，传统舟楫主要有以下三类：

座船：这是清政府各级官署为官员所乘备用的船。座船多不载客，也不运货，桅杆悬挂黄旗，标明本官官衔。还有一种差船，为政府官员差遣的船只，也不载客运货，船旗标明差船。

渡船：这是传统水路交通的主体，主要用于运物载人。有帆船、划船、簰、筏、牛羊皮船多种类型。各地又有一些颇具地方特色的渡船，如江浙之"满江红""南湾子"，甘肃之板船，广州之紫洞艇、沙艇，黄河流域的平底船，松花江流域的臧艒等。

---

① 严中平等编：《中国近代经济史统计资料选辑》，科学出版社1955年版，第171页。
② 徐雪筠、陈曾年等：《上海近代社会经济发展概况——〈海关十年报告〉译编》，上海社会科学院出版社1985年版，第169页。

游船：这是在山明水秀的风景区供人们游玩的船只。其船形各种各样，一般乐鼓弦乐、美味珍鲜、歌舞妓女、赋诗宴筵、寻欢作乐，主要供士绅商贾、文人墨客游乐之用。著名的有杭州西湖方舟，苏浙地区的灯船、渔船，岭南的花艇，珠江上的姻缘艇等。民间也有以划船为乐的习俗，像端午节竞渡龙舟，青少年排坐舟中，民歌鼓乐，别有一番情趣。

中国轮船航运业，是在外国侵略者强大航运势力的压迫之下得以出现和发展的。

第一次鸦片战争之后，外国船只就开始任意航行中国沿海，广州、香港、九龙、上海、厦门、福州等地都设有外国人经营的船厂和船舶修造厂。到1865年止，中国各商埠进出口外国船舶已达16625艘，进出口船舶总吨数达到7136301吨。[①] 属于中国民用企业的轮船业，开始于洋务运动时期创办的轮船招商局。1872年，轮船招商局在上海成立，开中国轮船运输业的先河。后来在天津、牛庄、烟台、汉口、福州、广州、香港以及国外的横滨、神户、吕宋、新加坡等处设立分局，势力迅速扩大。19世纪90年代以后，上海、汕头、广州、杭州等几个大口岸还陆续出现了不少小型轮船公司，其中资本额在5万元以上者就有64家。[②] 中国轮船在通商口岸进出口吨的数量中也很快增加。据统计，1877年，各通商口岸进出中国轮船即有5104只，总吨位达3908034吨，占中外轮船总吨位的36.7%。[③] 但由于帝国主义与封建主义的双重压迫，中国的轮船航运业发展十分缓慢，到1907年中国只占中外轮船总吨位的15.6%。[④] 有人形容19世纪末期到20世纪初期苏沪杭一带内河小轮业的命运时说，"少者三月，多则两年"就要倒闭，这当然就说不上发展了。

3. 信息传递

近代邮电事业发展之前，人们日常生活中的信息传递形式，主要是官办的邮驿，民办的民信局、侨批局、"麻乡约"等。

---

① 孙毓棠：《中国近代工业史资料》第一辑，上册，中华书局1962年版，第43页。

② 严中平等编：《中国近代经济史统计资料选辑》，北京社会科学出版社1955年版，第221—226页。

③ 同上。

④ 同上。

驿站是官府专供传递公文的人或来往官员途中歇宿、换马的处所。清沿明制，有一套完整的邮驿制度，各有腹地所设称驿，专为军报所设者为站，专为递运官物者为所，由京师到行省的为铺，又称京塘，西北为台。四海之内，腹地边疆，驿站台塘，密网其间，数不胜数。各类驿站，一般均备有夫役、马驴、车辆、船只，专供差遣和传报。民国建立之后，传统的驿站制度才被全部裁撤。

民间的信息传递，在邮电事业出现以前，主要是靠传统的民信局。据载，民信局的出现早在15世纪初，但那时主要用于商业通信。近代以来，民信局得以发展，鸦片战争前后，全国即有千余家。业务已由商界扩展到民间，商民通信、汇寄钱款都在经营之例。全国各地，尤其是大中小城市，民信局星罗棋布，自成网络。但偏远地区，限于机构稀少，邮费过高，只好望之兴叹。西南地区还有一种特殊的"麻乡约"民邮事业，[①] 其经营业务除汇寄款项、包裹、信件外，有时还兼营保管和运输，广东、福建沿海一带大批出洋经商者，则有一种"侨批局"的民间通信组织，经营华侨和国内的互通信件，包裹及汇款。

近代以来，新兴的信息传递工具，突出的便是邮政、电报和电话。

近代邮政的出现是由外国人经营的"客邮"开始的，当时也称"领事邮政代办所"，它是适应帝国主义侵略中国的需要而设立的。19世纪60年代以后，清政府署海关兼办邮政，上海、天津、汉口、广州、镇江、福州等24处设有海关的城市，到19世纪末基本上都设立了海关邮局。1896年，清政府批准兴办大清邮政，1906年成立邮传部，作为"新政"的内容之一，邮政业务在全国各地得到了长足的发展。清末民初，从沿海到内地，从城市到乡村，邮政事业得到了一般普及的水平，邮件数量日益增加，大大便利了人们的信息交流。仅上海一地"邮寄的物件从1900年的100万件增加至目前（20世纪——引者）的2300万件。由于邮件数量不断增加，在上海和内地设立了分局。北京路的邮政总局现有13个业务繁忙的分局、67个邮票出售处、118个柱形邮筒；同时，在内地维持了16个分局和50个代理处。1910年这些分支机构处理了4000万

---

① 明初，由湖北麻城县移居四川者极多。居川后，麻乡人每年定期聚会，推选代表回乡传递信息，互赠土产，久之形成一种经营通信事业的商行。之后，普及川、滇、黔三省。

件邮件"。① 据初步统计，1919年全国各类邮局所达9701处，邮差、邮路344407公里，邮件339922922封。

自19世纪60年代起，欧美各国曾多次要求在中国沿海及内陆设立电线、建立电报机构，但均遭到清政府的断然拒绝。1879年，李鸿章深感"电报实为防务之必需之物"②，首先在大沽北塘海口炮台和天津之间架线试设电报，收效良好。80年代初成立电报招商局。1881年，天津到上海间的第一条电报线竣工敷用，此后，沪粤沿海各口陆线、长江水线、东北线、西南线、陕甘线等主要干线均于90年代初建成竣工。到1908年电报收归国有时，全国电报线路长达90897华里，电报局394处。除西藏之外，电报通信机构遍布所有省区，构成了大体完整的干线通信网。

电话传入中国，首先是从帝国主义占领的租界内开始的。1882年2月，由大北公司上海站建立的第一个电话交换所在上海租界内开放通话。之后，德国在青岛、汉口、烟台等地安装了市内电话；丹麦人在天津租界也设立了电话；1901年天津到北京间有了长途电话。自1900年到1906年，南京、苏州、上海、天津、武汉、广州、北京、沈阳、青岛、太原等大中城市，都已出现了由中国人自行开设的市内电话。另外，无线电通信设备也在近代中国开始出现，1905年，北洋大臣袁世凯即在南苑、保定、天津等处行营及海圻、海客等军舰上用无线电互通信息。当然，无线电，甚至电话、电报的民间使用率是很有限的。

五 器用

1. 室内器具

人与动物的根本区别在于人类能够制造和使用工具。在从事物质生产过程中，人类自身消费生活中所使用的器用工具也日益提高。中国近代历史上的日常器用，至繁至多，不胜枚举。除前述属于衣、食、住、

---

① 徐雪筠、陈曾年等：《上海近代社会经济发展概况——〈海关十年报告〉译编》，上海社会科学院出版社1985年版，第153—154页。

② 《光绪六年八月十二日直隶学督李鸿章法》，见丛刊本《洋务运动》，第6册，上海人民出版社1957年版，第335页。

行范畴的器用之外，这里再就室内器用、照明器具，计时计量器具略作叙述。

室内器具包括家具和用器。家具种类繁多，可大致区分为坐卧、贮藏、陈放三大类。

坐卧家具主要有席、床、凳椅之类。席是用草、芦苇、竹篾等编织的铺垫卧具，有莞席、蒲席、苇席、竹席、草席诸类。近代社会席的使用仍很普遍。竹凉席是南方人夏天不可缺少的器具，北方的土炕上大多铺草席。贫寒之家，无床可言，只在地上铺上草席就算床了。

床是供人睡觉休息的家具，除木制床较为普遍外，也有用铜、铁制作的床。达官贵人对床的制作非常讲究，一般普通民众则很简单。南方又多以床为卧具。

炕是北方人睡觉起居的重要空间，一般在炕前设有火灶以供做饭，烟道就是在炕内用砖垒好，弯弯曲曲遍布全炕的通道，炕道接连墙内的烟道将烟送往室外，便于取暖。还有将全家墙壁都连接的烟火通道，叫作"暖墙"。虽视贫富住宅有异，但火炕却是十分普遍的。

凳、椅都是人们的坐具。凳是无背坐具，有长、方、圆之制，高低之分，小矮凳又称杌子。椅是有靠背的坐具，有单背椅、太师椅等几种。

贮藏家具主要有橱、箱、柜。橱大多只贮食物，也有放置杂物者；箱则主要收藏衣服，一般用皮革、木板或铁皮制成；柜也是收藏衣物的家具，通常为长方形，有盖或门。

陈放类家具主要有几、案、桌，其中以桌最为普遍，有长、方、圆之制。

除以上三类外，富贵之家追求华丽，各种室内装饰品逐渐增多。如在室内张挂屏联、彩画，摆设各类钟表，窗户使用玻璃等现象在一些家庭已十分普遍。

2. 照明器具

除中国传统的照明器具外，近代开始出现和发展的照明器具主要是火柴、洋蜡、煤油灯和电灯。

火柴因来自外洋，故称"洋火"。中国最早出现的一家火柴厂是1880

年美查洋行在上海创设的。① 19 世纪末 20 世纪初，上海、南京、汉口、长沙、九江、重庆等城市也出现了中国自己的火柴厂。初步统计，到 1913 年，全国资本在 1 万元以上的火柴厂就有 26 家，资本额总计 344.4 万元，② 但国内火柴厂一般规模有限，根本无力与"洋火"竞争，外国人所设火柴厂，则规模庞大，产量颇高，如 1906 年设于长春的日本日清燐寸株式会社，每日约生产 100 箱火柴，1919 年就生产火柴 2 万箱。③ 近代中国多用"洋火"，确是历史事实。

蜡烛在中国有悠久历史，有动物蜡和矿物蜡两大类，近代则进口了大量的"洋蜡"，帝国主义还在沿海一些城市设立了许多蜡皂厂，民间也有模仿制造洋蜡者。与洋蜡相伴随，人们还制作了各种精制的烛台，加以各种烛罩，使蜡烛成为较为理想的照明用具。不过，蜡烛制作复杂，价格较高，并不及油灯普及。

煤油灯是伴随着大量"洋油"进口而出现的。油灯可能早在秦代即已出现，但近代以前，主要是用植物油作燃料。植物油放置罐中，置灯芯点燃，灯的用料有铜、瓷、木，也有金玉宝石，样式各异。19 世纪 60 年代始，中国开始输入少量煤油供应外国侨民。70 年代起，美国的煤油开始大量向中国推销，煤油灯从此进入中国民间生活。

电灯是近代照明器具中最引人注目的照明器具。1882 年（光绪八年）外国人立德在上海租界内首次创设电灯厂，并设厂于乍浦路，后成立上海电光公司，1893 年改组为公共租界工部局电气处，次年即安装白热电灯 9091 盏。④ 1913 年，工部局电气处电厂容量即达 10400 瓦，售电度数为 19928446 度。⑤ 中国人也开办了一些电灯厂，到第一次世界大战之前，初步统计有近 40 家，但大多规模有限。电灯最初用于租界商埠，以后扩及各大中城市，但广大农村在近代则多未使用电灯。又有街灯、白热灯、弧光灯数种，其中以白热灯较为普遍。

---

① 见孙毓棠编《中国近代工业史资料》第一辑上册，科学出版社 1957 年版，第 125 页。
② 孙毓棠编：《中国近代工业史资料》第二辑下册，科学出版社 1957 年版，第 888 页。
③ 孙毓棠编：《中国近代工业史资料》第二辑上册，科学出版社 1957 年版，第 312 页。
④ 同上书，第 199 页。
⑤ 同上书，第 260 页。

3. 计时计量器具

（1）计时器

中国古代计量时间最初利用自然现象，如太阳升降、月亮星辰，以及"鸡鸣""猫眼""燃香"等。之后，发明了专门的日晷、漏壶等计时器具。明末以来，钟表开始传入中国，因其按时自鸣击打，人们又称之为"自鸣钟"。当时主要是挂钟和座钟。近代以来，不仅西方的挂钟、座钟进口数量增多，而且手表、怀表等也逐渐输入国内，国内也开始自产手表，广州、苏州的钟表厂，质量也达到了较高的水平。当时，中国自产的钟表，不仅报时准确，造型美丽，有的还能标示二十四节气和二十八星宿变化，某些钟表上的人物花卉还能随着发出的音乐自行转动。不过，钟表造价颇高，普通人民是享受不到的，即使达官富豪，也大多以此作为一种装饰或抬高身价的象征，民间仍以传统的计时器具为主。

（2）度量衡

尺度，即用度长短的器具。清代以一黍的纵定尺寸，直垒一黍为一分，十黍为一寸，百黍为一尺，叫作纵黍尺。清代在营造工程中使用的营造尺就是纵黍尺。它是清代最基本的度量单位。此外，尚有裁衣尺、量地尺、海关尺、内务府尺。至于民间用尺，种类更多，《清稗类钞》载："我国之尺，凡八十四种，极长者合英尺十六寸又百分之八十五。极短者合英尺十一寸又百分之十四。紊乱已甚，诚各国所无者也。"[①] 在边远的一些地区，尺度只是以身体的某一部位来代之。

量器是计量多少的器具，近代主要用于量农产物的多少。中国近代常用的主要量器有升、斗、斛，其容积以寸法确定。升为31.6立方寸；斗为316立方寸；斛为1580立方寸。实际生活中的量器更为混乱，甚有相差两三倍者。在实际生活交往中，大都以衡代度，衡其多少。

衡器是衡量轻重的器具，常用的有秤、天平、磅秤。民间多用秤，其制又有两种，一种是钩秤，多为买方使用，分量较大；另一种是盘秤，一端是铜盘或藤盘，多为卖方使用，分量减少。戥则是一种小型的秤，

---

① 徐珂：《清稗类钞》第12册，中华书局1987年版，第6002页。

用来称金珠和药物，俗称戥子。近代民间所用天平，一般为粗天平，用于称金银、珠宝和药品。磅秤多在海关及通商口岸的店肆使用，多用于称量重物。

清代以库平银总衡量标准，康熙时制定。清末，农工部和度支部曾拟订划一的度量衡制度，实际上库平也没有统一的衡量标准，江浙一带使用漕平，湖南等地采用湘平，海关收税又采用关平，通商口岸又多使英镑，有些地区干脆没有专门的衡器，仅以简单的量器或锅勺代替。

总之，中国近代的度量衡器具较之前代有了进一步的提高，但其制紊乱无章，极不统一。为便于检索比较，特列表如下。

计量单位比较①

长度

1 造尺 = 0.32 米 = 0.96 市尺

1 裁衣尺 = 0.3555 米 = 1.0666 市尺

1 量地尺 = 0.3437 米 = 1.0312 市尺

1 海关尺 = 0.358 米 = 1.0741 市尺

体积（容积）

1 升 = 1.0354 公升 = 1.0354 市升

1 斗 = 10.3546 公升 = 1.0354 市斗

1 斛 = 51.77 公升 = 5.177 市斗

1 担 = 103.5468 公升 = 10.3546 市斗

质量（重量）

1 库平两 = 37.301 克 = 0.746 市两

1 漕平两 = 36.5549 克 = 0.731 市两

1 湘平两 = 30.2772 克 = 0.6055 市两

1 关平两 = 37.68 克 = 0.7536 市两

---

① 注：此表为近代计量单位与公制、市制计量单位比较。以上表中"="是约等于。

第二节 物质生活与社会变迁

一 物质生活的基本特征

1. 区域性

近代中国是一个半殖民地半封建的社会，政治、经济发展的不平衡是近代中国社会的基本特征。在这一特征的主导和影响之下，物质生活像社会的其他领域一样，也表现出一些带有社会历史条件的特点，最突出的便是区域性、民族性、阶级性。

毛泽东同志在《中国革命战争的战略问题》中曾指出："中国政治经济发展不平衡——微弱的资本主义经济和严重的半封建经济同时存在，近代式的若干工商业都市和停滞着的广大农村同时存在，几百万产业工人和几万万旧制度统治下的农民和手工业工人同时存在，管理中央政府的大军阀和管理各省的小军阀同时存在……若干的铁路航路汽车路和普通的独轮车路，只能用脚走的路和用脚还走不好的路同时存在。"[①] 从区域社会的角度来考察，在人们的物质生活领域，沿海与内地之间、城市与农村之间，以及城市与城市之间、农村与农村之间，都存在着严重的不平衡性，亦即区域性的特点表现得非常突出。

在半殖民地半封建的中国近代社会，农业是国民经济的主要部门，农村人口占总人口的90%以上。外国资本主义势力入侵后，虽然对农村的商品经济发展客观上起到了一定的推动作用，但自给自足的自然经济却一直在农村经济生活中占有主导地位。这一基本的社会经济形态，决定了近代中国农村物质生活领域也只能是缓慢的、渐进的基本发展态势。而且沿海农村与内地农村、内地农村与边远农村在衣、食、住、行、用诸方面都存在一定的差距。仅举江苏南汇县与辽宁兴京县以示比较，南汇县属上海近郊，前"虽士大夫家，居只布素，有事偶服绸绫。同光间，衣服渐渐逾格，即奴隶亦穿绸着缎。近则以钱为胜，甚厌绸布而喜呢绒者，虽有节衣之布告，布衣之大会，不问也。至于宴会，向只六簋、八

[①] 《毛泽东选集》第1卷，人民出版社1944年版，第172—173页。

篚，今用山珍海味，甚有除鸡、除肉等名称，而燕窝、鱼翅，犹粗鄙品也"。① 兴京县属辽宁抚顺地区，20世纪20年代"普通衣服，惟布一种，绸缎、绒呢用者甚少"。"女妆服裙者甚少。民户妇女亦有服缎棉者，于庆吊之时见之；男子则只用随时便衣、着礼服者甚少。""县民普通民食，以秫米为大宗，玉蜀黍米次之，谷米又次之。黍米偶食之，稻米非年节与待客不用"。"非遇节令，有不速客来，杀鸡为黍，即最厚之待遇。"② 这两地相比，即看出虽都是农村，但地区上不同差别也很大。不仅如此，在自然经济占主导地位的近代农村，由于农业生产力水平低下，自然条件就成为制约各地农村物质生活的重要条件。服饰上，产棉区以棉布为衣，牧区多穿毛织品；饮食上，产粮区以粮为主，牧区畜产品为主，沿海沿江则多鱼虾；居住上，北方多窑洞，南方多竹木房，西南则多造石屋；交通上，南方多以舟楫，北方则多车骑。

城市物质生活与农村物质生活相较，则是另外一番情景。近代中国城市既是政治、经济、文化的中心，又是资本主义势力最早渗入和最集中的地区，物质生活水平普遍比农村要相对为高。上海在光绪中叶后已是如下这般情况："有轮船而沙船淘汰，有洋布而土布淘汰，有洋针而本针淘汰，有皮鞋、线袜而钉鞋、布袜淘汰，有火柴而火石淘汰，有纸烟、雪茄而水烟、旱烟淘汰。"③ 无怪时人发出这样的感叹："开埠以来，时势之变迁日亟，即此四十年中，水陆形胜、政教风俗以及工商百货等等，屡变不一。"④ 然而，沿海城市与内地城市也有一定差距，这主要是由于作为封建政治统治中心的内地城市，包括京师、省城及内地中小城市，大多在近代处于相对停滞的状况。受西方影响较沿海城市为小，因而在物质生活领域的变动也不如沿海城市明显。

2. 民族性

中国不仅是一个幅员辽阔、人口众多的国家，同时也是一个多民族的国家。在这个多民族国度里，"每一个民族，不论其大小，都有它自己

---

① 储学洙纂：民国《二区旧五团乡志》卷13，风俗，民国二十五年（1936）铅印本。
② 苏民：民国《兴京县志》卷15，杂志，民国十四年（1925）铅印本，奉天太古山房刷印。
③ 胡寄凡编：民国《上海小志》卷10，杂记，传经堂书店。
④ 姚文枬：民国《上海县续志·序》，民国七年刊本。

的本质上的特点，都有只属于该民族而为其他民族所没有的特殊性"①。近代中国各民族的物质生活，真可谓异彩纷呈，千姿百态。

物质生活领域的民族性，首先表现在社会经济发展程度的差异上，各少数民族间的物质生活发展水平不一。近代时期，中国少数民族的社会经济结构大体有四类，即封建地主经济、封建农奴制、奴隶制、原始公社制残余。在物质生活领域，一些拥有较多人口的民族，如壮、回、维吾尔、满、蒙等民族，已经达到或接近汉族的水平，如黑龙江地区汉、满、蒙、回各族，在衣服、冠帽，居处等方面均与汉族大体相同。②经济上这些民族也接近汉族水平。

其次，自然环境和生活条件的不同，也影响到物质生活的民族性特点。少数民族分布极广，大多聚居于东北、西北、西南边疆地区，而边疆各地自然环境差异很大，生活条件也各殊。一般从事农业生产的民族，都有固定住房，食品以粮食为主，肉、蔬为辅，衣着以棉织品为多；而游牧民族一般没有固定的居所，衣服多以皮毛为主，如"赫哲人衣服用布帛者少，寒时着狍鹿皮，暖时则以鱼皮制衣服"③。食品则以牛羊肉及奶制品为主。

再次，文化传统对少数民族的物质生活也有影响。像汉族有自己的民族文化传统一样，各少数民族也有自己长期以来形成的民族文化传统，虽然在社会发展的历史过程中，各民族间的文化有相互融合、相互渗透的一面，但这种文化传统又有一定的延续性与稳定性，有些也表现在少数民族的物质生活领域。这一点在近代民族服饰上表现得很突出。如维吾尔族男子爱穿条纹长袍，妇女在宽袖和连衣裙外，套黑色镶边对襟背心，男女老幼喜戴"朵巴"；蒙古族男女牧民爱穿滚边长袍，头戴皮帽或缠巾；回族人民喜欢穿布褂，戴黑、白小帽，妇女爱戴黑、白、绿色头盖；傣族妇女喜上身穿窄袖圆领衣服，下着花布筒裙，结发于项，以毛巾盖之；瑶族姑娘喜宽边罩衣；德昂族妇女喜窄袖小褂；基诺族女子喜

---

① 中国社科院研究所：《马恩列斯论民族问题》，中国社会科学出版社1978年版，第135页。
② 张伯英纂、万福麟修：民国《黑龙江志稿》卷62，艺文志，1965年版。
③ 同上。

三角帽；水族男子喜对襟短褂；景颇族女子喜披肩等。

最后，宗教信仰对各民族物质生活也发生了影响。宗教是社会意识形态之一，在半殖民地半封建的中国近代社会，各少数民族都有自己的民族宗教。如维吾尔族的服装，不喜短小，上衣一般过膝，裤腿达及脚面，作"乃玛孜"之时，要求更为严格。各个不同宗教地区又都有各自的饮食习惯。居住方面也有表现，如新疆地区的一些少数民族建筑属于伊斯兰系；藏族、傣族的住室受东南亚佛教建筑艺术的影响。

3. 阶级性

人们的社会需要是对社会物质生活条件的反映，然而，在阶级社会里，各阶级之间的物质生活条件是不同的，因此他们的需要也不相同，甚至是对立的。列宁明确指出："所谓阶级，就是这样一些大的集团，这些集团在历史上一定社会生产体系中所处的地位不同，对生产资料的关系（这种关系大部分是在法律上明文规定了的）不同，在社会劳动组织中所起的作用不同，因而领得自己所支配的那份社会财富的方式和多寡也不同。"① 在半殖民地半封建的中国近代社会，阶级差别以及等级差别不仅表现在社会的政治、经济、文化领域，在社会物质生活领域也得到了充分的体现。封建统治阶级通过政权、法律及军队等国家机器，确立并巩固自己的统治地位，在物质生活领域挥霍享乐、奢侈华靡；而被压迫和被剥削的广大劳动人民，则仅能保持一般的物质生活水平。

统治阶级在衣、食、住、行、用诸方面的奢侈挥霍是十分惊人的，皇帝、帝后更是触目惊心。如慈禧太后"每日盘肉（猪肘子）五十斤、猪一口、羊一只、鸡鸭各二只。新细米二升、黄老米（紫米）一升五合、江米三升、粳米面三斤、白面十五斤、荞麦面一斤、麦子粉一斤、豌豆折三合、芝麻一合五勺；白糖二斤一两五钱、盆糖八两、蜂蜜八两；核桃仁四两、松仁二两；鸡蛋二十八个、枸杞四两、豆腐二斤、粉锅渣一斤；甜酱二斤十二两、青酱二两、醋五两、鲜菜十五斤。至于燕窝、鱼翅、银耳等山珍海味之多，那就更不用说了"。② "溥仪用饭在东暖阁，每

---

① 《列宁选集》第4卷，人民出版社1972年版，第10页。
② 《晚清宫廷生活见闻》，文史资料出版社1982年版，第163页。

餐的饭菜，总要摆三、四张八仙桌。据说，皇帝每餐都有定制，辛亥革命后已有所削减，但菜还有六七十种之多。这些都是御膳房做的，另外还有四位太妃送来的二十几种精致的家常菜。米饭有三四种，小菜有十几种，粥有五六种。在宫内流传着这样一句话：'吃一看二眼观三'，大概就是形容饭菜多的意思"。① 广大劳动人民却食不果腹，如山西五台县，"麦珍如珠，非祭先供客婚丧不用，无故而食白面，人以为不祥，稻米则供客或病人煮粥，偶一见之。家醃萝苋荆一瓮以御冬，春夏多食野菜，以葱韭豆腐卵为甘旨，蕃薯为珍味，全家终年不见肉，至度岁乃割片肉为水角"。② 茶河县"丰年犹多杂谷皮以为食，尝有生三十余岁不知肉味者，岁暮杀一鸡以祀神，旋市之不肯食也。县城至五六月无肉，并无豆腐，冬无鲜蔬，服食宴会即欲侈其可得乎？"③ 江西婺源县"冬月多掘蕨根以充食，至夏麦登，则屑干杂米，名曰干粮。戴星负薪，走市觅米，妇子忍饥以待"。④ 足见其对比之强烈。

  在中国近代社会物质生活领域，不仅阶级间的差别十分悬殊，即使在同一阶级中，等级制也十分严格。清代，封建统治者利用一整套法律和制度，对各级官员的衣饰居住等作严格规范，非皇帝赐惠，不得僭越。诸如服饰之质料、颜色、花饰、佩饰，居住之布局、装饰，交通之工具、仪卫等，概莫能外。《道咸以来朝野杂记》载有当时车之名称、形状、颜色、车夫、畜类及宜乘主人，兹引于下："车有方车，有四尺长辕车，有三尺八大鞍车，有三尺六小鞍车。以上所说尺寸，皆以车厢为度、前辕后椅，不在数内。方车围用绿呢，上顶有璎珞网，妇女遇大典时所乘者。四尺长辕车围用蓝色红障泥，多旁开门，此则各部长官所乘者。前有引马。御车之夫不得跨沿，皆牵骡而行，谓之拉小栓。尚有一参加车夫，谓之双燕飞。此阔官也。三尺八大鞍车，男女皆可乘坐，惟五品以下官则用绿油障泥。三尺六小鞍车，谓之要车。上者驾快骡，表里无不华美，官员所乘，前有引马，在车之右，则非若大鞍之式……下者胥吏仆夫所

---

① 《晚清宫廷生活见闻》，文史资料出版社1982年版，第11页。
② 徐继畬：光绪《五台新志》卷2，风俗，清光绪九年出版。
③ 徐继畬：光绪《茶河县志》卷2，风俗，清光绪九年出版。
④ 光绪《婺源县志》卷3，风俗。

乘，备一种车而已。"①

在广大的城镇乡村，即使同一地区，物质生活在贫富间的差距也十分明显，以奉天居住为例，"屋宇多取坚固朴质，通都大邑殊鲜仓奂之制……若东边洮昌偏僻各县，开辟较晚，规制益隘，茅舍比次，犹有乡僻之风。"……"富贵之家，制益华奂，或房分数进，或院辟数宅，钟鼎、尊彝、彩轴、缃帙、紫檀、铁梨以为器，汉玉、大理以为屏，制非寻常，故不述也。近日居室，或仿西式，凡客厅、寝室、书斋、浴所、厨房、毛厕、车棚、马厩，咸有分别，为用益便矣。至若贫者，或数姓居一院，或一房辟数户、蜗居斗室，与他省贫民无甚差异"。② 总之，在半殖民地半封建近代社会，物质生活领域的阶级性及等级性是十分明显的，这也是由半殖民地半封建的社会性质所决定的。

二 物质生活的变迁轨迹

1. 变迁之动因

近代中国物质生活领域的变迁是整个半殖民地半封建社会变迁的一部分，前面我们叙述了近代物质生活演变的概况及特点，那么物质生活这样变迁的原因是什么呢？当然，引起这种变迁的原因是多方面的，特别是对于一个局部地区的物质生活变迁来说，任何一种原因都可能成为推动变迁的重要原因，比如入侵和征服可以改变一个地区和国家的物质生活面貌，自然灾害可以毁灭一个城市和乡村，新思想、新文化的产生或传入，也可以引起人们物质生活的变动等。但是，从总的方面来说，在一切变迁的原因中，必然有起主导作用的变迁原因，这一主导原因就是社会生产力和生产关系之间的矛盾。马克思在《〈政治经济学批判〉序言》中曾明确指出："我们判断一个人不能以他对自己的看法为根据，同样，我们判断这样一个变革时代，也不能以它的意识为根据；相反，这个意识必须从物质生活的矛盾中，从生产力和生产关系之间的现存冲突

---

① 崇彝：《道咸以来朝野杂记》，北京古籍出版社1982年版，第34页。
② 民国《奉天通志》卷260。

中去解释。"[1]

鸦片战争之前，中国封建社会基本经济结构是自给自足的自然经济，虽然在一些商品经济发达的地区和若干城市的某些手工业部门里，资本主义萌芽已经开始出现，但其发展仍是微弱的和初步的。进入近代以后，随着帝国主义侵略势力的逐步深入，资本主义的生产方式也开始在中国出现并得到发展。到1894年，外国资本在中国经营的近代工业资本共达19724000元，投资总额为27914000元；[2] 1895—1913年，资本在10万元以上的外国大型工厂创办时的投资，就达到1.03亿元；[3] 清政府经营的现代工业，从60年代洋务运动开始，首先经营军事工业，后来又兼及民用工业，清末更注重"奖励实业"，官办工业也得到了相应发展；70年代出现的民族资本主义工业，也在帝国主义和封建主义的双重压迫下缓慢发展，1894年以前，民族资本共创办了136个大小不同的企业，1895—1913年达到548个，资本额达12029.7万元。[4] 这些近代工业的发展，尽管性质不同，但生产范围十分广泛，而且属于物质生活领域内的产品，即消费性的产品数量占据相当比重。以民族工业为例，缫丝、纺纱、面粉等轻工业部门始终占绝对优势，1895—1914年间，纺织和食品两项工业即占民族资本历年设厂投资额的48%，除面粉以外，其他饮食品，包括酿酒、汽水、制茶、罐头、制蛋等工业1895—1912年即设厂15家，总投资额达311.1万元。[5] 资本主义近代工业的发展，不仅冲击了自给自足的自然经济结构，而且使中国近代经济日益半殖民地半封建化，物质生活领域的变动也日趋近代化。

中国近代社会生产方式的变动对物质生活领域的影响具体表现在两个方面：一是它改变着物质生活资料的构成。中国传统的衣、食、住、行、用各方面，鸦片战争之前就已形成一种相当稳定、有历史传承性的格局；近代以来，"洋货"的大量倾销，极大改变了物质生活资料的构

---

[1] 《马克思恩格斯选集》第2卷，人民出版社1972年版，第83页。
[2] 孙毓棠编：《中国近代工业史资料》第一辑上册，科学出版社1957年版，第242页。
[3] 汪敬虞编：《中国近代工业史资料》第二辑上册，科学出版社1957年版，第1页。
[4] 同上，第三辑下册，第871—877页。
[5] 汪敬虞编：《中国近代工业史资料》第二辑下册，科学出版社1957年版，第914—915页。

成。19世纪四五十年代，首先遭到外国商品侵蚀的是纺织业，广州、福州、上海、宁波、厦门几个通商口岸地区首当其冲；70年代以后，农村手工棉织业弃土纱而就洋纱，洋布代替土布的情况，已扩展到长江中下游各省农村，后来进一步扩及内地。如1871年前后，广东番禺县"女红以纺纱为业，近洋纱自外国至，质松价贱。束俗趋利，以充土纱，遂多失业者矣"。① 1893年就有人指出："洋布洋纱……华民皆采购用，而中国之织奴机女束手坐困者，奚啻千百万人。""无论通都大邑，僻壤遐陬，衣大布者不过十之二、三，衣洋布者已有十之八、九……窃恐后此数十年，中国大布竟无所泄，而民生益蹙，国计益绌，后患何堪设想。"② 与洋纱代替土纱，洋布代替土布一样，洋铁、洋钉、洋针、洋伞、洋皂、洋火、洋油的大量倾销，也在其他生活领域改变着物质生活资料的构成。

二是它决定着物质生活变迁的过程。近代物质生活领域的变迁，经历了一个复杂的、渐进的过程。由于资本主义生产方式主要产生于沿海城市，因此物质生活领域的变迁经历了由沿海到内地、由城市到乡村的过程。再以洋布为例，最先它是在城市里为一些市民或富裕阶层人士消费，因洋布虽然不及土布结实耐穿，但"好染色而显得光彩"，又"比土布便宜"。随着洋布与土布差价的扩大，消费者就自然扩大到村镇劳动人民了，洋布销售量也随之增加。据记载，1873年在浙江"寻常土布，幅宽不足洋标布一半。而售价却相等"。过去中下层人士因土布比洋布价廉耐用而好土布，现在这一层理由可说已不存在了。以致洋布"流行于本省贫瘠和人口稀少的地区"。③ 其他物质生活消费品，诸如水泥、玻璃、电灯、煤气、自来水以及电报、电话、汽车、火车等，也是随着生产方式的变迁，由城市而农村、由沿海而内地逐渐扩展起来。当然，社会生产方式的变革是推动物质生活变迁的主导原因，但是阶级斗争、文化传播等也对物质生活的变迁有一定程度的影响，而且这些都是在生产方式变革的前提下进行的。

---

① 参见彭泽益编《中国近代手工业史资料》第2卷，三联书店1957年版，第207—232页。

② 郑观应：《盛世危言》卷7，纺织，1895年。

③ 彭泽益编：《中国近代手工业史资料》第2卷，三联书店1957年版，第221页。

2. 变迁之过程

社会生产方式的变革不仅是社会物质生活变迁的主要动因，而且决定着社会物质生活的变迁过程。在中国半殖民地半封建的近代社会，随着资本主义生产方式的发生与发展，随着自给自足的自然经济的逐步解体，物质生活也随之发生了相应的变动。我们可以把这种变迁过程大致分为三个阶段。

第一，鸦片战争后的 20 年是缓慢的变迁阶段。第一批不平等条约签订之后，中国被迫开放上海、广州、厦门、宁波、福州五个沿海通商口岸，租界、外国人创办的近代企业也开始在这些城市出现。与此相应，中国自然经济也开始在沿海地区解体。如厦门在开市通商后"该夷除贩运洋货外，兼运洋布洋棉，其物充积于厦口，内地之商贩，皆在厦运入各府销变，其质既美，其价复廉，民间之买洋布洋棉者，十室而九。由是江浙之棉布不复畅销，商人多贩运；而闽产土布土棉，遂亦因之壅滞不能出口"。[①] 在广州附近，顺德县"自西洋以风火水牛运机成布，舶至线售，女工几停其半"。佛山"一八五四年后……纺业停顿"。[②] 从整体上来看，这一阶段外国资本主义侵略势力仍仅限于五个通商口岸及其周围的有限地区，还没有进入中国广大内地，尤其是北方的城镇和乡村，依然是自给自足的自然经济占主导地位，它对外国商品的侵袭仍有顽强的抵抗力。难怪英国资产阶级也抱怨说："经过和这么一个大国家开放贸易十年之久，并且双方都已废除了一切独占制度，而拥有如此庞大人口的中国，其消费我们的制造品竟不及荷兰的一半，也不及我们那人口稀少的北美或澳大利亚殖民地的一半，赶不上法国或巴西，赶不上我们自己，不在印度之上……这好像是一个奇怪的结局。"[③] 外国人形象地说道当时中国的民间服饰："全中国三亿人都穿着蓝布衣衫，男的女的小孩都一样，这些衣衫都是宽大而没有样式的，全国的衣衫样式和尺码还不到五种。"[④] 在近代出现最早的棉纺织业的解体、服饰的变革尚且如此，其

[①] 《道光二十五年福州将军兼管闽海关敬参文奏》，《历史研究》1954 年第 3 期。
[②] 引自彭泽益《中国近代手工业史资料》第 1 卷，三联书店 1957 年版，第 496 页。
[③] 转引自严中平《英国资产阶级纺织利益集团与西欧鸦片战争史料》，载《经济研究》1955 年第 12 期。
[④] 引自彭泽益《中国近代手工业史资料》第 1 卷，三联书店 1957 年版，第 508 页。

他物质生活领域的变动在此阶段更属有限，即使有一些洋刀、洋叉之类的器用输入中国，也只被看作奢侈品，仅供摆设。洋货滞销在那时是平常的现象。

第二，19世纪后半期是逐步扩充阶段。物质生活领域的变动在19世纪后半期由沿海到内地、由城市而乡村、由上层人士而普通民众逐步得到了扩充。这种扩充同当时生产方式的变革步伐是一致的。一方面外国资本主义对中国加紧了资本输出和商品输出，对中国商品市场的影响日益扩大；一方面中国境内资本主义工厂工业开始兴起并得到初步发展，致使中国传统工业和手工业日趋解体。从对外贸易方面来看，外国商品的进口值逐年增加，若以1871—1873年的进口值为100％，1891—1893年即增加到206.6％，[①] 其中消费资料的进口远远大于生产资料的进口，而直接消费资料的进口又较消费品原料的进口为巨。仅建筑用品、设备（包括车辆船艇）、小工具、器材、半成品、材料、燃料等一项，1893年即达到1828.3万元，消费品原料3072.3万元，直接消费资料185.367万元，总计占到进口货物的90％以上。[②] 从租界、租界地、商埠的扩大来看，这时期帝国主义各国利用不平等条约，又在中国长江两岸、黄河上下，乃至边缘地界建立和扩大了这种侵略基地。据统计从1860年至1899年，英、法、俄、美、日、意、德、葡等国在中国强行开埠38处。[③] 从工业方面来看，19世纪60年代起，洋务派官僚就开始创办新式工业；80年代以后，逐渐扩充到一些有利可图的民用工业。同时，一部分商人、地主、官僚也开始投资于新式企业，这是民族资本主义的发生时期。新式企业的投资范围极广，从纺织业、缫丝业、工矿业到面粉业、榨油业、烟草业、皂烛业、火柴业、造纸业、水电业等各个部门，几乎无所不包，投资规模也相当可观，其他诸如铁路、轮船也都在这个时期得到了初步发展。这样，物质生活的变动范围也逐步扩散，衣、食、住、行、用各方面都在不同程度上发生了变动。郑观应即指出："洋布、洋纱、洋花边、洋袜、洋巾入中国，而女红失业；煤油、洋烛、洋电灯入中国，而

---

① 严中平等编：《中国近代经济史统计资料选辑》，科学出版社1955年版，第64页。
② 同上书，第72—73页。
③ 同上书，第41—44页。

东南数省之柏树皆弃为不材；洋铁、洋针、洋钉入中国，而业冶者多无事投闲，此其大者。尚有小者，不胜枚举。"① 在沿海一些地区，无论缙绅之家，还是普通小户，物质生活都发生了一些变动，以南汇县照明器具示例，"光绪以前，人燃灯，注豆油或菜油于盏，引以草心，光荧荧如豆。未几，有火油，灯明亮远胜油灯，然煤灰飞扬，用者厌之；未几，加以玻璃罩，光亮盛而无烟，且十光五色，或悬于空中，或置于几上，或垂于壁间，使光反射，其色各各不同，而又各各合用。于是，上而缙绅之家，下至蓬户瓮牖，莫不乐用洋灯，而旧式之油盏灯淘汰尽矣"②。

第三，清末民初是普遍变动阶段。清末民初是中国近代社会动荡最为激烈的阶段，一方面，新式工业在先有的基础上继续得以发展，尤其是第一次世界大战期间，民族资本主义的发展处于"黄金时代"，得以长足发展；另一方面孙中山领导的辛亥革命，推翻了中国延续2000多年的封建专制制度，资产阶级民主共和国的观念开始深入人心。这是推动清末民初物质生活普遍变动的两大社会基础。

中日甲午战争之后，帝国主义加紧了对中国的经济侵略，在继续扩大向中国输出商品的同时，竞相向中国输出资本，从而进一步破坏了中国的自然经济，扩大了中国的商业市场和劳动力市场。据统计，到20世纪初帝国主义在中国修筑铁路里程达9618公里；铁路货车共10652辆；通商口岸进出船只190738只；内河船只2163只；进口贸易价值达57016.3万两。③ 中国资本主义也得到明显发展，仅1905—1908年，新设厂矿即有238家，资本额达61219000元。④ 辛亥之后，发展势头更猛，以纺织业为例，1912年至1914年7月，棉纺织业即有注册的14个公司，资本共3215000元。第一次世界大战期间，公司数目竟达50家之多，资本增加到25231000元，其中纱厂就有18家。其他诸如面粉、火柴、制油、造纸、化学、橡胶、食品、矿业、机器制造业等都有一定程度的发展。

---

① 郑观应：《盛世危言》卷7，纺织，1895年。
② 民国《南汇县志》卷18，风俗志。
③ 汪敬虞编：《中国近代工业史资料》第二辑下册，科学出版社1957年版，第1096页。
④ 同上书，第657页。

辛亥革命推翻了封建专制制度，其影响波及政治、经济、思想、文化各个领域。在物质生活领域，这种变化也非常明显。民初，由于帝制倾覆，共和告成，人们在政治思想上获得了一次大解放，一股改革不适应民主共和制度的旧俗的潮流蔚然成风。虽然，辛亥之前，物质生活的变动幅度已经不小，辛亥之后却成为潮流。有人这样描写民初情况："共和政体成，专制政体灭，中华民国成，清朝灭，总统成，皇帝灭，新内阁成，旧内阁灭，新官制成，旧官制灭，新教育兴，旧教育灭，枪炮兴，弓矢灭，新礼服兴，翎顶补服灭，剪发兴，辫子灭，盘云髻兴，堕马髻灭，爱国帽兴，瓜皮帽灭，爱华兜兴，女兜灭，天足兴，纤足灭，放足鞋兴，菱鞋灭，阳历兴，阴历灭，鞠躬礼兴，拜跪礼灭，片卡兴，大名刺灭，马路兴，城垣卷栅灭，律师兴，讼师灭，枪毙兴，斩绞灭，舞台名词兴，茶园名词灭，旅馆名词兴，客栈名词灭。"① 这种描写可能有所夸大，许多领域总是新旧并存，但足见这一时期变动之大。事实上，清末民初物质生活领域不仅出现了生动活泼及多变的特点，而且波及面十分广泛。以城市交通而言，民初北京"车的名目式样极多，到现在越发变本加厉，如火车、电车、摩托车、脚踏车、人力车，以及洋式马车，皆非前人梦想所及"。② 上海"有乘各式汽车、马车、电车者，有乘轿者，有徒步者，有男女携手同行者，有男女同车左拥右顾渡驰而过者"。③ 其他像剪辫易服、放足等更是影响到城镇各地，乃至穷乡僻壤。

总之，半殖民地半封建的社会生产方式决定着物质生活的变动。由于近代社会是一个激烈动荡的时代，同时又是一个过渡性的社会形态，因而这种变动具有多变性，渐进性的特点。就变动的范围而言，先城镇后农村、先沿海后内地；就变动幅度而言，先是随着棉纺织业的破产，服饰开始变化，既而波及整个物质生活领域；就变动的对象而言，先缙绅富贵之流，后普通民众之辈。这种变动也是较为全面的。这里仅举嘉定县光绪二十年（1894）后变迁为例，再全面看看物质生活领域之变迁。

---

① 《申报》1912 年 3 月 20 日，"自由谈"。
② 《都市丛谈》第 37 页。
③ 《申报》1912 年 9 月 14 日，"梦游民国"。

前"瓷器多用江西所产之能耐久者，花纹质料不问也，寻常以敝衣与苏州碗担变换，鲜有购买，故邑中瓷器肆不多见。光绪二十年后，洋瓷行销沪上，浙有购用者。取火之物，向用火石，其色青黑，以铁片擦之，即有火星射出，与纸吹相引而生火，人家莫不备之；光绪乙未，丙申之际，始改用火柴，俗称'自来火'，为欧洲之输入品。夜间取光，农家用篝（俗称油盏），城镇用陶制灯檠，家稍裕者，则用瓷制或铜锡制者，有婚丧事，则燃烛；光绪中叶后，多燃煤油灯，而灯檠遂归淘汰。洗面擦身之布，旧时多用土布……自毛巾盛行，即下至农家，亦皆用之。洗面去垢，曩日皆用本地所产之皂荚，自欧美肥皂行销中国后，遂无有用皂荚者。计时之器，反有日晷仪，用者亦不多，购买外洋钟表者尤为稀少；自轮船、火车通行，往来有一定时刻，钟表始盛行……光宣之间，西式提箱仿造于沪地，于是旅客多购用之。窗格旧用蛎壳，亦有以纸糊者；光绪中叶以后，则多用玻璃矣。"[①] 如是等等，足见清末民初物质生活领域变动之大。

三 物质生活变迁的社会作用

1. 促进自然经济的逐步解体

生产方式的变革是社会物质生活变迁的主要动因，同时也是决定物质生活变迁范围、幅度及对象的主要因素。但是，一旦新兴的物质生活形态产生和发展，必然对生产方式的变革产生一些反作用。在半殖民地半封建的中国近代社会，物质生活领域的变动既促使自然经济的逐步解体，又对新的资本主义生产企业的发展起到了一定的刺激作用。

在中国封建社会中，自给自足的自然经济占据统治地位，农民不但生产自己需要的农产品，而且生产自己需要的大部分手工业品。随着近代以来外国资本主义势力的侵入，外国商品大量倾销于城镇乡村，这使人们消费生活资料的内容发生了巨大的变化，一般国外的消费性商品物美价廉，符合人们的消费心理和要求，也能更好地满足消费需要，这就使得外国商品在中国市场上的销路逐渐扩大，消费的商品数量逐年上升。以煤油为例，19世纪60年代以前，它只限于外国侨民应用，中国城乡以

[①] 民国《嘉定县续志》卷5，风土志，风俗。

植物油为油灯燃料，但煤油比植物油有很多优点，不仅照明效果好，而且价格低廉，又可把节省下来的植物油用于饮食。70年代以后，中国人逐渐开始使用煤油，清末从城市到村镇已十分盛行。《南溪县志》载："溯自同治十三年以前，火油尚属仅见之物，不料二十年之间，竟如此盛行，岂非出人意外哉！"①当物质生活变动加剧之时，这种情况更加明显。如辛亥革命之后的服饰改革，曾一度使西服大兴，呢绒、西装大量进口，传统的手工棉纺织品再次受到严重打击，孙中山当时曾指出："去辫之后，亟于易服，又急切不能得一适当之服式以需应之，于是争购呢绒，竟从西制，致使外贸畅销，内货阻滞，极其流弊。"②在武汉"其因革命而革去行业者渐就淘汰者如帽庄、如靴鞋、如衣庄、如典当、如绣货、如嫁衣、如盐行、如轿行、如酒席、如土膏、如参燕，或已经消灭，或生机一线。"③从外来商品的种类来看，它几乎囊括了整个衣、食、住、行、用领域，商品市场日益扩大，传统的农业和手工业产品日益被排挤而趋于衰落，这在一定程度上自然加速了自然经济的解体。

物质生活的变迁还在一定程度上对资本主义生产企业的发展起到了一定的刺激作用。因为，没有生产就没有消费，没有消费也不会有生产，人们的衣、食、住、行、用是为满足物质需要的消费活动，消费活动的新的变动，一方面要求消费产品最终完成；另一方面为继续生产提供了新的要求，极大地推动着物质资料的生产。中国近代资本主义企业的发生与发展，与物质生活领域中消费量的日益扩大显然是分不开的。

2. 丰富人们的物质生活

在自给自足的自然经济为主导的中国封建社会，人们的物质生活十分单调，这主要是由于生产力发展水平有限，物质生活资料简陋所造成的。近代以来，随着西方商品在国内的大量倾销，以及为满足人们衣、食、住、行、用各方面生活需要而发展起来的新式工业和手工业，极大地改变了传统物质生活的基本结构，从而丰富了人们的物质生活。

较传统物质生活资料而言，新兴衣、食、住、行、用资料内容更为

---

① 民国《南溪县志》卷4，礼俗下。
② 《孙中山全集》第2卷，中华书局1982年版，第61页。
③ 《辛亥革命在湖北史料选辑》，湖北人民出版社1981年版，第605页。

丰富，不仅有些在传统的基础上有较大改进，而且大量昔日不备的生活资料在近代也被大众使用，诸如洋纱、洋布、西服、毛巾、西餐、糕点、面包、啤酒、罐头、汽水、洋房、洋楼、玻璃、煤油灯、电灯、火车、汽车、摩托车、自行车、轮船、手表、怀表、照相机、幻灯机、留声机、放大镜等。这一点从近代工业的结构中也看得较为清楚。在中国近代新式工业中，无论是帝国主义投资的企业，还是官办、商办、官商合办的企业，民用工业及轻工业都占相当大的比例，民族资本主义企业更是如此。在中国民族资本主义工业发展过程中，重工业始终得不到发展的机会，其中原因除了帝国主义封建主义的压迫而外，主要的原因就是轻工业及民用工业产品社会需求量很大，符合资本家追求利润的目标。以甲午战后至第一次世界大战前为例，民族工业中纺织和食品两项即占全部工业的48%，而所谓的重工业，包括大小机器制造厂、修理配件厂，总计仅有24家，其中资本在1万元以下，只称得上是个铁铺的就有17家。[1] 帝国主义在中国投资的企业，轻工业和民用工业也占很大比重，据统计，1895—1913年，外国资本在中国开办的水电、纺织、食品及其他各类工厂即达97家，资本额多选5028.9万元。[2] 民用工业及轻工业在近代工业中的突出发展，从侧面反映出了人们物质生活内容的丰富和水平的提高。

　　物质生活的丰富，极大方便了人们的日常生活，昔日那种古板、单调、等级森严的局面开始得到改变，生动活泼、千姿百态的生活画面也开始出现于城镇乡村。以服饰而论，民初式样繁多"西装东装，汉装满装，应有尽有，庞杂至不可名状"。[3] 色彩则"洋洋洒洒，陆离光怪，如入王都之市，令人目不暇接"。[4] 有些地方甚至出现"中国人外国装，外国人中国装""男子装饰像女，女子装饰像男""妓女效女学生，女学生似妓女"[5] 的情况。这都说明，人们已不满足往昔的"温饱型"，而开始在追求新异和审美情趣。衣饰如此，饮食、住房、交通、器用也都在一

---

[1] 汪敬虞编：《中国近代工业史资料》第二辑下册，科学出版社1957年版，第920页。
[2] 汪敬虞编：《中国近代工业史资料》第二辑上册，科学出版社1957年版，第3页。
[3] 《大公报》1912年9月8日。
[4] 《申报》1912年9月14日，"梦游民国"。
[5] 《申报》1912年3月18日，"改良"。

定程度上出现了丰富多样，活泼多变的局面。当然，变动幅度较大的仍是城市，乡村仍然是有一定距离的。

3. 改变着传统的风尚习惯

物质生活领域的变迁对人们的思想观念和传统风尚习俗也发生了一定的影响。

物质生活的单调，使人们的生活水平提高受到限制，在人们的思想观念中朴厚俭约、因陋就简成为普遍的时尚。当近代外来商品的冲击日益强烈，声光电化、新式器具日益深入社会物质生活，并日益被大众所接受后，这种观念就失去了原有的社会基础，人们不仅乐于使用较高一级的生活资料产品，且出现了"喜新厌旧""竞为靡丽"之风。道咸以后，上海附近即流此风，《真如县志》描写了前后变化的情况："真如僻在邑之西南，自成市廛，士习诗书，民勤耕织，俗尚敦厚，少奢靡越礼之举。中外互市以来，洋货充斥，绚彩夺目，喜新厌故者流弃其已有，群相购置，不知漏卮之日甚。"[①] 金山县到光绪前后情况亦如此："向时缎衣貂帽，例非绅士不得僭，今则舆台皂吏亦服之。一切器用必用红木、楠、梨等。寻常饮享，无海错山珍，群以为耻。风俗奢靡，莫此为甚。"[②] 近代以来，各地方志记载其物质生活"日渐奢靡""习为侈靡"等情况俯拾皆是。其实，这是物质生活领域巨大变动在人们思想观念和社会习俗风尚中的直接反映，有人甚至从社会进化的理论高度认识这种现象。胡祥翰在其编纂的《上海小志》中写道"优胜败劣，适者生存，而不适则归淘汰，此天演之公例也。不必征诸远，征诸四十年来沪上淘汰之种种事物可矣。试略举如下事，多不烦引也。如有轮船而沙船淘汰，有洋布而土布淘汰，有洋针而本针淘汰，有皮鞋，线袜而钉鞋、布袜淘汰，有火柴而火石淘汰，有纸烟、雪茄而水烟、旱烟淘汰。吾为此言，人必谓我顽固守旧，对于陈腐之物大有误认国粹，亟思保存之意，实则非也。特惧夫自知拙劣而不能就原有者改进之，就未有者仿造之耳"[③]。物质生活的改进对人们的风尚习惯也有积极作用，如钟表的使用，固然是起居、

---

① 民国《真如县志》风俗。
② 光绪《重修金山县志》卷17，志余风俗。
③ 民国《上海小志》卷本，杂记。

生活的需要，同时，它也促进了生产、生活的现代化，提高了人们的时间观念。

当然，从清末以来，一种物质生活中"崇洋"的倾向也悄然出现。早在辛亥之前夕，由于西方资本主义思想文化在中国传播的影响，物质生活领域已有人带头"洋化"。辛亥以后，资产阶级民主制度的确立，为这种"洋化"提供了有利的社会条件。有些人认为，谁接受西方的社会生活习尚，谁就是文明、开化，属于新派人物，否则就是保守、顽固。"官绅宦室，器必洋式食必西餐无论矣，其少有优裕者亦必备洋服数袭，以示维新。下此衣食艰难之辈，亦多舍自制之草帽，而购外来之草帽，今夏购草帽之狂热，竟较之买公债券认国民捐，跃跃实逾万倍。"[①] 当然，近代中国社会物质生活领域出现的这种奢华、洋化风气，是以资本主义商品经济为基础的，其指导思想包含了资产阶级以纵欲主义、享乐主义为特征的人文主义的内容，在当时全社会来说，还不是主要的。

---

① 《大公报》1912年6月1日，"论维持国货"。

第五章 精神生活的特色

精神生活是人类社会生活的重要方面，也是人类特有的生活领域。精神生活既体现着民族文化与民族心理的深层内蕴，又展示着社会历史变动迟缓急速的时代风貌。在近代中国社会，不仅物质生活内容新陈嬗替时有变换，而且精神生活内容也是物换星移、沧海桑田。

第一节 生活信仰与精神品格

一 神祇信仰与日常生活

1. 无所不在的神灵

在近代科学文化昌明兴盛之前，中国人生活在"鬼神"观念制约的社会中。人们不理解，也不可能理解天地、自然、万物的产生和演化规律，只是惊叹天地自然化育万物生灵的威力和神奇，人们也无从明了社会、人生兴衰变迁的内在联系，只能隐觉到其中无可奈何的神秘力量，于是，对自然的崇拜化为对自然神祇的敬奉；对社会力量的莫测心态变为对社会神的敬畏；对灵魂和祖先崇奉成为对人鬼神的恐惧和恭敬。神灵像幽魂一样游荡在人们生活的各个领域。可以说，哪里有人的活动，哪里就有"神祇"崇拜。由人创造并制约人的"鬼神"分为三个类层。

（1）自然神。自然神祇是最早发展起来的神灵偶像。它根源于远古人类对自然力量折服的感觉，是人类对自然现象和自然力的神化。人类生存发展很大程度上依赖于自然，是丰润广袤的黄土高原孕育了"黄帝"子孙，是江河山川给予人类必需的生活条件。因此对自然力的信服化为对自然神灵的崇拜，自然神在近代社会仍然是人们主要的崇拜对象。人们认为"自然"养育了人,因此敬奉自然之神是理所当然的。如清代周元鼎所言:"人之受施于人也,则必思所以报,不报焉而其心不能安也。夫受施于人且若此,而况戴者天履者地乎?况其照临之所,被雨露之所,濡草木货财禽兽之生殖以利用乎?"① 因此,举凡天地、日月、星辰、山川、河流等自然物体,人类均赋予其神灵意义而加以奉祀。"日月星辰之昭昭,此鬼神之常,可视可指者也,习焉而不之异矣;风雨霜雪之与雷霆,此亦鬼神之常,倏有而倏无,不知其来与所往也,亦习焉而不异之矣"。② 经过漫长的人类社会鬼神观念的发展,在近代,人们对自然神灵的信奉,表现为强烈的生活信仰。它构成了近代人精神生活模式中的组成部分。

自然神灵偶像就像自然物本身一样,纷纭斑驳,难以确数。从大的范围来看,自然神又可分为天体类和地物类、江海类等。天体类如:①星辰神。玄武、文昌、奎星、文曲、武曲、南斗、北斗、寿星、太岁等。②气象神。雷神、雷部诸神、电母(闪电娘娘)、风伯、雨师等。地物类如:①地神。后土、城隍、土地等。②山神。东岳大帝、泰山三郎、碧霞元君(泰山娘娘)、南岳神、西岳神、华山三郎、北岳神、中岳神等。③动物神。牛王、马王、蚕神、蛇王、青蛙神、驱蝗神等。江海类:①龙神(四海龙王等)。②海神。③四渎神。江神、河神、淮神、济神。

(2)社会神。在人类神祇崇拜中,社会神具有特殊意义,它既是人类社会进入私有制以后,现实不平等制度在"天国"中的折射,又是人们对"异己"的社会力量恐惧和迷信的结果。社会的变乱,王朝的更替,人间的祸福,个人的命运,士子的前程,农人的丰歉,商人的盈亏……都是人们极为关注而又无从卜知的问题。在生产力低下,科学极端落后的社会中,人们自感无法驾驭社会发展,掌握自己的命运,笃信"死生由命,富贵在天"。神灵主宰了人们的生活。这些神是和人们的生活、命运直接有关的,神的主要职能也是社会性的,它们或者是整个社会的主宰者,或者是某一社会生活领域的保护主,抑或是掌管人们

---

① 《鬼神篇》,《经世文续篇》卷61,礼政12。

② 同上。

命运的精灵。

社会神大致有如下几类：①至高神。玉皇大帝，这是民间信仰中的最高神。《聊斋志异》说："天上有玉帝，地下有皇帝"。它乃是封建皇权在鬼神世界的反映。它不仅统率神界，而且主宰社会。②命运神。和人们祸福、善恶、生活密切相关的诸神，有财神、福神、喜神、凶神、万回神、掠刷神、瘟神、痘神等。③行业神。是主管某一社会生活领域的神灵，是社会分工现实的"鬼神"化。有药神、鲁班（木匠神）、船神、饼师神、梨园神、炉火神、娼妓神、机神、吏胥神、文昌神、厕神等。

（3）人鬼神。不同于自然神和社会神，人鬼神自有独特之处。人鬼神崇拜与人类灵魂不灭观念和敬祖意识密不可分，其崇拜偶像不是变幻无穷的自然灵物，也不是不可捉摸的社会力量，而是"人"，是死去的有"功业"的人，是人的不死的"灵魂"。人鬼神在民间信仰中占有重要的地位，人们染疾罹祸通常会认为是"鬼魂"作祟，所以在民间靠巫师驱鬼治病视为常见。在偏僻的农村，"鬼神"观念成为压在村民思想中的重负，所谓"远怕水，近怕鬼"的谚语，反映了"死人"对活人生活的制约。从实际生活讲，影响村民生活的人鬼神往往是熟知的死去的人的"灵魂"，从社会意义上讲，人鬼神是重要历史人物的神化。

这些社会性的人鬼神偶像主要有：①历史人物神，如尧、舜、禹、鲁班、屈原、伍子胥、东方朔、祝允明等。②修行成仙神，张天师、三茅真君、麻姑、许旌阳、尹真人、庐山匡阜先生、王侍宸、萨真人、王灵官、何蓑衣，以及人所共知的八仙（李铁拐、钟离汉、张果老、吕洞宾、何仙姑、蓝采和、韩湘子、曹国舅）等。

神祇充满于社会生活的各个角落，可以说，有什么样的人的生活，就有什么样的神，有多少人的集团，就有多少种敬奉的神。梁绍壬记述说："吾杭清泰门外有时迁庙，凡行窃者多祭之，济宁有宋江庙，为盗者尝私祈焉。汲县有纣王庙，凡龙阳胥祷于是。颖之卫灵公庙，闽之吴天保庙亦然。涌金门外有张顺庙，赤山埠有武松庙，石屋岺有杨雄庙、石秀庙，闽楚多齐天大圣庙，黔中多杨老令婆庙……"[①] 鬼神占据着人们的

[①] 《两般秋雨庵随笔》卷10，"世俗诞妄"，光绪刊本。

思维、占据着人们的生活,"所谓神在天上如水之在地中,无所不际"。①近代中国人的精神生活和日常行为,和古代中国一样无法摆脱鬼神崇拜的制约。

2. 鬼神观念与生活

"凡是天地间的事事物物,没有一样没有神的"②,神是人们生活、命运的主宰者,信神、祭神是生活之必需。祭神祈鬼是人们祈求平静、安分生活的心灵慰藉。封建政权的各级官员也往往以隆重肃穆的祭神活动,展示"权"的"神圣威力",祈求统治秩序的平稳。祭神是必不可少的生活组成部分,"岳渎山川之祖以其能出云雨,资灌溉、产材木、通舟楫,有益于民生而为一方之镇,故胪诸祀典以报神功"③。所以各种频繁复杂的祭祀神鬼活动渗透在各阶层的生活之中,而尤以封建官府的祭神更为肃穆庄重。封建政权本于"君权神授"观念,高度重视祭神活动。皇帝朝典对于各种祭神仪式、祭祝文辞、祭祀处所均有严格规定。如山川之神在清代的官方祭祀之地有:④

表 5—1

种类	祭祀对象	祭所
五岳神	中岳嵩山	河南登封县
	东岳泰山	山东泰安府
	西岳华山	陕西华阴县
	南岳衡山	湖南衡山县
	北岳恒山	山西浑源县
五镇神	中镇霍山	山西霍州府
	东镇沂山	山东沂州府
	西镇吴山	陕西陇州
	南镇会稽山	浙江绍兴府
	北镇医巫闾山	奉天广宁县

---

① 周寿昌:《思益堂札》,中华书局 1983 年版。
② 《论风云雷雨不是神作的》,光绪三十三年四月二十一日《盛京时报》。
③ 吴荣光:《吴学录初编》卷 9,祀典 1。
④ 同上。

续表

种类	祭祀对象	祭所
海龙王神	南海	广东番禺县
	北海	山海关
	西海	山西永济县
	东海	山东莱州府
河渎神	江渎	四川成都府
	淮渎	河南唐县
	河渎	山西永济县
	洛渎	河南济源县
	松花江神	吉林

即使在近代，祭祀鬼神也是一种规范化的生活活动，是不可或缺的精神生活。如《李星沅日记》记载他某月的祭神情况为："七月初一，诣文庙行香。十一日，祷雨于太白山神寺院。十三日，诣太白庙拈香。十四日，设坛祈雨，关帝、龙王、太白、山神、风、云、雷、雨诸神皆延入坛中受拜。十五日，诣文庙行香，诣雨坛行礼。十六日，诣雨坛行礼。至雨坛拈香。十七日，诣雨坛行礼"。[①]

祭神在封建官府是极为神圣庄重的活动，"直省府州县各建社稷坛，神祇坛，先农坛等"，定期举行祭祀大礼。从其恭敬虔诚的祭文祝辞中，可见其对神灵的敬畏："……惟神奠安九土，粒食万邦。分五色以表封圻；育三农而蕃稼穑。恭承守土，肃展明禋，时届仲春（秋），敬修祀典。庶丸丸松柏，巩磐石于无疆，翼翼黍苗，佐神仓于不匮，尚飨。"[②] 封建社会的统治者倡导神祇崇拜，并使之规范化，制度化，一方面强化了封建政权的"神圣"地位；另一方面也促成神祇崇拜构成人们精神生活中的主要内容。

祭祀鬼神、敬奉神灵成为人们日常生活不可缺少的内容，各种因神而起的庙会便成为群众性的祭神集会活动，"到达开会的日期，男妇老

[①] 《李星沅日记》上册，中华书局1987年版，第84—92页。
[②] 吴荣光：《吴学录初编》卷9，礼典1。

少，烧香还愿……人山人海……这会的宗旨，就是烧香敬神四个字。"①如奉天的娘娘庙会、药王庙会、瘟神庙会等，均有固定的会日和会期，届时"香火甚盛，男女老少，纷至沓来"。②贫穷的人们为表示虔诚的敬神，甚至不惜破费，聚积资金，"演戏酬神，颇为繁盛"，以至"鼓乐喧天，祭品满案"。③民间祭神除了日常的家祭活动外，"备极丰腆"的大型迎神，请神庙会活动十分频繁而又备具奇异特色。每逢"东岳""南岳"之神三月、八月的进香日，人们更是蜂拥而至，接踵摩肩，"各处之为父母为翁姑祀年者，求福求子者，男女混杂，奔走若狂……其酬神之资备极丰腆"。④神灵被认为是人们生活命运的主宰，那么人们的日常生活就必然受到鬼神观念的制约。鬼神被人们认为对社会人生有如下的作用：

（1）人们社会的安定、生活的平稳，依赖于神灵的庇护。"城隍实主一方之治，福善祸淫本为理之所有"，人们为了生活的安定，为了避祸求福，尤其敬奉城隍。除了一般的"岁祀之外，别有所谓城隍诞日者，迎神出庙，周游街巷。金鼓喧阗，火爆聒耳，以媚神求福"。⑤封建政权则借祭祀城隍来保持一方之治的稳定："神赞襄天泽，福佑巷黎……幸民俗之殷盈，仰神明之庇护。"⑥可见，从皇权到各级官府，都希冀着"神灵"对权力的庇护；从士大夫到娼优、商贩，都敬奉各自的行业保护神，相信神的超然威力。

（2）人们的日常重大活动都须奉祭神祇，并遵从"神意"而行事。同治癸酉科试，福建举行乡试，王凯泰抚军发现了科场作弊案，将有关人员"令置重典"。在临刑时，"天忽大雷电以风，全城昼晦，抚署旗杆折焉"，王凯泰以神天示警，"遂宽此狱"。⑦军事出征，皇帝狩猎等重大活动，都必须拜祭神天，视"天意"而行事，民间破土动工兴房建屋，

---

① 《论中国庙会的风俗沿革利弊》，光绪三十三年四月初三日《盛京时报》。
② 《市井杂俎》，光绪三十三年五月初一日《盛京时报》。
③ 同上。
④ 吴荣光：《吴学录初编》卷9，祀典1。
⑤ 同上。
⑥ 同上。
⑦ 易宗夔：《新世说》，第46页。

婚丧嫁娶均要严肃地祭祀神灵。如喜神,"平时固然多用着喜神,而婚姻时更是离不开喜神的"。新婚嫁娘上轿后,"轿口必须对准喜神方向,少停片刻,谓迎喜神"。① 这是人们所遵循的生活习惯,也是严格不易的规矩。在农民革命和清朝统治阶级生死搏斗的战场上,"神"成了重要的"参与者"。"陆建瀛之率师迎剿也,自称霸神助阵,云见赤身女子在前督兵。既败归,贼围城,陆堵御城上,又称见观音大士助守城,使城中人家家焚香……"② 当然,太平军也不例外。洪秀全每逢关键时刻,也总是请"天神"下凡助阵。"神"在刀光剑影的战场上或许根本没有存在的必要。但重要的不是神的存在本身,而是人们真诚地相信自己行为的"正义"性必然会得到"神灵"的庇护。失去了神的保护,行为本身就失去了存在的价值和意义,因为那个时代没有科学的理性武器为自己的"正义"行为作出有力的论证。

(3) 个人的前程、命运也受神的支配。求神占卜是谋求功名、事业的重要环节。封建文人追逐功名,拚死于科举场,为了前程功名,求得神灵庇护,往往"祀文昌神甚虔"③。尤其在科举考试前后,士子相率请乩,通过神的意志卜知前程,"大比之年,有父子共叩鸾仙问得失"④。因此,扶乩在近代也是颇为流行的"降神"迷信活动。"术士以砾盘承沙上,置形如丁字之架,悬锥其端左右,以两人扶。焚符神降以决,休咎,即书字于沙中,曰扶乩……"⑤

(4) 人们日常染疾罹疾,也靠请神祀鬼来消病去灾。在神鬼统治的精神生活中,生老病死,灾福祸吉,皆是神灵力量的显示。人们遇到不测之灾,天降之福,非求助于鬼神不能消除,人们普遍以为灾祸疾病是"人鬼神"作祟,由此形成民间的"三月寒食节,七月望日,七月朔日祭厉坛于城北郊"⑥ 的生活习惯,通称为"祭鬼节"。这样,"无主之鬼,

---

① 宗力、刘群:《中国民间诸神》,河北人民出版社1986年版,第661页。
② 汪世铎:《乙丙日记》卷2。
③ 《客坐偶谈》卷4。
④ 《客坐偶谈》卷1。
⑤ 《新世说》木解,第46页。
⑥ 吴荣光:《吴学录初编》卷9,祀典一。

既有此祭，自不敢复为民害"。①"鬼神"可怕地笼罩着人们的生活，稍有不慎，人们会感到灾祸降临的恐慌。尤其是在春季鬼神兴盛游荡之时，人们更是诚惶诚恐，胆战心惊。1872年春，上海哄传瘟神下降，几乎无人不惊，无家不扰："今上海各街墙壁贴有一单云：张真人驾赴苏州玄妙观，斋醮三日，传谕本年五月瘟神下降，时合流行。三官大帝查禁善恶之分。为善之家消灾降福，为恶之家必定遭殃……奉劝世人及早改过行善，免遭此难。传抄五张可免一身之灾，传抄十张，可免一家之灾，传抄百张，可免一方无灾。如知之不传，吐血而亡……"②骇人听闻的"瘟神"消息就在这为了消弭灾祸的互相传抄中风行传播，成为每个家庭和个人生活中抹不掉的阴影。所以，平时民间敬畏鬼神，毕恭毕敬。

在传统的生活模式里，人们离开了"神鬼"就无所适从，精神就无所寄托，在近代，这种鬼神观念仍和人们的生活熔铸为一体，成为日常生活之必需。神灵飘荡于生活的每一个角落，"大江以南，庙貌最盛，自通都大邑以及三家村落，在在有之，不下数千百万，名亦种种不一。在田头者曰田头五圣，在大树者曰树头五圣，在水滨者曰水仙五圣，民间婚嫁或在新妇冠上者曰花冠五圣，在桥者曰桥前五圣。庙制壮丽者等于府第……或塑像、或书画，或托巫言、或凭病者。或迷妇女，或显真形皆能著灵异，祭祷迎赛殆无虚日……"③由此，与人们生活十分密切的神祇崇拜便是传统精神生活的特有的形态之一。

近代"神""鬼"早已失落了古代或原始迷信中的"自然"崇拜的因素，更多地和"社会"因素结合在一起。"鬼神"观念更多地反照出"社会"生活的具体内容与特征，而且往往同重大的社会问题密切联系。看来，"神鬼"也时刻关注着社会。1848年（道光二十八年）曾有"关圣帝君戒鸦片烟章"云："……正昧不作、鸦片流行，为黑暗狱，为枉死城。是人玩物，非物害人。自有此物而害大伦，自有此物而情生民，自有此物而少人形，自有此物而多鬼燐，中其毒者，难保残生；匪惟寿短，

---

① 吴荣光：《吴学录初编》卷9，祀典一。
② 同治壬申六月二十五日（1872年）《申报》。
③ 叶梦珠：《阅世编》卷3，上海古籍出版社1981年版。

永劫泯尘。烟鬼狱中,日交酷刑。戒之警之,嗤嗤众生"。① 而且,随着近代社会生活的需要,人们迷信的"地狱"之中也开设了"烟鬼城",作为专门惩治"鸦片烟鬼"的处所。凡吸食鸦片烟者,入得"烟鬼城",或以烟刑究之,或以恶火灼其肠胃等,不一而足。

这种"鬼神"制约下的特有的精神生活形态,延续到近代,与近代社会生活发展趋向的冲突和对立日形尖锐、剧烈,其特点也就愈觉分明,其影响也就愈显深刻。

二 精神面貌与品格

1. 知足安分的人生态度

生活是人类永恒的主题。人怎样生活,不完全取决于物质财富的生产状况,也受到人们基本生活态度的制约。中国人一向把人生看得高于一切。知足安分是中国人的基本人生态度。"知足常乐"深深嵌印在每个中国人心灵之中。"知足"成为中国人"克己""内省"自我塑造的人格追求。这首先体现在士子们立身垂教的"家训"等戒条中,充溢着"知足安分"的精神内容。如晚清时的俞樾说:"书室四语:慎无忧,忍无辱,静常安,俭常足。极有余味,余喜诵之。"②"知足常乐"多少有些超脱人生坎坷路途的精神内慰,使得由经济、政治或社会地位变动引起的失落感和惶恐感,可以在心灵中得到精神上的补偿。光绪时期桐城士子张英极为欣赏的一副联语可谓典型和生动:"富贵贫贱总难称意,知足即为称意;山水花竹无恒主人,得闲便是主人"③。这种人生观念克制了人们对物质生活的追求,更不允许以科学技术改造自然获取"淫巧"之物为人享用。即使近代素称开明的郭嵩焘也无法摆脱这种人生观的制约。他对浸透着"知足常乐"精神的某一"家训"也是倍加赞赏的:"人当富贵时家中常不去寒素风味,乃能载福。官不要日日想大,家不要日日想富,做人则须日日想好……我家昔日无饭吃,无衣穿,也自过日子,未尝冻死饿死。今家中有了饭吃,有了衣穿,即是

---

① 《玉历因果图说》,礼部。
② 《荟萃编》卷1。
③ 《聪训斋语》,光绪刻本。

莫大之福，何必更求丰盈。"① "知足常乐"人生观是自给自足农耕经济的产物，是对匮乏经济高度适应的人生观。"知足"也是封闭性的封建等级制度的产物。"重名分，严等级"的封建规范强制着人们循规蹈矩，不能稍有逾越。

"知足"的人生态度克制和消弭着人们对物质生活的追求，使"贫俭"成为中国人过分强求的精神品格。"人生惟有四事；一曰立品，二曰读书，三曰养身，四曰俭用。"② 不仅普通人家要"乐"于清贫寒苦的生活，就是士大夫之家也要谨守"安贫乐道"③ 的生活。人生在任何情况下都应该是"知足"的，任何福分和享受决不是多多益善。这种人生态度认为"欲望"是一种罪过，"罪莫大于可欲，祸莫大于不知足"。因此，尽管实际上人们生活的贫富差距很大，但对"知足""贫俭"人生观的拘守却都是一致的。"知足"本质上不是发展前行的人生观，而是保守，拘谨的人生态度。所以近代中国社会尽管受到商品经济的巨大冲击，但这种"知足"的人生态度仍然形成中国人衣着生活的单调俭朴的特点，这曾使对物质生活过分追求的西方人大惑不解："全中国三亿人都穿着蓝布衣衫，男的女的，小孩都一样。这些衣衫都是宽大而没有样式的。全国的衣衫样式和尺码还不到五种……没有常常变更的样式，就没有过时滞销的产品。"④ 停滞的生活就是停滞的社会。

"知足"的人生观也吞噬着人们在"功业"上奋发进取的精神机能。"知足"要求人们安于现状，顺其自然，听其自便，不能有过分的追求。中国"士子"看重功名，希冀"仕进"，但"欲不可纵，志不可满"又常以醒世之语告诫追求功名者要随时注意分寸，要"知足安分"。急流勇退不只是朝堂显要大员引为自得的"人生"要诀，也是"士人"和"四民"生活中的态度："人最要事，莫如安分。分内事必力尽，分外事勿妄求。分者，我所得于天多少之数也。"⑤ 所以"官不要日日想大"，科举

---

① 《郭嵩焘日记》卷1，湖南人民出版社1981年版，第444—445页。
② 《聪训斋语》，光绪刻本。
③ 张集馨：《道咸宦海见闻录》，中华书局1981年版，第76页。
④ G. W. Cook, "China: Beijing 'The Times' Special Correspondence From China in the Years 1857-1858",《中国近代手工业史资料》第1卷，三联书店1957年版，第508页。
⑤ 《聪训斋语》，光绪刻本。

功名也是"命中带来,前生分定"的。① "一切有定,非难非易,只在命之有无。"②

"安分知足"的人生态度充满着对现实社会和个人境遇的满足,消磨着人们奋发进取的斗志,中国人过分讲究分寸、适中,在社会生活中特别注重"过犹不及",宁肯失去不可复得的机遇,也不肯作人生奋斗的冒险尝试,这种品格讲白了便是"本分"。"本分"是要人们安于现状,安于这个既存的等级名分社会,安于这种贫俭的物质生活,既不可留恋过去,也不过分希望于未来:"勿系恋既往,勿悠忽现在,勿希冀将来。目前只守勤俭二字,应做事必做,应读书必读……至于将来之功名富贵四字,绝不一著梦想。"③ "本分"就要"中庸",要随时"克制"自己,不盛不怒,不偏不倚,"制怒"两字几乎成为"士大夫"人所共守的自我抑压的格言。"未事不多言语,临事不动声色,既事不伐功能。"④ 这是一种多么柔顺圆滑的品格。"无憾无愧于己,无忤无羡无争于人",⑤ 与世无争、与事无争、与人无争、清心寡欲、勤俭知足,这是中国传统的缺乏追求进取的人生态度。

鸦片战争后,这种知足安分的人生态度仍是中国人人生态度的主流,但已同日渐开放的近代社会生活发生了根本的冲突。甲午战争以后,这种冲突日形尖锐激烈。在这种传统与新生、观念与生活的全面冲突中,"安分知足"的人生观所蕴含的"俭朴"美德便相对隐退,却突出了它的保守性和不合时宜的劣根性。

2. 贵义贱利的价值取向

"知足"的人生态度和"贵义贱利"的价值取向是互为表里的。"贵义贱利"的价值观表现为对物质利益的过分漠视,对精神需求的强烈渴望。

中国人的生活满足于心理,精神上的平衡、宁静,"欲不可纵,志不可满""俭不违礼,用不伤义"。"贵义贱利"成为民族精神生活的基本

---

① 《治嘉训俗》。
② 《聪训斋语》,光绪刻本。
③ 《客座偶谈》。
④ 朱树新:《省心迩言十六则》,《经世文续编》卷3。
⑤ 《聪训斋语》,光绪刻本。

趋向和评判人事的尺度。中国人追求"正谊不谋利,明道不计功"①。强调义之所在,生死赴之的精神。这种价值取向使整个社会偏向于只问耕耘不问收获,养成乐于贫俭、安于现状的社会文化心理。在近代中国人的心目中,"利"是罪恶之源,是卑贱之为。"利名之见,皆私也,欲化其私,盍观季路、颜渊之言志。"② 所谓"君子喻于义,小人喻于利"。士大夫教子立身,垂训后世,先讲"义利"之辨:"学要得头脑清,莫先于辨义利之界,要得脚跟实,莫切于严诚伪之关。"③ "舍利赴义"成为整个社会尊尚的楷模。

"贵义"制约着传统中国人的生活,"尚义"是作为一个中国人的基础。学问、事业都须从"义利"处入手,"义利二字乃儒者第一义……义利之辨正下乎功夫第一关也。义者,天理之公,无所为而为之者也"④。

"贵义"也是人们处世择友的准则。中国人重群体,特别注意自己在他人心目中的地位。维系群体或完善个人形象的标准仍是"义"。"亲以情联,友以义合。笃于情者必不恶亲;重于义者必不负友。"⑤ "朋友以义合"不仅仅是"士人",也是下层社会生活的基本准则。在近代秘密结社中,"义"是至上的,每个成员都受"义"的制约,都要为"义"而舍生忘死。"忠心为大,义气为先",⑥ 即使互相不识的同帮成员,也要"以义为重""分帮不分家"。⑦ 在中国,"义"具有超常的维系人际关系的作用。"义"贯穿于人生,是中国人人格的完成。同时,它也浸透在人生的全部过程中,"成仁取义不独当懔之死生之际,凡处富贵贫贱及一切之境皆不可须臾忘之"⑧。而人最终为"义"而死,当是无上光荣。"学者常以志士不忘在沟壑为念,则道义重而计较死生之心轻矣。""志士固守其穷,常思奋不顾身,虽转沟壑而不悔。学者时存此念,则见道义重

---

① 《正谊篇序》。
② 《持志塾言》卷上,立志。
③ 《持志塾言》卷上,为学。
④ 曾玮:《正学篇》卷4。
⑤ 《人范须知》卷上,敦伦格下。
⑥ 肖一山:《近代秘密社会史料》卷2,岳麓书社1986年版,第1页。
⑦ 李世瑜:《青帮、天地会、白莲教》,《文史哲》1963年第3期。
⑧ 《持志塾言》卷下,处境。

于泰山，而死生轻于鸿毛。"①

"贵义"的另一方面是"贱利"。"贵义"和"贱利"是一而二、二而一相辅相成的精神品格。塑造完美的"义"就须时刻淡薄物质的欲。所以程子的"善知莫过于寡欲"成为做人的座右铭。但是，过分重视"义"的精神心理满足，就必然视"利"的物质需求为祸害。"害人莫如念，害义莫如欲"。②而且，一切为害之事本原于人的"欲望"："念亦从欲上起见，如好利、好名、好胜、欲也。能充其不欲之心，则贫而乐……故学莫先于寡欲。"③

"士"人尤其漠视"利"而追求"道义"，"朝闻道，夕死可矣"。人们没有也不屑去分辨必需的"利"和非分的"利"，只是从精神世界上一概排斥人对"利"的欲念。这是那个时代人格完善的基本功夫。翻开士大夫们的日记，那种强调"内省""寡欲"自我完善的文字随处皆是。《李文清公日记》："须将利字淘洗干净，方论人品，否则终流为卑污苟贱之小人矣。自及何如，真不堪也。"④"看传习录只念存天理，去人欲，便是实功夫。如此工夫，简易真确，有把握。不免夹杂于名利，此根不除，无往而可，痛自克制，尚恐不及。"⑤作为一种价值观念，它不仅存在于理学家的头颅里，而且弥散在整个社会的人们的精神生活之中。即使是资产阶级民主革命志士，也不能完全根绝这种价值取向的"情境"。如宋教仁也追求这种清心寡欲的心态："领悟阳明存天理，去人欲，格物致知……吾人可以圣人之道——贯之旨为前提，而先从心的方面下手焉，则阳明先去说，正各人当服膺之不暇者矣。"⑥

"贱利"也常常作为格言警句为"士"所尊尚，为社会所效仿。周寿昌对"利"的轻漫可视为那时一般社会的心态；"利一者害半之，利十者害敌之，利百者害倍之，利千百者害十之。一利之聚百人，十利之聚千人，百利万利之聚无尽人。游利之眯害也，譬游景之眯尘也，故枯饵之

---

① 《正学篇》卷3，曾玮案。
② 《持志塾言》卷上，克治。
③ 同上。
④ 《李文清公日记》，道光二十一年六月二十五日。
⑤ 《李文清公日记》，道光二十一年九月十二、十四日。
⑥ 《宋教仁日记》，1980年版，第135页。

钓无集鳞，沃汤之膏有宿蚊。"① 岂止是"贱利"，甚而至于"恐利"。所以正人君子"尚义"而"贱利"，只有"小人""商贾"才"唯利是图"，追逐"利"。社会把"商"置于"四民之末"多方加以抑制就是由于其"重利"而炫惑其"利"。"商贾欲逐利，故冠巾衣服之制多方更替，而俗人见异思迁……异哉！"② 因此，"贵义贱利"成为评判人品的社会尺度；"义者，天理之公，无所为而为之者也；利者，人欲之私，有所为而为之者也。此舜跖之所由分也"③。

"贵义贱利"的价值观念，致使社会风尚偏重于不计功利的虚浮方向，"无所为而为之"。"重农抑商"成为几乎同封建制度相始终的基本国策，一定程度上是因为农本不像"商末"易获厚利。因而，"获利"的商业和商人在封建时代不会得到正常的发展。这给近代民族工商业的发展锻造了一副沉重的精神枷锁。

3. 礼法忠孝的精神支柱

"礼法忠孝"是传统中国人社会生活的内核和精神生活的支柱。"德之本莫大于彝伦。凡夫父子有亲，君臣有义，夫妇有别，长幼有序，朋友有信。"④ 封建社会秩序的稳定和精神世界的平衡依赖于"礼"的完备和人们的自觉遵循。人们的日常生活和言谈举止务必合乎"礼法"和"忠孝"伦理，否则就不被道德和社会所容。饥饿贫穷抑或死亡均不能与"礼法""忠孝"同等重要，因为"饿死事小，失节事大"。

"礼"制约着人们的一切生活，包括民族精神生活，"道德仁义，非礼不成，教训正俗，非礼不备，分争辨讼，非礼不决，君臣上下，父子兄弟，非礼不定；宦学事师，非礼不亲，班朝治军，莅官行法，非礼威严不行，祷祠祭祀，供给神鬼，非礼不诚不庄"⑤。只有在天崩地裂的争战时代，人们才有"礼乐崩坏""人心不古"的感慨。人们只有"知足安分""贵义贱利"，才能保持封建礼法秩序的平稳。

---

① 周寿昌：《思益堂日札》，《约言》，中华书局1987年版，第205页。
② 朱树新：《省心迩言十六则》，《经世文续编》卷3学术3。
③ 《正学篇》卷4，曾玮案。
④ 石韫玉：《长子叙民字说》，《独学庐初稿》影印版。
⑤ 《礼祀》卷1，曲礼上。

"礼法"之本是"忠孝"。"孝弟为百行之原。"① 士大夫和整个社会都把"忠孝"放在人生的首位,"人但知向神灵致敬,而不知家之父母乃活神也……人之一生不论富贵贫贱,只孝于父母和为兄弟为第一件要事"②。所以那时的中国人必须是"逢人劝读书,出口言孝悌"③。在家为孝子,才能在国为忠臣。岳飞当为"孝子"成"忠臣"的典型。近代的林则徐,甚至曾国藩又何尝不是走着"孝子"到"忠臣"的路途?!这就为在封建社会成为一个"合格"的中国人刻画了特定的模范。如《人范须知》说:"何者为人间第一事?孝者,百行之原,精而极之,可以参赞化育,故谓之第一事。……舍此一事,并无学问;舍此一事,并无功业。"④"忠孝"观念的极端化泯灭了是与非、恶与善、谬误与真理的根本差别,它仅仅要求的是幼、卑、下对长、尊、上的恭顺和驯服。在国家,"君要臣死,臣不得不死";在家庭,要"视父母之喜怒而喜怒",要"父母欲之东,己不可强之西"。⑤"礼法忠孝"精神与封建社会等级名分制度结合为一体,形成繁缛的"礼"的规制和条教,长幼有别,坐立有礼,衣食住行,婚丧嫁娶,敬神祭祖皆受礼法、忠孝的制约。这也构成"家训"的主要内容:"子弟幼时读书,须教其端坐,不许摇身摆膝,习成恶态。朝夕须教其作揖,使知礼貌,至长,自然渐有威信。"⑥ 懂得"尊卑长幼,揖让畏惧,名分礼法",才算是个合乎封建社会要求的人。中国人必须要做到"非礼勿视,非礼勿听,非礼勿言,非礼勿行"。这种礼法和教条的束缚,扼制了人们竞争进取的精神。它借"圣人制礼之名而推波助澜,妄立种种网罗,以范天下之人"⑦。

"鬼神"崇拜,"知足安分""贵义贱利"和"忠孝礼法"包含了信仰、人生、价值、伦理观念的诸方面,构成中国人精神生活面貌的主体。这种精神生活的特征是保守、拘谨,不是创造、开拓,是宁静、内省,

---

① 陈惟彦:《强本堂家训》。
② 《李文清公日记》道光二十三年十二月初一日。
③ 《宰嘉训俗》正人正己。
④ 《人范须知》卷1,敦伦格上。
⑤ 同上。
⑥ 陈惟彦:《强本堂家训》。
⑦ 《直说》第2期《权利篇》总论。

不是激越、外求。梁启超曾深刻地揭示出这种特点，说中国人的守成主静："言学术则曰宁静，言治术则曰安静；处事不计是非，而首禁更张……不过曰制四万万之动力，以成一定不移之乡愿格式。"① 说穿了，这是一种士大夫不负责任的"明哲保身"的精神状态，在近代有时表现为不切实际的"浮议"，如盲目排外，有时又表现为卑膝的媚外。在"士"个人，成者入仕为官，但"人纵十分能事，犹当谦让未遑……善辨于讷，藏锋于钝，勿议论风生"② 的人格教诲，使大多数官员不可能有革新、进取的作为，或者归隐乡里，退居山林，更是追求一种"世外桃源"式的生活。人们习惯于"士读于庐，农耕于野，商贩于市，工居于肆"的安分守己的静态生活，没有也不允许正常的社会流动。

传统的中国人不愿意出人头地，不愿意充分表现自己，"逢人且说三句话，作事只凭一点心"③。讲究"天下事受得小气，则不至于受大气，吃得小亏则不至于吃大亏"④ 的处世哲理。人们很注意以"木秀于林风必摧之"的哲理来理解和劝喻人生和社会，凡事"毋急于前进"，"作官不必占上等……但自处中等足矣"。⑤ 在这种传统的精神品格中缺少必要的个性、锐气、奋进、冒险的品质和力量。清末有一副剧场联语对这种精神面貌、社会心态描写得十分生动真切："凡事莫当前，看戏何如听戏好，为人须顾后，上台终有下台时。"⑥

三 精神生活的倾斜与变动

1. 生活与理念的冲突

只有站在近代社会生活的门槛上，才会发现扭曲了的中国人的精神品格与近代社会之间的剧烈、尖锐的冲突与矛盾："吾观支那人之性质，曰柔顺，曰巧滑，曰苟且偷安……火不及于燃眉，则醉酣睡梦之声必不

---

① 《梁启超选集》，上海人民出版社 1984 年版，第 68 页。
② 《宰嘉训俗》。
③ 同上。
④ 《聪训斋语》，光绪刻本。
⑤ 《李星沅日记》上，中华书局 1987 年版，第 329 页。
⑥ 徐珂：《清稗类钞》第 4 册，讥讽类，第 1668 页。

彻；刀不冷于颈上，则妻子身家之系终未忘怀"。① 近代中国社会生活的剧变使传统的精神世界发生了倾斜，生活与观念的冲突为新旧精神世界的更替鸣响了前奏曲。

在近代，商品经济和由此形成的社会竞争冲破了人们固有的贫俭、宁静、封闭的生活与观念。西方资本主义在叩击古老中国的窗扉时，正是以"商品"的巨大优势铸成了"摧毁一切万里长城，征服野蛮人最顽强的仇外心理的重炮"。② "贵义贱利"的传统价值观视巧夺天工的商品为"淫巧"之物，但正是这种"淫巧"的商品冲决了传统中国人精神世界的堤防，"凡钟表、玻璃、燕窝之属，悦上都之少年，而夺其所重者，皆至不急之物也"③ 由商品经济带来的竞争生活，也同"知足安分"的人生态度极不协调。近代中国社会处于世界列强竞争之时，"知足"的人生观根本跟不上国际社会急速变化的节拍。"世界竞争之运，至今日而极矣"，"今也在国民竞争最烈之时，其将何以堪之！其将何以堪之！"④ 拘泥于"知足安分"，个人无法生存，国家民族也无法生存。只有竞争奋进的品格才能生存、自立于这种"过渡"的时代："盖弱肉强食，优胜劣败，天演之公例也，今日固势力竞争之世界，不日进化，则日退化，无天可怨，无人可忧，我中国自取之也。"⑤ 在近代，"知足"的人生和"尚义"的风尚都显得迂腐而不合时宜了。精神心理渴求根本敌不过价值规律的强大威力；"凡人用物，蕲其质良价廉，此情之所必趋，势之所必至，非峻法严刑之所能禁也，非令名美鉴之所能劝也，非善政温辞之所能导也。"⑥ 人们终于发现，传统的价值观念在近代社会中被颠倒了。社会生活已今非昔比，社会变得较为开放，人们的精神生活面貌也发生着惊人的变动。"近者里党之间，宾朋之际，街谈巷论，无非权子母征贵贱矣。"⑦ 生活本身是无情的。在商品经济和竞争时代，"贵义贱利"不再

---

① 李群：《杀人篇》，《清议报》第88期。
② 《马克思恩格斯选集》第1卷，人民出版社1972年版，第255页。
③ 龚自珍：《送钦差大臣侯官林公序》。
④ 《梁启超选集》，上海人民出版社1984年版，第120页。
⑤ 王忍之等编：《辛亥革命前十年间时论选集》第1卷上，三联书店1963年版，第67页。
⑥ 薛福成：《用机器殖财养民说》，《洋务运动》1，第389页。
⑦ 民国《衢县志》卷6，食货志下，第644页。

是什么"君子"崇尚的美德，反而是愚顽的痼疾。因为一味地讲求"义利"之辨，恐怕连粗茶淡饭的生活也无能为计，所以"喻于义"的"士君子"们也无法逃脱"利"的冲击："执鞭之士，富不可求。当今之世，笔舌已无能为战，能战惟商。"① 过去执着于"义利"观念和拘守"耕读"生活的"士"，在近代社会只能形影相吊，发出自暴自弃抑或也算是孤芳自赏的喟叹："自落形骸已卅年，年来潦倒肖如前；半生事业惟书卷，偌大家私剩砚田。笔墨难偿今世债，文章无复自由权！能行吾素惟贫贱，不受人间造孽钱"②。"潦倒"的生活，"剩砚田"的家产，"贫贱"的窘境，何尝又不是"安分知足"的人生观和"贵义贱利"的价值观在新时代为不合时宜的士大夫们酿制的苦酒呢？内心的彷徨、矛盾正是生活与观念冲突的写照。

"贵义贱利""知足安分""驯服柔顺，安之若素"③ 的传统中国人的精神面貌在激烈的时代风云和商品经济的无情打击下，开始发生了令人瞩目的变化。"西俗东渐，礼防日坏……世变日殷，士大夫方舍本逐末务，为领异标新之学，未来之患不可预知。"④ 一向被士大夫称道的"俭朴""淳厚""尚义""贱利"的社会风尚，迅速地导向了"逐利""竞奢"："同光以来，人心好利益甚，有在官而兼营商业者，有罢官而改营商业者"⑤。人心不古，世风日下，实乃时代使然，传统的力量也无能为力。整个社会在变，人们的生活在变，相应的生活态度、价值观念也在变，以至于"晚近士大夫重利轻义，骨肉亲戚之间一粟一帛较算必清"⑥。古朴的重伦理、重道义的风尚被赤裸裸的货币"较算"和"重商"所取替。仅以上海为例，"沪地僻处海滨，民安耕凿，俗尚勤俭。自泰西各国互市以来，梯山航海，重译远至，巨商大贾帆樯毕集……于是大腹争家，动靡万贯；缠头贾笑，浪掷千金。不夜城中听笙歌之达旦，销金窟里乐

---

① 《代徐执中为其先考裕生府君传》，《栩园丛稿二编》。
② 《栩园诗稿》，《栩园丛稿二编》。
③ 王忍之等编：《辛亥革命前十年间时论选集》第1卷上，三联书店1963年版，第68页。
④ 许珏：《居民思安危录》，《庸菴遗集》文集卷2。
⑤ 徐珂：《清稗类钞》第4册，讥讽类，第1672页。
⑥ 《经世文续编》卷120，洋务2。

风月兮无边。习俗移人，迷津莫渡……"①

2. 科学平等观念的昌明

生活与观念的冲突，使传统中国人的精神世界发生倾斜；而西方科学平等思想的传播，使得中国人在贫乏的精神世界上建造起新的合乎近代社会要求的精神品格。

以征服自然为特征的近代西方科学文化的传入，使中国知识界发现了一个新奇的世界：原来由"神灵"主宰的天地、风云、雷雨都是客观存在的自然实体和现象，都是人们可以认识、改造、利用的东西。出身官宦之家，饱吸传统文化乳汁的谭嗣同通过对西方科学文化的吸取，形成了崭新的宇宙观——"以太说"。他认为世界由"以太"构成，"以太"是"通法界、虚空界、众生界有至大、至精微、无所不胶粘，不贯洽，不莞络，而充满之一物焉"，是"目不得而色，耳不得而声，口鼻不得而嗅味"的物质。② 天地世界是"物质"的，而不是"神灵"的。整个宇宙自然是可知的，"月地相吸""众星相吸"，构成"一大千世界"，"其间之声、光、热、电、风、雨、云、露、霜、雪之所以然，曰惟以太"。③ 科学的词语、概念及其闪烁着人类向自然进取智慧光彩的内容，充满在传统知识分子的思想中。

科学是迷信的死敌，在近代科学的传播以及与社会生活不断结合的过程中，"鬼神"终于被迫退位。近代人开始以科学的眼光来注视自然和理解世界；"天时寒燠，并无关于灾祥祸福，而一切占验之语尽属无稽，即有偶中，亦非常验，因非常人所宜言也……天体空明，龙居何所？"④ "鬼神"在人们的精神生活中的地位受到了怀疑，人们直截了当地责问，"天体空明，龙居何所？"许多报刊以白话文形式宣传"无神论"，以期唤醒百姓们被鬼神盘踞着的昏沉沉的精神世界："于今我们的中国，被那和尚道士们说的，无论什么都当是神作的……凡是天地间的事事物物，没有一样没有神的……偏偏外国没有这么多的神，他的人也聪明，国也富

---

① 《上海县续志》卷2，建置。
② 《谭嗣同全集》下，三联书店1954年版，第293页。
③ 同上书，第294页。
④ 《龙见辨诬》，《申报》1880年1月1日。

强，中国有这么多的神，咱的人也糊涂，国也贫弱……有神的中国倒不如没神的外国。"①"神鬼之事，人谓其虚无，杳渺，无益于人……究其本原不特无益而且有损。耗费钱财一也，废事失业二也……丧廉耻坏风俗三也，害心术而徇身命四也。"② 本来就是虚妄的"鬼神"，被愚昧的文化塑造成神明精灵，成为数千年来人们精神生活中的主宰，现在，又被近代科学文化还原为"本来"的虚妄。

近代人获得了科学的力量，因此，自觉的反迷信、反鬼神就成为知识界的任务之一。"鬼神"在近代中国人的生活中，尤其在城市和知识界，已失去了原有的威力。某士子为八仙之一李铁拐画像题诗，曾极尽讽刺挖苦之能事，表现了对"神仙"的大不敬："葫芦里是什么药，背来背去劳肩膊。个中如果有仙丹，何不先医自己脚?"③ 与其说这是对神仙李铁拐的讥讽，不如说是近代科学观念对传统鬼神观念的鄙视，有对传统的鄙视，才有对传统的反叛和超越。

如果说西方科学文化动摇了"鬼神"观念的地位，那么，西方民主思想的传播就冲决了"礼法忠孝"的精神网罗。维新变法前后，一批先进的中国知识分子，开始对传统的"礼法""名教"精神桎梏表示深恶痛绝："俗学陋行，动言名教，敬若天命而不敢渝，畏若国宪面不敢改……则数千年来，三纲五伦之惨祸烈毒，由是酷矣。君以名桎臣，官以名轭民，父以名压子，夫以名困妻，兄弟朋友各挟一名以相抗拒，而仁尚有少存焉者得乎?"④

甲午战争以后，先进的知识分子和思想家们纷纷以自由、平等思想为武器，破除纲常，冲决名教。虽然维新变法如昙花般地急遽消逝，但由此激起的自由、平等思想的浪花却汹涌不绝，一泻千里。梁启超作"论自由"，高歌自由精神："自由者，天下之公理，人生之要具，无往而不适用者也，于戏，璀璨哉自由之花! 于戏，庄严哉自由之神!"⑤ 自由平等是专制政治的反叛，平等博爱是纲常名教的否定。

---

① 《论风云雷雨不是神作的》，光绪三十三年四月二十一日《盛京日报》。
② 《禁止杭州东岳朝审议》，《申报》1880 年 7 月 20 日。
③ 徐珂：《清稗类钞》第 4 册，第 1725 页。
④ 《谭嗣同全集》下，三联书店 1954 年版，第 299 页。
⑤ 《论自由》，李华兴、吴嘉勋编：《梁启超选集》，上海人民出版社 1984 年版，第 225 页。

20世纪初年"璀璨的自由之花",是以埋葬几千年"酷烈"的"礼法忠孝""纲常名教"精神支柱为前提的。人们激烈指斥"礼法"残害人性、惨虐人格的本质,"吾痛吾中国之礼仪三百威仪三千也,胥一国之人以沦陷于卑屈,而卒无一人少知其非,且自夸谓有礼之邦,真可谓大哉不解者矣"①。新的思想理论给了人们新的是非、善恶的评判标准,传统社会以"礼法"区别"人禽","义利"区别"舜跖"的标准被弃如敝屣了,而代之以全新的合乎人性和人类健康精神发展的"标准"。"自由平等,是其质格中最高尚者,所以异于禽兽者在此"。②从礼法和纲常束缚中觉醒过来的人们大声向社会疾呼:中国文明本于礼法,中国落后本于礼法;国人无血性因乎名教,国人愚昧因乎伦常。觉醒了的人们深切地感受到了传统伦常名教对人性的摧残。即使较为保守的一般士大夫也在"自由民主"的社会呼声中开始了对"礼法""伦常"的非议;"凡人于父子兄弟夫妇之间,有难言之苦者……盖我国五伦之中,君臣父子,夫妇兄弟皆由天定,惟朋友可随人自择。若西国,则夫妇册友皆可自择也……天择者或不相得,人择者无不相得也"。③所以,西方资产阶级的民主、平等思想就成为冲决礼法忠孝秩序的思想武器;"可以救吾民之质格,打破礼法之教者,无他;吾只恃权利思想";"我愿四万万人,去礼法,复权利,踊跃鼓舞以登真世界"。④这样,安分与进取,保守与开拓,科学与迷信,民主平等与专制名教的不断较量、斗争,就成为近代中国人传统观念和精神面貌向新生的观念和精神面貌行进的必然过程。

敬畏"鬼神"的迷信观念,"安分知足"的人生态度,"贵义贱利"的价值取向,"礼法忠孝"的精神支柱,虽不是中国人在迈向近代社会时的精神生活的全部内容,却也是最基本的内容,或是最具特征的内容。然而,在新的社会生活的要求下,在科学与平等精神的启示下,中国人

---

① 王忍之等编:《辛亥革命前十年间时论选集》第1卷上,三联书店1963年版,第479页。

② 同上。

③ 孙宝瑄:《忘山庐日记》上,上海古籍出版社1989年版,第407页。

④ 王忍之等编:《辛亥革命前十年间时论选集》第1卷上,三联书店1963年版,第479页。

的基本精神信仰和生活观念开始发生了令人瞩目的变动。毫无疑问，新旧精神生活内容的更新是在交错中和不平衡的状态中过渡的。新生的精神内容冲决着陈旧的精神网络，传统的观念却也像梦魇般拖累着历史的进步，其间不免动荡与起伏，回旋与反复。虽然经过了辛亥革命与民主共和思想的洗礼，但在民国时期仍有"贞妇烈女"行为及讴歌这种行为的文章；虽然有思想解放的潮流，却仍有对"模特人体素描"的惊恐诅咒，虽有科学文化对生活的推动，却还有虔敬的神鬼崇拜，而且还不时滋生出新特色的迷信、礼法、纲常、名教等陈旧腐臭的内容。然而，完全意义上的旧的生活观念和精神品格却一去不复返了。"晚清以来，有海外之新知识输入，而适济其奸，相率为伪……近今人心不古，世道陵夷……"[①]包含着进取、竞争、奋斗、激越、科学、民主内容的精神品格与精神面貌，就在"遗老"的诅咒中产生和发展起来了。中国人终于由传统而走向了新生。

第二节 娱乐与精神情趣

一 传统娱乐形式与特点

1. 传统娱乐的形式

娱乐是人们以一种比较稳定正规的形式获得欢乐，陶冶性情的精神活动。娱乐生活的形式和内容，一定程度上反映着社会经济、科学文化、乃至民情风貌的状况和特色。甲午战争之前，中国人的娱乐生活仍以传统形式为主。传统娱乐形式是在封建社会生活的长期发展过程中逐步形成并相对稳定下来的。在近代中国社会，最常见的传统娱乐形式略有下列几种类型：

（1）游戏型。这是人们日常闲暇时间获取精神乐趣的娱乐活动，具有形式多样、内容简单、灵活方便的特点。如"斗戏"，即以禽、虫相斗为乐趣的娱乐形式。人们豢养的供斗戏娱乐的动物有"黄头"、鹌鹑（鸟类），蟋蟀（虫）等。"上海居民斗鹌鹑一事，胜负动以百千贯计……游

---

① 徐珂：《清稗类钞》第4册，第1742页。

哉市廛富庶之区，而亦见承平熙皞之乐事也。"① 至于"斗蟋蟀"更是盛行南北各地，且具有一定的社会性。"蟋蟀相斗……今则王孙公子，富商大贾，下至驵侩，臧获之徒，靡不分朋角胜。而士大夫好事者亦往往效尤以为乐。"② "蟋蟀"斗戏在近代已获得了较大发展，并形成了严格的规制，如，"文竹为匮，锐两端穹其脊，形如舟。有闸，中分之若敌国，名曰栅。斗则纳蟋蟀于栅中，别置善鸣者于旁鸣，以作两虫之气，名曰骨子头。闸启，一人执纤草引之，名曰牵。将斗，交其首之两须以相怒，曰打须……"③ 这种斗戏娱乐盛行于社会各个阶层，很多人酷爱此项娱乐，为此，"七、八月间举国之人若狂也"④。

游艺，是借助玩具进行娱乐活动的一种形式。在近代社会中较有影响的游艺活动有"七巧板""益智图"等形式。"七巧板"游戏形式简单，制作便利，"以薄木板一片分为七块……大者两块，小者两块，其余斜一，中一，方一"⑤。如图5—1：

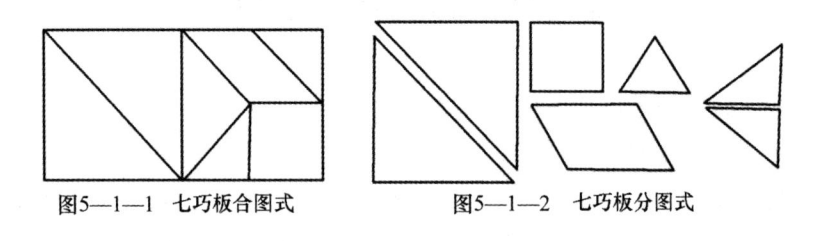

图5—1—1　七巧板合图式　　　　图5—1—2　七巧板分图式

图5—1　七巧板图式

通过七块大小不等的图形，"取先天太极之意，搭成各种模型……配作人物字体之类，勿剩勿亏方为合格"⑥。借以启发心机，益人智巧，陶冶性情，获得乐趣，确是有趣的游戏娱乐活动。"七巧板"可以堆积出变

---

① 石韫玉：《斗蟋蟀序》，《独学庐初稿》影印本。
② 同上。
③ 同上。
④ 同上。
⑤ 《游戏大观·七巧板》，中国书店1987年版。
⑥ 同上。

化万端的人物、字体、花卉，虫兽、兵器，器具……"惟妙惟肖，各具象形"①。如人事部的造型就有二十七种，均是各具姿态：

图 5—2　人事部造型

文字部的造型有三十种，如"竹""仙""月"等；

图 5—3　文字部造型

"益智图"是比"七巧板"更为复杂、更富于变化的一种游艺娱乐形式。其图式原理和游戏方法略同于"七巧板"，见图 5—4：

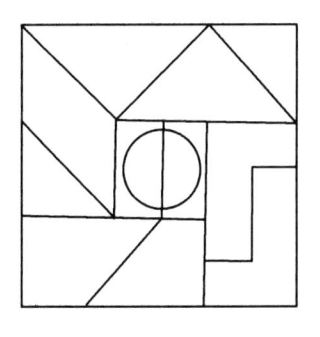

图 5—4　益智图片图式

---

① 《游戏大观·七巧板》，中国书店 1987 年版。

(2) 节日型。民间盛大的娱乐活动首推节日型娱乐。"日出而作，日暮而息"的农民终岁劳作，少有闲暇时日去追求精神娱乐。这样，人们对于精神乐趣的渴求就往往以集中的方式表现，形成"节日型"娱乐活动，这是一种具有民俗特点和民族传统特色的群众性娱乐形式，在北方有"武会""过会"，在南方有别具一格的"竞龙舟"，以及盛行各地的"赛神会"等。"节日型"娱乐汇集了民间娱乐活动的各种形式。组成盛大的欢乐场面，"有村童扮成女子，手驾布船，唱俚歌，竞学游湖而采莲者"[①] 的跑旱船；还有各种传统技巧的"皮条""杆子会"；还有风趣诙谐的"高跷戏""秧歌队""什不闲"；以及浑厚庄重的"狮子舞"等。南方的"竞龙舟"在近代仍很盛行，"沿江河各地每年旧历五月五日端午节前后举行"[②]。场面煞是壮观热烈，乐趣盎然。

(3) 康健型。这是一种以传统运动健身为特征的娱乐形式，主要有"冰嬉""武术""空钟"等。

"冰嬉"亦称"溜冰"，是北方尤其是京津地区盛行的娱乐活动，并发展为具有较高表演技艺的活动。史载溜冰表演者，"身起则行，不能暂止。技以巧者如蜻蜓点水，紫燕穿波，殊可观也"[③]。清末，"冰嬉"娱乐更为丰富，花样奇多，表演者在冰上的造型有：大蝎子、金鸡独立、哪吒探海、双飞燕、千觔坠、朝天蹬、卧睡春等；[④] 还有"分棚掷鞠""抢等""射球"[⑤] 等冰上运动。观者目不暇接，乐不胜收。清光绪末年，西太后甚至每年要临观溜冰一次。民国后，"冰嬉"游戏成为京、津民众共赏的运动娱乐。

武术是一种康健型活动，一般群众的习武练技，也具有精神娱乐的意义。武术在近代遍及南北，具有广泛的群众基础，"无论士农工商，以至各行贸易之人，无不愿学"[⑥]。所以，在民间节日娱乐中，武术表演竟成为主要项目，如"武会""过会"中有"白蜡杆会"

---

① 吴文忠：《中国体育发展史》，三民书局1981年版，第64页。
② 《中国近代体育史简编》，人民体育出版社1981年版，第18页。
③ 吴文忠：《中国体育史发展史》，三民书局1981年版，第64页。
④ 《中国近代体育史简编》，人民体育出版社1981年版，第20页。
⑤ 吴文忠：《中国体育发展史》，三民书局1981年版，第63页。
⑥ 《拳事杂记》，《义和团》1，上海人民出版社1957年版，第240页。

"飞叉开路会""少林棍会""表演者为钢叉之戏……间杂其他武器，各显奇技"。① 到了20世纪初年，津门武侠霍元甲为光大武术，在上海创立"精武会"，会员日众，颇著影响。摔跤又是在武术中盛行于北方乡间的一种娱乐活动。北方乡间特别是山西忻州、代州（今代县一带），蒙古等经常举行"牵羊"比赛摔跤，成为吸引整个乡村的娱乐活动。

此外"空钟""石球戏"也是常见的康健型娱乐活动。②

（4）文化型。在近代这是最常见、最丰富、久盛不衰的传统娱乐活动。其中的戏曲为主要形式。无论是皇室贵族、达官显宦，还是士、农、工、商，都乐于观赏戏曲。戏曲娱乐活动具有广泛的社会性，其剧种、曲调也姿态纷呈、颇为壮观。除了全国性的京、沪、川剧外，几乎各地均有自己特色的戏剧曲调，"如直隶则有沟调，山东则有泰安腔、登州调，河南则有河南梆子，江苏则有崑山调，有吴歌，安徽则有安庆调，浙江则有瓯调，江西则有弋阳调，两湖则有湖广调，岳州调，二黄调（即黄陂、黄梅也），甘肃则有兰州引，山陕则有西梆子腔，广东则有本地乱弹，有粤讴，四川则有四川调。"③

另外，江南"山歌"、山西"道情""秧歌"、天津"杂耍""大鼓书"等地方特色的文化娱乐，也为民众所喜闻乐见。

戏曲之外，"对诗""填词""灯谜"等文字游戏也是"士人"们常见的娱乐活动。这类文字游戏基本可分为三类，即"诗钟""灯谜"与"字谜"。

"幻术游戏"在近代也有相当的社会性。"戏法一小技耳，然将虚作实，以假为真，变化无穷，离奇莫测"，④ 颇为市民社会所喜观赏。其他如木偶剧、皮影等在社会上也普遍流行。

以上这些娱乐活动形式并不是近代社会的产物，而是传统社会娱乐形式在近代的发展或延续，但它却是近代人们娱乐活动的主要

---

① 《中国近代体育史简编》，人民体育出版社1981年版，第20页。
② "空钟"竹制，以双杖系棉线拨弄之，俨若天空晨钟，抖动横轴使其旋转，能发声。"石球戏"，二人相踢，使一石球击中一石球，以击中多少定胜负。
③ 周寿昌：《思益堂札》，中华书局1983年版，第154页。
④ 《游戏大观·幻术游戏》。

形式。

2. 传统娱乐与精神风貌

娱乐是社会生活的产物，是一定生活方式中人的精神生活需求的积极反映。中国是幅员辽阔，多民族的大国，各地经济、文化、风俗、语言发展呈现不平衡状态，由此形成了不同风格、不同情调、不同特色的多样化、地方化的娱乐形式。娱乐活动也体现着人们社会生活的阶级差别。皇室贵族、达官贵人，士大夫有较多的物质条件和充裕时间去追求精神享乐。皇宫内自然有"御用"优伶、乐师、舞女供皇族取乐。"当时御前声乐，正与慈禧供奉一般，荒嬉燕逸，习为故常。"[1] 就是北京的"冰嬉"，一般也是为皇家专用以取乐的。[2] 官僚士大夫们在醉生梦死的奢侈生活中，沉湎于声色犬马的精神享乐中，观赏名剧、名角几成癖好，甚至不惜巨资以博一乐。"达官贵人之家，门下食客，弹铗者只图鱼肉，房中善人挡筝者祇劝醇醪……嬉诞诡笑之徒，则加特赏。"[3] 劳动者并没有多少闲暇去取得精神娱乐，故而形成"节日型"的群众性娱乐，将精神欢乐的追求以集中的方式表现出来。

娱乐活动是社会经济、文化，民俗的综合表现，它映照着特定时代的精神风貌。通过传统的娱乐形式，我们也能从中发现它和那个时代紧密联系的特征和社会风貌：

（1）形式上重"文"。传统娱乐受传统社会文化的制约，极度地"重文轻艺"。"艺"被视为"小技"，正像科学技术被视为"淫巧"一样为社会所鄙视。所以"幻术游戏"基本没有得到充分发展。相反，以"文"见长的娱乐活动受到社会的重视，特别受到士大夫阶层的钟爱，获得了完美的发展。"戏剧"因为"感化人民，易入人心"[4] 成为社会各阶层所接受或酷爱的文化娱乐形式，这在市民社会中已成为一种时尚。"上海之骄奢淫逸甲于通国，多娼寮，多舞台，男子嗜冶游，女子嗜观剧，凡中流社会以上之人，几以悉有此嗜。"[5] 近代京、津、沪大城市中，

---

[1] 《栩园文稿》，《栩园丛稿二编》，上海著易堂印书局1927年版。
[2] 吴文忠：《中国体育发展史》，三民书局1981年版，第63页。
[3] 《栩园文稿》，《栩园丛稿二编》，上海著易堂印书局1927年版。
[4] 《合河政纪》风化卷。
[5] 徐珂：《清稗类钞》第4册，中华书局1984年版，第1760页。

市民嗜剧成癖。在北京有四大名班，成为士大夫、官宦。政客和名流取乐冶游的必至之所，也为一般人所仰望。"梨园四大名班，曰四喜、三庆、春坛、和春，其次之则曰重庆、曰金钰、曰嵩祝……色艺之精，争妍夺媚。"① 有人描述上海戏班的风流盛况，实在是淋漓尽致："洋场随处足逍遥，慢把情形笔墨描。大小戏园开满路，笙歌夜夜似元宵……丹桂京班素擅名，春奎北调甚分明……山凤一班童子串，翩翩歌舞共登场……二桂明园赌赛来，一边收拾一边开。月楼风貌俉人爱，不羡红装浪半台。鸿福名优回出群，眉梢眼角逗红裙；飞舆竞说来山凤，要看今朝唱上坟……"② 在近代社会，以文见长的戏曲获得了最完美的发展。

（2）内容上重教化。在传统娱乐活动中，士大夫以及统治者注重娱乐内容的"教化"作用，而相对轻视其生活娱乐的特点。戏曲文化娱乐因为更能反映"教化"内容，为士大夫和上层社会所推崇。"其真谛只在以己之正，正人之曲而已……其为文不过为引人入胜之具耳。"③ 轻娱乐而重教化，使戏曲内容充满了庄重、深沉而缺少了活泼、轻快的气氛。传统社会把戏曲看作规劝人生，教诲世俗的形式："借歌舞而进药石，或采往古兴亡，用作千秋金鉴，或取眼前事物，俾知一觉黄粱，用意必有所在"。④ 封建时代的"真、善、美"价值判断，忠孝节义观念通过戏剧传播，渗透在下层社会。所以，戏剧内容即使发展到近代，也多是"忠节英烈""君仁臣义""父慈子孝""扬善惩恶"的传统教化。⑤ 相反，活泼、明快、单纯娱乐的"斗戏""杂耍""幻术游戏""口技"等形式却受到社会压抑，没有获得应该得到的发展。不仅如此，民间文化娱乐形式也常常以其不利于教化风俗受到禁止。《合河政纪》记载："戏剧感化人民，易入人心，忠奸贞淫侠义孝友，一举一动言语即足动愚人之慕仿。是以淫亵迷信等戏均应严禁……道情、秧歌多属淫戏，一律禁止演唱。"⑥

---

① 《两般秋雨庵随笔》卷3。
② 《戏园竹枝词》，同治壬申（1872年）六月四日《申报》。
③ 《栩园文稿》，《栩园丛稿二编》，上海著易堂印书局1927年版。
④ 同上。
⑤ 《李文清公日记》，道光十四年五月二十七日。
⑥ 《合河政纪》风化卷。

（3）风格上主静。传统娱乐活动同人们的精神品格，心理特质，社会风尚是相互表里的。"拘谨安分"的人生态度，"礼法忠孝"的精神原则，"重义轻利"的价值取向以及笃信"天命"的信仰，表现在人们的娱乐活动中，形成了"主静"的特点。人们日常的精神娱乐活动基本趋向静态性而缺乏生动活泼的特征。如"文字游戏"中的"诗钟""灯谜""字谜"虽有高雅，凝重特色，却完全是"士子"表现才思智慧的静态性活动。在"七巧板"变化无穷的图形中，也反映着一种"宁静、清淡"的特色，如"听风""眠花""卧雪""半山草亭""山居""秋山几重""凌云小住"等。① 在《益智图》千变万化的拼图中也表现出"宁静"的特色，如图5—5。

图5—5　《益智图》拼图

静谧的图画，恰是传统社会文化中自然经济状况下人们对静止生活的回忆，抑或也是向往。因而谭嗣同以动和静来概括西人与中国人的特点说"西人喜动而霸五洲，中国则喜静，言静者惰，归之暮气，鬼道也"②。可谓一语中的，揭示了中国传统文化或娱乐活动的特点。

传统娱乐活动是中国传统社会，文化的产物，从中体现着中国社会生活及其精神生活的基本特征。近代中国社会生活的变化表现出开放、竞争的趋向，"宁静"的生活变为了剧烈的动荡，商品经济的不断冲击加上内忧外患的民族存亡的压力，强制着人们的生活观念，精神品格向积极进取、竞争开放的方向转化，而传统的娱乐活动也随之而变动。

---

① 《游戏大观·益智游戏》。
② 蔡尚思、方行编：《谭嗣同全集》上，中华书局1981年版，第37页。

传统娱乐首先在内容上发生变化，并且以较为活泼自由的民间文化娱乐的变化为显著。广东地区有民间喜闻乐见的说唱文学——粤讴。它在鸦片战争时期就迅速准确地反映人民群众的抗英活动。《粤讴》《颠地鬼》唱道："颠地鬼，自心烦，被困洋行见影单。为奉狼主听着，把鸦片带惯……"[1] 劳动群众的爱与憎、喜与怒跃然纸上。和群众社会生活接近的文娱形式，更能积极主动适应生活变动的需要，《粤讴》说唱文学的内容几乎是踏着时代的鼓点而前行的：1900年《粤讴》有《鼓吹录》《罗镇军夜战大沽》等讴歌人民群众抗清斗争和爱国官兵抗击八国联军的篇章；1905年《粤讴》有《真正系古》《对得佢住》《废约》《除是冇血》等反映反美爱国运动的内容；1911年，有《丢了好耐》反映七十二烈士黄花岗起义的文字。[2] 相反，比较成熟的为上层社会重视的"戏剧"却很少能反映现实社会生活的变动。

娱乐活动本身依靠社会生活广厚的土壤滋润，近代社会生活变动的内容在传统形式的娱乐活动中也得到了明显的反应。如在文字游戏中表现出中西文化相互渗透的特色，新的词语、文字，概念都巧妙和谐地纳入了传统文字游戏的内容中。如灯谜：留学欧洲——打一古人，谜底为"西乞术"；欧洲种——打一字，谜底为"伯"；海军——打一字，谜底为"浜"，避居上海——打一古人，谜底为"申不害"；德律风——打一地名，谜底为"电白"，红尘拂面来——打一国名，谜底为"埃及"，此法专为主人而设——打一国名，谜底为"菲律宾"。[3] 仅《游戏大观》选收的清末民初的近代新灯谜就有20多种，其中不少字谜、灯谜是妙趣横生，如"成汤国旗"，谜底为"商标"；"颈上污尘"，谜底为"领土"；"独行三年丧"，谜底为"专制"；"成汤鸣条之役"，谜底为"商战"；"论伍子胥之为人"，谜底为"议员"，[4] 等等。

社会生活的巨变冲击着传统精神生活模式以及娱乐活动模式的变更；虽然传统娱乐形式中融入了大量新的社会生活内容，但传统毕竟不能迅

---

[1] 李默：《辛亥革命时期的粤讴》，载《羊城晚报》1963年3月28日。
[2] 同上。
[3] 《游戏大观·文字游戏》。
[4] 同上。

速地追随上时代变迁的节奏：人们在变化了的近代社会生活中寻找着新的，更合于科学生活的娱乐活动形式。

二　近代新式娱乐的发展

1. 科学文化娱乐形式

娱乐活动受社会生活及其经济，科学，文化发展的制约。随着近代中国社会生活的发展，社会分工的日趋精细，资本主义机器生产的发展，以及中外文化、科学的交流，人们的娱乐活动也得到了新的发展。首先是西方精神生活及其娱乐活动形式在半殖民地城市中开始出现。如上海："今有西国上好男女马戏一班，能于马上变幻百出，跳跃飞腾，并有多方奇巧……"①　"西洋马戏"来沪表演，使上海居民表现出浓厚的兴趣，《申报》作过一番颇详尽的评论，可见当时热烈的场面："当其驰马之际，西人则异样结束，务求精彩……中国之六博。蹋鞠、斗鸡走狗诸戏虽极喧闹，无此盛举也。西人咸往焉，为之罢市数日。至于游人来往，士女如云，则大有溱洧间风景……面蹀躞街头者，上自士夫下及负贩，男女杂沓踵接肩摩，更不知凡几矣……诚海内之巨观，古今所仅有者也。惟华人观者过众，几无处容身……"②　因而新的娱乐形式伴随近代社会生活的产生，乃是势所必然。从总的发展趋向看，新式娱乐大体表现为两个方面：一是科学文化娱乐的发展；二是体育运动娱乐的发展。科学文化娱乐形式在近代主要是新剧——话剧和电影。

话剧，这种文化娱乐形式至迟于19世纪70年代在上海等大城市已经出现。1872年《申报》在《戏园竹枝词》中已提到"新戏"，说："帽儿新戏更风流。"③　到了光绪、宣统之际，上海"新剧"已经是颇为兴盛了。"话剧"能比较直接地反映生活，由此，在民族危亡的感召下，爱国志士充分利用"话剧"形式来唤醒民众。20世纪初年在中国社会激烈动荡的环境中，爱国救亡、反清革命的时代课题，常被进步知识界溶注于"话剧"形式中。"向提倡文明新剧之说盛，于是上海社会

---

① 《申报》同治壬申四月二十四日。
② 《申报》1872年4月13日。
③ 《申报》同治壬申六月初四日。

之中年人士，亦皆热心救世，而号召于众人曰：此固辅助社会教育之一端也。"①

1907年2月留日中国学生曾孝谷、李息霜组织了"春柳社"话剧团体，并在日本东京公演了自编五幕"话剧"《黑奴吁天录》。该剧在留学界和日本文化界引起了强烈反响，博得了好评，同年在上海，戏剧家王钟声也创办了"春阳社"话剧团。

受民族危亡的刺激，许多进步青年为唤醒民众纷纷投身"优伶"，"现身说法"编演话剧，用以倡导社会，推动了近代"新剧"的发展。随着"新剧"的不断兴盛，培养"话剧"专门人才的学校就应运而生了。宣统年间，王钟声在上海创办了中国第一家戏剧专门学校——上海通鉴学校，并公开登报招生提倡文明"新剧"。两个月后，在"兰心戏院"开始上演话剧《黑奴吁天录》；半年后在"香仙茶园"公演了《迦茵小传》。②

辛亥革命前后，革命志士和进步学生借助话剧文化娱乐形式，公开表演反清革命内容，推动着近代话剧发展，1910年"春柳社"社员任天知和上海革命青年组织了"进化团"新剧组织。这是一个以上海爱国学生为主体的革命色彩最浓的话剧团体。"进化团"密切配合反清革命、民族独立的时代主题，在南京、芜湖、汉口等地相继上演话剧《血蓑衣》《安重根刺伊藤》《新茶花》等，受到各地观众热烈欢迎。③ 1911年11月，"进化团"为庆祝"光复"，在上海张园即兴公演《黄金赤血》，以一个家庭侧面反映了武昌起义时的社会生活画面，获得全场观众的热烈掌声。由此，作为一种新式娱乐的话剧便构成了近代中国人精神生活的基本形式之一。

电影也是在近代出现的一种新式娱乐活动。中国最早放映电影是在1900年八国联军进占北京时。日本摄影师柴田常吉等曾携带电影机和"裤带片"以特派员身份随军来华。他拍摄的那些烧杀抢掠的镜头，可能就是中国最早出现的电影纪录片。中国人自己尝试拍片是在1905年。第

---

① 徐珂：《清稗类钞》第4册，中华书局1984年版，第1760页。
② 《中国第一个话剧学校》，《新民晚报》1987年3月2日。
③ 《为革命洪流推波助澜——辛亥革命前后上海的新剧》，载《上海戏剧》1981年第六期。

一部影片是舞台纪录片,纪录著名京剧演员谭鑫培主演的京剧《定军山》。① 早期电影文化娱乐主要控制在外国人手中。1908 年 11 月意大利人劳罗在京拍摄了《西太后光绪帝大出丧》《强行剪辫》等新闻短片;1909 年美国电影商宾杰门·布拉斯基在上海组织了一个"亚细亚影业公司",拍制了《西太后》等短片。这时的电影没有更多的生活内容,主要是外国人以猎奇眼光来反映辛亥革命前夕的社会风俗、民情等状况。以其趣味低下、情节无聊而少有观众。

辛亥革命后,电影文化娱乐才开始表现进步内容。上海"谋得利戏园"曾插映纪录武昌首义的新闻片《武汉战争》。该片由中国著名杂技幻术家朱连奎与洋行合拍,成为当时唯一反映和歌颂辛亥革命的文献片,引起了进步界和广大观众的极大兴趣。1913 年在二次革命期间,戏剧家潘月樵、夏月润、夏月珊也投身战斗,郑正秋也深入前线拍下了反映二次革命的新闻片《上海战争》。② 此后,电影文化娱乐逐步开始反映社会进步内容,初步赢得了观众。一些反映中国社会生活的故事片也开始出现。"亚细亚影业公司"聘请了张石川、郑正秋共同编导了《难夫难妻》,于 1919 年 9 月放映。影片通过一对青年男女在封建买卖婚制下的不幸生活的描写,抨击了封建制度的凶残无情。这大约是近代中国最早的一部故事影片。

总之,近代电影文化娱乐始终处于初创阶段,尚未形成整个社会精祥文化娱乐的重要形式。

2. 新式体育运动娱乐

"体育"是运动性娱乐活动。中国传统娱乐活动中虽也有运动性娱乐如武术等,却没有系统、科学的"体育"运动。"体育"一词是由英文"Physical Education"翻译而来。"体育"有利于人的精神品格的发展,它可以养成人们自信、自制、奋斗、坚忍、勇敢、进取、机智、创造的品格;养成人们仁爱、友善、诚实、宽宏、服务、大方、正直、信赖、公正、交际的社交品格,养成人们合作、服从、负责、守法、自由、正义、

---

① 《传播趣史》,载《太原电视报》1988 年第 33 期。
② 汤伟禄:《辛亥革命前后的我国电影》,载《文汇报》1981 年 10 月 11 日。

牺牲精神的公民品格……①"体育"是健康科学的娱乐活动，有利于社会精神面貌的积极发展，是近代以来"良好的娱乐活动，最好的消遣方法"，②科学的娱乐形式。

在近代中国，"体育"是伴随着新旧教育体制的更替面产生的。"体育"娱乐活动最早出现在新式学堂。1878年张焕纶在上海创办"正蒙书院"，受到西方教育思想的启蒙，在课程设置中加上了"游戏，技艺"等"体育"活动内容。1880年天津水师学堂设置的"体育"科目就包括了"哑铃、木棒、刺棍、平台、木马、单双杠、拳击、跳栏、跳高、跳远、足球、游泳、爬山、爬桅"等项内容。如此，"体育"科目的有无便成为新、旧教育的特点或标志之一。因而，1903年清朝"癸卯学制"规定"体育"在城镇中。小学堂为必修科，在乡村为随意科。

在新式教育体制中产生的体育娱乐活动很快引起了社会各界的关注。不久，小范围内检阅体育活动成果的校际运动会也迅速地开展起来，中国历史上第一次运动会是1890年（光绪十六年）由上海圣约翰书院举办的。这次运动会虽然受到旧习俗的阻碍，学生受缚于"礼教"传统大多作壁上观，但它开风气之先，终使每年举行两次校运会成为一种定制。从1899年到1911年沪、宁、津、京等地学校运动会、校际运动会得到了迅速发展，并推动体育娱乐活动走向了社会。

近代学堂得风气之先，率先创行和推广科学的体育娱乐活动，对于近代社会精神生活以及娱乐活动模式的更新变化，不啻是蛰雷春雨，然而，由于近代社会经济，文化落后，社会性体育娱乐的发展尤其艰难竭蹶。虽然在第二次鸦片战争后，上海出现了新式体育娱乐活动——足球比赛，但组织者和参加者都是外国人。直到20世纪初年，新式体育娱乐活动才在近代中国社会上逐步出现。1902年，近代中国第一个"足球会"在上海成立。5年后，"足球会"举办联赛，引起了广泛而强烈的社会反响。1908年，在上海开展了国际杯及沪港埠际足球联赛。

---

① 吴文忠：《中国体育发展史·绪论》，台湾三民书局1981年版。
② 同上。

表5—2　　　　　　　　各地校运会和联合运动会略表

时间	举办学校	运动会规模	参加学校
1899	天津北洋大学 上海圣约翰学校	校际对抗赛 校际对抗赛	水师、电报，武备学堂 南洋学堂
1900	上海圣约翰学校	足球运动会	
1902—1911	天津学界举办八届运动会	联合运动会	官、私各校
1905	北京协和书院	校际运动会	汇文书院等
1907	南京学界	联合运动会	南京86所学校

篮球运动传入中国是在1898年。直到1903年，天津才有了全国第一个以篮球运动为主的社会性体育组织——青年会。1912年9月，美国人蔡乐尔来华，开始在天津青年会体育班任教，专门传授篮球运动技术。从此，近代中国开始出现了篮球体育娱乐活动。

社会性体育娱乐活动在近代中国实际处于尝试阶段，并没有获得真正发展。虽然如此，近代中国的进步知识分子和教育界，仍致力于提倡发展体育活动，以强健身体和培养竞争奋进的"国民精神"。就在近代中国社会性体育运动娱乐筚路蓝缕、异常艰窘的发展环境下，先进的知识界也竭尽全力，组织了全国性的体育运动会，用以号召社会，转移风尚，第一届全运会于1910年10月18日在南京举行，来自华北、华南、武汉、吴宁、上海等地区的140名运动员参加了田径、足球、网球、篮球项目的比赛；社会各界观众有4万余人。第二届全运会于1914年5月21日在北京举行，分东西南北四部，有田径选手96人参加。

近代新式娱乐的出现是中国人精神情趣、品格、风貌发生变化的一种表现，自然也是社会生活内容巨大变动的反映。当然，娱乐活动形式只是间接地映照着社会生活的变动，它的发展变化远不及社会生活变动那么急速深刻。而且，由于近代中国科学文化事业的落后，社会政治的昏浊腐败，社会生产力的滞后发展等，新式的科学文化娱乐和体育运动娱乐不可能得到充分迅速的发展，而只能在部分大城市中，在上中社会中步履维艰地缓慢发展。

但是，新式娱乐活动毕竟是更为科学、更有利于身心健康的活动，它的出现，揭开了中国人精神娱乐生活新形式发展的帷幕。随着社会的发展和条件的逐步成熟，它必将取代旧式传统娱乐活动，成为中国人精神生活中必需的内容之一。①

第三节 礼俗与节日

一 包罗广泛的礼俗

我国历来号称礼仪之邦。无论是个人生活中的生养、寿诞、成年、婚嫁、丧葬、祭祀，还是社会交往中的相见、互助、赠答、庆吊、作客、待客，都有相应的仪礼。对于这些仪礼及其相关之事，各阶层民众都很重视，人相习，代相传，这样就形成了多种多样，包罗广泛的礼俗。

礼俗本身具有较强的传承性和稳定性。但是，作为社会生活中的精神现象，作为社会心理的一种表现形式，礼俗也受到社会物质生活条件，社会结构和社会关系的制约，并与社会的政治制度和意识形态互相影响、互相作用。在世代传承的过程中，礼俗随着上述社会历史条件的改变而变化、发展着。各个社会都有各具自己特色的礼俗。某一社会的礼俗，既是前代旧俗的延续与发展，又是当代民众特有的精神状态与生活方式的反映和展示。同时，某一社会的礼俗，对该社会的物质生活和精神生活也具有一定的影响。

在"五四"运动以前的中国近代社会，封建主义的经济，政治与社会意识形态虽然已腐朽落后，日暮途穷，但在很长时间内基本上仍占统治地位。因此，与封建主义适应的中国古代社会的礼俗，大部分得以在近代社会中保存和延续下来。与此同时，随着西方近代工业文明的传入和扩散，中国封建主义的自然经济逐步解体，资本主义生产方式应运而生，原有的社会控制功能动摇削弱，到辛亥革命前后，旧礼俗开始发生内容或形式上的部分变异与改革，新礼俗开始孕育和萌芽。这标志和预示了中国礼俗正面临着一个新旧相杂并且交替的前景。

---

① 本目资料均见成都体院编《中国近代体育史简编》，人民体育出版社1981年版；吴文忠《中国体育发展史》，台湾三民书局1981年版。

1. 诞生礼俗

诞生礼是人生的开端礼,它包括接生、洗三、满月、百日、周岁等一系列仪礼。对于这些仪礼,我国各族人民早有惯俗。进入近代以后,这些惯俗基本上仍被人们沿袭。这里,简述一下近代汉族的诞生礼俗。

在孕妇产前,一些地区有催生礼,孕妇产时,有些地区有用礼物接生的仪式。一般说来,大多数地区都把诞生礼中第一个比较隆重的仪式放到婴儿诞生后三日举行。此日要用某些花草,草药热水为婴儿沐浴,以驱灾避瘟,俗称"洗三"。有的地区则是在其他日子洗婴,此日则备办菜肴祭祀祖先,祭毕请接生婆及邻舍来吃,这叫"做三朝"。

诞生礼中第二个比较隆重的仪式是满月。婴儿满月,各地都有庆贺之举。主家备办酒宴,亲友邻好均来祝贺,赠礼聚餐。外婆家要给婴儿做新衣、新鞋、新帽,有的还要做被褥。此日,许多地区要为婴儿剃掉胎发,然后婴儿由人抱着拜谒祖先牌位,并向尊长及贺客一一行礼。浙江湖州、安徽寿春等地,婴儿剃发后还由舅父怀抱出门,在街上走走,俗云这样可使小孩日后不怕生人。[①]

婴儿诞生百日,俗称百禄或百岁,主家设宴作庆的也很多,外祖父母等亲友亦须往贺、赠礼,祝婴儿长寿。

到婴儿诞生的第一个纪念日,即周岁之日,各地更有隆重的庆贺仪式。倘系男儿,则除亲友赠礼,主人宴客、给小儿穿虎头鞋戴百家锁、抱小儿奉神敬祖之外,许多地方还有抓周之举。家人将士、农、工、商所用器具及食品、玩具、钱币等物置于婴儿面前,观其所指或所取为何物,以占其长大后的志趣、作为。

通过上述一系列仪礼,人们宣布、承认和祝贺了一个新生命的进入人生、进入社会,并且祈求神明保佑婴儿,祝愿婴儿顺利成长。值得注意的是,在近代汉族的诞生礼俗中,女性婴儿的地位远比男性婴儿低。人们虽然视添人进口为喜事,但主要喜的是生子增丁,男女之间的不平等,从诞生时起就很鲜明。男孩的洗三、满月、百日、周岁等庆贺仪式,虽贫家亦绝不免,而且要尽力铺张一点。如果是女孩,则有的庆贺仪式

---

① 胡朴安:《中华全国风俗志》,大达图书供应社1935年版,下篇,卷4,第39页;卷5,第34页。

可不举行，即使举行也较简单、冷清，不如男孩的那样隆重、热烈。这在全国是极为普遍的现象。此外，一些地区的诞生礼俗中还有专为男孩举行的特殊的庆贺仪式，女孩则例不得享。这主要是由于以男性为中心的封建宗法、家族制度和男尊女卑、重男轻女的封建思想的缘故。同时，在中国近代社会的小农经济中，男性劳动力的地位仍然非常重要，这也是造成重男轻女倾向的社会原因之一。

2. 成年礼俗

人类的成年礼俗起源于原始社会。那时，社会的养育功能非常微弱和有限，儿童夭折的现象相当普遍。因此，一个儿童的长大成人在当时是值得庆贺的大事，它对于氏族、部落有重要的意义。人们为此要举行专门的典礼，这就是成年礼（或名成丁礼，也叫入社式）。此礼隆重而又庄严，内容包括对青年智力、毅力、胆量、技能的考验，向青年传授某些生产、生活知识和技能，在青年身上或服饰上做出某种标记，等等。通过此礼的青年，便成为氏族、部落的正式成员。

进入文明社会以后，汉族仍沿袭了举行成年礼的习俗，但仪礼的内容与形式已有不同。古代汉族的成年礼俗，是在成年时举行冠礼。男子到20岁，家长即选择吉日，告诸宗庙与亲友，请精心选出的大宾为之加冠，长者并致以祝、训之辞。女子成年，有加笄之礼，其仪节与冠礼相同。

随着社会养育功能的发展，儿童长大成人的艰难性日益减轻，成年礼的重要性因此也就逐渐变小，冠礼逐渐废行，它与人生仪礼中下一个阶段的婚礼实际上逐渐合而为一了。这种演变，在古代社会的历史发展中已经开始。到了近代，汉族礼俗中就全无独立、完整的冠礼了。只有在部分地区的婚礼之中，还能看到它的残留。例如，广州嫁娶之家即在迎娶之前各为新娘新郎加笄、加冠，俗称上头。① 这只是当地婚礼中正式迎娶之前的一种附属仪节，并不是各地普遍举行的仪礼。早婚之风盛行，成年与结婚实际上无多久间隔的社会现象，也是这种演变的原因之一。

但是在近代许多少数民族中，成年礼还是一项独立的，重要的人生

---

① 容肇祖：《钞本婚仪备览加增的几段叙述》，"国立"中山大学民俗学会：《民俗》1930年第119期，第10—13页。

仪礼。其礼俗，有改梳发式、改换头饰，改穿服装、文身、染齿、拔牙等多种做法。行礼时，一般都要拜谒神灵或祖先，亲友并赠礼祝贺。此外，有的要独立去打一场猎，有的则受到本族历史、习俗等方面知识的教育……云南麻栗坡瑶族男子的成年礼叫"度戒"。此礼在 16—22 岁间举行，由戒师主持。受戒者要听戒师传授宗教仪礼和课目，发誓不做偷、抢等害人欺人之事，并且要经历翻云台（从一丈多高的台上跳下）、上刀梯（赤脚爬上插刀的梯子）等艰难痛苦的考验。行此礼后，该青年才能结婚和具有参加社会活动等权利。行礼期间，其家要招待大批客人，欢宴数餐。①

简言之，近代少数民族的成年礼俗，有的与原始社会的成年礼相近，有的与古代汉族的冠礼相近。这种差别反映着这些少数民族之间社会发展的不平衡。撇开仪式上的差别，各族成年礼的意义却是相同的。它标志了一个人脱离童子期，进入成年阶段。通过此礼，社会承认、接纳此人进入成人行列，从此，他在社会上享有成人可有的一切权利，同时也须遵守成人的规仪、禁忌，履行自己对社会的职责与义务。

3. 结婚礼俗

婚礼是标志与庆贺结婚的民俗形式。我国古代汉族人民的结婚礼俗，包括纳采、问名、纳吉、纳征、请期、亲迎等"六礼"。这六礼是封建包办买卖婚姻的礼俗。近代汉族主要的婚姻形态仍然是封建包办买卖婚姻。因此，六礼在近代汉族中仍然有着巨大的影响，近代汉族的旧式结婚礼俗，就是在六礼的基本模式之中传承变异而来的。

一般说来，近代汉族的旧式婚礼有相亲、下定、完聘、迎娶等四个主要程序，均由父母主持，通过媒人进行。相亲是男女两家家长的议婚之举，男女青年本人则绝大多数不到迎娶见不了面。相亲的内容，除了解家境、人品、相貌等外，主要是卜合属相或年庚、商议聘礼及嫁妆。下定即男女两家互通婚帖，正式订婚，男家往往同时馈赠女家些钱，物，或为聘礼的一部分，或为额外的订婚礼物。此后，到迎娶前或迎娶时，

---

① 国家民委民族问题五种丛书编委会《中国少数民族》编写组：《中国少数民族》，人民出版社 1981 年版，第 514 页；郑传寅、张健：《中国民俗辞典》，湖北辞书出版社 1987 年版，第 21 页。

男家必须交足聘礼,此即完聘;不完此礼,就绝不能迎娶女子。

迎娶是婚礼中最后的、也是最隆重最烦琐的程序。届时,新郎有的亲自前往,有的在家迎候。这一程序中,从男家赴女家迎娶、新娘上轿启程及下轿进男家门,到新郎新娘拜堂,客人闹房,新妇回门,又有许多的仪式。例如:

用以表示喜庆和祈祝吉利的仪式。新郎新娘吃长寿面、饮交杯酒、洗和气手等仪式,就是用以祈祝夫妻二人富贵长寿、和睦恩爱。在举行这类仪式时,往往有人高诵相应的吉语,有的还伴有各种喜歌。这些喜歌吉语与喧腾的八音锣鼓、盛大的迎娶仪仗、灿烂的洞房花烛、笑闹的男女宾客、炫目的贺联喜帐一起,构成一种热烈的场景,渲染了喜庆的气氛。

用以求神保佑和驱邪避煞的仪式。两位新人拜天地,是敬神之举,其用意在于将婚事告知神灵,祈求保佑。男家出发迎娶及新娘上轿下轿时大放鞭炮,则是为了驱除邪、煞,防其作祟。为此,还有搜轿、压轿、护轿、遮伞、撒米、令新娘跨火炉或犁耙马鞍、向新娘身子周围射箭等举。就连迎娶之夜或新婚三日内许多地区盛行的闹洞房,也含有驱邪避煞的用意。广东翁源有俗语曰:"人不闹则鬼闹";[1] 浙江湖州人认为,"愈闹愈发,喜可加倍"。[2]

用以确立结婚者新的社会关系的仪式。拜见翁姑、岳父母及其他尊长,与对方家人、族人、戚友、邻好相见,这些仪式俗称分大小、序长幼、见亲、拜礼等。此外拜堂(在男家参拜祖宗)和庙见(到男族宗庙参拜祖宗),意即将二人的婚姻、家族成员的增加告请祖宗承认,这样的仪式也作确立社会关系之用而为时人格外重视。

此外,近代汉族迎娶中还有一些仪式,明显地反映着封建包办买卖婚姻的特征。例如,广州婚礼中有检验与宣告新娘是不是处女的仪式。在见到表示新娘是处女的喜帕之后,贺客始道祝贺,两位新人方行交拜等礼。如果新娘被认为失贞,男家多当即退之,追索聘礼。[3] 这一礼俗体

---

[1] 清水:《民间文艺掇拾》,《民俗》1928年第40期,第33页。
[2] 胡朴安:《中华全国风俗志》,下篇卷4,大达图书供应社1935年版,第36页。
[3] 徐珂:《清稗类钞》第5册,中华书局1984年版,第2001—2002页。

现了封建伦理道德对妇女的要求，它的形成，又与婚姻的买卖性质、私有制及其观念和封建宗法家族制度有关。对女子贞节（婚前是处女，婚后守一不二）的重视与苛求，既是为了实现对付出相当代价买回的女子的完全占有，也是为了保证家族血统的纯正，以免根据血缘纽带传递继承的财产、地位等沦于外人。

为了使财产、地位等有血亲继承，也为了使长者死后有人奉祀，封建家庭非常注重传宗接嗣。因此，妇女这一用金钱买回的特殊所有物，又必须具有和完成育子的职能。近代迎娶中有许多仪式，用意正是为了祈祝新娘早生子、多生子。新娘下轿进男家门时，许多地区在地上铺有布袋，新娘须步步行于袋上，这叫传代（取"袋"之谐音）。入房后，新人并立（或坐）床前，有人拿枣子、栗子、莲子、花生多种果品向床中撒去，这叫撒帐或撒果，撒者往往随撒随唱，歌词即为多生贵子之类的吉语。至于北方二新人共吃不怎么熟的子孙饽饽，故令新娘说"生"，当然也是希望她说生就生。

除贞节和生育之外，男家还要求女子像买回的牛、马等所有物一样，驯服顺从，任劳任怨。近代汉族迎娶中的一些仪式，即含有这样的用意。江浙一带，新娘的花轿到了男家，须在门外停一段时间，始得进门。这叫作勒性子，是要折磨新娘的性情，防其暴躁。许多地区，新娘入房后，新郎要用折扇或其他某物在新娘头上或身上轻打几下，意为夫尊妇卑，妇须听话。江西吉安在新娘入洞房时，甚至男家的亲友邻舍，不论大小，也均用木棒敲打新娘。因此，无论冬夏，新娘离家上轿时都得穿上棉袄，以御棒击。这与古代囚犯入监时须挨"杀威棒"的情景与用意，相差无几。[①] 另外，各地多有次日或第三日新娘下厨房干点活的仪式，这正是她日后奴婢似地负担各种劳作的象征与开端。

如果迎娶的不是妻，而是妾，则情形不尽相同。纳妾之礼，许多地区均较娶妻简略。妾进门后，须跪行拜见正妻之礼。这样的仪式，是封建等级制度与观念在婚礼中最明显的体现。

近代汉族人民从相亲到迎娶的婚礼旧俗，大致情形即如上述。这样的礼俗，植根于封建自然经济、封建婚姻制度、宗法家族等级制度和封

---

① 胡朴安：《中华全国风俗志》，下篇卷5，大达图书供应社1935年版，第42—43页。

建意识形态的土壤之中；它在社会生活中造成许多问题，给婚姻当事人及其家庭造成精神上的痛苦和经济上的负担。例如，前述迎娶中的许多仪式给女性在与生俱来的歧视、摧残之上又增加了凌辱和压制。繁重的聘礼再加上迎娶中的许多花费，导致中下之家多有财乏力尽之感，有的更因此负债，连生计也受到影响。而且，由于没有婚前的接触和了解，没有必要的感情基础，婚姻基于买卖、由家长包办，许多夫妻婚后并不和睦，有的妻子受到虐待，等于被父母推入火坑。至于因财力不足而不能成婚的"光棍汉"，各地更是所在皆有，不足为奇。

19世纪末20世纪初，一些先进的资产阶级知识分子和进步青年激烈抨击传统的结婚礼俗，呼吁改革，不少人并以实际行动反抗旧礼俗，走出家庭，自由择偶恋爱，举行新式婚礼（时称文明结婚），为结婚礼俗的改革做出了榜样。于是，近代汉族传统的结婚礼俗开始发生变易，虽然旧俗仍占统治地位，但是在新经济、新阶级、新文化势力较强，受西方近代文明影响较大的通商口岸及其附近和一些城市中新俗也开始萌生和出现。

例如，上海从清末起流行"通脚"之俗。为了了解对方家境，品貌，姑娘可在订婚后、完婚前由媒人陪同择吉日带些礼物去拜见未来的公婆，丈夫，此后便可随时再去，与男方接触。在接触中，如果某一方感到对方有令人不满之处，便会退婚。这种允许青年男女婚前接触、了解的做法，是前所未有的。[1] 到民国初年，广东更出现了一种"自由女"，这种女子不受家庭的束缚，居住、婚姻均可自由。[2]

当然，这样的自由女，在其他地区还是罕见的。当时的文明结婚（或称文明婚礼），一般是"先由男子陈志愿于父母，得父母允准，即延介绍人请愿于女子之父母，得其父母允准，再由介绍人约期订邀男女会晤。男女同意，婚约始定"。结婚之日，双方父母各赠礼物。仪式一般为：奏乐，司仪人、男女来宾、主婚人、证婚人、介绍人、纠仪人、新郎新娘及男女傧相、族人等依次入席；证婚人宣读证书（上列新郎、新娘、证婚人，介绍人、主婚人姓名等），读毕与证书上列名者依次盖印，

---

[1] 欧阳若修、韦向学：《中国婚俗集锦》，漓江出版社1986年版，第455页。
[2] 胡朴安：《中华全国风俗志》，下篇卷7，大达图书供应社1935年版，第11页。

并为新郎新娘交换饰物;接着,新郎新娘行礼,先相对双鞠躬,继谢证婚人、介绍人各三鞠躬;主婚人致训辞,来宾代表致颂词、赠花,新郎新娘致谢辞,双鞠躬;然后,女宾代表唱文明结婚歌,新郎新娘行谒见主婚人及双方族人之礼;全体退席后,开茶点、筵宴。这样的婚礼,"倡于都会商埠,内地亦渐行之"。①

此外,江苏南京的迎娶,多以马车取代花轿,武进的婚礼,有的在旅馆及青年社举行。② 上海一带新娘在出嫁时不盖红巾,而用兜纱,"有后垂迤地至四五尺者",这是对西俗的效仿。③

总之,新的结婚礼俗使青年男女对本人的婚事有了一定的发言权和决定权,在某种程度上改变了旧俗中的包办、买卖性质;同时,办事亦较节俭,程序和仪式由繁到简,特别是删除了那些敬神、驱邪、避煞的迷信做法和辱弄、压制女子的蛮陋举动。这样的变革,是中国近代结婚礼俗进步的开端。

4. 丧葬礼俗

丧葬礼是人们为死者举行的仪礼,它形成于人类有了鬼灵观念的时候。这种观念认为,灵魂不灭,人死后变成鬼,转入阴间继续生活,并可影响活人的祸福。从这种观念出发,古代的人们在丧葬礼中一面处理死者的遗体,对死者进入信仰中的另一世界继续生活做出种种安排和祝福,一面表达对死者的哀悼、纪念和评价;并祈望死者的鬼灵(或鬼魂)保佑后人平安、富贵。在这样的丧葬礼中,总是有形形色色、繁杂多样的迷信仪式,贯穿始终。

近代汉族的旧丧葬礼俗,与古俗一脉相承,无大变异。其葬式,仍以土葬为主,将尸体放入棺木,深埋土中,在地面堆土丘为记。其仪礼,一般有停尸、入殓、吊丧、下葬等程序,每个程序又都包括多种仪式。

人死后,家人即把他停放在一定的地方,守尸而哭,为他冰浴、整容、更衣、供饭、点灯,并焚送纸扎轿马及纸锭冥洋等供他使用。同时,丧家须将门神用白纸封起来,或悬纸马纸钱之类物品于门,作为治丧的

---

① 徐珂:《清稗类钞》第5册,中华书局1984年版,第1987—1988页。
② 胡朴安:《中华全国风俗志》,下篇卷3,大达图书供应社1935年版,第13、78、79页。
③ 《宝山县续志》,转引自《中国婚俗集锦》,第457页。

标志；并请阴阳先生择寻墓地和推算殓、葬日时等。死者的近亲晚辈们则分赴家族、戚友家报丧。官绅之家，且由孝子具讣文，载明死者的名号、官爵、生卒年月日时和丧家设奠出殡日时等，遍致有交往者；有的并具哀启，详述死者生平言行，随讣文分送。

由阴阳先生推算或当地礼俗例行的入殓日、时到后，即将死者殡殓入棺。先请较有身份的人书写铭旌（用来竖在柩前以表识死者姓名的旗幡），然后由孝子与其他人抬尸入棺。此时，死者的家人及至戚均须守在棺材左右。随尸入棺的，还有被褥、钱币、米、盐及死者生前心爱之物。放置妥当后，如果死者的至亲都已到齐，则可盖棺加钉。加钉时，亲属们要高呼死者，让他"躲钉"。

殓后，即陈设灵堂，接受亲友等人吊祭，正式追悼亡人，这叫吊丧。这时，死者的亲属均须穿好丧服（或称孝服），这叫成服。近代的孝服，在古代斩缞、齐缞、大功、小功、缌麻五服制的影响下，仍然分成不同的等级。以安徽合肥为例：死者亲生子女的孝服用白粗布制成，四周及袖口不缝，脊缝毛边向外，头扎六尺白布巾，以麻丝系，直垂背后，鞋上蒙以白布（毛边朝外）。媳妇除上述穿戴外，肩际多一幅白布，叫作反托肩。侄、孙辈的孝服则毛口向内，断处缉边，头扎白布巾以白线系，横垂于肩，鞋上所蒙白布尺寸较短，亦无毛口。侄媳辈无反托肩，子之妾亦然。曾孙辈的孝服，四周及袖口且缝有红布，头巾亦缀红布或红寿字。嫡长子地位特殊孝服最重，除前述亲生子女辈的穿戴外，行礼时还要外罩麻制衣，头戴麻制帽，帽前悬几个小棉絮球。① 此外，死者的其他亲属如堂侄、侄孙、女婿、外甥、外孙等，也有各自的孝服，轻重有别。

成服后，孝子孝女按长幼顺序在灵旁守灵。宾客来吊，要赠赙仪（香烛纸宝或钱、物等）。吊祭的过程有家祭与客祭。家祭时，死者的家人按照长幼顺序先后或合跪灵前、随着赞礼者的呼叫叩头、献祭文祭品及鼓乐等。客祭则由来宾叩头献祭，孝子或晚辈哭拜谢礼。然后，主人以宴席款待宾客、执事等人。

此外，许多地区远有"做七"（或称"烧七"）之举，许多丧家并请僧道设斋会、做道场，以安慰、超度死者和攘除灾祟，使后人平安、

---

① 胡朴安：《中华全国风俗志》，下篇卷5，大达图书供应社1935年版，第9页。

发祥。

吊丧事毕，便该出殡下葬了。下葬之日，在送葬的队伍中，孝子或前或后紧挨棺材，抉而后能起，杖而后能行，以示极度的恭敬与悲痛。死者的其他亲友也来送葬，女性一般走在最后。如果延有僧道，则他们手执法器，在前导引。此外，送葬队伍中还有开路者及铭旌、旗牌、鼓乐等。有的亲友并在途中热闹处设祭，称为路祭。这些仪节，各地或繁或简，不尽相同；同一地方，贫富之间也有差异。到葬地后，或请显者祭祀土地，或由僧道诵经。至吉时，将棺材、随葬物放入墓穴，然后填土堆坟，焚烧冥器冥洋等。葬后三日，许多地区的丧家上坟，设祭哭奠，称为复三、复墓等。至此，丧葬事毕。

除土葬外，中国近代社会还有水葬、天葬、火葬、悬棺葬、风葬等葬式。

中国近代社会构成的基本特点之一，就是封建宗法制、家族制和等级制，这个特点制约和影响着该社会的旧式丧葬礼俗。汉族中大多数家庭、家族的坟墓依照人间尊卑长幼的顺序来列置，一些地区婴幼儿死后被弃尸旷野或河中而不得葬入祖坟，女性死者的衣衾、棺木等多不如男子，以丧服直接标志直系与旁系、亲与疏、嫡与庶、尊与卑、长与幼、男与女诸关系之间地位的差异，如此等等，都是封建宗法制、家族制和等级制在近代旧式丧葬礼俗中的反映。

就社会生活而言，各族广大民众处于封建迷信意识的蒙昧之中，这是中国近代社会精神生活的基本特点之一。这个特点反映到丧葬礼俗之中，就是封建迷信意识与作法的充斥。鬼灵信仰和风水观念是近代汉族旧式丧葬礼俗的主要思想基础。这样的丧葬礼俗，反过来又对社会的物质生活和人们的精神状态有着不良影响与作用。例如，为了使死者在实际上并不存在的阴间生活安宁、幸福，人们在丧葬中往往要耗费大量的财与物。特别是为死者焚送衣帽等实物，这无疑是社会物质生活资料的一种积少成多的耗费。对于众多并不富裕的民家来说，办理丧事与婚娶一样，经济上是一种沉重的负担。而对于少数具有封建特权的世俗统治者和宗教职业者来说，丧事是他们聚敛财富的机会之一，这又给普通民众造成额外的负担。

此外，汉族丧葬礼俗中的封建迷信意识与作法，是直接与近代科学和文明相抗衡的。殓、葬都要依照阴阳先生择定的日、时，虽盛暑亦不能违期速葬。为寻可使阴安阳泰、后人发达的风水好的葬地，许多丧家长期等待，将死者之柩久停不葬，有的一停就是数年，数十年，有的甚至耽搁二三世。这对人们的卫生和健康当然不会有利。为了争夺风水好的坟地，许多家庭、家族之间还发生纠纷，甚至引起械斗，这又成为近代社会问题的根源之一。众多的坟墓，占去一定数量的耕地，自然使社会的农业生产受到影响。为了维护祖宗在地下的安宁和自家坟地的风水，民众曾经极力反对兴筑铁路和开发矿山。这种社会心理的阻力，又使近代交通运输事业和采矿业在兴起阶段受到严重的影响。

辛亥革命前后，上述旧丧葬礼俗也受到了有识之士们的批判，并出现了一些变异。例如，减少仪仗、不请僧道、改用乐队等。最重要的变化，是改吊丧为开追悼会。"光宣间，有所谓追悼会者出焉。会必择广场，一切陈设或较设奠为简，来宾或可不致赙仪"。会议的程序，简单的为摇铃开会，报告开会宗旨，宣读祭文和诔词，行三鞠躬礼、述行状、演说，家属以鞠躬礼答谢来宾，奏哀乐、散会，较隆重的，也不过增加献花果、唱追悼歌等项内容而已。① 总之，丧葬礼俗变化的趋势，同结婚礼俗一样，也是删繁就简，力从节俭，迷信成分逐渐减少，较为文明的仪式开始出现。

5. 祭祀礼俗

祭祀是人们表达信仰、迷信，寄托感情和希望的一种精神生活活动，一项普遍而又重要的社会仪礼。其具体做法是通过一定的仪式，把特定的食、物敬献给信仰中崇拜，敬畏的对象或感情上所怀念的祖宗等死者享用，祷祝他们保佑、赐福而不遭灾降祸。这种活动与仪礼起源很早，其后被人们相沿成俗。到了近代，此俗赖以存在的基础和根源（万物有灵观念及神鬼迷信，自然力的压迫与社会的压迫）仍然存在，因此它也就继续为人们所奉行。

近代汉族的祭祀礼俗，保留着不少古老的，甚至原始的色彩。在封建家、国礼法尊祖敬宗的力倡下，奉祀祖宗是每个家庭、家族的第一要事。除祖宗外，近代汉族祭祀的神灵和动植物精灵十分庞杂，多不胜述。

---

① 徐珂：《清稗类钞》第8册，第5544页。

另外，近代汉族还祭祀鬼灵，包括已故的夫、妻、子、女等亲属（因非长辈，故不与祖宗同类）和无主之鬼（没有亲人奉祀之鬼）。如此众多的祭祀对象，分居于祠堂（即祖祠，又称家庙或宗祠）、墓穴和各种庙宇之中。民众家中，一般也设有祖宗、亡亲和若干在民众信仰中与各家的生产，生活密切相关的神灵之位。这样，民众的祭祀就有家祭，墓祭和庙祭（神庙与家庙之祭）。家祭之礼，只有家人参加，由家长主持。墓祭与庙祭之礼，则有个人举行的，也有部分人集体举行的。集体祭祖，家族中人均须参加，由长者主持。集体祀神，往往是有某种关系（或同村同保，或同业，或同信奉某个神灵）的一部分人，结成某种名目的香会组织，大家轮流值会，负责筹备和组织祭祀恬动，届时齐往行礼，祭毕会餐或分享祭余。

从时间上看，民众的祭礼有例行的、常规的与无定期、因事而行的二类。前一类祭礼一般是在岁时节日举行，即每年春秋二季或春夏秋冬四季各有一祭，元旦、上元、清明、端午、中元、中秋、重阳、十月朔、冬至、除夕等节都有祭。此外，祖先的忌日须祭祖，神灵的诞辰须祭神；其他某些日子，因约定俗成而亦为例行的祭日，如腊月二十三祭灶等。当然，各地的具体做法并不完全一致。例如，北京民众的令节祭祖，是在除夕、元旦、上元、端午、中秋、重阳上供行礼，其他节日则不设祭；冥诞之日，也是有祭者，有不祭者。① 同时，许多地区都有迷信较深者，对家中的神、祖之位晨昏烧香、朔望叩首，行礼的频繁达到了无以复加的程度。

后一类祭礼，是因为某一事项而随时举行的。例如，祈雨、祈晴、远出、客归、迁居、建筑开工有祭，遇生子、娶妇、入学、毕业、取得功名或官职等喜事及遇伤病、失物等不祥之事有祭，与人争执、许愿、还愿也各有祭。更有甚者，做了噩梦或听见乌鸦叫，也要祭一番，心绪才能安宁。这类祭礼，不是常规的、例行的，但也是大量的，常见的。

祭礼的过程，个人进行的一般比较简单，无非焚香上供、叩拜祷祝了事；集体进行的则比较隆重。例如，合族祭祖之礼，由同一宗族或家族内众人在宗祠举行。这样的祭礼，琼崖岛（海南）人每年春、秋各行

---

① 崇彝：《道咸以来朝野杂记》，北京古籍出版社1983年版，第84—85页。

一次。祭前，要确定行祭人员：正献、分献、陪祭、读祝（诵读祷祝之文）、嘏辞（代表先人向子孙训词）、赞引（立于香案之前唱礼）、分引（引导正献、分献至神位前）、执事（供献香、酒等物，10人左右）、纠仪等。上述人员，除正献、分献例由族长、各支长子长孙（或长老权贵）分别担任外，其余须为有功名者（清末为捐生、监生以上，民国以后为高小毕业生以上）。族中布衣，则仅限于祭毕叩首而已。祭时，先鸣炮奏乐，正献、分献就位，行初献礼，接着读祝，行分献礼，续行二献礼、三献礼（各又随行分献礼）；然后，行又食礼；礼毕受胙，众人跪地聆听嘏辞；听毕，烧纸帛，三叩首，礼成。祭毕分胙肉，肉有生熟二种。熟肉按丁而分，故名"丁肉"。生肉给有功名者，故名"功名肉"。又有羊肉，给过了一定年龄的老者。不论生肉、熟肉、还是羊肉，女性皆无份，惟节妇方有特赐。[①]

集体祀神之礼，由香会成员一起在庙宇举行。除焚香、叩头、上供外，一般有表文上给所祀之神。表文上写明奉祀者住址、姓名、所上供品（如"宝马香烛金银宝锭纸禡钱粮"）、所求之事等。上表时，会首叩头，焚表，会众皆跪于地，有二人立旁边赞礼，有僧道击鼓鸣钟、敲磬诵经，气氛庄重、神秘。会众们似乎感到神明已经接受了他们的奉献和祈祷，大家起身、作揖，口称"大喜"。一般说来，各个庙宇都有固定的香火期，届时许多香会及零散的个人均来进香祀神，一时间可形成十分热闹的场面。北京郊区的妙峰山碧霞元君庙，以四月初一至十五为春香期。届期，香客前后相接，日夜相继，人无停止，香无断烟，人数、金钱均以数十万计。光绪一代，西太后每逢香期，都要在颐和园看香会经过，给她看过的会就可称为皇会。由于统治者的提倡，妙峰香火更盛于前。[②]

不论是何种祭礼，都含有功利主义的动机：或请保佑，或祈解祸，或求救助，或为得福。当然，人们的愿望和要求在实际上总是落空。但近代民众不明白神灵不灵的道理，反以为问题在于人心是否虔诚、奉祀是否丰盛。"心诚则灵"这句格言式的成语愚弄了无数的人。神灵越是不

[①] 王兴瑞、岑家梧：《琼崖岛民俗志》，《民俗》1928年第1卷第1期，第20—21页。
[②] 罗香林：《碧霞元君》，《民俗》1929年第69、70期合刊，第41—49页。

显灵，民众就越是更加虔诚、丰盛地奉祀，他们相信总有灵的时候，哪怕它迟至来生。信仰产生行动，指导行动；而行动又强化和发展着信仰本身。民众祭祀活动与礼、俗的传承、发展，使民众的迷信意识代代相传，日益根深蒂固地盘踞于脑中，制约着人们的精神状态，左右着人们的精神生活，并且影响着整个社会生活，发挥着消极麻痹的作用，对社会生活的进步有极大弊害。

辛亥革命前，一些先进资产阶级、小资产阶级知识分子对祭祀类迷信礼俗也提出了批评。20世纪初，一些庙宇被改为学堂、学会。民国建立后，许多地方掀起了毁神庙、废淫祠的风潮，一些家庭中也取掉了供奉天地君亲师的牌位。民国政府的一些地方当局曾经废止人们对一部分神鬼精灵的祭祀。在城市中，一些人（如青年学生，产业工人等）对祭祀活动趋于淡漠。昔日士大夫们曾经无比虔诚地举行的祭孔之礼，到民初也逐渐失去了那隆重庄严的盛景，社会上响起废弃此礼的呼声。但是，与此同时，大部分民众（特别是乡村农民）仍然处在迷信之中，对传统的祭祀礼俗遵行不改。只要此俗产生的基础和根源仍然存在，它也就不会被彻底革除。

6. 社交礼俗

人生活在各种社会关系之中，人们的社交礼俗，反映的正是一个社会中人际关系的状况与特征。

近代汉族的社交礼俗，在辛亥革命前与古俗相近，变化不大。在日常往来中，汉族人相见，有拱手、跪拜的礼节。拱手即双手合抱举前，并常伴以屈身，俗称为作揖。平日相见，多行此礼。在比较庄重的场合，卑幼见尊长，则须行跪拜礼。因受满族，蒙古族习俗的影响，近代汉族（尤其是北方人）卑幼对尊长也有行请安礼的，请安即问好，行礼时男子垂右手而屈左膝；妇女社会地位低，须以两手抚两膝，同时屈之。[①]

如果是初次相见，还须请教尊姓台甫（即姓氏，字号，不可问名）、贵庚（年龄）、贵府（住址）等。此后，便是互道寒暄（即问候）。所问之事，是对方及其家人的饮食起居寒暖。这样的问候语，反映出社会还没有彻底解决它所有成员的温饱问题。

---

① 徐珂：《清稗类钞》第2册，中华书局1984年版，第489—490页。

与人相见及交往，必然要使用一定的称谓。汉族亲族的叙述法称谓（如二叔、三姨等），把直系与旁系、父方与母方、尊卑与长幼、男与女、嫡与庶诸种关系表达得很清楚，区分得很明确。亲、族之外人们的称谓礼俗，有一个特点比较显著，这就是自谦与敬人。例如，对辈尊年长者称"翁"等；对同辈，即使比自己年龄小，也称为"兄"；自称则为"晚生""小弟"等；学生对老师，笔札中称夫子；相见时，受知者称老师，受业者称先生；自称门生、受业等。平民对官吏，称之大人、大老爷、老爷、太爷等，自称为小人。对别人的亲属，加一表示美好之意的"令"字，尊称为令尊（父）、令堂（母）、令兄、令弟、令郎（子）、令媛（女）等；对别人的妻妾，尊称为夫人、太太、奶奶、小夫人、姨太太、姨奶奶等。对人称自己的妻子，为贱内、拙荆、荆室，子女为豚儿、犬子、贱息等。妇女对人自称为妾、奴家等。农民没有文人那样多的谦敬之词可用，但他们有一种简便、通行的表敬之法，即降低自己的辈分，借自己的儿孙辈称呼对方，如称亲家母为"他姥姥"。此外，古代形成的称谓中的避讳惯制仍然存在，人们对君主、对自己和对方的尊长都不能直呼其名，作文与交谈时也须避用其名的本字甚或同音字，否则即为不敬。这是尊祖敬宗的封建宗法制的产物。

探亲访友，是近代汉族民众一项重要的日常往来。乡人每往亲友家探望，必带不少礼物。在城镇，中上层人士之间的探访，进门时须先投名刺（即名片）。客人进门，主人拿来待客之物，较为普遍的是水旱烟。广东、福建、台湾等省人惯以槟榔待客；广东人邀人小坐，也说是"吃口槟榔"，这是当地古俗的遗留，一些地区的中上之家，则用鸦片烟款待上宾，这是半殖民地半封建的中国近代社会特有的现象，它反映着外国侵略者对中国社会的毒害。主人如果设宴款客，宴席上的座次多是论资排辈的，一般说来，坐席以北为上座，归尊长及客人，卑幼者则坐下座。上座者入席后，其他人方可落座，否则即为失礼。许多地区，更仅由男性家长陪客，子女根本不许上桌共餐。对于媳妇。女儿，此禁尤严。这是封建等级制度及其观念在社交礼俗中的体现。

近代汉族另一项重要的日常往来，是食物礼品的赠答。新年期间，亲友邻舍之间多互邀饮宴。其他各节中，也多互赠节日礼品。在非年非节的平时，又常有土特产品的赠答往来。有些地区，乡民对于绅士、工商业者对于某些"局老爷"（如厘金局委员等），虽然不是亲友邻好，但也时需送礼，并且得不到回赠。这是近代社交礼俗中的一种特殊情形，它实质上是封建势力对人民大众的一种敲诈勒索。

除日常往来外，近代汉族的社交礼俗中也有许多特殊交往事项，即有特殊目的与意义的交往事项。例如，农忙、建房、遇婚丧大事或天灾人祸时，亲、族、邻、友乃至同村，同乡之间常有多种形式的协力互助，这是民众从古代继承下来的良风美俗。此外，如果某家有生养、婚嫁、做寿、迁居、新屋落成、取得功名、亲人久客而归等喜事，凡日常与此家有往来者，均须前往庆贺，如果遇死亡，重大伤病等事，又须前往吊唁或慰问。庆、吊之时，还要赠送相应的礼品，而受者多数也有回赠。

青年男女之间的社交，在近代汉族的社交礼俗中是一个比较重要而又特殊的问题。在封建礼教的影响与约束下，汉族的青年男女直到近代仍然没有社交的自由，他们之间界限分明、壁垒森严。在这方面，被视为男性附属品、私有物的女性所受到的限制尤为严格。她们被幽禁于闺阁之中，深居简出，外出时，也须男女别途，或有家人、同性相伴。这样的礼俗，是为了防止青年男女私自交友择偶，特别是为了使妇女不能与父、夫以外的异性交往，以保证她绝对的贞节，保证丈夫对她绝对的占有和封建家庭、家族血统的纯正。

在许多近代少数民族中，敬老、好客是极为普遍，重要的社交礼俗。许多少数民族的青年男女还有社交自由，可以公开地与异性交往、结友。因篇幅所限，这里不再详述。

中国近代社会这种旧的社交礼俗，对维系和加强各民族内部亲族邻好之间的感情与联系有着重要意义。这些礼俗中的自谦敬人、尊老好客、和睦互助、讲究信义、礼让等礼节和做法，与社会的公共道德一起在一定程度上融洽着社会的人际关系，增强了各民族内部的凝聚力与团结。这些是有一定的积极意义的。同时，从汉族社会的情形来看，传统的社交礼俗也使近代汉族人民的社交活动存在着亲缘、地缘等方面的严重局限。特别是农民，交往对象尤其少，交往范围尤其窄，大抵不出于亲、邻之间；本乡本村之外，许多人即很少涉足和来往。这种情况，与小农经济的规模狭小、自给自足和自我封闭有关。而这样的社交礼俗，反过来更使人们眼界狭窄，信息闭塞，安于现状，小农经济及由此而来的农民群众的分散性、保守性、落后性不能得到较快的改造,而以自然经济为基础的旧式社区结构却因此得到某种程度的维系和稳定。

辛亥革命前后,旧的社交礼俗也有一些变化。辛亥革命前,有人开始在社交中使用西式名片,上海方言中出现了一些音译的西方社交用语,如以"密司脱"称先生,以"也司"为通用的应诺,肯定之词等。[①] 辛亥革命后,民国政府废除跪拜礼,代以鞠躬。士人相见,即多行脱帽、鞠躬之礼。卑幼拜见尊长,亦不一定跪拜,有不少人改为先对尊长脱帽鞠躬,尊长亦同样答礼。同时,避讳的礼俗渐致消失;官厅中大人、老爷等称呼也被废除,均改为以官职相称,民间普通称呼为先生或君。在社交对象上,同治以前士大夫们多贱视商贾,不与往来,至光绪年间,因受西方重商思想影响,缙绅之家遂有了交往商贾的,有的且结为戚友。[②] 男女之间社交的限制,也在辛亥革命前后开始打破,一些青年男女敢于公开地与异性自由交往了。每至星期日,上海总有许多青年男女,与"男女别途"针锋相对地同乘一车,在热闹地段驶过。[③] 在北京,青年男女可以同游公园、合座看戏。[④] 这样,他们之间的社交,自然是可以自由的了。

当然,上述变化还仅是在少数城市之中可以看到。至于广大的乡村,当时仍是旧礼俗的天下。

二 千姿百态的节日

节日是每个民族的传统文化中都必然具有的内容,它既是社会生活的一部分,又是社会生活的百科全书。在每个节日中,人们都要进行一些有特定主题的、约定俗成的活动。各色各样的节日,展现了社会上衣食、仪礼、信仰、娱乐的种种习俗,反映了一个民族物质、文化生活的方方面面。同时,人们的节日习俗与活动,又对社会的人际关系具有一定的影响,对整个社会生活产生一定的作用。

---

① 徐珂:《清稗类钞》第 5 册,中华书局 1984 年版,第 2189、2232、2241 页。
② 同上书,第 2051 页。
③ 《中华全国风俗志》,下篇卷 3,第 139 页。
④ 《中华全国风俗志》,下篇卷 1,第 5、51 页。

汉族的节日，起源于远古时代人们的农耕和祭祀。经过长期的发展演变，到了近代，汉族节日呈现出如下概貌。

1. 元旦与上元节

元旦与上元节是近代汉族一年中最为隆重的节日。

近代的元旦，为农历的正月初一（即今之春节），俗呼新年，因此过此节也叫过年。此节时值寒冬已过，大地回春，它是以辞旧迎新、庆贺祝福为主题的综合性大节，最受民众重视。节日期间，人们除旧布新，合家团聚，祭祀神、祖，饮食娱乐，并与亲友邻好等共同庆贺，互相祝福。节日的活动，以初一至初五为高潮，但其尾声往往延续多日，与上元节相连起来；而此节的序幕，则早在年前的十二月下旬就已拉开了。

十二月二十三日（有些地区是二十四日），汉族即开始了过年的活动，是日家家祭送灶王升天，称为过小年。此后，便清扫房屋、购买历书、张贴年画、备办年货、向亲友赠送年礼。与此同时，富人拼命逼索穷人的欠债，实在无力偿还的负债者只好外出躲避。这情形，恰如海丰民谚所说："有钱人过年，无钱人过劫。"[①]

年终之日（即除夕），家家都要贴好新的门神和春联，宅内也要贴许多吉语。许多地方的人家，还要在门窗等处贴福字、彩钱、剪纸等。

除夕之夜，人们张灯结彩、燃放鞭炮，以驱不吉、辟妖邪。全家之人欢聚一堂，吃团年饭，饮分岁酒，热闹异常。此夜，家家要迎回灶王（贴上新时灶王像），晚辈要向长辈叩头辞岁，长辈则给晚辈压岁钱。在不少地方，人们并于此夜祭祀神、祖，酬谢他们一年保佑的辛劳。有些地方的人们此夜通宵不眠，这叫"守岁"。此举的原意，或为使父母长寿，或为驱鬼以保过年平安，后渐被人相沿成例。

除夕中夜，子时一到，便是元旦了。人们整换新衣，放炮开门，有的地方还有迎接喜神的习俗。接着，设供祭祀天地等神和祖宗，晚辈跪拜长辈。早餐，北方人多吃饺子，南方人多吃汤圆。饺子和汤圆中或包小钱，食得者尤为欢喜，谓为有好运到。不少地方，人们还吃年糕，取年年高升之意。早餐后，即到亲友邻好家拜年（或称贺岁），互致节日的

[①] 舒怀：《我也谈谈旧历新年——海丰的》，《民俗》1928年第53—55期合刊，第57页。

祝贺。拜年者或亲自登堂，或投刺（名片）而去，以亲疏为别。① 有人形容长沙人拜年的情景云：出行都向喜神方，翎顶官靴奔走忙。路上逢人施一揖，口中尤自吃槟榔。有拜年者到，主人放炮迎接，先奉香茶，后开果盘，送上二枚槟榔，谓之元宝，意为恭喜发财。② 人们见面，也是先说"恭喜发财""添福添寿""新正如意""万事吉利"之类吉语。拜年一般要持续数天。不过，直到上元节，人们相见时还叮说"拜个晚年"。在此期间，亲友邻好多设宴互邀，谓之"饮年节酒"。

在拜年的同时，各地都还有多种节日活动。例如，正月初二，北京人祭祀财神，晚餐吃馄饨，谓之元宝汤。③ 根据星相家言，各人每岁皆有一位星宿来决定本年命运，所以北京人又于正月初八晚间对自己的本年星宿焚香顶礼，以纸蘸油，燃灯为祭，祈其降福，此举俗称顺星。④ 在南京等地，人们是于初四夜或初五晨迎接财神。迎时，安徽寿春的人们要准备三牲肴馔，内设鱼头、茹菇、芋艿，而呼之为余头、时至、运来。⑤ 南北方的许多地方，还分别于除夕夜、初三或初五送穷。

上述人们在元旦期间的种种活动乃至其他绝大部分活动所包含的主要用意都是相同的。处在帝国主义、封建主义的剥削与压迫之下、备受贫穷与欺凌的近代民众之所以极端重视元旦这一节日，原因就在于他们把这一辞旧迎新的节日视作改变自己的处境与地位的契机。民众渴望着通过过年及其种种仪式与活动，求得祖先与神灵的惠赐，在新的一年中时来运转，万象更新，摆脱贫穷与晦气，送走灾难与忧愁，迎来吉祥与喜气，获得财富与幸福。

正因为如此，人们在元旦期间又有许多禁忌。例如，元旦之日或直至初五，许多地方的人家不煮新饭（年前已做好数日之餐，表示家有余粮），不许说不吉话语，不能让孩子哭，不得打破器皿（甚至忌讳"破"

---

① 富察敦崇：《燕京岁时记》，北京古籍出版社1983年版，第45页。
② 《中华全国风俗志》，下篇卷6，大达图书供应社1935年版，第22—23页；上篇卷1，第25—26页。
③ 同上。
④ 同上。
⑤ 《中华全国风俗志》，下篇卷3，大达图书供应社1935年版，第6页；下篇卷5，第29页。

"坏"等字音），不往门外泼水，扫土（恐财气出门），不用刀剪针线（怕出口舌、长针眼），如此等等。

在严守禁忌的同时，人们还以多种方式进行占卜，预测一年的丰歉、吉凶等事。有一种比较普遍的占法，虽将初一至初十这十天分别与人畜庄稼对应，例如一鸡、二犬、三猪、四羊、五牛、六马、七人、八谷、九麻、十豆；每日视天气阴晴，测与该日对应之物的盛衰。① 无论南北方，都以初七为人日。除以是日阴晴占人休咎外，各地还有一些与人口有关的俗举。例如，安徽寿春人以饴糖掇炒米成团，谓之太平团，俗云食之可得一岁人口平安；除自食外，并以之馈饷他人，谓之饷太平，表达了他们对天下太平、人口平安的想望。② 危害人民生产、生活和生命的灾疫战乱，已经在近代民众心中投下了浓重的阴影，使人们在最为欢乐的节日之中也隐含着忧惧，渴望着平安。这是动乱的社会现实在近代节日风俗中刻下的一个印记。

除了上述活动以外，人们在元旦期间一般不事劳作，以得休息几日，娱乐一番。赌博在当时是一种比较普遍的节日娱乐活动。在一些地区，元旦期间有迎神赛会之举，既娱神，也娱人。许多地方，人们喜在元旦期间游览名胜，逛庙会、游戏场等，人们在这类场所游览、购物，观看戏曲、杂技、马戏、曲艺、武术等类表演，自可获得娱乐和消遣。

流行最为普遍的元旦娱乐活动，是传统的民间鼓乐、杂戏表演，俗称"耍社火""闹红火"。其中，高跷、旱船、竹马、秧歌、舞狮、舞龙、大头娃娃等深受民众喜爱，历久不衰。多姿多彩的花灯、焰火，也使男女老少目不暇接，欢笑开怀。这类游乐活动，开始于元旦期间；到上元节中，始达高潮。

正月十五的上元节，又叫元宵节、灯节；它是一个以庆贺、游乐为主的节日。节日期间（以十五日为中心的前后数天），人们团聚宴饮，祭祀神灵祖先，或并向亲友邻好赠送礼品；而象征团圆、幸福的元宵（又

---

① 这是湖北黄陂之俗，见《中华全国风俗志》，下篇卷6，第12页。各地与此十日对应之物不尽相同，如北方一些地区有一鸡、二狗、三猫、四鼠、五马、六羊、七人、八谷、九果、十菜之说。

② 《中华全国风俗志》，下篇卷5，大达图书供应社1935年版，第30页。

称汤圆等）均为其中必有之物。不过，此节最大的乐趣不是吃元宵，而是"闹元宵"，即花灯、社火等游艺活动。

节日期间，北方多于十五日前后张灯三天，南方张灯的时间则要长些。一般说来，城乡民家、店铺多在门口挂灯；较为热闹的街上，更搭有灯棚、灯栅、灯牌坊。许多地方的祖祠、神庙前也都灯烛辉煌。一些地方的水上，还放有河灯。各种各样、多姿多彩的灯，挂满了中国大地。口岸城市中，清末以来又增设电灯，与各式花灯交相辉映，更显得绚丽多彩，光耀夺目。许多地方，同时又有灯谜，供游人赏猜。节日之夜，圆月之下，是灯的山，灯的海；不时燃放的烟花爆竹，点缀其间；游玩观赏的男女老少，填街塞路。

与此同时，元旦期间开始的社火（红火）也闹到了最高潮。无数条巨龙在中国大地上腾越飞舞，亿万龙的传人沉浸在节日的狂欢之中。

狂欢之中，人们也在关心着新的一年中的生产、生活。上元节夜，许多地区有迎紫姑神、卜问丰歉与休咎的习俗。十六日晚间（有的是十五夜），不少人出游街市"走百病"。人们或穿街，或过桥，或赴庙，或郊游，祈终年无病。一些地区的人们还在此节中照例迎神赛会，除娱乐外，自然也是为了免灾祈福。

通过元旦与上元二节，人们送走旧岁，迎来了新的一年。近代中国的民众，就这样年复一年地遭受着苦难，同时也寻求着欢乐，祷祝着幸福，满怀着希望。

2. 端午节

农历五月初五为端午节；又称端五节，端阳节等；因是日出嫁之女归宁，所以也称女儿节。这是人们在夏季过的一个大节。

端午节的起源，有祭龙和纪念屈原之说，后一说在民间流传最广、最有影响。近代的端午节，人们照例要包粽子（或称角黍），除自家吃外，还要赠送亲友。许多地区并以此物祭祀神祖。同时，南方滨水之处，人们例行龙舟竞渡。相传此俗亦因纪念屈原而成，但它同时也是一项民间的水上体育、娱乐活动，可以激发人们的进取精神，增进人们的身心健康。

近代端午节还有一系列辟邪禳毒、却疾防疫以保健康的活动，这是此节的一大特色。农历五月，夏暑将临，多雨潮湿，细菌，病毒渐越猖獗，瘟疫开始滋生。因此，人们便要相应地采取一些防范措施。端午节日，家家都以蒲、艾插于门户，有的并插于室内神龛前。瓶盎中，以辟邪禳毒。据同样用意，许多地区还贴门符，有的并在中堂贴符或张挂钟馗图像。北京人家之符"或绘钟进士，或绘张天师，或绘五毒虫……惟官宅及西式楼房无此点缀"。① 北方人有的也在门上挂葫芦，以将毒气镇住或泄出。在许多地区，妇女和儿童还要在身上佩戴些驱邪辟毒、象征健康长寿的东西，如艾叶、艾虎、香牌、香袋、五彩线等。在儿童手（或足、颈）上系五色丝线是一种普遍流行的做法。人们认为五色丝（或线）象征五色龙，可以避灾、免疫、延寿，称它为长命缕、续命缕、辟兵缯、花花绳、朱索、百索等。一些地方，人们也有在身上戴符的。此外，人们有的在室内焚烧苍术、白芷，有的以草药煮水浴身，有的到河水（被视为龙水或龙船水）中洗浴。南京人则以泡有雄黄少许、鹅眼钱二枚的清水洗眼，谓之破火眼，以免一年的眼疾。②

上述辟邪禳毒、却疾防疫的节日民俗，有些是出于迷信，有些则具有一定的科学道理，在近代医疗卫生事业很不发达的历史条件下起过一定的积极作用。

3. 中秋节与重阳节

中秋与重阳是秋季中两个相隔不久、接踵而至的节日。

农历八月十五是中秋节，时值秋月正圆。长期以来，汉族人民把月圆当作团圆的象征，把中秋节当作亲人团聚的日子，称为"团圆节"。

既是团圆节，象征团圆与吉利的月饼和水果便成为必不可少的节日物品。节前，人们即置备这些物品，亲友邻好之间还要互相赠送。在外求学、经商、做工的人和住娘家的已婚妇女，都要尽量归家团聚。到十五日，一些地方的人们要在白天以月饼和柚子等果品祭祀神祖。北京人则购买泥塑兔神，以香花、饼果供之。③

节日晚上，月亮升起后，各地的人们都在月下陈列月饼、瓜果，妇女（有的地方有儿童）焚香燃烛，祭拜月神。相传月神为女性，中秋夜

---

① 蒋芷侪：《都门识小录》，转引自胡寄尘《清季野史》，岳麓书社1985年版，第109页。
② 胡朴安：《中华全国风俗志》，下篇卷3，大达图书供应社1935年版，第8页。
③ 徐珂：《清稗类钞》第1册，中华书局1984年版，第33页。

乃其生辰，例由女子祭拜。此时若有家人在外，则祭拜者必祷祝他们平安、早归。在祭拜月神的同时，人们有的还祭拜嫦娥，月老（即月下老人），求这二位保佑青春常在，红颜不衰和婚姻如意、早配佳偶。上述祭拜，多被人们笼统地称为拜月。

祭拜已毕，全家人即在楼台或庭院中团聚饮食，按人数将月饼分切成块，各吃其一，当时不在家的人亦有一份，以示庆贺或祈祝团圆。同时，大家谈笑歌吟，边饮美酒，尝瓜果，边观赏圆月。有兴致者，邀友好登高或泛舟赏月，自是别有情趣。一些地区相传此夜有月神变化的月华下降，人若见之，跪求可得富、贵、寿、子诸事中之一项，所以有人彻夜坐望，以待月华。

有些地方，中秋节也有赏灯，赛会等娱乐活动。江苏吴县士女，每于中秋夜三五成群地游行街市，参观店铺中所置楼台、几案、财神等景。此举称为步月，类似上元节的走百病。①

在这亲人团聚、娱乐的节日里，无子者急切地祈子，其亲友抑或有送子之举。湖南衡州人家若有娶妇数年尚未生育者，其亲友即于人家菜园中窃取冬瓜一个，以彩色绘上面目，上裹衣服若人形，于中秋节晚举一年长命好者抱之，众人鸣金放炮，送至妇家，放到床上，以被覆之，口中念曰：种瓜得瓜，种豆得豆；主家则盛宴款待送瓜者，如同办喜事。妇得瓜后，即剖食之。这叫偷瓜送子。② 望子心切的妇女，更亲自于中秋夜偷取圆瓜，以兆生子；此举叫作"摸秋"，流行于很多地区。

另外，人们多于中秋夜以月光的明暗卜来岁上元节的阴晴。湖北荆州府有"云掩中秋月，雨洒上元灯"之谚。③ 广州人还认为，中秋月明，则本年食用油价平，否则会价昂；拜月后剖食柚子，柚子中通为吉兆，不通则必有忧闷。④

中秋节过后20多天，到农历九月初九，便是重阳节，又称茱萸节、菊花节。茱萸与菊花这两种植物皆可入药，对人身体有益。过此节时，

---

① 胡朴安：《中华全国风俗志》，下篇卷3，大达图书供应社1935年版，第72页。
② 《中华全国风俗志》，下篇卷6，第27页。除衡州外，许多地区均有此俗。在一些地区，还有正月给亲友送子的。
③ （清）倪文蔚：光绪《荆州府志》卷5，《风俗》，光绪六年版。
④ 《中华全国风俗志》，下篇卷7，大达图书供应社1935年版，第19、21—22页。

人们有的要插茱萸或簪菊，饮茱萸酒或菊花酒，以辟恶气，御初寒。这时正是菊花怒放、魏紫姚黄的时节，因此人们又有赏菊之举。眼观菊花的丰姿硕彩，鼻嗅菊花的清芳幽香，自然是令人身心愉快的乐事。

此外，人们普遍要吃重阳糕（因成五色或插五色纸旗为记，又称花糕）。糕与高谐音，吃糕有隐喻登高之意；而士人们更实有登高之举。时值深秋，天高云淡，金风送爽。士人们呼朋聚友，野游登高，秋景尽览，诗酒自娱。士人之外，一般百姓或亦有此雅兴，但不普遍。北京人登高，多往左安门内法塔寺。①

在一些地区，重阳节也有祭墓或祀神之举。

4. 冬至节

农历十一月间、公历 12 月 22 日左右，为冬至节。这是冬季的一个综合性大节，它包含祭祀、饮食、庆贺、社交等方面的活动，而且仪文礼节重于一年中的其他常节。南京人称此节为"过小年"；在杭州，民谚更曰："冬至大如年。"②

过此节时，离家在外的人要回家团聚，归宁之女亦必回夫家。节日这天，人们都要备办佳肴美餐，祭祀神灵，奉享祖先（一些地区，此节只祭享祖先）。祭毕，家人饮食，或并宴亲友。此节的食品，北方有馄饨，南方有糯米制品（如汤圆、粽子等）。杭州人家于节前一日即购几尾包头鱼，全家分食，将鱼头鱼尾留下，盛放米桶中，曰吃剩有余；节日，贫富皆吃年糕，并以猪肉和酱烧熟而食，曰吃冬至肉，能使身体强健。③

除祭祀、饮食外，人们在冬至节还有和过元旦相似的庆贺往来。例如，许多地区，晚辈要向尊长行礼，平辈及亲友之间也要互相拜贺，无异贺年景象。

近代士人尤重冬至节，他们多在节日举行拜孔子、拜师长之礼。例如，直隶固安士人于冬至日"行释菜先师礼，悬像或设主，师生以次肃拜，奠献毕，敬彻像，主则跪焚之；弟子拜先生，窗友交拜"，这叫

---

① （清）崇彝：《道咸以来朝野杂记》，北京古籍出版社 1982 年版，第 24 页。
② 胡朴安：《中华全国风俗志》，下篇卷 3，大达图书供应社 1935 年版，第 10 页；卷四，第 15 页。
③ 胡朴安：《中华全国风俗志》，下篇卷 4，大达图书供应社 1935 年版，第 15—16 页。

拜冬。①

5. 清明节、中元节与寒衣节

清明节、中元节与寒衣节是近代汉族以祭祀祖先、亡亲等鬼魂为主题的三个节日，时人合称其为三冥节。

清明节在农历春分与谷雨之间、公历 4 月 5 日前后。届时，各地民众都要到祖先及亡亲墓前祭祀，这叫上坟、扫墓等。在墓前，人们焚香点烛，陈设供品，烧化纸钱，并为坟墓除草添土。此外，或在墓上悬挂纸条、纸钱，以示有后人及以之赆野鬼。

在扫墓的同时，许多地区的人们并行郊游，观赏春光明媚、草木萌生的清明景象；妇女儿童有的还以荡秋千、放纸鸢为戏。此外，清明之日，人们多插柳于门，妇女儿童且戴柳于首。插柳的用意，为驱避无所归依的野鬼或招亡亲之魂。戴柳的用意，则有辟邪、避毒、明目、延年等说法。

农历七月十五为中元节。它既是佛教徒举行"盂兰盆（意为解救倒悬）会"、追荐祖先的祭日，也是民间祭祀祖先、超度亡魂的一个节日。在民众的神鬼迷信观念中，七月十五为地官赦罪之期；或曰，整个七月间，阎王开地狱之门放鬼出游，饿鬼也可出来自由觅食。因此，人们要于中元节或其前数天祭祀祖先及其他亡亲，或家祭，或墓祭，均较隆重。铁岭地区遭丧未满三年之家墓祭时，戚友还须送纸锞、果品等物助祭。②

除供奉祖先、亡亲外，人们还在此节隆重祭祀无主孤魂，给饿鬼施食，以使他们不扰民间。这种祭祀，有各户单独进行的，也有一村镇或一街巷内众人集体进行的。在许多地区，往往都是二者并举。各户之祭，即于节日晚间在自家门外设祭。众人之祭，就是在节日前后举行会祭。这种民众对无主孤魂的会祭，也叫作盂兰盆会。民间的盂兰盆会一般是很隆重、盛大的，有些要连续进行数天。届时，人们在街巷或寺庙搭台设坛，陈列供品，延僧人诵经施食，或并放纸灯、纸船，以追荐、超度孤魂。此会期间，一些地方还有演戏、游狮等娱乐性活动；亲友之间，也有互赠节日食品的。

---

① 转引自胡朴安《中华全国风俗志》，上篇卷 1，大达图书供应社 1935 年版，第 10 页。
② 胡朴安：《中华全国风俗志》，下篇卷 1，大达图书供应社 1935 年版，第 98—99 页。

农历十月初一为十月朔，是人们祭鬼的又一个节日。此节与清明、中元的不同之处，在于不论是家祭还是墓祭，祭品中必有寒衣，所以此节也叫作寒衣节。此时已是初冬，天气转冷。人们担心祖先及亡亲在阴间受冻，遂用布或纸做成衣服，连同冥镪等物，于节日焚送给他们使用。

清明、中元、十月朔这三节期间，清政府的州县官一般都要祭祀厉坛（孤魂坛），届时往往并请城隍出巡、临坛监祭。

上述三个节日的活动，集中地表达了人们对死者的哀思与追念，并祈死者不降灾祸，赐给幸福。

6. 浴佛节与腊八节

浴佛与腊八二节，都与佛祖释迦牟尼有关。但它们既是宗教节日，又包含世俗的意义，具有一定程度的民间节日的色彩。

浴佛节在农历四月初八。据说这天是释迦牟尼的诞辰，所以也称佛诞节。节日这天，各佛寺要举行诵经法会，洗浴佛像。民间百姓也多于浴佛节至寺庙拈香敬佛。北京好善者还有行善施舍、撒豆结缘之举。他们"取青黄豆数升，宣佛号而拈之，拈毕煮熟，散之市人，谓之舍缘豆，预结来世缘也"[1]。南京富家更有人出资买鱼、龟等放生，"谓是日救一命，能较平日作十万功德"[2]。一些地区，此节也行赛会，或有娱乐、驱虫、避瘟等举。

农历十二月初八为腊八节。腊八节源于古代猎禽兽以祭祖、神的腊祭。腊祭行于年终的十二月，所以十二月又称作腊月，腊祭之日即称作腊日。南北朝时，腊日被定在十二月初八，谓之腊八节。另外，佛教传说释迦牟尼是于十二月初八得道成佛的，因此这天又是佛教的成道节。从宋代开始，僧人于是日作佛会，用干果、杂粮煮粥供佛。此粥称作腊八粥，民间亦渐仿效煮食。

到了近代，腊八节中腊祭的痕迹已很模糊，而食腊八粥还是主要的节日活动。这天，僧寺多要煮粥，供佛之外，或赠施主。同时，民间也以米、豆、果品煮粥，合家聚食，或并赠亲友。《譬喻经》谓此粥取意，

---

[1] （清）富察敦崇：《燕京岁时记》，北京古籍出版社1983年版，第61页。

[2] 胡朴安：《中华全国风俗志》，下篇卷3，大达图书供应社1935年版，第7页。

为逼邪祛寒却疾病。① 其实，集多种农作物于一锅煮食，亦有庆贺本年丰收和预祝来年丰登之意。直隶固安人必于节日早晨五更前即食腊八粥，正是由于当地俗传食粥早，则来年"五谷之收成亦早"。②

除食粥外，一些地区的人们还在节日汲贮腊水，制作腊酒。腊肉等，认为可以久存不坏。一些地区的人们则于此节扮神逐疫。例如，安徽寿春"各乡人击鼓扮神，神曰金刚力士，舞流星以逐疫"。③

7. 其他节日

除了上述各节以外，近代汉族还有一些节日：

立春这个节气也曾经是一个节日。立春前一天，清朝地方官要到城外东郊行迎春礼，祭纸扎的勾芒神，迎神与春牛而归。春牛系依钦天监颁行之式，以五色纸扎成，腹中装有五谷。立春日，地方官以丝鞭击打此牛（谓之鞭春或打春），其中五谷纷坠于地，于是谓丰登有兆，相率称贺而散。④ 在此节中，民众有的追随官府迎春或观看春牛与勾芒神，有的还吃春盘、春饼和萝卜。例如，北京人"竞食生萝菔，名曰咬春"。⑤

立春的节日活动，是以官府为主的，而官府的活动对民间也有一定影响。类似的节日，还有封建国家的忌辰、庆典。例如，清朝皇帝、皇后的忌辰称为国忌。是日官员例穿素服，各署仪门外供一忌辰牌，嫁娶被禁。民众的行动，自然受到影响。帝、后的生日，称为万寿节，是封建国家的一大庆典。官府祝寿，民亦难免牵连。统治者时或于此节中增开恩科、减免赋税、实行大赦，以标榜仁德，笼络民心。但实际上，此节乃是百姓之劫。1902年西太后的万寿节中，鄂督衙署悬灯结彩，大摆酒宴。席间，即有人编念歌句曰：天子万年，百姓花钱；万寿无疆，百姓遭殃。⑥

近代汉族的民间节日，还有二月二、三月三、六月六和七月七等。

---

① 转引自震钧《天咫偶闻》，北京古籍出版社1982年版，第214页。
② 转引自胡朴安《中华全国风俗志》，上篇卷1，大达图书供应社1935年版，第10页。
③ 胡朴安：《中华全国风俗志》，下篇卷5，大达图书供应社1935年版，第33页。
④ 徐珂：《清稗类钞》，1册，第18页。
⑤ 震钧：《天咫偶闻》，北京古籍出版社1982年版，第213页。
⑥ 徐珂：《清稗类钞》，4册，中华书局1984年版，第1658页。

二月初二是北方人所说的"龙抬头"之日，称为龙头节。此日，人们多以灰、水或谷糠等物象征性地往家里引龙，有的并以小扁食（水饺）祀奉，祈求风调雨顺、诸事吉利。此外，一些地区还有避抑害虫等祈祝丰收的民俗活动。在南方的部分地区，人们有的亦以此日为龙头节，有的则以此日为土地节，设祭供奉土地神。

三月三源于古代的上巳节，它是以娱乐和辟虫却病为主要内容的节日。人们或者举行庙会、赛会，或者到水边饮宴，出郊外游春；妇女儿童头插荠菜花，以祈明目，或却头病。

六月六又称天贶节。时值盛夏，烈日当空。人们多于此日曝衣晒书，或并浴猫狗，谓可免虫害。一些寺院有晾经舍，民妇云集佛前念经，实无所晾。此外，一些地区还有祭神等习俗。

七月七为乞巧节，因节日活动在晚上，所以又称七夕。未嫁之女在月下陈设瓜、果、花、粉等物祭织女，或并祀牛郎。祭毕乞巧，其法不一，较为普遍的是以丝线穿针鼻，若一发即入，则为智巧。南方人还将儿童过端午时系上的五色丝线解下，甩上屋顶，谓之换巧，送健绳；或曰，这是让喜鹊衔去造桥，令牛郎、织女天河相会。在一些地区，此节也有祭祖等习俗。

近代汉族还有一些地区性、行业性的民间节日。例如，北方有正月二十五日的填仓节（祭仓神，以灰画仓囤于地，放入五谷少许，祈祝仓满食足）；南方以立春以后的第五个戊日为春社日（祭土神、谷神或先农，祈求丰收）；二月初三，士大夫们有文昌会（祭祀文昌帝君，祈求金榜题名、升官晋爵）；九月三十日，是长白山采参放山人的采参节（他们认为，此时进山，可以顺利，多获）。

近代少数民族的节日，有些与汉族相同。各族人民都过新年，除藏、苗、瑶、傣等族外，我国有不少少数民族也在农历正月初一过年。汉族的清明、端午、中秋等节，许多少数民族也有。同时，少数民族又有不少与汉族不同的民族节日，千姿百态，各具特色。因篇幅之限，这里就不详述。

8. 节日与社会

作为社会生活的一部分，人们的节日习俗与活动对整个社会也有着一定的影响与作用。

首先，节日可以调剂人们的物质生活。任何节日都不能从根本上和整体上改变人们的物质生活条件与状况。但是，大多数节日有特定的饮食习俗，平时只求一饱也非全都可得的民众在节日总要设法随俗行事，尽量饱吃一顿，而且吃的也比平时讲究些、好些。过年时，人们都要打扫房台，更洗衣被，使居住和衣着也比平时干净一些，舒适一些。

其次，节日丰富了人们的文化生活。民众终年辛劳，只有在节日才得休息。人们能有的娱乐活动，多数和主要是在节日中获得；在平时，大部分民众几乎是没有什么娱乐可言的。

另外，节日又是人们进行社交活动的重要时机。亲友邻好的节日往来，增进了他们之间的联系与感情，从而对整个社会的人际关系也起了些微妙的调和作用。节日中有关信仰的习俗与活动，在表现人们的心理态势和精神面貌的同时，又反过来增强了人们的盲目崇祖、迷信鬼神等封建主义的思想意识，不利于社会的进步。

辛亥革命前后，随着近代社会的一些重大变化，从古代延续下来的节日风俗在城镇中也开始有了一些变化。例如，上海原也有十月朔、腊八等传统节日习俗，但随着这个地方的日益半殖民地化，在资本主义因素的冲击下，这些习俗遂逐渐淡漠。辛亥革命推翻了清朝政府和封建帝制，封建国家的忌辰和庆典在全国也终于成为历史的陈迹。辛亥革命后，民国政府使用公历，以公历1月1日为新年，将原来的元旦（农历正月初一）改称春节。群众虽然仍旧最重视春节，把春节作为自己的元旦、新年来过，但其活动也不无变化。城镇中人以投递帖、片示意贺年的就多了起来。人们的节日活动，有从繁到简的趋势。下面一例，说得更为明显："东莞中秋，在民国以前非常热闹。民国以来……除免不了的应酬外，其余的差不多都取丢了。"[①] 另外，城镇中人们节日活动的迷信色彩逐渐减弱，这与西方近代自然科学的输入和传播、城镇中一部分人开始启蒙有关。民国政府的地方官多不再于清明、中元、十月朔三节中祭祀厉坛。一些有识之士（如思想比较开明、进步的官绅和知识分子）也曾力倡革除一些节日中的封建迷

---

① 容媛：《东莞中秋节风俗谈》，《民俗》1928年第32期，第16—17页。

信活动（如赛会等）。这些活动虽然仍旧存在，但它们在城镇民众节日活动中的地位毕竟开始下降了。这些变化，总的来说是与社会进步的方向一致的。

第六章 人际关系

人际交往及其关系是社会生活的一个重要方面,人们为了生存和发展,为了满足自身生理、安全、情感和进取等基本需求,就要与其他社会成员以一定方式进行大量的、直接的个人的接触。通过这些活动,社会成员在自身周围组成了人际交往圈,并通过这个交往圈与社会发生联系。借助人际交往圈,人们延伸和拓展了自身的能力,并组成了各自的微观社会。对于大多数社会成员来说,这些身边的小社会才是真实的和现实的,社会个体成员的主要活动正是在这小小的微观社会中展开和进行的。

第一节 亲缘关系

一 亲缘关系类型

1. 亲缘关系的范围

亲缘关系是社会生活中最古老,也是最自然的基本人际关系。它由血缘关系和姻缘关系构成。

在近代社会,习惯上的亲属集团就是以血缘关系和姻缘关系为纽带联系着的社会集团。亲属关系有内亲和外亲、近亲和远亲之分。内亲也称近亲,是限于以父系为核心的九族五服内的男性及其配偶。"以世代言之,它包含自高祖至玄孙的九个世代,所谓九族。以服制言之,由斩衰渐推至缌麻,包括五等服制。"[①] 九族五服是传统的近亲规范。九族标明

---

① 瞿同祖:《中国法律与中国社会》,中华书局1981年版,第2—3页。

了世系，表明由己身上推父，祖父、曾祖、高祖、下推子、孙、曾孙、玄孙这样的九代人的亲缘关系。五服则是以丧礼的服饰规范来规定亲属的范围和亲属层次。它分为五个等级；"曰斩衰服、生麻布，旁及下际、不缉。麻冠、绖、营屦、竹杖。妇人麻屦，不杖。曰齐衰服，熟麻布，旁及下际、缉。麻冠、绖、草履、桐杖。妇人仍麻屦。曰大功服，粗白布，冠，绖如之。茧布缘屦。曰小功服，精细白布，冠屦如前。曰缌麻服，细白布，绖带同，素履无饰"①。从穿戴各等级丧服的时间和身份上，又分为八个层次。分别为斩衰三年，齐衰杖期（一年），齐衰不杖期（一年）、齐衰五月、齐衰三月、大功九月、小功五月、缌麻三月。习惯上的远亲也即外亲包括母党、妻党，即母亲、妻子娘家的近世直系、旁系亲属。这种外亲一般只推及上下各一世，即母亲、妻子的父母、兄弟、姐妹和兄弟姐妹之子。另外，九族五服之外的宗族关系也属于远亲，但这不属于外亲。而是内亲，也称宗亲。

晚清时，国家对于传统的九族五服的亲缘关系给予法律的肯定，并把它纳入国家的礼典制度中。在大清通礼中对丧服的服制有详尽的规定和说明。为了便于分别和理解，在《大清律例》中还专门绘制有九族五服图等服制图表。这些规定从礼制和法律角度对社会成员的亲属集团，主要是九族五服的近亲关系作了严格的界定，并从中划分出清晰的远近亲疏层次，使亲属关系有了确切的典礼和法律的依据。

民国时期，国家对于九族五服的亲缘关系虽未纳入礼典，但在法律上还是给予肯定的。在《民法》的"亲属编"中对亲属关系解释为："直系血亲者谓己身所从出或从己身所出之血亲，称旁系血亲者谓非直系血亲而与己身出于同源之血亲。""称姻亲者谓血亲之配偶，配偶之血亲及配偶之血亲之配偶。"对于世系则以亲等来代替，一世即为一亲等。②在《刑法》中对亲属的范围更给以清晰的界定："称亲属者谓左列各亲：一、夫妻，二、四亲等内之宗亲，三、三亲等之外亲，四、二亲等之妻

---

① 赵尔巽：《清史稿》93卷，中华书局1977年版，第2726页。
② 《中华民国现行法规大全》丑，民法第四编，亲属，第967、968、969条，商务印书馆1933年版。

亲。"① 这个亲属的范围在内亲上与九族五服的范围大体相同，在外亲上则稍有不同。这说明，虽然民国的法律已采用近代法律体系，但仍旧要以习惯法为基础。至于民间，则传统的九族五服制为代表的亲缘关系体系，一直发挥着作用，支配着习俗的各个方面。

2. 亲缘关系的类型

亲缘关系庞大而复杂，大约有以下主要类型：

(1) 父子关系。这是人伦关系的最重要关系，也是亲缘关系中的核心。"百行孝当先"，讲的就是这对亲缘关系。从"父为子纲"这一原则引出的行为规范，要求做儿子的，他的言行举止一切活动的出发点和归宿点都要围绕父亲这个核心。判断他的言行举止的准则是父亲的意志准绳。这个规范用一个字来概括就是"孝"，就是要孝敬、孝顺。态度上要恭敬，行为上要顺从。对父母要生养死葬。"父母在，不远游。"恭谨事亲，早晚问安，饮食起居须过问。死后要按礼安葬，按时祭扫。这还不够，读书做官，建功立业，耀祖光宗，显赫门庭，这才是更进一步的完美的孝。做到了这一步，才可以算是尽足了孝。

而父母对子女要慈、要严。要克尽全力，以尽养育之责。婴儿呱呱落地，即应以慈爱之心竭力抚育，使之健康成人。无论因为什么原因，遗弃幼婴和溺婴都要受到舆论谴责。"养不教，父之过。"对子女除抚育外，还要施以教育，这是进一步的义务。为父者要尽自己的努力使子女受到教育，这才是慈父。在平日生活中，对子女进行道德品行上的培养，使之符合自身的社会角色，这也是父母的重要职责。

在近代社会中，父子关系也在变化之中。清末民初，随着共和制度的建立和西方文明的逐渐传入，父子关系也逐渐有了一些变化。特别是在新文化运动中，父权观念受到强烈的抨击，父权的威严受到严厉的挑战。在科学与民主的旗帜下，越来越多的人，首先是一批接受了新思想的知识青年，开始觉醒，勇敢地追求独立的人格与意志，向往自由的人生和幸福。在社会新潮的冲击下，父权在一定程度上受到了削弱，在许多情况下，不再具有对子女生杀予夺的绝对权力了。

婆媳关系是一对姻缘关系，它附属于父子关系。在血统上，婆

---

① 《中华民国现行法规大全》寅，刑法，第 11 条。

媳之间没有直接关系，只是由于两者与父子的婚姻关系才产生两者的亲缘关系。在这对关系中，婆婆占主导的、支配的地位，媳妇只居于次要的和从属的地位。因此，对于来自婆婆的嘱咐，媳妇是要无条件地遵行的，任何态度上和言行上的违拗都会受到家人和舆论的谴责。

（2）夫妻关系。这是亲缘关系中极为重要的一对关系。有夫妇才有家庭、才有子女，才能由简单的婚姻关系申衍出一系列的血缘、姻缘关系。从这一意义上说，夫妻关系是人伦关系之始。正因为如此，夫妻关系历来受到重视。封建伦理的核心三纲五常中就有"夫为妻纲"一说，为夫妻关系定下了基调。这也是一对极不平衡的关系。丈夫对妻子有绝对的支配权，而妻子只能讲三从四德，对待丈夫，要察言观色，温顺卑恭，对丈夫的意志只能逆来顺受。首先是一个"顺"字，其次是一个"贞"字。对于妻子操守的要求极其严格，但丈夫可以有三妻四妾，妻子则绝不能有外遇，甚至与外人接触都是不允许的。即使丈夫死了，妻子仍要履行义务，为死者守节，不再嫁人。对于守节的寡妇，晚年常为之树碑立传，申请旌表，建立牌坊，载入族谱和方志，以志表彰。在近代这一关系没有很大的改变，妻子甚至没有独立的姓名。民国以后，妇女可以拥有名字，但多要把丈夫的姓氏冠在名字前面，以示归属。

（3）兄弟关系。兄弟关系也是亲缘关系中极为重要的一种关系。在近代社会，兄弟关系基本上是一种不平等的关系。弟弟对于兄长，等同于对父亲。在失去父亲的情况下，长兄为父，父亲的职责和权力要由兄长来代行。弟弟对兄长态度上要恭敬，言行上要服从。兄长对于弟弟，则一本同枝之谊，一方面要爱护，一方面要帮助父辈管教弟弟的言行。从礼教上讲，孝友的"友"就是友兄弟。这也是从封建道德判断一个人是否具备德行的重要标准之一。为鼓励"孝友"，对于身体力行者通常要立传树碑，载入家谱和地方志内。

妯娌关系是从属于兄弟关系的一对姻缘关系。妯娌间关系的亲疏远近都依兄弟关系的程度而定。但由于妯娌间没有血缘关系，其关系自然难处一些。且妯娌间并无严格的从属关系，因而也是亲缘关系中较为平等但也较为疏远的。

二　亲缘关系的特点与社会生活

1. 亲缘关系的特点

在烦琐而庞大的亲缘关系体系中，传统的礼教观念产生着极其深刻的影响。这突出地表现在"孝悌贞顺"这些亲缘关系的核心观念上。这些观念集中体现了封建礼教、封建道德的精神，反映出家长制的专横与不平等。因此近代的亲缘关系体系呈现出以下的特点：

（1）长幼有序。辈分的差异与排行的顺序是绝对不能错乱的。这直接涉及亲缘关系中的地位和在交往中的态度。辈分长，排行大，就可居主导地位，就有发言权和支配权，反之则只有居于从属地位，只能洗耳恭听和听任派遣。

（2）男女有别。要求男女言行符合各自的性别角色，时时刻刻划清两性的界限，所谓男女大防。更重要的"别"是社会地位的差异，男女不能处于同一位置。男性尊，女性卑；男性为主，女性为辅；男性主动，女性主随。

（3）亲疏有间。亲疏首先从内外分，内亲近、远亲疏。其次从世代上分，近世亲、远世疏。再次从渊源上分，直系亲、旁系疏。而九族五服制详尽地区分了这些亲缘关系的亲疏的具体层次和程度。

亲缘关系的这三个特点，生动地反映了宗法等级制的尊卑、贵贱、亲疏的观念，体现了复杂而浓厚的血缘亲子的文化心理。

2. 亲缘关系与社会生活

亲缘关系由于是一种最基本的人际关系，它在社会生活中发挥着重要的影响。在政治生活中，亲缘关系的影子到处可见。在清朝统治下，大至皇帝的继统与分封，小至官吏、士大夫的联姻，比比皆是。由亲而尊，由亲而贵的封建政治信条发挥着巨大的影响。清朝统治者像历代皇帝一样，总要把权柄牢牢掌握在手中，靠近权力中心的人，多为皇亲国戚。八大亲王及贝勒等一大批王公贵族，世世因承。作为清朝长期权力核心机构的军机处，其领班军机大臣必为亲王充任。咸丰帝宠信的权臣肃顺即为皇室宗亲，咸丰帝去世前指定的八位赞襄大臣，其中四位是亲王。慈禧搞辛酉政变，靠的是与恭亲王结成的叔嫂联盟。为稳固政权，命其为议政王、首席军机大臣。同治帝死，慈禧选定自己的外甥入继大统。宣统帝即位，年幼无知，权力则由其父代理，号为摄政王。即使在清末的改革浪潮中，清政府颁布预备立宪，其内阁中大权依然由五位皇族掌握，被称为"皇族内阁"。皇室如此，一般官吏、士大夫也不例外。一人得道，鸡犬升天，裙带关系到处可见。官吏之间常以联姻为手段互相结纳，形成门当户对的亲属网络，相互为依，相互为援。正所谓"一损俱损，一荣俱荣"。另有一类，借通谱为手段，相互攀附。同是姓王，本是一南一北，毫不相干，然而出于政治的需要，则以家谱叙亲，称为通谱。

民国时期，亲缘关系在政治生活中依然起着重要作用。

亲缘关系在社会经济生活中也有着不可忽视的影响。在近代自然经济占主导的情况下，亲缘关系影响渗透到经济领域的各个方面。在农村，生产协作关系首先是从亲缘范围内发生，家庭式的经营占主导地位，男耕女织是典型的经济协作形式。生产中的互助，更多的是在亲戚、宗族中进行。农业生产中最主要的生产资料——土地的租种在许多地方都存在着亲戚、宗族的优先权。土地的转移，也常限在宗族范围内，习惯上不允许土地流向族外。即使在近代亲缘关系在某些方面渐渐松弛的情况下，也要恪守宗族人众的优先购买权。土地买卖的地契上一般要注明，某人某地需要出卖，先尽亲族等字样。族人无人购买，才允许卖与外人。

在手工业中，许多手工业作坊的创建与经营，都以亲缘关系为纽带。许多传统的手工艺也都是父子相传、代代因袭。在广大乡镇中普遍存在的夫妻店、父子店等，包括了酒馆、饭馆、茶肆、骡马店、铁匠铺等多种行当。木匠、铁匠、桶匠、裙补匠、剃头匠等职业大都是世代为业的。清末民初，逐渐发展起来的中国民族资本主义工商业，在核心组织上依旧采用家族式的结构。例如著名的纺织业中的荣家企业集团，兄弟二人合营起家，发展为拥有几十家企业。内部联系也借重亲缘关系。据统计，在19个厂子中，厂长、经理、助理等高级职务中，就有13人是荣家人或其亲戚。其中还有几人同时担任几个厂子的高级职务。在全部企业职员中，荣姓职员占据了12.2%之多，达117人。[①]

在社会的日常生活中，亲缘关系深深影响着人们的生活方式。近代

---

① 《荣家企业史料》，上海人民出版社1981年版，第287—289页。

中国广大的乡土社会格局就是基于浓厚的亲缘关系。每一个社会成员靠着亲缘这条纽带，维系着各自的亲属网络。网络的层次和亲缘关系的层次是依照人伦的差序渐次由内向外推延的。人们之间的关系的密切和稳定程度也是由人伦的差序来决定的。亲属网内部，血亲重于姻亲，内亲要重于外亲，五服以内要重于五服以外的宗亲。对外而言，人际关系中很看重亲缘关系，这直接影响到乡土社会中人们的私德，亲情重于一切，血浓于水，只要沾亲，人们就会另眼看待。

在人际交往中，亲缘交往也是最基本的交往。清末民初，在日常生活中，亲缘交往首先是围绕冠婚丧祭这些涉及亲缘的大礼展开的。一般情况，在举行这些大礼时，亲友、族人都要到场。即使是习俗中的年节时令，亲戚交往也是频繁的。如上元、清明、端午、重阳、冬至等节令。走亲戚成为乡土社会最为频繁的人际交往。除了年节探望外，人们还常常借赶集、庙会等机会会见亲友，传递信息。

由于亲缘关系的影响，社会上人们的亲情观念十分浓重。以致出现一种现象，即人们之间的交往如有某种需要和必要，则要借助亲缘关系来加强和维系。这就是结拜干亲出现的原因。结拜干亲是亲缘关系在社会关系中的衍生物。它主要有结拜和认亲两类。结拜即结拜兄弟或姐妹，这一般需要经换帖、拜天地等仪式固定下来。结拜的动机，不外是意气相投、互相崇拜及互相需要，即生结纳之意。这类结拜的原型脱胎于三国时刘备、关羽、张飞三结义。结的是兄弟，讲的是义气，实质上是相互承担互助义务。当人们外出经商或投奔他乡，举目无亲。这样的结拜就可以使之摆脱孤立无援的境地。男子如此，女子也一样。近代广东等地甚至有种习俗，盛行契姐妹，同乡女子十人或数人结拜为姐妹，往来密切。甚至相约不嫁，有出嫁者邀众逐之。这也是亲缘关系在人际关系中的特例。

另一类是认亲。如认干爹干娘、干女儿、干儿子等。这类认亲同样出于社会成员的各种需要，借助亲缘关系来加强相互间的联系及承担的义务。这类亲缘关系在近代非常盛行。

对于社会生活中广泛存在的亲缘关系，近代的国家政权的态度是既利用又控制，并从制度上给以保护。如在礼典中对冠婚丧祭的规定，均以传统儒家经典为准，对九族五服和亲缘的关系、义务做出了种种规定和官方的解释,并以皇室和官僚士大夫的躬行来加以倡扬。为提倡孝道,在职官员如父母有病请假或乞归奉养,一概照准。如父母之丧,称为丁忧,规定官员必须离任回籍办理丧事,除非有重大国家事务急需办理,由皇帝特颁命令才可以不离任,称为夺情。士大夫做官后,可以为妻子、父母、叔伯等申请封诰,由朝廷按等级赐予。如男性有资政大夫、奉政大夫,女有宜人、安人、夫人等名目。这种措施就是基于亲情,由亲而贵的原则,用以提高官吏家属的社会地位。为了维系人伦纲常,国家还借用法律工具。清代法律中有许多涉及亲缘的。大清律例律目436条中有关亲属的达45条,占1/10还多。在律条中处处体现着封建礼教的精神,体现着亲疏贵贱的等级观念。如尊长与卑幼的关系,凡子女辱骂父母、祖父母等尊长,都以犯罪论处,而父亲对子女则可施行打骂,即使打死,也只减等抵罪。尊长犯罪,晚辈即使告发,自己也算犯罪,要以逆忤论处。

对于亲缘关系在社会中的影响,国家又给予一定的限制,以防亲缘关系在某些情况下对统治不利。如回避制度中规定,父子不得在一处、一部同时为官,以杜绝徇私结党之弊。

民国时期,国家政权对亲缘关系的利用和控制依然存在。虽然程度上较为松弛了一些,但仍旧起着作用。因为在社会上亲缘关系仍有很大的影响,因而在当时的国家政权和法律中到处都反映出来。在新的刑法中,仍然保留了不少维系亲缘的条文。例如保留了家长这一概念。对家长的权利在法律上予以维护。在量罪上对涉亲属之间犯罪行为都要加重等级,从重判处,体现出浓厚的亲缘意识。例如伤人罪中,有"加暴行尊亲属未成伤者处一年以下有期徒刑"的律条。[①] 在杀人罪中,有"杀直系尊亲属者处死刑,杀旁系尊亲属者处死刑或无期徒刑"的律条。[②] 刑法还有规定,对直系尊亲属犯伤害罪的,加重本刑二分之一,对旁系尊亲属犯伤害罪的,则加重本刑三分之一。[③] 从这些律条中,可见其维系封建亲缘观念的意图。

---

① 《中华民国现行法规大全》,寅,刑法,第293、283、317条。
② 同上。
③ 同上。

第二节 地缘关系

一 地缘关系类型

地缘关系也是社会中最基本的一种人际关系。它是人们长期共同聚居一地形成的人际关系。地缘关系主要分为同乡关系和邻里关系两类。

1. 同乡关系与地缘组织

同乡关系是地缘关系的外层关系，是同居一地的人们在本乡本土以外的地区，即外乡外土上的人际关系。同乡关系中也有不同层次，有小同乡与大同乡之分，小至一镇一村，大至一县、一府，甚至一省。这种层次是与离开本乡本土的距离和区域紧密联系的。近代人们一般观念中的小同乡属于一县以内的同乡。县以外范围的同乡则归入大同乡一类。在人们交往中，小同乡关系比大同乡关系要较为密切。

同乡关系在社会的人际交往中显得十分重要，因而逐渐产生出一些适于同乡交往和联系的场所和组织。明清以来在全国各地（主要是在城镇中）存在的各种会馆，主要就是一种地缘组织。晚清，这种会馆主要分为两类，一类是试馆，一类是会馆。

试馆主要接待前来应试的举子，在京师是接待各省来京参加会试的举子。在各省垣则接待各府前来参加乡试的举子。试馆为举子提供食宿和备考的方便，也成为同乡举子会聚和交往的场所。有些会馆原为同籍仕宦聚会之地，逐渐改为试馆，但也附带为仕宦、商贾游集之用。有些原专为举子而设，但闲时也时有他用。由于清代科举兴盛，各地试馆也非常发达，分布相当普遍。以京师来说，晚清试馆林立，据统计约近 400 个。这些试馆分属于 18 行省，为各省、府、州县所设。[1] 又如浙江金华府，所属 8 县就有 7 个县在府城设有试馆。[2]

另一类是工商业性质的会馆，主要为同籍商贾在各地的同乡组织。宗旨在敦睦乡谊，促进商务，互相援济，于生老病死有所照应。由于主要为商贾所设，所以在一定程度上会馆又有相当的业缘因素。有些会馆

---

[1] 何炳棣：《中国会馆史》，（台）学生书局1966年版，第34页。
[2] 同上书，第35页。

实际就是同业组织。如京师晋翼会馆，为山西翼城在京师布业商人的组织。临襄会馆是山西临汾、襄陵（今襄汾）两县经营油、盐、酱、醋、粮业的同业组织。但在多数情况下，会馆并非某一行业所设，而是同籍的各行商人所共设。晚清会馆在各地很普遍，它的分布与各地工商业发达程度甚相适应。如山西商人很活跃，全国各地都市商埠多有晋商会馆。在京师，晋商会馆数目为各地会馆之首。像广州、上海、苏州等商埠、码头之地，会馆较多。如宣统时会馆公所成都有 25 个、① 广州有 28 个、苏州有 23 个、上海有 14 个、南京有 10 个、福州有 10 个、汉口有 10 个、重庆有 8 个。据太原指南（1936 年）载，太原有本省及各省会馆 50 个。②

晚清的同乡组织除试馆主要为试子服务之外，一般还具有以下的作用：(1) 联系乡谊，消闲娱乐；(2) 互相援济、促进商业；(3) 办理同乡的救济、丧葬等福利事业。

清末由于废止科举，各地试馆或废败，或转为同乡同乐之所。有些会馆组织也因新型的业缘组织兴起而被取代。

进入民国，由于新型教育的推广和工商业的发展，社会流动大大增强，人际交往也日益发达。于是一种新的地缘组织——同乡会产生了。它与旧式的会馆有明显的不同。首先是它的范围和规模扩大了。同乡会为旅居一地的同乡而设，不分职业、信仰，不似旧式会馆多为商贾、仕宦所设，因而规模也不一样。例如广东旅沪同乡会，成员籍贯遍及本省各县市，职业广泛，人员总数则多达 7000 余人。其次，同乡会的功能也有所扩展，除提供交际场所、办理贫疾救济丧葬之外，许多同乡会还资助同乡子弟就学，或自办学校施以教育。还有创办会刊以资联络和壮大本籍名声，甚至有代请律师为同乡办理诉讼事宜。

2. 邻里关系及其交往功能

邻里关系是地缘关系中的内层关系，它是以相邻居住为基础形成的人际关系。社会生活中的邻里、街坊都属于这类关系。由于近代社会的闭塞和停滞性，地缘关系成为较稳定的人际关系。尤其在农村乡土社会，

---

① 李华：《明清以来北京工商会馆碑刻选编》，文物出版社 1980 年版，第 58 页。

② 同上书，第 54 页。

传统的安土重迁观念仍牢固存在，人们祖祖辈辈聚居在一地，所以一乡一镇，一村一里，许多情况下甚至就是一族一姓。即使杂姓聚居，也是世代为邻。所以邻里通常是同一自然村或同一条街坊为范围的。因而邻里关系就成为仅次于亲缘关系的重要的人际关系。

邻里观念，由来已久。古代社会根深蒂固的乡党观念在近代依然深入人心。这种乡党观念或叫邻里观念的核心就是一个"睦"字。在封建自然经济基础上的小农社会，"鸡犬之声相闻，而老死不相往来"。这种封闭式的小社会与外界无涉，内部自然要求和睦共济，止息争斗。为此，邻里关系就要处理好。"邻有丧，舂不相，里有殡，不巷歌。"从一些族谱家谱中也可见人们的邻里观念。如《甘氏族谱》家训中有言："至若邻里，比屋联居，非亲即友，亦宜有无相通，患难相顾，以让救争，以礼止暴，仍成仁厚之风。宗族和顺，乡党亲睦，自无盗贼凶恶之徒为之滋扰矣。"[①] 在世人心目中，邻里关系是如此重要，甚至取代了一部分亲缘关系。"远亲不如近邻"反映的就是这种观念。

近代社会中，邻里之间的交往既有感情的需要，更有相互帮助的实际功能。每个社会成员在日常生活中，除了有感情交流的欲望之外，七灾八难，生老病死，都难免需要他人的帮助。因此，邻里之间除了寒暄聊天之外，日常交往是循着互利的原则进行的。在广大的乡村，邻里交往一方面表现为有无相通，疾病相扶，患难相助。一方面表现为日常节令的习俗交往。邻里之间，一家有病都来问寒问暖，请医助药。一家有难，都来排忧解难，慷慨援助。这在邻里间被视为互相的义务。至于日常的婚丧大礼，都少不了邻里的参与。逢年过节，相互致贺，馈赠食品，更为平常。如山西闻喜风俗，"妇初产男，邻里往贺"。[②] 丧事大敛后，家属至神庙浇奠，"往来故迁途，邻里皆送灯笼"。[③] 邻里之间的互助功能也是明显的。如晚清京师，中下户所居的四合院、三合院、大杂院中，众人杂居，"至于共处既久，疾病相扶，患难相救，虽家人不啻

---

① 《中湘甘氏族谱》，《家训·陆族党》，道光刊本。
② 《闻喜县志》民国七年，（台）成文出版社有限公司 1976 年版。
③ 同上。

也"①。山西洪洞县乔毓灵，家本素封，好善乐施。县志记载，光绪年间大旱，"乡邻告贷者，其门如市，积数百金，从不责偿。复吁请邑侯散发急赈，多所全活，乡人衔感，制匾颂德，灵以事关赈款，坚辞不受"②。又如，山西灵石县志记载，该县蔡锡贵，"仗义疏财，闾里推重，二十六岁饥……出钱三百缗，无亲疏远近悉与之，乡人匾其门曰：惠及闾里"③。诸如此类的事迹，在地方志中记载颇多，反映了邻里关系的重要功能。

二　地缘关系与社会生活

1. 地缘关系与社会生活

近代社会地缘关系深深地影响着社会生活的各个方面。因此产生出种种特殊的社会现象。

在社会的政治生活中，地缘关系是近代地方势力膨胀，和地方主义盛行的内在原因。晚清时，由于太平天国起义的震撼，清朝中央集权日趋涣散。在同太平军对抗的战争中，以湘、淮军首领曾国藩、李鸿章、左宗棠等为首的一批地方势力逐渐崛起。湘、淮两军都是以地缘关系为主要纽带，从地方团练发展而来的。这两支地方武装的兴起，标志着中央集权的衰落和地方势力的崛起。湘、淮军内部组织，首重地缘关系。以湘军为例，其士兵在湖南招募，都是农家子弟，同省同乡，自不必说。甚至许多营都以更小的同乡范围组建。如曾国荃的部队，不仅尽用湘乡人，而且用的都是家门口方圆十几里之人。以这样的小范围地缘关系组织起来，士兵易于齐心协力。曾国藩创建水师，就要求水手都要用其家乡湘乡人，以为同县之人易于合心。士兵是这样，将也是如此。据统计，湘军上自统帅，下至重要幕僚、统领、分统、营官、帮办等首领共182人，其中湖南省籍有130人，占83%。由于战功，出于湘军而任各省督抚的竟达26人之多。④ 这些出自一系势力的督抚由于掌握了一方的大权，

---

① 《旧京琐记》卷1，俗尚。
② 《洪洞县志》民国六年，（台）成文出版社有限公司1976年版。
③ 《灵石县志》民国二十三年，（台）成文出版社有限公司1976年版。
④ 罗尔纲：《湘军志》，岳麓书社1983年版。

造成了同治以后督抚专政的局面，也为清末军人集团势力参政和军阀势力的专政开辟了途径。

民初，由于北洋军的分裂和各地军阀势力的兴起，全国各地形成了地方割据局面。各地军阀都依据地缘，结纳私党，盘踞一方。大有奉系张作霖，皖系段祺瑞，直系冯国璋、曹锟；小至粤系陈炯明，桂系陆荣廷，滇系唐继尧，山西的阎锡山，青海的马家集团等。各地军阀混战，争斗不已。至于川黔等省，则不仅对外割据，内部也四分五裂，大小势力，分据一方，自成一系，为霸为王。这些派系都特重地缘关系。山西军阀阎锡山统治一省达38年，俨然成为一方的土皇帝，其省流传着一句俗语："会说五台话，就把洋刀挎。"因阎锡山为五台县人（现为定襄县），同籍人易于攀缘而上，可见地缘关系之重。

在社会经济生活中，地缘关系的纽带起了重要作用。近代的行会组织就是以地缘关系为纽带联系同业的手工业者和商人的地域组织，近代的商业会馆和早期的公所也都是地缘关系较浓重的组织。会馆是建于外地外埠的同乡组织，公所则主要是手工业行会，其地缘性尤强。这种公所的功用有二，一是联合形成垄断势力，抵制本地和外来的同业竞争；二是对同行实行救济贫疾，养生葬死，以全同乡同籍之义，借以稳固业缘关系。

至于近代的行帮，则主要是以地缘关系联系起来的业缘集团。为了利于竞争及对付各地的垄断势力，各地外出经商的商人们常以乡缘联系起来。《清稗类钞》中有记载："客商之携货远行者，咸以同乡或同业关系结成团体，俗称客帮。有京帮、津帮、陕帮、山东帮、山西帮、宁帮、绍帮、广帮、川帮等称。"这些行帮，大有以省籍为缘形成，小有以府、州、县籍为缘形成。如山西籍的西帮票号，内中就分为祁（县）帮、太（谷）帮、平遥帮。这些行帮确在增强竞争能力和建立自身垄断方面起了重要作用。

地缘关系的传统纽带使许多手工业经营牢固地树起了地缘的藩篱，具备了很强的因袭性。例如近代的讼师这一职业，兴盛于浙江绍兴一地，讼师之多，无地可比。这些讼师分布于各地，包揽诉讼，影响非常之大，以至被赋予绍兴师爷的专门名称。再如山西高平，向来以理发剃头一行著称，不仅全省各地，甚至京师及一些外埠都可见到高平理发师的足迹。

这一职业的因袭，除血缘因素外，地缘起了很大作用。还有很多行业如刺绣中的四大名绣：苏绣、蜀绣、湘绣、汴绣，天津杨柳青的年画等都有着明显的地缘色彩。

在社会日常生活中，地缘关系的影响更是到处可见。首先表现在各地的习俗和方言上。广大乡村的习俗，其活动区域局限于乡里之间，许多传统习俗，如正月玩社火。节日拜神等，其地方色彩非常浓重。如拜神，沿海最盛的供妈祖，内地则是拜龙王。南方兴的是赛龙舟，北方兴的划旱船。在民歌和地方戏上，更显示出地缘文化的差异性和多样性。此乃"三十里不同风""百里不同俗"也。

语言的地缘特色则表现为多样的方言。吴语灵智，音软动听；豫鲁豪气，语直音铿。方言与民风相联系，大有南北之差，小有省内省外之别，即使一省一府乃至一县之内，也不尽相同。语言的隔阂阻碍了不同方言的人们的交往，但却又在同音的人们之间架起了沟通的桥梁。

地缘关系的影响又表现在乡籍的排他性上。历史上由于战乱和灾荒等原因，曾多次形成较大规模的人口迁徙，因而造成侨居与土著杂居的社会现象。这在南方尤重。近代两广、福建等地的客家人即是由迁徙形成的移民集团。客家人一直受到土著的排斥。这种排斥既来自实际的利益，也有来自文化习俗的背景。移民迁入一地即使历经数代，仍不能进入当地的土著文化圈。地缘性的排他是强烈的，也是持久的。太平天国起义时，两广客家人许多踊跃投军，其中就有不甘忍受土著欺凌的因素。客家集居的地区如此，一般的乡村社会中，对外来户也常持排斥态度。外来户不易进入当地的生活圈，常常娶不到当地的女子为妻。所以，在安土重迁的社会里，背井离乡是最悲惨的事。相对的，对故土的依恋同样反映了地缘观念的浓重。外出经商、宦游之人，一到年老病衰，都要返回故里，叶落归根的观念植根于人们的内心深处。即使在外病故，也要扶柩而返，无力返还的，还要将骨殖带回故乡安葬。

人们的婚姻习俗也受到地缘关系的影响。一般乡间人们的婚姻，小不出乡、大不出县。即使出县，也是邻近县份，很少有远结秦晋的。以近代名人徐继畬（山西五台县人）为例，其家族从其高祖以至徐本人5代中有男性50人，娶妻者44人，娶妻61人，其中同县籍40人（内中11人为本村），邻县籍21人。同县籍者占65％之多。①一般平民百姓，接触面小，择偶范围更小，山区农民只在数村之间通婚。

2. 国家政权与地缘关系

近代社会中，国家政权对于地缘关系既利用又加以控制。晚清，政府曾利用地缘关系编练团练。太平天国起义后，清政府为地方自保，下令各地在籍官吏，利用乡缘关系就地举办团练，既维护地方治安，又可协同清军与太平军作战。这种团练，因乡土关系，骨干多是本地士绅，团众也为本乡本土之众，易于控制，便于指挥，又利于就地筹粮筹款。为巩固统治，清政府也曾在基层实行保甲制。利用地缘关系把村民皆纳入保甲之中，按家按片编为保甲，既行联防，又行连坐，以图将民众牢牢地置于有效统治之下。

国家对于地缘关系的控制则主要体现在多种制度上。首先是科举制。清代科举考试分片举行，各地名额也有定制，应试举子必须在原籍参加考试。即使客居在外，也不得参加当地的考试，有冒籍者尽行革除。故在外经商居留的子弟一到考试期，便要赶回家乡报考应试。其次是捐纳制。晚清实行捐纳，许民间以钱粮纳捐文制五品以下的官阶，以补国家财政收入的不足。定制，各地捐纳者，必须有在京同籍官员作保画押，方得捐纳。还有回避制度。清代官制规定，官吏不得任职于本籍，须五百里以外任职。县官不仅本县，即使邻县也不能任职。巡抚，总督对本省、邻省皆应回避。中央各部官员不得任职于本省主管司。不仅本籍回避，即使客籍也应回避。

进入民国，从制度上说，对地缘关系的限制大大放松了。官吏任职似已无须回避，反而提倡本地人治本地，实际情况也是如此。在乡村，政府曾利用各地士绅治理本乡本土，搞乡村自治，对地缘关系的利用是大大加强了。

---

① 《五台徐氏本支叙传》，咸丰庚申刊本。

第三节 业缘关系

一 业缘关系主要类型

业缘关系是基于社会广泛而细致的分工形成的社会人际关系。它的产生要晚得多，但它的发展是随着社会生产的日益发展、社会分工的日益精细而发展的，业缘关系的发展使社会成员在亲缘和地缘之外，又增加了一种识别标志，在社会生活中又开辟了一类交往的途径。由业缘关系为纽带联结成的无数业缘交往，较之亲缘和地缘交往要频繁和开放得多。业缘关系的发达程度反映着社会化的发展程度。

1. 叙同学同年之谊

同学和同年是一类重要的业缘关系。在旧式科举制度下，极重同窗和同年。同窗是私塾或县府州学或省学、国子监同时习业的学生。而同年则是人们同年考取进士的相互称谓。同年登科，意味着一同踏入仕途，所以更重年谊。官吏初见，总要先叙年谊，如进身较早则为尊，较晚则甘为下风。如是同年，则异常亲切。

清末民初，由于举办新式学堂教育，学生日益增多，同学关系和交往也大为发展，这种新式的同学关系与旧式的同学关系的共同点是都基于共同学习而形成。同学关系是一种不带利害的平等关系，其义务是相互的。当然前面的校友可被后来的学友视为学长，但这只是交往态度上的一种尊重，并非具有什么特权。同学关系由于是非利害的，所以感情因素被看重，因而也易于交往和维持。但正因为如此，同学交往的起点较易，向深层发展则难。除非附加上其他因素，所以同学关系是靠感情来维系的业缘交往关系。

2. 讲师生师徒之情

晚清，由于科举盛行，师生关系成为一种重要的交往渠道。从封建伦理讲，"天地君亲师"，"一日为师，终身为父"。由于旧时授业学生不多，私塾和县府学中，教师与学生关系较为密切，教师可代行一部分父亲的职责。学生有犯规之举或懒惰，教师可以呵斥直至体罚。学生对教师只能毕恭毕敬，唯命是从。师生关系也有层次。启蒙师对于学生来说，只是一种感情上的联系，授业师与学生要较密切一些，因为这事关学生的学业和功名。而房师、座师则更进一层，他们是科举考试中的阅卷官和主考官，学生的功名是握于他们之手的。他们对学生虽无授业之功，却有拔举之恩。学生一经考中，便投帖正式拜在他们门下，算作门生。这种师生关系由于加上了恩义，所以更为浓重一些。至于一些举荐学生、门生为官吏者，则恩利更重，所以受到学生的终生尊重。

师徒则是手工业作坊、商业店铺及各行业的一种旧式传艺关系。在这对关系中，师傅是主导的一方，学徒则是从属的一方。晚清学徒要拜师学艺，须找保人推荐，并立字据为凭。一般内容多是讲明学徒自愿学艺，学徒期分文不取，许师傅打骂管教，如有疾病，生死不问，情景无异于卖身。这种契约下的学徒，要住在师傅家中，充当一名近乎仆人的角色，做一切家务杂事。如做得令师傅满意，则有可能较早较多地学到一些技艺，否则打骂不说，学徒三年，甚至学不到任何技艺。从师傅一方来说，廉价买到一名杂役和帮工，呼来使去。由于封建的保守性和同业的竞争，许多情况下，即使传艺也要多留几手。师徒关系中，学徒对师傅有人身依附。在许多情况下，还存在着一种剥削关系。如戏班学徒出师后一定年限演出收入很大部分由师傅收取，甚至要徒弟奉养终身。

进入民国，师徒关系并无多大变化。但在新型工业企业中，师徒关系有了不同。因这时徒弟虽然跟师学艺，但不挣师傅的钱，是为厂方做工，是厂方的雇员。学徒对于师傅的人身依附已基本取消，代之以较平等的师徒交往。

师生关系民国以后则变化较大。由于新型教育的推广，教师和学生的比例大大变化，学生也再不是某一人的弟子，而纯粹成为授业和被授业的关系。一个学生从小学到大学，要接受许多教师的传授，其间再无个人色彩和感情因素。学生交费读书，教师教书挣钱，没有个人的恩义掺杂。这时的师生关系才真正成为社会角色关系，即教育者和被教育者。

3. 攀同业同僚之缘

这是由于同操一业而形成的人际关系。晚清的同业关系带有浓重的封建色彩。当时同业主要局限于商业和手工业各行内部，由于封建性的垄断造成同业之间的排斥现象，反映在交往中，呈现出明显的封闭性。一地的某一行业，长期保持原有格局，缺乏流动和发展。同业交往也往往局限于一地，跨地域的同业交往则较少。

同僚是一种特殊职业——官吏之间的关系。这主要是指同一职署、同一衙门内的同僚、僚属关系。由于清代官吏调动很频繁，一个职位上一般任期不超过三年，有的甚至只有一年，因此，同僚、僚属之间的交往也就多限于初级和浅层的接触。日常应酬是这类交往的主要内容。节日邀宴、送往迎来、丧婚祭礼等，都要送包送帖。而同僚关系一旦离开某职、某衙后即不易维持下去。

民国以后，近代生产方式的引入和社会结构的变化，导致了社会分工的进一步发展，同业关系大大发展。同业交往中的排斥、封闭已大大削弱，而增添了新的沟通与合作、合理竞争等因素。同业交往的范围向更广阔的区域拓展。新型交通工具和传讯工具的引入，也使得同业交往的距离大为缩短，交往频率也更加频繁了。

4. 守朋友同志之道

这是一类以志趣、理想为纽带联系起来的人际关系。朋友交往自古崇尚。孔子说，"独学无友，孤陋寡闻"。可见朋友之交的重要。晚清的朋友之交依然是传统的交友之道。朋友间讲义气、守信用、重许诺、尚气节。朋友之交一旦结成，双方互相承担很多义务。有不少情况下进而结拜为兄弟。观念上讲的是在家靠父母、出门靠朋友，为朋友可以两肋插刀，可见关系之密。朋友之间平时志趣相投，过从甚密，有事互相帮助。朋友间有背志他交，则交情断绝。如食言不践，甚而有不利朋友之言行，则更视为自绝友道，为世人所不齿。

同志则是清末新出现的人际关系。它是基于社会理想或政治主张而形成的人际交往关系。它是在清末资产阶级的维新变法和革命浪潮中产生的，是完全平等的人际关系。它的起点和终点都源于对理想的追求和社会目标的追求。同志关系的维持也依赖于此，只要追求的目标和理想产生分歧以至根本相背，同志关系即告终结。同志间也有互助，但是非功利的，是义务的。这种新型人际关系民国以后更为发展，尤其是出现了无产阶级的同志关系以后。它更具纯洁性，更注重它的团体目标，是全新的人际关系类型。

二　业缘组织

业缘组织是业缘交往和业缘关系的团体背景。人们业缘交往的需要

促进了业缘组织的发展,而业缘组织的发展又为业缘交往提供了团体的支持。近代的业缘组织大致有以下几类:

1. 会馆和公所

会馆本是地缘和业缘相结合的组织,只是近代会馆的地缘性大大超过了业缘性。各地的商业会馆也都以地缘为主要纽带,并非拘于一业一行。如京师有潞安会馆,为山西铜、铁、锡、炭、烟袋诸帮商人创建,经营显然不拘一业。又如仙城会馆,为广州绸缎、珠宝、药材、香料、干果商所建,也不为一行所有。

公所则是主要以业缘为纽带的工商业组织。公所在清初即有少量出现。如京师有糖饼行公所,即由南案、京案糖饼商共建。到嘉庆时,共有80余家糖饼商加入。但多数公所都是在19世纪中叶前后逐渐建立的。以苏州为例,到鸦片战争前,共建有崇德、集德、置器、允金等38个公所,分属印书、木器、漆作、硝皮、刻字、冶炼、面业等30余个行业。[①]

会馆和公所都是带有封建性的业缘组织。这些行会的功能一般都体现出封闭、垄断、排斥竞争的倾向。它们的功用一般有二:一是通过行规限制新进从业人员,以避免竞争;二是通过祭祀行业神,资助处境困难的同业,帮助举办丧葬事宜等,以互助联络同业感情,这二者都是旨在加强已有同业的关系,而排斥新的同业。这些商业、手工业行会都得到地方政府的支持,顽强地抵制着新兴资本主义工商业的冲击。许多公所一直存留到民国以后。

2. 公会和商会

这一类都是较为新型的业缘组织。清初也有一些旧式工商业组织称为公会的,如京师青韭园行公会。但多数公会是在19世纪中叶至末叶建立的。这种公会在清末以前,多具有封建行会性质,其组织宗旨和功用不外排斥外来竞争和控制内部发展。清末,政府工商部下令各地成立商会以促进商务,公会组织开始发生变化。原有公会纷纷改为同业公会,一些小公会也并入或合并为较大的业缘组织。各地成立的新同业公会,原有的地缘性和封建性大为削弱,业缘性和开放性大为增强。新型公会的这些变化,主要是由于外国资本主义经济势力入侵带来的危机感和新

[①] 段本洛、张圻福:《苏州手工业史》,江苏古籍出版社1986年版,第129—234页。

式工商业的影响。新的同业公会的注意力已不在如何控制行业发展的规模和排斥同行，而转移到如何联合起来促进自身发展和与外国势力竞争以保护自身利益。

商会也是这期间产生的新型业缘组织。它是更大范围的一类业缘组织。商会和商业联合会的成员已不限具体行业，只是用工商业这一大业缘联系起来。民国三年（1914）商会法规定：各地有30人以上即可发起商会，奏请地方官呈农商部核准成立。会员人数不限，只要是经营工商业或经理人、董事都可成为会员。当时小地方成立商会，大城市和省会则成立商业联合会。京师成立了商务总会。一时商会组织遍及各地。这一新型组织的建立促进了业缘交往，使业缘交往走向更为广阔的领域。

民国以后，由于鼓励工商业，全国各地公会，商会组织不断发展和健全。据1942年出版的《上海暨全国工商业同业公会调查录》粗略统计，上海、南京、北京、天津、广州、青岛、哈尔滨、大连、香港及15个省中42个市县地方，计有各类同业公会1032家。其中上海统计较为详细，共有371家同业公会，涉及人造棉丝、自行车、制造、地产、线业、材料等近百十种行业。[①] 同时公会发展也不局限于工商业，律师、工程师等也建立起律师公会、工程师协会等业缘组织。娱乐界有乐业公会，戏剧界有梨园公会，教育界有教师公会，几乎社会各行各业都建立了业缘组织。

3. 同学会、俱乐部

这也是一类新型的业缘组织。留日学生首先在日本成立留日同学会。这是清末留学热潮和新式教育兴办的结果。随着欧风东渐的进程，同学会这一在国外盛行的团体组织也就被移植到国内来。民国以后，这一组织日益盛行，各种同学会纷纷成立。其中有按校籍成立的，如清华大学同学会。也有按留学地区成立的，如欧美同学会。还有按地区成立的，如上海留美同学会。同学会的宗旨要在促进同学联系，使之有益于社会。民国二十二年（1933）的《上海留美同学会章程及细则》中就有言："本会以增进留美同学之友谊，以公正态度服务社会为宗旨。"所以同学会的活动多以举办联谊会、报告会、舞

[①] 许晚成：《上海暨全国工商业同业公会调查录》，龙文书店1942年版，第1—77页。

会、招待会等形式以促进同学交往。这些新的活动方式确比旧式业缘组织的拜神祭祀更适应时代精神。

清末民初，在时代潮流的推动下，业缘关系迅速发展，各类业缘组织相继建立，除大量的公会、商会、同学会等以外，还有许多形式。俱乐部即是一种。俱乐部在欧美存在已久，也是一种业缘组织。在中国首先出现于外国租界之中，上海跑马总会同人俱乐部便是一例。跑马总会是租界外国人的娱乐组织，参加者为外国洋行职员及家属。同人俱乐部则是洋行的中国职员集合起来的同人组织。它的宗旨是："藉高尚娱乐，正当消遣，联络同人友谊。"其活动方式有读书、打台球、打桥牌等。借此吸引同人，摆脱旧式的逛堂子、吃花酒、摊牌赌博等消遣方式。而后，各地逐渐建起多种多样的俱乐部组织。这些组织在加强和促进人际交往的社会化方面起了很大作用。

三　业缘关系与社会生活

在政治生活中，业缘交往关系发挥了重要的作用。晚清，官场中结纳势力，多靠师生和同年关系。初入官场，许多士人都要拜在某些达官贵人门下，借其势力以求进身。一些显贵也借机举荐新人，以培植私人势力。就连皇帝也要借此笼络。清代取进士最后要经殿试，由皇帝亲自主考，取中的进士都算作天子门生，与皇帝有师生之谊，从心理上加强了士大夫与皇帝的联系。皇帝、太子、后妃的老师多因师生关系而得到重用。

晚清出现的军阀集团，业缘关系也是重要联系纽带之一。如湘军中，除同乡、亲戚外，常借师生关系笼络人才。淮军统帅李鸿章和湘军水师统帅彭玉麟都被曾国藩认为门生。湘军最重要的一支部队罗泽南部，其营官都是罗泽南的学生。这样上下级关系之外又加上一层师生关系，联系更加紧密，也进一步保证了统帅对部队的控制。[①] 曾国藩创立湘军，广招人才，先后投为幕僚者百余人。曾国藩先后向清政府举荐了33人次。许多人因此得以升迁发迹，如李鸿章、左宗棠、郭嵩焘、李翰章等都因此起家，成为一代名臣。从曾幕出幕后做到按察使、副都统以上的多达

---

① 罗尔纲：《湘军兵志》，岳麓书社1983年版，第68页。

20 余人。① 民国以后，这种情况更为突出。各地军阀集团都用业缘关系来招兵买马，壮大力量。

在社会的经济生活和日常生活中，业缘关系也是到处可见的。

第四节　人际关系的发展趋势及特点

一　人际关系的发展趋势

近代社会的人际交往关系的发展与变化，是与整个社会的变迁紧紧联系在一起的。近代中国的发展进程，是一个被动地走向世界的进程。因为这个进程是在西方帝国主义的政治和经济压迫下进行的，所以社会的演进也是畸形的。一方面，近代的西方文明逐步输入；另一方面，传统文化又在顽强地抵拒着。整个社会被迫逐步地开放。原有的秩序被打破，而代之以政治、经济、文化诸方面的新旧碰撞、新旧交融、新旧并存。在这样的社会环境中，人际交往关系也显现出一个变化的趋向。首先是血缘、地缘、业缘关系的内容逐步地更新，旧的形式逐步让位于新的形式。血缘关系渐渐淡薄、松弛，地缘关系在新的基础上发生了膨胀。业缘关系则由于社会的逐步近代化和开放而大大发展起来。其次，尽管业缘关系逐步发达，但在近代社会特定的环境中，往往还要借助于血缘和地缘关系来稳定自身。血缘、地缘、业缘关系在新的形势下互相影响和利用。它们的结合要强于排斥。因此，近代社会人际关系的总趋势，就是向开放化和社会化逐步发展，但在发展进程中新型人际关系不得不与旧式的人际关系并存。

二　近代人际关系的特点

近代社会的人际交往关系在其发展和演进过程中，明显地呈现出一些特点。

1. 多样化与外向化的趋向

人际交往关系的多样化乃是近代社会的重要特点。中国近代社会的人际关系也是朝着这个方向发展的。近代初期，人际交往是一种传统格

---

① 李鼎芳：《曾国藩及其幕府人物》，岳麓书社 1985 年版，第 9—19 页。

局，亲缘关系不外家族、宗族，地缘关系也不外同乡、邻里，业缘关系也不过同业、师徒而已。到清末民初，人际关系大为拓展，亲缘中类血缘的结拜干亲增多，不仅下层，甚至上层都屡见不鲜。地缘关系也随着这一时期在外求学、经商、做事、当兵的流动人群大为增加而扩大。最为突出的是业缘关系极大地扩充。由于产业发展，社会分工的愈益细致和国家机器的扩充，业缘的种类增多，在社会中日益广泛。

人际关系的外向化是一个不断增强的趋势。首先表现在人际交往圈的扩大，由狭小的亲朋圈子逐渐走向更为广阔的社会生活领域。各种新旧类型的人际交往团体组织以及交通、电讯的发展，为人际交往提供了更多的场所和条件，人们之间的交往更为频繁了。其次是人际交往的意识和方式更为开放了。受西方文化影响，近代社会首先从沿海商埠输入了近现代意识。群体意识的增强，促使人们从各个方面加强了交往和联系，人际交往的团体背景也大为加强。人际交往发展为政治、经济、文化、娱乐、爱好等极为广泛的领域，而且更多地依赖于社会公共场所和团体组织。各种类型的报告会、联谊会、酒会、舞会、招待会、庆典仪式等都成为重要的交际场所和聚集点。"君子不党"的意识逐渐被抛弃，而代之以实惠、功利的交往意识。随着教育面的扩大和社会进一步开放，妇女也开始步入社会，成为人际交往的重要成员。

2. 等级观念淡化与礼仪的简化

传统社会中，社会分层森严，士农工商，依序由尊而卑。各阶层之间的流动和交往也是较少的。封建制度也有种种制度加以限制。如科举就不允许倡优隶皂之子弟参加。广东的疍户子弟，要上岸居住从事农商三代以后方准应试。工商业者或地主，即使家大业大，财大气粗，其社会地位也比不上士绅。所谓诗书之家平日也不屑与富商巨贾往来。在亲属圈内，长幼尊卑顺序，更是壁垒森严。随着社会的开放化，等级观念逐渐在人们意识中趋于淡化。社会成员的交往中，过去森严的戒律已不起多大作用。工商业者地位大大提高。对一些世代承袭的低下职业，也很少有制度加以强迫了。社会在人们的升迁和进身途径中，已消除了许多封建式的等级限制。亲属中，家长与家属之间，父子、男女、夫妇间单方依附的关系已渐松弛，开始有了一些变化。如妇女的离婚和受教育、天足运动等都反映着家长权、父权、夫权的相对削弱。尊卑贵贱再不像过去那样不可更变。

人际交往中的这些变化体现在社会的称谓和社交礼仪上，则更为明显。传统的称谓和社交礼仪处处浸透着等级观念。晚清时，在官属称谓中，百姓称官吏为老爷，自称为小人，以示官民之分。下级对上级称大人，自称则带有贬义，如卑职、卑府，以示地位之高下。在亲属称谓中，内外有别，亲疏有间，长幼有序，男女有别。女子自称妾，以自贬，而男子对人称妻也为贱内。祖父母与外祖父母不能混同，父子、兄弟、舅甥、叔侄之间辈分森严。民间称谓中，以年龄为高，年长者自称老夫，年幼者称之为前辈，自称晚生。这些等级观念运用到社交礼仪中，那便是官大者为尊，辈大者为尊，年长者为尊，男性为尊。寻常相见首先叙官，按尊卑落座。年幼、位卑者见上司，前辈，百姓见官，都要折膝下跪、叩头行拜。而上司、前辈、官吏至多回揖为礼。社会交往中礼仪繁多，越显赫越讲究，社会称谓也越烦琐。到清末民初以后，情况有了变化。称谓和礼仪借用了一些西方形式。例如废止称官吏为老爷、大人，改尊职名。一般人们之间提倡称呼先生、太太、女士、小姐等称谓。从礼仪上也日趋简化。民国初立，即废止跪拜、作揖，颁定新礼仪，规定在正式场合，男子礼为脱帽三鞠躬，女子为三鞠躬。非正式场合，男子脱帽致意为礼，女子鞠躬为礼。日常相见，握手礼渐渐实行。这些新的变化，都不同程度地反映了人际关系中等级因素的相对淡化和称谓礼仪的简化。

3. 新旧形式的共存与结合

在近代这个大动荡、大变革时期，社会中充满着矛盾和冲突，也存在着妥协与让步。新与旧、中与西的文化冲突也同样影响到社会人际交往关系中来，给人际关系蒙上了一层既新鲜而又复杂的色彩。

新旧形式的共存是一个显著表征。在亲缘关系中，宗族的亲属圈依然普遍存在，而在城市中，越来越多的人把亲属交往限定在少数的近亲与姻亲中。地缘关系中，虽然新式地缘组织同乡会大量涌现，也没能取代同乡会馆的存在。在业缘关系中，旧式的师徒关系与新型的师徒关系共存，旧式的师生关系与新式的师生关系并立。这种现象反映出近代社会中人际交往关系的演变是一个长期的过程。

新旧形式的相互影响和结合又是一个明显的表征。在近代社会的社会转变过程中，人际关系的演变也呈现出一种较为复杂的现象。血缘、地缘和业缘关系在历史上先后出现是反映着社会的演进和发展的。但对一个具体的社会形态而言，这几类人际关系在社会生活中都具有重要的功用和地位，无法相互取代。在近代尽管业缘关系渐渐发达，但它的发展也离不开血缘和地缘关系的影响。它们相互影响，并在某些方面相互结合起来。例如近代发展起来的资本主义企业，有许多都是家族式的。其中血缘和业缘关系的结合显而易见。许多地方性的财团和实业集团，实际都是地缘与业缘关系相结合的产物。像江浙财团，西北实业开发公司等。有许多现象是很矛盾的，但又是现实的。业缘的发达对血缘和地缘关系起着冲击作用，但在许多情况下，三者又紧密地结合在一起了。这说明中国近代社会经济欠发达，社会化程度较低，另外也反映出血缘和地缘关系的根深蒂固，其功能和作用无法全部取代。不仅中国如此，即使发达的国家也不能例外。

4. 巨大的城乡差异

近代中国社会发展极不平衡，直接的后果就是乡村与城市之间形成了巨大的差异。这种农村社区与城市社区的差异，在人际交往关系上也必然反映出来。在农村，旧式的、封闭的人际关系占主导地位。虽然近代时期也逐步产生出一些变化，但仍改变不了这一局面。以亲情为核心建立起来的人际交往圈，其范围狭小，大多不离本乡本土。其交往的团体背景也是一成不变的家族、宗族组织，人际交往关系因而呈现出单调的色彩，人际交往的频率也较低。而在城市，传统的人际关系内容和形式正渐渐失去主导地位，人际的交往已从亲情的狭小圈子里走了出来，走向更为广阔的社会领域。由于社会专业化的发展，业缘关系得以迅猛发展，各种类型的团体组织的建立，为人际交往提供了更为多样化的团体背景。人际交往因之愈益频繁。城市与乡村的这种人际交往关系的差距越来越大，城市与乡村的生活方式也越来越不相同，以致在人际交往的社会障碍中，又增添了一个新的因素，即城市与乡村间的隔膜。而这种隔膜又不断加深着城乡间的鸿沟，从而严重地影响了近代社会的发展进程。

第三编　社会功能

第七章 教养功能

第一节 赡养功能

赡养功能包括家庭的养育和社会的养育两个方面。有关家庭的养育功能，我们在第一章第二节"家庭功能"中已经作了较为详细的叙述，这里从略。下面重点讲近代社会的社会养育功能。

一 养济院

养育功能在近代社会主要是由家庭承担的。但是，由于种种社会的、自然的因素，一些家庭会发生变故，导致一部分丧失劳动力的老人和还没有劳动能力的婴孩失去家庭的抚养。这部分人的生活就要由社会来承担，养济院即是承担这种养育功能的社会机构之一。清制，各省都设立养济院，并规定有常设名额及经费。从乾隆元年（1736）"议准各省会及通都大邑概设立普济堂，养赡老疾无依之人"[1]始，养济院就成为一种社会养育的制度在各地建立起来。如山西全省养济院养赡330人，每人每年支米3石6斗，共支米4788石；另外每人每年还有冬衣花布银9钱4分零，共支银1200多两。[2]湖南道州之养济院"向在东门外，额设孤贫十五名，每名每日给口粮银五厘，咸丰间知州冯崐移置于州署后，今改移北门外"[3]。至于各厅、州、县"普、育二堂，所在多有，时兴时废"[4]。

---

[1] 《晋政辑要》卷18，户制，恤政1，养济院，光绪刊。
[2] 同上。
[3] 《道州志》卷3，李镜蓉修，光绪三年刊。
[4] 《晋政辑要》卷18，户制，恤政1，养济院。

虽然养济院在实际生活中会遭到种种毁坏，但作为一项制度而言，却不曾被废弃。而且，它也是地方官政绩的一个方面。咸同之际，刘濬知浙江孝丰县，针对该地土瘠民困、兵火摧残的境况，刘濬到任伊始，即先筹建养济院，"召老而孤贫或废疾者居之，日限给钱米而定之额"，"推天地养济之心，以养济吾民，使无缺憾，亦守土者之所当为耳"①。养济孤老无依之人也是地方官员布政治事的内容之一。但从养济院的官定名额来看，清代这一设施的社会效果也实在是过于微不足道了。

二　育婴堂

育婴堂的收养对象主要是弃婴，且多是女婴。近代，各县都建有育婴堂。湖南宁远县之育婴堂"在县治武庙前，咸丰七年邑人王显玉、萧国光等倡建"②。浙江孝丰县育婴堂在"县治东南隅"，"同治九年知县郭志瀛会同邑绅王景沂复建门楼三间……"③ 各地育婴堂都有常设经费。其经费来源，有出自国家筹拨者，如太原之育婴堂即系政府筹拨。道光年间，仓廒固年久未修，廒间塌坏，不能存放粮食，育婴堂所需之米粮遂由阳曲县照时价采买，每年需银1800多两不等，需米434石。也有相当一部分经费来自绅民的捐助。如湖南宁远县育婴堂"置田五百亩，丰年得收租九百余石，额粮十三石三开，禀请抚藩县立案定章，逐年收租育婴"④。山西省会太原之普济堂、育婴堂每年共收当商生息银2000两，地租银25两，地租钱4万文，地租米21石多，另外还有租盐2石。这些土地和银两都得之于绅民的捐助。

"大抵清初各省育婴堂业已遍设。"⑤ 育婴堂收养婴孩，没有固定的数额，凡将婴孩送入者即行收养，由育婴堂出资雇佣乳妇哺养。山西太原育婴堂"乳妇一口，月给工银四钱，随带子女一名，每名口各日给米炭、夏冬给单棉衣等银与贫民数同"⑥。乳妇哺育婴孩，如尽心尽力，则另外

---

① 《孝丰县志》卷3，刘濬修，光绪三年刊。
② 《宁远县志》卷2，张大煦修，光绪元年刊。
③ 《孝丰县志》卷3，刘濬修，光绪三年刊。
④ 《宁远县志》卷2，张大煦修，光绪元年刊。
⑤ 高迈：《我国户内救济之过去与今后》，《东方杂志》第41卷14号。
⑥ 《晋政辑要》卷18，户制，恤政1，养济院。

加给赏银。所收婴孩有病，由育婴堂延请专医诊治。有的育婴堂还专门设有医生，月给薪银，供育婴堂遣使。

育婴之外，又有保婴事业。保婴是育婴事业的补充形式。当时有人指出育婴有一系列的局限性："盖生婴送堂，婴始能育，若生婴即溺，婴何能育……且育婴之善举，以乳妇抚他人之子，以隔膈而痛痒不相关。"①保婴的机构名目繁多，有保婴局、保婴会、济婴社等。其具体办法为：由无力抚养婴孩之家向局登记申请，由局中核实后，则由局每月助钱若干，一般以3—4个月为限，然后令其自养。如果实在贫困不能自己抚养的婴孩，即由局代为安置，或代送育婴堂。除助钱之外，举凡米粮、小孩衣服及裤裙等，都在资助之列。保婴机构分为政府常设和民间自行组织两种。政府所设保婴局有固定名额、经费和常设办事机关。如山西"凡省城保婴局设阳曲县主簿署内，每年以保六百婴孩为率，每年设经费银四百八十两（遇闰加增），以资保婴及女红纸张局夫工食之用，每月保婴孩若干，支经费若干，责成委员造报，局中底簿送府查对。日后经费加多，再行推广省城，倡行各府厅州县再行推广"②。民间自行组织的保婴机构，多由地方绅士自行创办，有以乡为单位的，也有以族为单位的。地方绅士利用封建大家庭的关系，在一族之中进行互助以保婴。族中"有生女贫不能养者，各给孩袄褂袍裙各二种，月助钱五百，以六月为止，只行本族，所费不多。族百余家，贫须助者不过三分之一，每年生女不过三、四人，计所给衣食之费只须十余金即可全活数命"③。家族之外，更有实行于乡县等更大范围的保婴机构。咸丰兵燹之后，江浙一带人口骤减，民生穷蹙，溺婴之风炽盛，严缁生在桐乡创设保婴会。随后苏州等郡邑也都厘定章程，创立保婴会，以实现其"保婴于大乱之后，且欲为国家蕃其生"④的目的。

但是，养济院和育婴堂是作为家庭养育功能的补充而存在的，本身并没有获得完善的发展。况且，养济院、育婴堂的兴废全在于地方官吏

---

① 佚名：《保婴要策》，《经世文四编》卷32。
② 《晋政辑要》卷18，户制，恤政3，保婴举事宜。
③ 佚名：《保婴要策》，《经世文四编》卷32。
④ 同上。

的清明与否，正像时人所论的，"保婴之策，洵为仁术仁心，法良意美。惟既有善法，尤贵得人。苟司事者非其人，则恐徒有虚名而无实际，保无侵蚀辜负婆心，言之慨然，防之宜豫，不但保婴为然，凡诸善举皆然也"①。清末的吏治十分腐败，致使许多养济院、育婴堂或者徒有虚名，或者时兴时废，严重影响了社会福利事业功能的发挥。

三 教会与慈幼事业

第二次鸦片战争后，外国教会在中国逐渐取得了传教权、购买房地产权，势力逐渐扩大。在传播"上帝""福音"的同时，教会在全国各地先后举办了一批慈幼事业。其中天主教要比基督教更为积极。教会在我国设立之育婴堂、孤儿院等机关，据1933年统计共达372所。

属于法国系统的天主教堂创办的较大的育婴堂和孤儿院主要分布在上海、天津、南昌、武汉、长沙等地，其中以土山湾孤儿院开设最早，1851年即由耶稣会传教士设立，1864年确定收容6—10岁的孤儿入院。规模较大的是圣母院育婴堂。据统计，到1935年，该堂已累计收容过婴儿1.7万余名。属于英国系统的天主教会所办慈幼机关，据1934年统计，仅有3处，地点分别在汉阳、建昌和威海卫，收容孤儿100余名，属于美国系统的天主教会仅在武昌有一所聋哑学校。

教会所办慈幼机构条件都比较差。上海圣母院育婴堂是1867年创办的，规模颇大。育婴堂分三部分，第一排房间是所谓招牌间，专为接待外宾而设，设备比较齐全，并挑选一些养育得比较好而又伶俐的幼儿充当样品，给他们穿上整洁的衣服，教给他们一些节目，以备参观者来时表演，同时作为向社会各界募捐经费的手段。育婴堂后面的四排房子，孤儿的待遇就完全两样，一张小小的床要挤睡好几个孩子，衣服也穿得破破烂烂，营养条件很差，稍不听话就要打骂。这几排房子被称作小毛头间，走到里面就是一片哭声，此起彼伏，这里是育婴堂的本来面目，最后一排有两间隔离室。人们称之为挺死间，是安置有传染病的孩子的。凡被送到这里的孩子，由于得不到应有的治疗和护理，大部分都夭折。每天上下午都有人到这里来收尸，送到小圣地去掩埋。这所育婴堂的死

---

① 佚名：《保婴要策》，《经世文四编》卷32。

亡率高达95%，1949年后仅从该堂后面小圣地里掘出的孩儿尸骨就重达800多斤，这不过是一小部分。①

育婴堂的婴孩稍长后即要承担极重的体力劳动，并要随时受到体罚、责打，就是长大成人后也不能彻底摆脱教会的控制，其婚姻要由育婴堂的修女们代为包办。上海圣母院育婴堂是教会在华所有慈幼机构的一个缩影。教会的慈幼事业基本上是一个独立的体系，他们在条约特权的保护下，蔑视中国政府，干涉中国主权。教会所设立之育婴堂"向未报官立案"，②虽然当时清政府为此事向各国提出过交涉，但都无济于事。

教会的慈幼事业是为其传播"福音"服务的，是作为传教的工具而存在的，是帝国主义侵略中国的副产品。关于这一点，美国基督教差会主要负责人司弼尔曾指出："我们的慈善事业，应该以直接达到传播基督福音和开设教堂为目的……因此作为一种传教手段，慈善事业应以能被利用引人入教的影响和可能为前提。要举办些小型的慈善事业，以获得较大的传教效果，这要远比举办许多的慈善事业而只能收获微小的传教效果为佳。"③ 这里我们可以看出教会举办慈善事业，包括慈幼机关，其主要目的是传教。

外国传教士举办之慈幼机构规模并不大，但其社会影响却不小。近代中国持续不绝的"教案"和人民群众的反教会压迫的斗争，相当一部分就是针对"教会"及其慈幼机构的。而且，外国教会势力"渗入"中国的慈幼事业，也从社会养育功能方面昭示了近代中国半殖民地半封建社会的特征。

第二节　自然灾害及其救治

一　持续不绝的近代灾荒

1. 近代灾荒概述

"所谓灾荒者，乃以人与人社会关系之失调为基调，而引起人对于自

---

① 参见顾长声《传教士与近代中国》，上海人民出版社1981年版。
② 总署王大臣：《致各西国大臣书》，《经世文续编》卷112。
③ 《美国与加拿大基督教差会会议记录，1899年》，转引自顾长声《传教士与近代中国》，上海人民出版社1981年版。

然条件控制之失败所招致之物质生活上之损害与破坏也。"① 由于生产力和科学技术发展水平的限制，人类对于自然界的控制能力总是有限的，因而灾荒历代皆有，而且不时严重地影响着正当的社会生活。近代中国灾情频仍，几乎无年不灾。据统计，有清一代的243年中（1644—1847，1860—1900），共发生水旱灾害997省次，平均每年4省次强。② 黄河流域是近代灾荒波及的主要地区，其中尤以直隶、山东、河南为最。近代灾荒种类繁多，包括水、旱、风、虫、雹、霜、潮、碱等，但尤以水旱灾为甚。在1846—1910年的65年中，长江、黄河流域12省被灾州县累计达18111州县次；③ 直隶省在有灾荒记载的57年中，累计有197936个村庄受灾，其中大多为水、旱之灾。

表7—1　　　　近代直隶、山东、河南灾荒情况表④

年代	直隶	山东	河南
	被灾州县次数	被灾州县次数	被灾州县次数
1847—1868年	418	646	357
1870—1890年	959	1049	1176
1891—1911年	892	1098	800

近代中国，由于清政府政治昏聩，吏治不整，致使水利工程失修，遂使江、淮、河、海诸大河流连年泛滥成灾，殃及百姓，造成尸横遍野。如海河从1821—1911年间洪涝所及州县就达3237个之多，平均每年即有35.6个州县受害。

除水、旱诸灾以外，地震也给近代中国社会生活造成了严重威胁。我国是一个多地震的国家，近代地震的发生率也是很高的。据统计，从1840年至1910年我国6级以上的地震发生情况略如下表：⑤

---

① 邓云特：《中国救荒史·绪言》，上海书店1984年版。
② 竺可桢：《竺可桢文集》，科学出版社1979年版。
③ 见《黄河流域六省历年灾荒表》，《长江流域六省历年灾荒表》，李文治：《中国近代农业史资料》第1辑，三联书店1957年版，第720、733页。
④ 据李文治《中国近代农业史资料》第1辑"黄河六省历年灾荒表"改制。
⑤ 根据《清史稿》，《清续文献通考》，各地方志资料中有关地震记载编制。

由下表可知，在近代1841—1910年的70年中，足以造成房屋倒塌、危及人们生命财产安全的6级以上的强地震就有44次，而且地震范围几乎遍及全国。6级以下的地震就更无以计数了。

表7—2　　　　　　　　近代中国强地震概况表

时间	地震次数	震中（参考地名）	最高震级（次数）
1841—1861年	9	新疆巴里坤，台湾彰化，四川西昌，宁夏中卫、辽宁金县、黄海	$7\frac{1}{2}$（两次）
1862—1882年	9	台湾嘉义、台南、基隆、彰化，四川甘孜、巴塘，甘肃武都南、舟曲东，云南永平，河北深县西北	$7\frac{1}{4}$、$7\frac{1}{2}$（各一次）
1883—1903年	12	云南普洱、石屏、邓川，甘肃天水、景泰，渤海湾，台湾苏澳，新疆阿图什等	$8\frac{1}{4}$、$7\frac{1}{2}$（各一次）
1904—1910年	14	四川道孚，台湾嘉义、云林、凤林、台北、苏澳、基隆、恒春，吉林安图，云南弥勒、黄海，新疆玛纳斯、塔什库尔干等	8（一次）7、3（二次）$7\frac{1}{4}$、$7\frac{3}{4}$（各一次）

近代中国人不仅面临着社会动荡的局势，而且也备受奇灾异祸等自然灾害的侵扰。持续不绝的自然灾荒，如水、旱、风、雹、虫、地震等，再加上各种盛行一时的瘟疫，不仅给近代中国社会生活造成极大摧残，而且也给民众的心灵投下抹不掉的阴影。

2. *严重的社会后果*

近代中国，自给自足的小农经济占主导地位，这种脆弱的经济结构无法承受自然灾害的打击。因而，频繁发生的近代灾荒往往阻断了社会生活的正常进行，造成生产力的极大破坏和社会经济的凋敝。

首先，灾荒造成人口的锐减和大批流亡。骤然爆发的自然灾害导致了大批人口的死亡，如1885年"两湖两江两广，大水成灾……常澧一带，淹毙万余人"[①]。1905年5月间，湖南境内暴雨如注，洪水泛滥成灾，

[①] 《王先谦自定年谱》卷中，《三海工程请暂行停罢折》。

以致"衡、永、长、常四府之交……各居民之生命财产付之一洗，数百里间，汪洋一片，茫无际涯……死者三四万人，浮尸蔽江，避乱者三四十万，泣者震地"①。除无情的洪涝之灾外，地震对人口的摧残也十分酷烈。近代以来，地震不断发生，动辄死伤百数千人。

然而，灾荒对人口的直接毁灭毕竟还是一时性的，更重要的是由灾害引发的一系列问题如瘟疫、粮食奇缺、社会动荡等将持续地导致人口的大量毁灭。自给自足的小农经济一经灾害侵袭，便陷入"比户如悬罄，若莫能言传"②的困境。严重的灾荒经常造成农业的歉收，甚至颗粒不收，因而，由灾害导致的饥荒对社会生活的影响更为深远。所以连年灾荒造成了大量人口的饿毙，甚至造成人相食的惨象。1893年（光绪十九年）山西归、萨天旱，死者无算，民人饿极遂食人，"有一家食过小孩数个者，有一人食过九个人肉随亦自死者"③。灾荒引发的凄惨生活景象确是骇人心魄的，民国《南汇县志》收录的一首诗形象生动地描绘了灾荒造成的悲惨生活："小儿呱呱牵娘衣，娘哭无米儿啼饥。团泥作饼煨活火，爷出乞米待爷归，爷归不见娘，但见儿守扉。问娘何处所？煨饼入房帷。掘泥为儿饲，泥则犹是饼则非。推门呼娘娘不应，自缢床头魂已飞。"④大量的人口就在这饥荒的困扰中离却了人世，无数个家庭就在这悲惨的生活中毁灭了。由灾荒造成的人口锐减是十分严重的，如表7—3：⑤

表7—3　　　　　清代中后期历次重灾引起人口死亡简表　　　　　单位：人

时间	死亡人口（估算）
1846年	280000
1849年	15000000
1857年	5000000

① 见李文治编《中国近代农业史资料》第1辑，三联书店1957年版，第732页。
② 《申报》，光绪三年一月二十四日。
③ 李文治编：《中国近代农业史资料》第1辑，三联书店1957年版，第742页。
④ 民国《南汇县志》第4编，艺文。
⑤ 邓云特：《中国救荒史》，商务印书馆1993年版，第142—143页。

续表

年代	死亡人口（估算）
1876—1878 年	10000000
1888 年	3500000
合计	33780000

有人估计，在光绪初年"丁丑奇荒"中，山西省人口就死亡 500 多万，达总人口的 1/3。

除死于非命者外，大批人口在灾害的威胁下，走上了逃亡之路。1876 年，"江北被灾之老幼男女出境就食者，计不下二十万人"[1]。清末滹河北徙、文安县被灾，举县民人"逃亡者十六，存者不过三四耳。而三四之中，饥寒而死者有之，果于鱼腹者有之"[2]。在自然经济条件下，劳动力的数量对农业生产至关重要。灾荒引发的人口锐减和大批流亡，造成了劳动力的严重摧残，从而影响了社会生活的正常进行，并导致一系列社会问题的发生。

其次，灾荒导致了农业生产的凋敝。近代农业生产主要依靠人力和畜力。在灾荒的威胁下，不仅人口劳力锐减，牲畜更是大量被宰杀或出卖，以济燃眉之急。"皖南近值水灾，百姓流离，贫难糊口……每将耕牛售卖于人"。"比播种需牛，又乏巨资购买，因而膏腴土地任其荒芜，半由于此。"[3] 光绪前期，直隶大灾，望都县畜力几乎变卖一空，张家庄耕地 250 余亩，牧畜不足 8 头。[4] 因而，大灾过后，农民常常无牛可耕，"以致播种之地仅十分之三也"，[5] 土地大片荒芜。畜力的骤减再加上籽种的匮乏，终使农业生产趋于凋敝，无法在灾荒过后的短时期内得到恢复。由灾害而饥荒，由饥荒而生产凋敝，由生产凋敝而加重或引发灾害，这种天灾人祸的恶性循环使整个社会生活长期陷入困顿艰蹶的境地面无法

---

[1] 《申报》，光绪二年十二月二十八日。
[2] 李文治编：《中国近代农业史资料》第 1 辑，三联书店 1957 年版，第 739 页。
[3] 同上书，第 747、745 页。
[4] 同上。
[5] 同上。

获得正常的发展。

再次,灾荒加重了近代社会的动荡。在近代中国,天灾与人祸是相互关联、相互作用的。清季政治腐败,官昏吏贪,加重了灾荒的社会危害。在灾荒岁月,地方官或者隐匿不报,百姓苦受灾荒煎熬,或者挪用救灾钱粮,中饱私囊。灾民在困顿流离之中,不仅得不到必要的抚恤,反而备受官府的勒征、锁拿迫害。1895年起,安徽涡河两岸连续被灾,成十室九空之势。地方官竭力隐匿,不事抚恤,反而"追呼银粮,枷打镇拿,日甚一日"。① 因而,在天灾人祸的交互压迫下,濒临绝望的人民往往铤而走险,揭竿而起,或聚众抢粮,或殴击官府等,加重了社会生活的动荡。近代许多"民变"直接由灾荒引发。②

表7—4　　　　　　　　　灾民举事简表

时间	地区	民变情形
1843年	萧县	饥民乱踞芒山,官兵平之
1847年	萧县城东	饥民作乱,平之
1852年	河南永城	地震,灾民冯震作乱
1853年	河南确山	大饥,民起为盗
1902年	福建海澄	灾民因知县不恤灾歉而举事
	四川安岳、简州	饥民聚众吃大户
1906年	湖南衡州、永州	灾民聚众到县衙求赈,知县开枪射杀灾民
1907年	安徽芜湖	饥民聚众抢富户,大张揭帖
1909年	浙江湖州	书吏匿灾勒征,灾民聚众抗粮
1910年	湖南沅江	饥民数千人起事

二　近代社会的灾荒救治

1. 近代灾荒预防政策

任何社会都无法逃避灾害的侵袭,只能发展社会对灾害的防治功能。

---

① 袁大化:《戊戌定乱平粜记略》,《近代史资料》总第51号,中国社会科学出版社1983年版。

② 见张振鹤等《清末民变年表》,《近代史资料》总49—50号。

所以，对灾荒的防治，体现着社会功能的一个侧面。社会为了减免灾害威胁的程度，总是采取积极的预防政策，试图加强对自然力的控制。近代中国社会的灾荒预防措施，大略表现为几个方面：

（1）重农事。在自然经济占主导地位的近代中国，农业生产在社会生活中举足轻重。不仅清政府推崇"重农"政策，就是整个社会也倡导以农为先。由于社会动荡或灾荒危害程度总是和"民饥"相关联，"自古以民饥而扰天下者，不一而足"。① 因而"重农事"便构成近代社会预防灾荒的基本政策之一。皇帝每年举行亲耕籍田仪式，配之以皇后躬桑，倡行"重农桑"的社会政策，以减免灾荒对社会的危及程度。"中国养民之道，首重农事"，② 清政府预防灾害的基本政策唯此为重。

（2）治河政。近代灾荒以水旱之灾为甚，而水、旱之灾皆源于水，因而作为防灾的主要措施之一，即是治河政。河政是朝廷要政之一，清代十分重视水利、河塘的修治。仅光绪年间，朝廷就多次颁发谕旨兴修水利：光绪四年三月（1878年4月），谕兴北方水利；九年（1883），谕修筑沿海堤塘各工；十三年（1887），以李鸿章督办郑州河工；十四年（1888），命吴大澂查核河工；二十四年（1898），于上汉、汉分设水利局，专办水利事业等。兴水利、治河政既是保证"重农事"使农业生产发展的积极措施，也是防治旱、涝主要灾害的重要措施。

（3）建仓储。清代承袭了历史上早已有之的仓储制度，使之成为灾荒预防的主要措施。仓之名目有：常平仓，即由政府出资，以高于时价的价格籴谷储存，凶荒之年再以低于时价的价格出粜，用以平准粮价；社仓，即由民间自营，谷本由豪富或平民自行捐纳，用以赈贷的仓储；义仓，即民间以义租形式于正赋之外捐纳，由政府贮管，荒年用于赈恤老幼残疾孤贫者的仓储。

近代以来，各种仓储在咸、同之际迭遭兵火，或动支军费，几乎无存。咸同后期，财力困绌，常平仓难以复建，故仓储制度多数由民间办理的社仓、义仓支应。社仓、义仓虽名目有异，但事实上，其功能和积谷程式都是兼顾的，并无多大区别。通常积谷储粮或以亩摊捐，"十亩之

---

① 陆曾禹：《钦定康济录》卷2，同治三年浙江抚署藏板官府印本，第7页。
② 《皇朝经世文三编》卷64，"论中国新兴三大事"。

家每亩出谷一升，以次递增"①，或依据情况"富户多捐，中户少捐，下户免捐"②等，不一而足。仓储实行半民半官的管理形式，仓董由民间公举绅耆充任，由官府加以委任和监督。

仓储积谷制度实质上是社会对灾荒防治的一种自救措施，即"以一乡济一乡之众，以数岁救一岁之荒"，③"以本地所积之谷，散给本地之人"。④

"重农事""治河政""建仓储"作为基本政策或制度，是对灾害的一种积极预防，是社会防治灾荒功能的规范化表现。积极预防是灾前的准备，本身既不能杜绝灾害的发生，也不能直接救治灾荒危害，因而，对于不可避免的自然灾害，近代社会还采取着各种具体的救治措施。

2. 近代灾荒救治措施

从社会功能来看，积极预防和临灾救治是一个有机的组成。"重农事""治河政""建仓储"为灾害的救治提供了必要的准备条件，而临灾救治又是灾害预防的发展和条件的实现。社会对于自然灾害的防治功能是通过灾害预防和灾害救治来完成的。在频发的近代灾荒中，清政府主要通过以下措施来减免灾害造成的损失，以安定社会生活秩序：

（1）蠲缓。灾荒年月清政府蠲缓范围很广，举凡国家征收的正杂额赋，均可蠲缓。灾害发生后，由地方官详勘灾情上报，再由督抚奏准朝廷执行蠲缓。如1891年（光绪十七年）李鸿章（直隶总督）奏准安州等县减免钱粮，"河间县蒲塔洼等十七村……请减免十分之六"，"安州南北两淀……请全行豁免"。⑤灾后蠲缓是救治灾荒危害的重要措施，也是清朝政务的一个方面，所谓"仁政之大端，抚绥之急务"。⑥

（2）放赈。放赈也是临灾救治的重要措施，其名目有赈贷、赈粜、赈济、工赈等。猝受灾害，社会正常生活秩序被打断，为了稳定生活，维持社会生活机制的运行，政府依据受灾情况施行不同的放赈措施。对

---

① 魁联：《积谷章程》，《经世文续编》卷37。
② 冯誉骥：《奏各属捐建社仓之有成数疏》，《经世文续编》卷37。
③ 同上。
④ 彭世昌：《荒政全书》，《经世文续编》卷39。
⑤ 水电科学研究院水利史研究室：《清代海河滦河洪涝档案史料》，中华书局1981年版。
⑥ 陆曾禹：《钦定康济录》卷4，上，同治三年浙江抚署藏板官府印本。

于较轻的灾害或有一定偿还能力的灾民一般实行有偿放赈,即"赈贷"或"赈粜"。赈贷由国家施放钱、谷,略收微利或只追本还资,主要项目包括口粮、籽种、耕牛等;赈粜即平准,国家在灾荒年月为抑制粮价腾涌,开仓粜米或调米入境,以平稳灾区粮价。如1894年清朝"以近畿米贵,运豫、鲁杂粮平粜"。[1]

赡贷要偿还,赈粜也要求受赈者有一定的购买力。但是在近代重大灾荒的侵袭下,很多灾民一贫如洗,成为所谓赤贫民。对赤贫灾民,政府主要实行"赈济",由政府根据受灾情况或人口多寡发放钱、米。"赈饥之法莫善于赈米",[2] 赈济主要目的是救人活命,减轻灾害对人口死亡的威胁程度。此外,还有"工赈"措施。"工赈"即以工代赈,由国家投资或富户捐资,于灾荒岁月兴办工程,招募灾民佣工,以赈款充工值。如1876年山东、山西、河北大旱,"哀鸿遍野,满目凄凉"。[3] 山东省巡抚丁宝桢就奏请"以工代赈",修治海口工程。1909年,甘肃省也以"工赈"修筑新城、西固城渠。"工赈"既可抚绥灾民,使其免遭流离,又可利用劳动力兴办工程。近代以来,这种灵活的赈济方法成为灾荒救治的主要措施而行使。

(3) 养恤。养恤是社会应急救治措施之一,不惟灾荒年月,即平日也有举办。近代养恤措施包括施粥、施医、施棺、育婴等。一遇荒歉,"垂死贫民急馈粥,疾病贫民急医药,病起贫民急汤米,既死贫民急墓瘗,遗弃小儿急收养"。[4] 社会预防灾害的各种储备,在灾害时期,都要通过养恤措施体现其救治功能。分设粥厂以济饥饿灾民是近代常见的养恤措施。1890年7月,近畿淫雨成灾,清政府于京师六门外增设粥厂,拨京仓米1.5万石煮赈。[5] 在光绪三年(1877)前后"丁戊奇荒"中,仅河南省城粥厂初设就不下4.9万余人就食,最多时竟增至10万余人。[6]

---

[1] 《清史稿》卷23,"德宗本纪"一。
[2] 《赈饥十二善说》,1872年10月5日《申报》。
[3] 朱寿朋:《光绪朝东华录》页287,中华书局1958年版。
[4] 《论救荒要务》,1872年11月3日《申报》。
[5] 《豫省赈抚危迫请拨巨款折》,《项城袁氏家集》,《袁保恒·文诚公集》奏议,卷6,津芬阁本1911年版。
[6] 同上。

在严酷的灾荒中，各种官设、民办粥厂养济灾民，使"小民赖以全活者甚众"。① 施衣也是养恤措施的主要项目。施衣用于接济灾民免受寒冷侵袭，有官府出资或民间募捐等不同方式。1871年直隶被灾，江西候补道胡光墉就捐棉衣1万余件，政府添制5000余件一并发给灾民。"养恤"救治具有明确的针对性，根据灾民实际情况，施以粥、衣、药、棺等，是较为方便灵活而切实的救灾方式。

灾害所造成的社会危害是多方面的，社会救治措施也是多方面的。除蠲缓、放赈、养恤外，近代社会还通过安置难民和人工除害来消解灾荒的危害。灾害经常造成灾民流离失所，清政府为了保证社会生活的稳定，花很大精力去安抚灾民，包括设厂收留，资遣回籍等。1890年永定河决，灾民逃难躲避，清政府千方百计"将无业者……归入各厂收养"。② 是年江南水灾，"灾民扶老携幼……不下数十万"，③ 遂由清政府"分别资遣"。④ 人工除害在灾害救治中是仅见的，主要有"捕蝗"一事。近代"捕蝗"或由人力直接扑杀，或借助鸟雀啄食等，但实际上对于"蝗灾"的救治根本无济于事。

作为规范化的灾荒预防政策和临灾救治措施，既是社会的产物，又受政治制度的制约。因而，灾害救治的实际作用受到了政治和社会发展状况的显著影响。

三 救治功能与救灾思想的发展

1. 近代救灾的实质与功能

近代严重的灾荒一方面，造成社会生活秩序的破坏；另一方面，危及清朝封建统治秩序的稳定，因而，由清政府组织的灾害救治功能也表现为两个方面：维持社会生活的正常运转和稳定封建统治秩序。具体来讲，近代灾荒救治功能主要表现为：

（1）缓和社会矛盾，维持社会稳定。"饥寒聚集、叛乱立兴。"⑤ 在

---

① 荣禄：《遵旨会议疏》，《经世文续编》卷38。
② 水电科学研究院水利史研究室：《清代海河滦河档案史料》，中华书局1981年版。
③ 曾国荃："委员赴江浙加放春赈疏"，《曾忠襄公奏议》卷32，第2页。
④ 同上。
⑤ 陆曾禹：《钦定康济录》卷2，同治三年浙江抚署藏板官府印本，第25页。

严重灾荒的引发下，农民生活无着，流离失所，往往使久已累聚的社会矛盾形成爆发之势。为了及时消解日形尖锐的社会矛盾，稳定社会秩序，清政府十分强调临灾救治措施。"夫四乡之所以汹汹者，以富家谨守盖藏，抵死不肯减价，其意以为奇货可居，乃不崇朝而仓廪一空，此虽罪在乱民，实为富不仁之有以自招。"① 政府出资或动员绅富捐资，实施放赈、养恤等各项救治措施，从而使"乱祸"消弭，社会矛盾缓和。如"甲午唐山荐饥，饥民十余万，告赈无所，势将流而为匪，余振臂一呼，两月间得三十余万，得以无事。"②

（2）强化封建伦理观念。封建伦理观念是当时社会生活的精神支柱，在天灾对社会生活秩序的震荡中，由于生活的失序，必然导致伦理观念的倾斜。清政府在救治措施和政策中，体现着维持、强化封建伦理观念的意蕴。同时，通过救治孤贫难民，也展示封建帝王的"仁政"。各地政府都有"清节堂""敬节所"的设施，专为"节妇""贞女"的收养机构。"伏查收养婺妇，现年三十以内方为合例，携带迈姑老母实在抱病不能自给，或贫苦无依，访明方许一并收养。"③ 如非"节妇"虽孤贫无依也不予收养。伦理观念在灾害救治措施中还体现为封建君主的"仁政"。救荒在封建政府来说是"以不忍人之心，行不忍人之政"，④ 是君王"恩泽及民"的封建伦理观念的集中所在。因而，作为社会功能的灾害救治措施被统治者视为"仁政"。

在近代社会，由清政府组织的灾害防治的唯一目的即是维持封建社会统治的基本稳定。各项救治措施实质上是特殊条件下社会财富重新分配的形式，并借此维持封建社会生活秩序的发展，以保证其国家机器的正常运转。因而，由政府组织的各项救治措施分别由各级封建官吏来执行，并构成清朝的政务之一。所以，政治的清明昏浊，官吏的贪廉勤惰，就直接影响到灾荒救治作用的发挥。近代灾害的救治作用是极其有限的，在放赈、养恤、蠲缓措施中，灾民并不能真正获得多少钱、粮，反而被

---

① 邓显鹤：《与乡耆约减粜弭乱议》，《经世文续编》卷38。
② 徐润：《徐愚斋自叙年谱》，香山徐氏铅印本1927年版，第102页。
③ 《清节堂竣工开局告示》，1872年10月21日《申报》。
④ 陆曾禹：《钦定康济录》序，同治三年浙江抚署藏板官府印本。

官吏上下其手，从中渔利了。1864年，朝廷免除滦州钱粮，但州县官吏机诈百出，阑入私橐，"是以历届蠲免，难霑实惠"。① 而且，地方官常常匿灾不报，诬灾民为强盗，滥杀无辜，激起灾民暴动。所以，近代灾害的严重后果实质上是天灾人祸交互作用所致，也是近代政治昏败的一个表征。

2．救灾思想的新变化

近代中国社会是一个巨变的时代。社会由封闭逐步走向开放，由旧的社会结构趋向于新的社会结构。在这一历史性变动过程中，由于清政府对于时代发展的反动，它对于全国的统治也趋于失控。在其政治统治失控的过程中，它的灾害救治功能事实上也大大减弱了。在这种情势下，一方面助长了外国传教士在中国的灾荒救治势力的发展；另一方面也推动了中国知识界和进步人士对灾害救治观念的积极探索。

从19世纪70年代，外国传教士开始了在华的有组织的救灾事业。光绪初年华北大旱，百姓苦不堪言，濒临绝境，外国传教士纷纷进入灾区从事"慈善"活动。1878年1月26日，由西方传教士、商人、外交人员组成了"中国赈灾基金委员会"，设总部于上海。1911年，黄、淮流域发生水灾，在华传教士和其他外籍人士在天津、太原、汉口分别成立了救灾团体。1920年，这些"慈善"团体在北京举行联席会议，筹备全国性的国际救济团体。1921年11月26日，外国在华救灾组织在上海会议，正式组成"中国华洋义赈救灾总会"，开始从事全国范围内的灾荒救治活动。外国教会在传播上帝"福音"的同时，展开了对华的灾荒救治活动，有利于其传教事业的发展。然而，这从一个侧面反映了近代中国社会救治功能的衰弱。

近代中国社会在经济关系、阶级关系、思想文化方面发生的重大变动，都刺激着中国进步人士对救灾济贫思想的新的认识。近代救灾思想发展变化的一个显著特点是具有了时代的内容：把救灾措施同发展近代生产力相联系，把救灾措施同"富民"即发展民族资本主义相联系。具体来看，近代救灾思想的变化略有以下几端：

---

① 光绪《滦州志》卷首，转见李文治编《中国近代农业史资料》第1辑，三联书店1957年版，第339页。

（1）"建仓储不如推广铁路轮舟"说。中国传统的救灾措施受"耕三余一，耕九余三"的积储思想的制约。这种小农经济观念在近代也影响甚深："固本之计，莫如积谷，积谷之道，莫如多储而专一。"① 这种小农经济的救灾观念无法适应近代社会发展的大势，事实上也无法应付持续不绝的近代灾害。于是，一些先进人士从发展生产力、发展近代科学技术方面来认识救灾事业，提出"建仓储不如推广铁路轮舟"②的思想。在近代社会中人们已经认识到铁路不仅有利于生产的发展，而且也直接有助于灾荒的救治、自然灾害猝然发生，民命垂于一发，救灾便是十万火急之事，铁路迅即可至，"仿而行之，以有益于万民"。③ 晚清思想家郑观应专著"铁路"上下两篇详述了铁路便民利国的长处。

（2）"富国养民"说。清季，思想家们不断地探讨中国贫困的根源，认为其弊端在于政府"养民无术"。但是随着近代社会经济的变化和西方文化的影响，思想家们提出了"富国养民"观念，认为民富则国富；民国皆富，则可以备水旱之灾。这里的"富"不仅否定了传统的"贵义贱利"的价值观，而且也与传统的"足食足兵，积储丰足"之富大相径庭。"富国养民"说一方面强调广开利源，"利源开则物力阜，物力阜则不但可以据本固之利，且可以取外国之利而用之"；④ 另一方面又强调发展机器生产力，以近代化生产方式去"富国养民"，所谓"用机器殖财养民说"。⑤ 这就把发展民族资本主义经济、发展生产力同"富国养民"结合起来，同救济灾害贫困结合起来。这种思想抛弃了传统的"重本抑末"偏见，认为根本之富"不在农田"⑥而在"商务"。应该说，这是比较深刻的一种思想见解。

（3）"教养并重"说。中国传统的救灾济贫政策一向以"养"为主，不重视对灾民、难民谋生手段的传教。受西方社会文化的影响，近代中国思想家注重"教养"并举，强调："凡街市乞丐，无业游民，收入院

---

① 张之洞：《奏查明存款银两悉数建仓积谷疏》，《经世文续编》卷37。
② 《建仓储不如推广铁路轮舟》，《经世文三编》卷64。
③ 同上。
④ 薛福成：《用机器殖财养民说》，《经世文三编》卷34。
⑤ 同上。
⑥ 赵元益：《备荒说》，《经世文续编》卷39。

中，教以浅近手艺，至艺成足以自养而后令去。不徒养之，而又教之。盖养之者，饱暖一时；教之者，饱暖终身也。"① 如何于教中有养、养中施教，有人提出借鉴西方社会经验，设立各种专门的恤贫院、教贫局机关，收养灾民及各种无业贫民，因人施教，因材施教，教之以不同的谋生技艺。或教以算学、商务、文字；或教以木工、石工、营造、农家技艺；或教以缝衣作帽手艺等。总之，务必使收养之人获得基本的谋生手段。冯桂芬提出"宜饬郡县普建善堂，与义庄相辅而行，官为定制，择绅领其事，立养老室、育婴室、读书室、严教室"②，教养并举。

"教养并重"思想其实是扩展和完善了社会的救治功能，强化了社会养育和个人生活的有机联系。因而，这一思想在近代社会的救治、养育措施中得到了重视。1878年李鸿章就创设善堂、广仁堂等社会教养机构，"兼筹教养"传教手艺，"学成者听其出堂自谋生路"。③ 1907年清朝民政部也提出，从前各种善堂、善局多重养轻教，致使国家物力支绌，而贫苦无业之民却越养越多，因而要求"责成地方官绅，体察情形"，在各种养济院、清节堂中附设工艺所，"兴养立教"。清末，各地养济机构中大都开始创设工艺所、工艺厂等，"策兼教养"，使社会的救治灾害或养育功能得到了发展。

以上三个方面虽不能反映近代救治养育思想发展的全面情状，却是这一思想变化的最基本的方面。更主要的是，这三方面的认识都同近代社会经济、文化的发展相联系，因而，它既体现着社会思想变化的深度，又体现着近代社会发展的力度。

第三节 教育功能

教育功能是人类社会最重要的功能之一，它主要通过特定的教育系统发挥作用。中国近代社会的教育是半殖民地半封建教育，大体经历了单一的封建教育、封建教育的初步变革和新式教育的萌芽、新式教育系

---

① 许象枢：《泰西善举中国能否仿行》，《经世文三编》卷33。
② 冯桂芬：《收贫民议》，《经世文续编》卷27。
③ 李鸿章：《津郡创设广仁堂疏》，《经世文续编》卷27。

统的形成三大阶段，教育系统的功能也不断发展变化，给予近代社会以广泛和深刻的影响。当然，除以上正规教育系统之外，近代社会也同样有师徒传授手工工艺教育系统，这里从略。另外，在广义上说，家庭中自幼进行的有关社会生活的教育，则放在前边家庭章节中，这里也不再重复，这里主要讲述科举、学堂、学校的社会教育功能。

一　封建教育体系

从鸦片战争到太平天国失败（1840—1864年），传统的封建教育体系仍占据着统治地位，发挥着维护封建统治的基本功能，对近代社会影响深远。要认识近代教育系统的功能，不能不首先对传统教育体系及其功能进行考察。

1. 传统的教育组织体系

道光、咸丰间的中国社会，继续沿袭着中国封建社会古老的教育制度和教育组织体系，这一体系主要由科举制度、私塾、书院以及府州县学等官学构成。

科举制是从隋朝开始相延千余年的封建选官制度和教育制度。科举制通过一系列的公开考试，选拔封建官吏，间接指挥着全社会的教育活动。全社会的教育组织、教育内容、教育方法等，也就主要围绕着科举运行。科举制在创立初期相对于九品中正、门阀制度的选官制度有着很大进步性，但到明清时期则演变为僵化、空疏的制度。科举考试标准僵硬死板，八股文的格式严重束缚着士子们的思想和才华；考试内容空疏无用，八股文章题目必出自"四书""五经"，考生作文只能注经，离社会实际需要相去甚远；考试舞弊现象严重，后来更可以用金钱买得贡生、监生之名。科举考试的弊端，直接影响着传统教育状况。

私塾是一种手工作坊式的私立教育组织，数量众多，分布广泛，主要招收幼童进行初级文化教育。官学是由政府兴办并直接委官管理的教育组织。清朝的官学可分为两类，即设在京师的国子监、八旗官学、宗学，觉罗学、景山官学、咸安宫官学、算学馆、俄罗斯学等京师官学，和主要设在各省府州县的书院、府州县学、社学、义学等地方官学。京师官学主要招收皇室和满族贵族子弟入学，有种种优惠，但规模小，影响不大。地方官学特别是各类书院，一般招收已经具有一定功名的人员入学，数量多，影响较大。这些教育组织多以培养封建官吏为根本目标，以封建经义和诗赋八股文等为教育内容，教学方法死板生硬，缺乏专业和层级划分，形不成完整教学系统。

2. 传统教育的主要功能

传统教育的功能主要表现在以下几方面：

（1）为封建统治阶级造就了一大批科甲人才。清代科举制和传统教育体系，实际上是一部使教育对象封建化的机器。一个儿童从进入私塾开始，到考中秀才、举人、进士，就基本上形成了一整套封建思想观念和传统文化知识结构，成为维护封建制度的社会力量。道咸朝40年间，按全国1500个县每县每年平均录取生员（秀才）20名计，1年为3万名。按每省每3年取150名举人计，主要录取的16省共2400名，40年约31200名。道咸朝共开会试20科，取进士4813名，平均每科240.6名。①传统教育体系40年间约培养、选拔出100多万科甲人才。这些人才在思想上、政治上，一般都是固守封建纲常名教，僵化保守。只有少数较多地汲取了封建文化民主性精华者，方能在局势的压迫下主张变革。

在知识结构上，这些人基本上是只知中国传统文化，对传统文化也多是只知"四书""五经"，大多数对经世致用的天文、地理、经济、军事知识所知无几，对近代自然科学和西方社会学说、世界状况更几乎是一无所知。"在文学上他们是成人，在科学上他们还是孩提"②，甚至"多有不识汉唐为何朝，贞观为何号者。至于中国之舆地不知，外国之名形不识，更不足责也，其能稍通古今者，郡邑或不得一人，其能通达中外博达政教之故，及有专门之学者益更寡矣。"③ 科甲人才就以这种素质，走入封建社会生活。

在职业分布上，进士举人多进官场，个别进士举人和多数秀才则从事教育、学术等活动。《近三百年人物年谱知见录》所录道咸朝110名有

---

① 进士数见商衍鎏《清代科举考试述录》，三联书店1958年版（下只注书名），第151—152页，生员、举人数据上书有关章节匡算。

② 丁韪良：《同文馆心》，《中国近代学制史料》第1辑，上册，华东师范大学出版社1983年版（下简作《学制史料》），第171页。

③ 梁启超：《公车上书请变通科举折》，见舒新城《中国近代教育史资料》上，人民教育出版社1961年版（下只注书名），第40页。

功名的谱主中，有 78 人做过从知县到总督和侍郎的官僚，有 26 人讲学，从事学术、文学、行医等活动。其中进士 55 名，做过督抚、侍郎、御史的 31 人，任知县和按察使、盐运使的 18 人，为学官者 4 人，不仕讲学者 2 人；举人 26 名，做官的 16 人，搞教育学术的 10 人；秀才 29 名，做官的 9 人，从事教育、学术、文学的 15 人，不知职业者 5 人。① 总的来看，传统教育从政治、文化、教育等方面为封建社会补充了新的封建化社会力量。

（2）为在政治军事上维护清王朝的封建统治，培养了领导人才和骨干。绝大多数科甲人才在维护封建制度上都是虔诚的，立场一致，一俟封建统治发生危机，他们中间就会涌现出一批维护封建统治的领导人才和骨干分子。镇压太平天国的主力湘军，就是曾国藩用"选士子，用山民"的方法组织起来的，其统帅及其他主要头目多数是封建文人。曾国藩、罗泽南"在道咸之交，独以宗学相砥砺，其后率以书生犯大难成功名。他们共事的人，多属平时讲学的门生或朋友"。② 前述 110 名谱主中，就有 31 人参与镇压太平天国、捻军、边疆少数民族等农民起义。可以说，在镇压农民起义、挽救封建统治危机方面，封建科甲人才起了最重要的作用。但是，在抵抗西方资本主义侵略、维护民族利益、挽救民族危机方面，他们中的多数人就无能为力了。面对西方资本主义侵略者这个新的力量，多数人没有起码的应变能力，连最一般的懂外语和世界概况的对外交涉人员都没有，以致洋务新政初起时，洋务大员们不得不到买办中去网罗有关人才。

（3）为清王朝维护封建思想文化，阻碍科学技术的产生与传播造就了干将。

首先，通过选官制与教育体系的统一，培养追求功名利禄的观念，把大批较优秀的人才引上封建仕途。在这种制度下，一个人的价值和才华只以能否考取功名为唯一衡量标准，即使才华横溢但若没有功名，那也受人鄙视。士子们只能通过科举考试进入官场或获取功名。这样，大

---

① 来新夏：《近三百年人物年谱知见录》，上海人民出版社 1983 年版，据第 182—240 页约计。

② 梁启超：《中国近三百年学术史》，中国书店 1958 年版，第 26 页。

批学子们以功名升官为终生目的，追求不辍，充当了科举制的可悲的牺牲品。科举场中多有"三代四代同考的事"，"有的老先生明知精力已竭，但是仍不放松，'死而后已'，自信即令文墨不行，凭着这一点耐性，科名总可以到手的"。有人考到96岁，才由皇帝赐以功名。① 并多有总角（年幼）应试，耄耋犹未青其衿者（获得生员资格）。② 封建统治者由此不费很大力气，就控制了社会上富有追求进取精神的阶层，阻止了知识分子的流向，使他们无法把智力投向工商事业和富于创新特点的文教学术活动。

其次，通过划一的考试内容和考试标准，造成知识分子尊古守旧的思想观念。科举考试的主要内容是经义诗赋，主要方式是作八股文，各种教育组织也就只好以"四书""五经"、八股诗赋为主要教学内容，文人士子也只能把精力集中于读经解经，练习八股，吟诵诗赋。在这种考试和教学的支配下，人们模仿古人，注解前贤，对孔孟学说及朱熹等的诠释丝毫不能怀疑和批评，即使有所议论，也要看能否与圣贤经典相符，合者为是，不合者为非。在他们的观念中，只有儒学理论才是至高无上的思想权威和判别是非的标准，只有儒家典籍以及八股诗赋乃至书法等才是真正的学问。任何不符合儒家经典的思想，尽管再符合实际和社会的发展趋势，那也被目为异端邪说。任何不属于儒学范畴的学问和知识，即使再有益于国计民生和社会的进步，那也是不登大雅之堂的村俗俚学。这样，他们不但接受了古老的儒学理论，承继了封建文化，而且还养成了尊古守旧的习惯心理和注经式的思维方法。在这种思维方法、习惯心理和知识结构的支配下，人们失去了宝贵的创造力、求实精神以及了解新知识的愿望。新知识和科学技术的近代化，在传统科举教育下是没有可能的。

这样就使科举传统教育基本上违背了社会进步的要求，严重阻碍了中国社会的近代化。不仅如此，它甚至不能适应在新的历史条件下维护封建统治的需要了。这集中表现在它所造成的科甲人才在外国侵略者面前的软弱无能，它不能培养和选拔出大量为社会进步所急需的"洞达时

---

① 丁韪良：《同文馆记》，《学制史料》第1辑上册，第183页。
② 康有为：《请废八股试帖楷法试士改用策论折》，《中国近代教育史资料》上，第38页。

务之英才，研精器数之通才，练习水师之将才，联络中外之译才"①。传统教育的功能在日益萎缩，其必将消亡的命运也注定了。

3. 传统教育体系尚有积极影响

此外，不能不承认，传统教育在传播、延续乃至丰富古代优秀文化遗产方面，在涵养某些优秀人才忧国忧民、反抗外来侵略、为祖国的独立富强而奋斗的爱国主义情操等方面，也具有不可忽视的积极作用。

不同社会的教育都具有传播一般文化知识的作用。中国的传统教育也具有教人识字、作文、了解传统文化知识的功能。正因为这样，才使含有不少民主科学精华的文化典籍能够流传保持下来，使数学、天文、地理、医学、农学、书法、美术、文学、史学、哲学等传统文化知识能够广泛传播和绵延不绝。如果没有传统教育的这种积极作用，作为传统文化活载体的科甲人才就不可能产生，悠久的中国文明也就会中断。不能想象，这对于中国乃至全人类来说，将会是一个多么大的损失。通过对基础文化知识的传播，传统教育实际上为社会日常经济交往、文化交往、思想交流等，也提供了一种必要的中介工具，同时亦为丰富传统文化创造了前提条件。只有在具备了基础文化知识的前提下，才谈得上对传统文化的丰富和发展。大多数科甲人才都习书法善诗赋，多数秀才和不少举人、进士都从事教育和文学活动，也有些人从事学术研究，在文学艺术，史学著述、地理研究、古籍整理、语言文字等方面卓有成绩。

还有一批人在传统教育下较多地领会、汲取了传统文化的精华，并在此基础上毕生学习研究，涵养了民族自尊心和忧国忧民、以天下为己任、反抗外来侵略、为祖国富强奋斗的爱国情操。他们品格高尚，克己为公，知识渊博，思想开阔，能经世致用，在反侵略和变革社会某些方面发挥过重大作用。林则徐、黄爵滋等在英国侵略者疯狂入侵、朝廷上下一片"弛禁""议和"声中，不计私利，以民族大义为重，力主禁烟抵抗，在反击英国侵略方面做出了很大贡献。林则徐、魏源还是最早"睁眼看世界的人"，提出了"以夷制夷，以夷款夷，师夷之长技以制夷"的思想，开顺乎世界潮流、变革中国社会思想的先河。林则徐组织翻译的《四州志》、魏源编著的《海国图志》，都是第一批介绍世界概况和发展大

---

① 薛福成：《出使公牍疏》，光绪二十三年（1897）刻版传经楼校本。

势的力作，对中国思想界产生了深远的影响。举人出身的左宗棠虽然参与镇压了太平天国农民起义，但他却有强烈的爱国精神和变革意识，在抵抗沙俄侵略、击败阿古柏、收复新疆中功绩卓著，在设立近代企业和学校上颇有建树。遗憾的是，传统教育熏陶而成的这种杰出人才实在太少，不能满足社会发展的要求。

二　新式学堂的萌芽

1. 新式学堂的兴起

从1861年到1901年40年间，是近代教育萌生发育的时期，洋务学堂、维新学堂相继兴起，教会学校日益增加，传统教育也有所改良，教育系统中生长出许多近代化因素，教育的功能也增添了近代内容。

洋务学堂是兴起较早的新式学堂，大多由清政府洋务派官僚开办。从1862年到1904年间，约有40多个新式学堂建立，其中外语及西学学堂约15个，军事学堂约30个。

洋务学堂具有以下特点：第一，教育系统内部出现了初步的类别分工。洋务学堂按所学重点和学生毕业去向分为军事、外语、工程技术、医学等类别，有的学堂内部甚至还按学生知识程度进行了初步的层级划分。但这仅仅是初步的分工，学堂的类型只有几个，带有更多的中高等职业教育色彩，不含普通教育性质，普通教育尤其是初等教育，仍由私塾等传统教育组织承担。第二，在教学内容上引进了一些西方自然科学技术知识，但十分浅陋和片面，尤其是忽视西方社会经济政治学说。第三，教习多聘用欧美人士，教学方法重讲解，轻实验。

维新学堂是19世纪90年代兴起的，主要由资产阶级维新派创办或促建，有的直称学堂，有的则以学会、学社、储才馆等名义出现。据胡思敬1898年统计，全国约有维新学堂58所，[①] 如再加上1891年由康有为创办的万木草堂等学堂，其数量还要多。

维新学堂与洋务学堂相比，具有不少新的特点。第一，相当一批维新学堂是由民族资产阶级及其知识分子创办的，一些资产阶级知识分子

[①]《中国近代史资料丛刊·戊戌变法》第1册，上海人民出版社1957年版（下简作《戊戌变法》），第400—406页。

充任了学堂的教员。第二，学堂种类扩大，有了初步的层组划分。维新学堂在高等工科、外语等类学堂的基础上，又增加了高等文科学堂、进行普通教育的初等小学堂和中等学堂、师范学堂、女子学堂等类学堂，有了从文科、理工科到师范等系列的初步配置。从层级上，也形成了从小学、中学、中专到大学的粗略轮廓。第三，招生对象扩大并且优化，以思想进步者为主。第四，教学内容日臻系统全面，在传授自然科学知识的同时，重视品德教育和西方社会政治学说的教育，西方社会政治学说在文科类学校中占据了重要地位，体育也列入了课程。此外，教学方法也生动活泼，灵活多样，注重启发式教学，联系实际和鼓励学生自学。

当然，维新学堂也有许多缺陷，诸如学堂种类有限，不成体系，招生不多；教学内容上还背有沉重的旧学包袱，传统经义之学分量较重，对西方社会学说的介绍也多限于进化论和俄、日、德等国君主立宪政体以及明治维新、彼得改革等社会改良史，对美国、法国的民主共和政体和社会革命史，论列甚少。

在上述两类学堂之外，教会学校在此期间也获得了很大发展。教会学校是由欧美传教士包办的宗教学校，早在鸦片战争前后就已零星出现，到1898年前后，教会学校达2000多所，学生4万人左右。[①] 教会学校多数是小学校，其中有不少是女子学校。教会学校多招收贫寒子弟，课程以宗教知识为主，辅以自然科技知识，学生毕业后主要去做教会牧师和教师，从事宗教活动，参加社会工作的较少。

在新式学堂的冲击下，传统的官学、书院及私塾等也有所改良，向新式教育靠近。总之，此期间新式教育组织不断萌生发展，传统教育逐步改良，为新式教育系统的形成提供了条件，并对社会发生了多方面的重大影响。

2. 新式学堂的积极功能

一般来说，维新学堂的积极功能较大，洋务学堂的积极功能可观，消极功能亦不小；教会学校所起作用多是消极的，但也不乏积极成分。新式学堂的积极功能主要有以下几点：

（1）发展了社会教育组织体系，扩大了教育面，提高了教育程度，

[①] 参见陈景磐《中国近代教育史》，人民教育出版社1979年版，第73—75页。

为近代教育系统的形成创造了条件。新式学堂是在传统教育组织仍然存在的基础上创建的教育组织，1000多个新学堂的建立，特别是中高等学堂的创立，使近代社会教育组织迅速发展，教育对象增加，更多的人有机会进学校接受基础教育和较高级的专门教育，使教育的文化启蒙和文化延续功能得以强化。各级类新式学堂的建立，虽然呈现出分散孤立状态，但毕竟为形成新的教育系统创造了条件。同文馆之设，被认为是"中国新教育的胚胎"，"有了同文馆，中国的学生才正式接受西洋的语言文字和各种的新科学"。[①] 时务学堂设立后，促进了湖南教育的发展，"各县州府私立学校纷纷并起……自此以往，虽守旧者日事遏抑，然而野火烧不尽，春风吹又生，湖南之士之志不可夺矣"，[②] 成了"国中学校之嚆矢"。[③] 而教会学校的发展，除从反面激发起爱国人士创建新校，以抵制西方列强的文化侵略外，还直接为兴办新学堂提供了榜样。包含有较多近代化因素的半殖民地半封建教育系统，是由传统教育、西方资本主义的奴化教育、近代民主教育三大因素混合而成的，正在兴起的新式学堂可视为这个混合体的雏形。

（2）初步传播了自然科学技术知识和近代西方社会学说，培养了一大批新型人才，促进了近代知识分子队伍的成长。传播知识，培育人才，是教育组织的基本功能之一，新式学堂亦不例外。与传统教育组织不同的是，新式学堂传播的主要是西方文化，培养的是具有新的思想观念和知识的新型人才。

各种学堂都开设了外语和近代自然科学技术课程，注意传播科技知识。洋务学堂自然以学习自然科学基础知识和工程技术为主，维新学堂、教会学校虽然分别以学习中外哲学社会学说和宗教为主，但也附以自然科学技术课程。这样，近代西方的数理化、天文地理生物等基础科学的知识，以及开矿、冶金、筑铁路、电报、造船、制军械等方面的工程技术知识，就都初步传入了中国。30多年间，同文馆师生翻译了一大批西书，"各种应用书籍都有译本，有万国公法与外交、富国、地理、化学、

---

① 《读书月刊》，1933年第2卷，第4号，第15页。
② 梁启超：《戊戌政变记》，中华书局1954年版，第143页。
③ 《湖南时务学堂遗编》序，转引自《近代史研究》1984年第3期，第250页。

解剖、生理等门"。① 上海制造局也翻译了大批西书，到 19 世纪末售出了1.2 万多册。虽然这些西书数量有限，学科不全，但毕竟为知识分子调整知识结构，学习西方自然科学技术知识提供了入门读物和进一步求知的线索，使自然科学技术知识在中国得以初步传播。

西方社会学说在洋务学堂里也不是毫无影响。在个别学堂里，也有西方的法律学说和经济学说方面的课程或书籍。同文馆师生翻译"万国公法""富国"方面的西书，自然会对同文馆的学生有所影响。至于维新学堂大量开设西方社会学说方面的课程，不消说会使这些学说在更大范围更高层次上得到传播。康有为虽以讲"中学"为主，但"每论一学，论一事"，总是"又引欧美以比较证明之"，②其所讲西学"自各国古今之道德、政治、宗教、历史、文学、词章、物理、地图无不有"，③使学生较多地接触了资产阶级文化，而康有为前后所教学生达千余人。梁启超在时务学堂更把《公法总论》《万国公法》《各国通商条约》《法国律例》《英律全书》《日本国志》《欧洲史略》等有关外国政治法律书籍列为必读书或参考书，使学生较系统地学习了西方政治法律学说。

英、法、德、俄等国语言的学习，自然科学技术知识和社会学说的初步传播，使知识分子的思想观念和知识结构发生了很大变化，一批不同于传统科甲人才的洋务人才和资产阶级知识分子成长起来。洋务学堂培育了一批外语翻译人才、外交人才和工程技术人才。据统计，京师、上海、广州同文馆 513 名毕业生中，查出任职情况的 172 人，其中有 77 人任外交官员、翻译，占 47.8%。④许多人为维护中国利权做出了有益的贡献。福建船政学堂曾向英法派出三批共 69 名留学生，其中有 30 多人专习制造技术，近代著名资产阶级启蒙思想家严复，就是第一批留英学生。1876 年，福建船政学堂已经有了一批"文笔通达、明于制造理法者"和

---

① 毕乃德：《同文馆考》，《学制史料》第 1 辑上册，第 205 页。
② 梁启超：《康南海传》，1900 年，第 4 页，转引自《戊戌维新运动史论集》，湖南人民出版社 1983 年版，第 200 页。
③ 陆乃翔等：《康南海先生传》上编，万木草堂 1929 年版，第 36 页，转引自《戊戌维新运动史论集》，湖南人民出版社 1983 年版，第 200 页。
④ 据《京师、上海、广州同文馆部分学生离校后情况一览表》约略推算，《中国近代学制史料》第 1 辑上册，华东师范大学出版社 1983 年版，第 279—302 页。

"善于布算绘图者"。① 其他路矿电报等专门学堂，也培养了一批新型人才。维新学堂在培育资产阶级知识分子方面起的作用最大。康、梁等人充满着改良精神的教学内容和教学法，强烈地感染着大批青少年，促使他们由旧式科甲人才迅速转变成为新式资产阶级知识分子。康有为办万木草堂前后 8 年，又在桂林、上海等地办学讲课，直接影响了 1000 多名青少年，促成了他们的思想转变。梁启超办时务学堂，亦推动了近百人成为资产阶级知识分子。由此使资产阶级知识分子群迅速产生，并实现了初步联结，在戊戌维新运动中成为一支重要的进步政治力量。就是教会学校的毕业生，也有 20% 左右的人走上了从事民族教育及工商实业的道路，有许多人成为资产阶级知识分子和实业家。

（3）开社会风气，促进思想解放，冲击封建制度，推动了不同程度的社会变革。

新式学堂的建立，对社会风气产生了很大影响。不满意举业、不满经书八股、追求新知、社会实业和社会改良的新风，在僵化、封闭、陈腐的知识界、官场乃至整个社会上吹拂开来。由于长期受古老传统的束缚，直到 19 世纪后期，苦读经书、募习帖括、应举做官仍被视为士子正途，而其他如经商、学习西学等，则被看作歪门邪道，学习西方科技知识和社会学说，就被攻击为背叛名教，为士林所不容，"甚至有以中国之人师法西人为深可耻者"。② 在这种强大的压力之下，仅凭几个愤世嫉俗的人是无法转变颓风的。而新学堂一创立，就为一些潜在的追求新知者开辟了出路。1867 年同文馆天文算学招考"正途人员"，招考者与反对者"显分两途，已成水火……互相倾覆"，斗争十分激烈，有一些人"明知为众论所排，而负气而来……不恤人言"。③ 这些勇敢的追求者再也不是走投无路了。依凭着新式学堂，一批稍具新识见的科甲人才及其他学子，能够聚集起来读西书，学西语。毕业后或从事外交活动，或进洋务企业充当技术管理人员，或充任军队将佐、内政官员，甚至自谋实业，其影

---

① 《督办福建船政吴赞诚片》(1876)，《学制史料》第 1 辑上册，第 381 页。
② 《总理各国事务奕䜣等折》(1867)，《学制史料》第 1 辑上册，第 14 页。
③ 丁韪良：《同文馆记》，毕乃德：《同文馆考》，《学制史料》第 1 辑上册，第 182—205 页。

响之大不言而喻。维新学堂特别是康梁的教育活动，更促使社会对西学的认识有了较大转变。湖南的一些士绅就在时务学堂的影响下，创办了新的学堂，并改良书院，把数学、物理、时务等引进书院，或"习中学，兼治时务"，或"治西文，必兼中学。教必因才，事必务实"，封闭空疏之风始变，开放务实之风方兴。①

新式学堂在思想启蒙和思想解放方面也起到了很大作用。这主要体现在人们开始怀疑、批判封建文化和封建制度以及学习向往资本主义文化和制度等方面。洋务学堂与维新学堂都介绍了一些西方近代科技知识、史地知识和社会学说，再加上向国外派出了几批留学生，使青少年学生们开始认识到了中国的落后和西方的先进，学习西方，改变中国社会现状的改良观念在一批批知识分子头脑中产生，促使资产阶级民主和科学的思想逐渐扩大影响，支配着越来越多的知识分子。梁启超进入万木草堂师事康有为之前，头脑中还装满"时流所推重之训诂词章学……沾沾自喜"，但经康有为对"数百年无用之学"的"驳诘""摧廓"，便"尽失其故垒"，"决然舍去旧学"，走上了贯通中西、倡导维新变法的道路。②在时务学堂的新式教学影响下，"堂内空气日日激变"③，学生思想活跃，追寻各国兴衰之理，探究振兴中国之道，思想获得了极大解放。

新式学堂的建立，还在不同程度上冲击着封建制度，推动了社会改良。同文馆设立只有十几年，就促使科举制有所变化，即科学开始渗入科举，一些近代新内容开始进入科举的考试科目。此事前后酝酿了20多年，但直到清廷"从同文馆方面知道了现代科学的性质和范围，方才见诸实行"。④ 对封建经济政治制度进行强烈的冲击，在19世纪后期维新运动的领袖和骨干队伍，就是维新学堂培养的新式资产阶级知识分子。万木草堂的学生梁启超、麦孟华、徐勤和时务学堂的学生蔡锷、林圭、秦力山等，都是戊戌维新运动的重要进步人物。时务学堂第一班的40名学生，"十余年来强半死于国事，今存五、六人而已"。⑤ 他们为中国社会进

---

① 《湘报》第46、83号，转引自《近代史研究》1984年第3期，第250页。
② 参见《史论集》第197页。
③ 梁启超：《清代学术概论》，复旦大学出版社1985年版，第62页。
④ 丁韪良：《同文馆记》，《学制史料》第1辑上册，第183页。
⑤ 《梁任公先生年谱长编初稿》第1册，台湾世界书局1958年版，第76—77页。

步做出了很大贡献。

（4）为中国经济、国防的近代化特别是民族资本主义的发展提供了人才、舆论等多方面的助力，为反侵略战争准备了一些新的有生力量。

洋务学堂为洋务企业和南北洋海军输送了许多新式技术人才、管理人才和军事人才。同文馆的学生，"有加入电报局，或任制造局、船政局、军事学校之要职的"，[①] 京师、上海、广州同文馆122名毕业生中，有22人从事教育、医学、农工商等业，占13.1%。[②] 福建船政学堂的69名留学生中，出现了刘步蟾、方伯谦、林永升等北洋海军将领，"北洋前购蚊船所需管驾、大副、二副、管理轮机炮位人员，皆供材于闽省"[③]，他们在甲午海战中与日舰进行了英勇的战斗。教会学校中也有一些人转而从事民族工商业，直接或间接地为民族资本服务。维新学堂的学生在政治上舆论上为救亡图存、文明富强奔走呼号，无疑为民族资本制造了一定的政治舆论条件，适应了甲午战后民族资本迅速发展的需要。

3. 新式学堂的消极影响

新式学堂也传播了中西文化中的糟粕，培养了一批洋奴和维护封建制度、镇压社会进步力量的反动力量。

洋务学堂的指导思想是"中学为体，西学为用"，既传授中学中的纲常名教之类的封建文化，又袭西洋皮毛，进行媚外教育。一般来说，军事学堂（水师、武备）比较重视传统封建文化的教育，时时注意培养学生的纲常名教意识，使封建意识牢牢嵌入具有新式军事技能的学生脑中。而外语和工程技术学堂则偏重西学，"虽名中西兼习，实则有西而无中，且有西文而无西学"，学生"但染欧西下等人之恶风，不复知有本国"。教会学校以传播基督教为本，着重培养学生的崇洋媚外意识，民主科学思想输入无多，压抑民族自尊和反抗侵略精神的洋奴意识却悄悄形成了。中西文化糟粕的融合，便结出了畸形之果。一种新型的反动力量随之而

[①] 毕乃德：《同文馆考》，《京师、上海、广州同文馆部分学生离校后情况一览表》，《学制史料》第1辑上册，第206—207、279—302页。

[②] 同上。

[③] 《直隶总督李鸿章片》（1880），《学制史料》第1辑上册，第503页。

生。洋务学堂的毕业生中，有相当多的人或"为洋佣以求衣食"，"不肖者且为汉奸以倾国基"，"即稍有成就，多不明大体，先厌华风"。① 教会学校的学生多数成为教会的牧师和教师，从事宗教活动，其中有人充当了侵略者的鹰犬。北洋武备学堂为北洋军培训了一大批反动将领，著名的北洋军阀头目段祺瑞、冯国璋、曹锟、王士珍、段芝贵、陆建章、李纯、李长泰、王占元、张怀芝、雷震春、靳云鹏、吴佩孚等，都是北洋武备学堂的学生。② 北洋军成为镇压辛亥革命、"二次革命"等民主革命运动的主力军，北洋军阀头目横行中国20多年，干尽丧权辱国、镇压革命、迫害人民之丑事，而北洋武备学堂正是始作俑者。

总之，新式学堂积极作用很大，消极影响不小，局限性很多，与近代化要求仍很不适应。这种不完备的新式教育体系与旧式教育体系的矛盾，特别是与社会发展的矛盾，决定了社会教育系统必然要向新的阶段发展。

三 新式教育系统的形成

20世纪初的20年，是中国近代教育系统形成和初步发展时期。这时社会教育组织方面的主要特点，是在以往新式学堂发展的基础上，大规模改变传统教育组织，发展新式学堂，形成了清末新式学堂系统和民初学校系统，资产阶级教育形式初步建成，民主科学教育的因素迅速成长。教育日益面向多样化的社会需要，培养了众多的多样化的人才，在推动社会进步方面，发挥了越来越大的作用。

1. 新式教育系统

清末民初近代教育系统的形成和发展，大体可分为清末学堂系统和民初学校系统两个时期。

1903年，清政府颁行"癸卯学制"，奠定了清末民初教育系统的基础。经过"创办学堂、变通科举"（1901年9月—1905年9月）和"立停科举、推广学堂"（1905年9月—1911年10月）两个阶段，"癸卯学

---

① 《孙家鼐议复开办京大学堂折》（1898），梁启超：《戊戌政变记》，《学制史料》第1辑上册，第602—603页。

② 《武备学堂部分学生名单》，《学制史料》第1辑上册，第539—540页。

制"得以实行,新式学堂蓬勃发展。到 1909 年全国有各级各类学校 52939 所,学生 1628829 人,新式学堂系统终于形成。

新式学堂系统首次明确层级,按教育对象的生理心理特点,设置了蒙养院、初等小学堂、高等小学堂、中学堂、高等学堂及大学预科、分科大学和大学选科、通儒院这样的学堂系列。学堂种类也开始配套,有普通教育、师范教育和实业教育三大类别。并有女子教育、少数民族教育、留学教育、华侨教育等更具体的类型。中高等教育的专业设置呈现出系列化特点,专业配套,有文、理、法、医、艺术、农、工、商、师范等专科,体现了按社会经济、政治、教育发展的要求设置学校和专业的特点。课程设置多样化系列化,在保持中国传统文化的同时,大量开设了西方近代社会学说和自然科学技术方面的课程,课程的科学性明显增加。在教学管理方法方面,班级授课制已普遍实行,明文废止体罚,对中小学各学科的教法也有类似教学大纲式的规定,注重讲解和实验,强调循序渐进,联系实际,比较贯通,生动活泼。

当然,学堂系统仍是一种初级教育系统,高等教育、师范教育、实业教育不发达;在学堂课程中保留了不少封建糟粕,并仍设有读经课,"中学为体,西学为用"的色彩依然浓厚;封建专制式管理和填鸭式教学法也有广泛影响。从清末学堂的实际状况看,办得好的实属少数,民主科学精神和新式教学法只在这些少数学堂里才有较充分的体现。大多数学校管理不善,教职员多为旧式秀才、举人和进士,不合乎新式教育要求者甚多。这些缺陷都给学堂教育的功能以很大的消极影响。

1912—1913 年建立起来的民初学校系统,在清末学堂系统的基础上又有了一些新发展,资产阶级教育在形式上初具规模并确立了统治地位,近代教育系统大大前进了一步。根据 1912—1913 年颁行的"壬子癸卯学制",清末的学堂一律改称学校,学校数量有了很大发展,1915 年学校达 130228 所,学生达 4312430 人。[①] 在教育对象方面,贯彻平等原则,取消贵胄学堂,规定初等教育可以男女同学,中学、师范、职业学校可专为女子设学。在专业设置、各级各类学校的比例上,也有不小的进步,分

---

① 据《第一次中国教育年鉴》丙编,商务印书馆,民国二十二年(1933)版,陈景磐《中国近代教育史》,人民教育出版社 1979 年版,第 305 页有关统计约计。

科更细更科学，高等教育也有所发展。在课程设置上进一步削减传统文化的比重，增加新学科，带有较多科学因素的课程有所增加。在中小学废除了读经课，开设的修身课强调培养共和国公民意识。高等文科学校的课程又增加了社会学、宗教学、美学、法制史等课程，其他科类高校也增加了一些新的课程。新式教学法和教学管理法，诸如"自学辅导法""自动教学法""分团教学法""实验教学法"和"设计教学法"等，更多地应用于教育实践，出现了一批教学成绩突出、影响很大的进步学校。教职员队伍中新式和进步知识分子增多。民初教职员队伍由清末的9万多人猛增至30万人左右，其中多数人是各式新式学校的毕业生。一大批在国内外学校毕业的、志在以教育科学救国的知识分子投身教育，一些在民主革命斗争中屡遭失败者或深感失望者也不断转入教育界。这些因素为民初学校系统发挥积极功能准备了有利条件。

在学堂系统和学校系统之外，独立的教会学校系统也获得了较大发展，教会学校的课程在继续保持浓厚宗教色彩的基础上，增加了自然科学和西方社会学说方面的内容，并且逐渐改变了一概排斥中国传统文化的做法，对儒学开始作部分肯定，其作用也有所变化。

2. 新式教育系统积极影响很大

清末学堂系统和民初学校系统，是一种由民主科学教育、奴化教育、封建教育等多种要素构成的半殖民地半封建社会的教育系统。与此相应，其功能亦复杂多样，影响深远广泛。其积极功能主要表现在以下几方面。

（1）扩大了教育的社会范围，为更多的人提供了受学校系统教育的机会。新式教育系统层级和类别既分明又较齐全，专业配套，学校数量较多，社会覆盖面较之封建传统教育及其他零星的新式学堂教育，要广大得多。1912年111所高校学生总数有39633人，1916年仅10所公私立大学在校生总数就有4199人。初等教育对象增加更快。1909年小学生总数为1532746人，1915年达到4140066人。[①] 教育对象年龄、性别、社会地位等方面也发生了变化。为学龄前儿童设蒙养园，为女子设小学，中学、师范学校，为华侨设立小学、中学和大学，为长期被排斥在正规教

[①] 据《第一次中国教育年鉴》丙编，"教育概况"第145、15、423页统计表。

育之外的人们提供了受教育的机会。小学校的增多，学习费用的降低，特别是民初的小学四年义务教育，不消说为大批贫寒子弟入学提供了很大方便，使教育只为贵族和富人垄断的现象成为历史陈迹。

（2）大量传播近代自然科学技术知识。新式学堂和学校较系统地开设了自然科学方面的课程，从应用到基础、从工艺到原理，举凡近代自然科学的各种专业，几乎都已涉及。1903年《奏定学堂章程》所规定的21种理工农医专业中，就开设有465种完全由西方传入的自然科学课程。[1] 值得注意的是，自然科学课程在小学、中学阶段就已陆续开设，成为启蒙课程的重要内容。自然科学的广泛传播，其意义不仅在于改变了学生的知识结构，而且更在于改变了学生的思维方法，培养了学生的求实、求知、进取的科学精神，从知识到思维方法、心理素质等方面为中国科学技术的发展造就了主体力量。直隶农业专门学校就"培养了一批农业科学专家，对河北农业大学教学、科研的发展，做出了重要的贡献"[2]。新式学校还成为自然科学研究的实体和依托。清末民初，中国专门科研机关寥寥无几，科研人才多集中于学校。一大批科技工作者凭借学校的力量，在十分艰苦的条件下推进了中国科学技术的发展。在1912—1921年，直隶农专的师生们就在气象学、土壤学、林学等学科取得了一系列有价值的科研成果，他们积累的一些资料，"至今仍有一定的学术参考价值"[3]。新式学校大规模地传播近代科技知识，促进中国科学技术的发展，无疑加速了中国古代科技向近代科技的转型，为追赶世界科技的发展，振兴中华做了一件基础性工作。

（3）是大规模传播西方社会学说的基地。清末文史、政法、经济类高等学堂中，开设了西方政治学、法学、经济学（包括部门经济学）、哲学、教育学、心理学、史学、文化人类学等方面的课程。民初高校在此基础上，又增加了社会学、美学、宗教学等课程，对西方社会学说作了较全面系统的介绍。因此，学生在中国就能接触西方社会学说，促进了

---

[1] 乔志强：《辛亥革命前夕学堂的兴起》，见《辛亥革命前的十年》山西人民出版社1987年版（下只注书名），第133页。

[2] 苏润之：《我国最早的农科大学——直隶农务学堂（河北农业大学）》，《过去的学校》，湖南教育出版社1982年版（下只注书名），第347—349页。

[3] 同上。

中国的社会科学研究的发展。

（4）延续了传统文化中的精华，并促进了中西文明的初步融合。清末民初学校中也开设了大量的传统文化课程，并继续开展对传统文化的整理研究，使其中的民主性精华得以保存、延续。特别是经过一批学贯中西的教育家的分析批判，使传统文化中的精华得到彰扬。杨昌济在湖南第一师范开设的伦理课，把儒学及理学中的注重个人道德修养，强调个人对国家社会的责任和义务，强调言行合一、勇于实践等精华，阐述得淋漓尽致，使他的许多学生能够在"全盘西化"思潮面前保持较清醒的头脑，继承了"中国文明"中的积极因素。毛泽东很早就认为"东方文明在世界文明内，要占个半壁的地位"，[①] 后来对传统文化一直坚持"去其糟粕，取其精华"的态度，与杨昌济的影响是分不开的。与分析中国文化精华相对应，一批学者还对西方文化中的糟粕进行了批判，对其缺陷进行了分析。东西方文化课程的同时开设，大量原著的阅读，也为学生们进行比较分析提供了较多的素材，使融汇东西方文化中的精华有了可能。在这种环境中，一些学生渐渐树立了西方思想"亦未必尽是，几多部分，亦应与东方思想同时改造"的观念，走上了取两种文化精华，熔铸新说的道路。[②] 历史证明，这是一条符合世界文明发展大势和中国社会发展规律的道路，其影响极其深远。

（5）培养了大批新型人才。新式教育系统通过在广大范围内传播近代科学技术知识和西方社会学说，培养了大批具有新型知识结构和民主科学精神的新型人才。1912—1916年，中学毕业生约有39152人，其中女生240人；大学本科及专修科毕业生790人，预科生2360人，其他各级类学校毕业生为数更多。[③] 1912—1919年，各级各类学校教职员增加了8万多人，其中多数是新式学校毕业生（包括留学生）。仅湖南第一师范在辛亥革命至五四运动期间就有500多名毕业生，其中大多数都成为三湘四水的小学教育骨干，周世钊、罗驭雄、陈书农、邹蕴真、刘子载、林

---

① 《新民学会资料》，人民出版社1980年版，第63页。
② 毛泽东1917年8月23日给黎锦熙的信，转引自《纪念五四运动六十周年学术讨论会论文选》第3册，中国社会科学出版社1980年版，第60页。
③ 据《第一次中国教育年鉴》丙编，"教育概况"第15、195页统计表计算。

汉藩等后来更成为湖南教育界著名人士。由于多数新型知识分子在种种因素作用下大都投身教育，结果就使新型教育系统培养近代知识分子的功能日益加强。

（6）更具有意义的是促进近代知识分子的结构变化和组织程度的提高。在戊戌维新时期形成的近代知识分子阶层，开始时主要成分是文史方面的知识分子，自然科学技术各专业的知识分子很少。到清末民初，近代知识分子的专业结构发生了很大变化，自然科学技术专业的知识分子增多。在清末127所高等专门学校中，理、工、农、医类学校共23所，学生2195人，占全部专科学生总数的9.2%。1915年94所专科学校中有工、农、医类学校29所，学生4763人，占学生总数的19.8%，比重明显上升。① 留学生中学理工的人相对更多些。从1911年到1915年，清华学校有归国留学生620人，其专业分布为：工程31.3%，理科9.9%，农医10.5%，商科11%，文史哲7.2%，政治（包括政法、经济、教育、新闻）24.5%，军事22%；理、工、农、医类合计占51.7%，超过了文科类学生。② 虽然从总体上看，知识分子的专业分布仍很不合理，理工科知识分子远未占据明显多数地位，但毕竟已得到较大发展。

从政治倾向分析，近代知识分子队伍的结构变化也较大。最突出的是形成了一个倾向民主革命的先进知识分子层。清末留日学生的民主革命倾向为人所共知。在国内，一批革命党人也把学堂办成了培养民主革命力量的场所。著名同盟会员朱执信在广东法政学堂、方言学堂讲学，"吸收了不少革命同志"。华侨林修明任蕉岭中学及松口公学讲习，"以革新事业劝勉同事，学生被其感动，能尽力于革命者尤多"③。民初学校中的进步学生为数更多。经过进步教职员的精心培养，在民初学校中，产生了一代中国革命的领袖和骨干人才。周南女校培养了向警予、劳君展、蔡畅、魏璧、周敦祥这样一批妇女解放运动的骨干，北京大学、南开大学、湖南第一师范则培养了邓中夏、周恩来、蔡和森、毛泽东这样的中国革命领袖，以及许德珩、马骏、何叔衡、李维权、肖三、张昆弟、夏

---

① 据《第一次中国教育年鉴》丙编，"教育概况"第144—146页统计表计算。
② 潘光旦：《从清华学校到清华大学》，《过去的学校》，第167—168页。
③ 参见乔志强《辛亥革命前的十年》，山西人民出版社1987年版，第135页。

曦等在中国革命中发挥了重要作用的人才。① 这样一批人才在中国近现代史上的巨大作用,是清末民初教育系统积极功能的最有力的佐证。

新式学校不仅培养了进步知识分子,还促进了他们的初步联结。蔡元培在20世纪最初几年,曾利用爱国学社和爱国女子学校联络聚结归国留学生和其他有志青年,1917年任北大校长后,又通过推行资产阶级民主教育吸引了一大批进步学生,并通过鼓励学生办《国民》《新潮》等杂志和创办社团,为一些进步学生的交流团结创造了良好环境。民初的南开中学、湖南第一师范等校,平时十分注意培养学生团体思想,觉悟社、新民学会、少年中国学会等五四前后著名的进步组织,都是从学生社团发展而来的。进步知识分子还以学校为依托,建立了一些地区性和全国性的教育会组织,使广大教职员能够以合法的组织形式广泛交结。知识分子的初步联结和组织,为集中和发挥知识分子对社会的影响力,起了十分重要的积极作用。

(7) 推进了清末民初反帝反封建的斗争,为民族民主革命做出了重要贡献。这种功能主要是通过传播民主革命思想和培养革命人才两大途径实现的。

辛亥革命前10年学堂大兴之际,正是辛亥革命的准备时期,许多学堂成了传播民主革命思想的阵地。学堂中集中了最易接受新思想的青少年,又有一批力主革命的留学生及其他进步知识分子任教员,再加上进步报刊书籍的流通,使民主革命思想在学堂中广泛传播开来。在当时一个省区,"青年学生,不管是进入中学,或是进入高等专门学堂;不管是进入文学堂,或是进入武学堂;不管是在文化界中参加报馆、学会、图书馆、教育会或其他团体;不管是在军队方面到新军中应征入伍,或是进陆军小学,进陆军测绘学堂等,没有一个人不受革命潮流的冲击"。② 这种革命思想的传播,不仅有助于为辛亥革命作舆论准备,而且直接促成了青少年学生向革命方面转化,为辛亥革命准备了一支生力军,对武昌起义及各地响应起了很大作用。《辛亥革命回忆录》一书的撰者中,有281人直接记述了辛亥革命。这些人除57人看不出与学堂有关系外,其

---

① 参见崔树民《论民初教育界的进步知识分子》,《晋阳学刊》1987年第4期。
② 《辛亥革命回忆录》第4册,中华书局1961年版,第433页。

他244人中，由学堂、留学及办学堂出身者为198人，占88%之多。这一不全面的数字从一个侧面说明了学堂与革命党人的关系和对辛亥革命的作用。有个守旧文人哀叹："宁知学堂之害，于今为烈，试问今日革命巨子，何一非学堂造成？"① 这恰好从另一面生动说明了学堂对辛亥革命的作用。

清末学堂系统在把旧民主主义革命推向高潮阶段中作用不小，民初学校系统则在促进旧民主革命转向新民主主义革命方面功绩卓著，民初的中国社会，正处于革命低潮，面临重大历史转变的历史阶段。历史提出的中心要求，就是探索新的救国真理和积聚新的革命力量。民初学校系统在满足这种时代要求方面起了重要作用。这主要表现为在学校中广泛传播新文化，促进青少年学生的思想解放并成长为新型革命力量上面。

许多进步教职员在学校中广泛传播新书刊，介绍新文化，做具体细致的启蒙工作，扩大、加深了新文化的影响。在一些进步学校中，专设有陈列各种新书刊的阅览室，供学生使用。贵州达德小学的阅书室中，不仅有商务印书馆出版的《教育杂志》《学生杂志》等杂志，而且有《新青年》《每周评论》等进步刊物，和蔡元培、陈独秀、胡适、鲁迅等人的作品。"学生们接触新思潮、汲取新思想，对阅书室产生了浓厚兴趣。"② 南开中学、芜湖五中、浙江第一师范等校，也有这种阅书室。在一些较保守的学校，也有进步教职员通过向学生推荐、赠阅等方式传播新书刊。舒新城进福湘女学，背着校方要学生广泛阅读新报刊，学校不准订购的《新青年》《星期评论》等则由家中带去，结果"学生在各种书刊的启发下，对现实尤其对于学校的书信检查，婚姻不自由，宗教仪式太多等感到不满以至仇恨。"③ 进步教职员更多的是利用讲课、讲演、私下交谈等方式宣传新文化，启发学生追求真理。高语罕、刘希平经常在芜湖五中的课堂上指导学生研读《新青年》，提倡白话文，宣传新文化，对青年学生特别是蒋光慈那样的进步学生，产生了极大影响。周南

---

① 参见乔志强《辛亥革命前的十年》，山西人民出版社1987年版，第135—137页。
② 张笑尘：《回忆贵州达德学校》，《过去的学校》第493页。
③ 舒新城：《回忆五四反帝斗争的一幕》，《五四运动回忆录》，中国社会科学出版社1979年版（下只注书名），第523页。

女校校长朱剑凡经常与来家访的学生谈论学习、择业、世界观等各种问题，促进了学生的思想进步。学校教育在文化知识方面的基础性启蒙，也为许多青少年进一步接受新思想、摆脱旧思想创造了条件。新文化在学生界的传播，反过来推动了新文化运动的发展，并为马克思主义的传播和五四运动准备了思想条件。民主科学教育的推行，新文化的传播，使大批青少年迅速成长为新的革命人才，毛泽东、周恩来等一代革命领袖和革命骨干的成长，是民初学校结出的最丰硕果实。可以说，民初学校为旧民主革命向新民主革命转变准备了有益的条件。

民初学校这种传播新文化、培养新型革命人才的历史作用，在民初的一系列重大的政治斗争和思想斗争中就逐渐表现了出来。许多学校的师生都积极参加了反袁世凯复辟帝制、反日爱国运动、反张勋复辟和驱张运动等重大斗争，推动了革命斗争的发展。在五四前后的新文化运动中，学生们创办的《新潮》《国民》《湘江评论》等杂志，直接参与了反对封建主义和帝国主义乃至无政府主义等思潮的思想斗争，起了很大作用。

(8) 为民族资本主义的发展提供了助力。从整体上讲，清末民初教育的一切积极成就都是有利于民族资本主义发展的。各种新型人才的培养，教科文事业的发展，广大师生在反帝反封建政治斗争和思想斗争中的积极活动，从政治、舆论、组织、经济等方面，为民族资本主义的发展创造了一些积极条件。1909 年，全国有农业、商业、理工等专业学校 16 所，学生 1881 人；实业学校 254 所，16649 人。民初，农、工、商、外语等类专科学校约 30 多所，每年在校生约 6000 人；实业学校 500 多所，每年在校生约 30000 人。[①] 这些学校都是直接为发展实业而设立的，其毕业生有相当一部分充实到各地工商厂家，或自创企业，为民族资本提供了一些技术工人和管理人员。唐文治主持的上海实业专门学校（交通大学前身）为中国培养了一批理工人才，交大后来建有"文治堂"，以纪念其功绩。中华职业教育社于 1918 年在上海创办中华职业学校，设木工、铁工、珐琅、纽扣四科，附设机器、木工、珐琅、纽扣工场，后又添设土木、商业、染织师范等科，学生毕业后到各厂任职，促进了地方

---

① 据《第一次中国教育年鉴》丙编，"教育概况"第 143—146、375 页约计。

工业的发展。"后来珐琅和纽扣这两种国货,到底抵住了外货,尤其是珐琅业,上海这类工厂数大增,大都有职校毕业生参加在内。"① 职校珐琅工场与机械工场,先后发展成为中国珐琅厂和中华铁工厂。职教社后来又为实业界创办一些职业学校。一些学校的科研工作,也为民族资本提供了新的科学技术。直隶农业专门学校大力开展养蚕研究,引进并繁育了许多优良品种,缫制出的蚕丝"供给天津、上海等有关工厂,深受欢迎",直接支持了民族纺织业。② 一些著名资本家的办学热情,亦从侧面反映了教育对经济的促进作用。张謇在南通办学,就是一个例证。

(9) 在转移社会风气方面也发挥了很大作用。在一大批进步学校中,聚集着众多的进步教师和追求进步的学生,相互砥砺,相互影响,逐渐造成了清新的小气候,形成了新风气。在南开,学校严禁吸食鸦片、酗酒、嫖妓、赌博和早婚。蔡元培任北大校长后,针对北大等校部分师生逛"八大胡同",以狎妓赌钱讲究捧场为荣的颓风,与一些教师组织了"进德会",以不嫖不赌、不娶妾、不吸烟、不酗酒、不食肉相砥砺。在周南女校,教职员和学生无论课上还是课余,对国际国内形势、学术问题一直有着讨论研究的风气,北大、南开等校的辩论之风更是名闻遐迩。这种环境大有助于学生涵养良好道德,和关心国家大事、以天下为己任的精神,抵御封建末世及西方腐朽风气的侵蚀。

在清末民初学校勃兴的条件下,散处全国各地的良好"校风"彼此呼应,相互激荡,凝聚成了一股给整个社会风气以很大影响的冲击波。一浪高过一浪的留学热潮,开拓了人们的视野,激发了人们面向世界走向世界的情怀,使许多人一改夜郎自大、封闭狭窄、耻谈"洋务"之风,开始走上了面向世界的道路。辛亥前后,学生们发起了"剪发""放足"等活动,对不良风气进行直接的清除。"五四"前后,学生们更积极参加"到民间去"的运动和平民教育活动,促使同情下层劳动人民的风气在知识界不断扩张。

总之,新式教育系统推进了近代科学文化事业的发展,较系统广泛

---

① 黄炎培:《八十年来》,文史资料出版社1982年版,第79页。
② 苏润之:《我国最早的农科大学——直隶农务学堂(河北农业大学)》,《过去的学校》第349页。

地传播了西方科学文化，延续了中国传统文化的精华，扩大了近代知识分子队伍，培育了一代新型革命力量，并为促进经济的发展，推动反帝反封建斗争和社会进步做出了重要贡献，在社会变迁中发挥了较大的积极功能。

3. 新式教育系统的消极功能

由于近代教育系统的复杂性及其严重缺陷，不但其积极功能受到很大限制，而且它还具有许多消极功能。

（1）在许多学校中推行封建教育，用封建糟粕毒化青少年心灵，造成了大批守旧人才。

清末学堂教育的根本宗旨，其实就是"忠君""尊孔"，培养对巩固封建统治有利的人才。其课程设置与教学管理，也处处打上这种烙印。许多学校不过是"一变名之科举，而新学亦一变质之八股"罢了。① 民初学校虽然在中小学废除了读经课，传统文化课有所削减，但传统教育的影响仍随处可见。在许多被封建遗老遗少把持的学校里，封建教育的色彩就更为浓厚。成都高师被封建"五老"（骆承骧、宋育仁、方旭、林思进、曾心传）把持，几乎不允许有一丝新鲜空气流入，就连吴虞（成都外国语学校教师）在《新青年》上发表一篇反家族制度的文章都不能容忍，鼓噪着要把吴逐出成都教育界。这类封建守旧的学校在民初并非少数。封建教育的积习给青少年学生以严重毒化，使许多人走上了守旧甚至反动的道路。河北第一女子师范的封建教育，使学生陷入了空虚、绝望的境地，有的稍不如意就"表演自杀"。② 民国初年大批学生毕业后耻于从事实业，群趋官吏一途。许多新式知识分子进入政界后，很快就被封建军阀、官僚、买办等势力收买同化了，为北洋政府官场恶浊空气所腐蚀，成为守旧或反动势力中的一员了。1906年就读于王先谦的崇古学堂和湖南政法学堂、1916年毕业于保定军官学校的何键，大革命时期就成了反共反人民的干将，30年代统治河南期间，极力宣扬孝悌忠信礼义廉耻"八德"，提倡尊孔读经。③ 在"五四"运动以后曾起到很大反动作

---

① 梁启超：《清代学术概论》，商务印书馆1920年版，第163页。
② 卢松泉：《在五四时期的经历片断》，《五四运动回忆录》续，第251页。
③ 《民国人物传》第3卷，中华书局1981年版，第205页。

用的人物如反动军阀唐继尧、陈炯明等人,都是清末民初新式学校的毕业生或留学生。新式教育系统在培育了大批新型革命人才的同时,也为革命力量造就了一些对立面——某些思想顽固反动的人物。

(2)驯养奴化观念和心理,为帝国主义侵略压榨中国提供了便利。

清末学堂和民初学校中都含有奴化教育的因素,教会学校的奴化教育色彩更为浓厚。在一味否定中国传统文化的价值,盲目颂扬西方文化的一些学校里,学生的知识结构和心理便渐渐地发生了很大变化,满脑子西方文化,对中学所知甚少,民族自卑感和崇洋媚外心理自然形成。他们往往以留学西洋镀金、回国谋一官半职为目的,对中国文化不屑一顾。有的归国留学生甚至连汉字都写不好。许多教会学校和中国高等学校的学生,整日沉浸于西学之中,对中国国情毫不关心,所学与中国国情相脱离。这些人毕业后或徒责中国社会之落后,"愤世嫉俗",自命清高,无所作为;或进入官场,为封建官僚买办服务,为帝国主义侵华张目;而另一些人则成为"全盘西化"论的社会基础,甚至"西化"到卖国求荣的地步。陆宗舆、章宗祥都是清末留日学生,到民国初年就成了日本帝国主义加紧侵华的帮凶。影响更为深远的是,奴化观念严重侵蚀了国民意识,既自叹不如西方,又不思振作,徒作形式上的模仿,严重阻碍了反帝反封建的民族民主革命的发展。教会学校培养的一批中国教士,更为传播基督教天主教、麻醉中国人民的头脑效尽犬马之劳。

清末民初教育系统积极功能的有限性和消极功能的严重性,使新式教育系统不能适应中国社会近代化的要求,不能满足反对帝国主义、封建主义的民主革命的要求。

第八章 控制功能

社会控制是指社会维护本身正常运行与发展的机制与功能。社会必须控制每个成员身上存在着的自发的追求个人利益所导致的反社会倾向，这种反社会的倾向如果超出一定的限度便会危及社会的秩序。因此，任何社会都有其自身的控制机制，这种控制机制的功能就是把社会中个人、群体等的行为限制在一定的规范和准则之内，从而使社会得以维持必要的秩序而正常运行，并有利于社会的发展。

社会的控制机制，就其方法和手段而言，大体上可以分为两种类型，一类是由国家机器、社会组织等功能团体所构成的强制性控制，即权力控制。另一类是由风俗习惯、道德伦理、舆论宣传、宗教信仰、流行时尚等组成的控制，我们可以把这类控制方式称为规范性控制。

第一节 权力控制

权力控制就其功能来讲是把社会公认的规范和统治者确立的社会行为准则强制施行于社会的一种力量，并以强制的手段与方式维持这种规范与准则。它与规范控制的区别在于，权力控制以强制手段调整人们的外部关系和行为准则，并以此来达到维护社会秩序的目的。而规范性控制则是依靠调整和支配人们内心生活与动机这种方式来规范人们的思想、意识、心理、动机、价值观念等，从而防止越轨行为，达到维护社会秩序的目的。在中国近代史上，权力控制的主要表现形式有政权、法律、军队和警察。

一 政权

近代中国，清朝国家机器对于社会进行控制的主要工具是政权机构与庞大的官僚队伍。也可以说，它的主要特点是行政权力控制一切。军队与警察系统与行政权力系统是合为一体的，在这种体制下，军政不分、警政不分、司法与行政也不分。中枢朝廷中，皇帝总揽一切大权，他既是国家的最高军政领导人，又是国家的最高法官与警察首脑。地方上各省的最高领导人总督与巡抚也是军、政、警与司法机构的首脑。在基层，州县首脑也是政、警、司法各种权力集于一身。总之这种体制所表现出来的特点就是行政权力控制社会。它从政治、经济、军事、文化教育、户籍、人的活动方式、行为准则、婚丧嫁娶等各个方面，对社会成员进行全面的干预。当然这并不意味着在清王朝控制系统体系内部，行政、司法、军队与警察各系统之间没有分工。实际上它们之间在功能上是有所不同的，各个系统的控制功能均有自己的特点与侧重面。

1. 行政系统

在近代，清朝政权是一切权力的基干，它凭借军队和警察等国家机器，通过制度，组织、管理、政策、条例、命令等手段对社会进行控制，这种控制主要是依靠有组织的庞大的官僚机构和众多的各级官员传递皇帝的政令，执行法律来实施。官僚机构之所以能够对社会进行控制，是因为其有两个权力来源，一是军队与警察的武力后盾；二是权威以及民众对权威的认同。

在儒家思想占统治地位的中国近代社会，儒家理论支配着广大群众的心理和观念，根据儒家理论，皇帝的权威来自天命，他是代表老天爷来对社会进行统治的。这个千百年来的习惯和公认的惯例已经使得百姓对于政权的服从内化为一种社会认同，也就是说，政权的控制是"合法的"，百姓对于政权的服从也是天经地义的，这种社会认同已经深深地扎根于被控制者的观念中。所以，政权的控制功能具有明显的权威性和时效性。在近代社会的急剧变化中，这种价值观及社会认同的变化也就成了清王朝政权崩溃的重要原因之一。

清代行政权力是通过权威化的组织力量实施社会控制的，代表这种组织化的是各级政府的官员，这些行政组织与官员按照控制范围的大小又划分为若干行政区域和上下等级层次。一般讲，等级层次越高，控制的区域就越大，反之等级层次低的，控制的范围也小。但是，从具体的控制方式来看，等级层次高的，其控制方式为间接的，等级层次低的其控制方式为直接的控制。

行政控制系统建立的前提是行政区域的划分。行政区划是国家为便于对其国土和人民进行统治而分级划分的区域，也就是说，把整个国土划分为若干层次的行政区域，并且与之相适应地设置相应级别和权限的地方权力机关及官阶，这是对地方国土进行管理和对人民进行有效控制的一个极为重要的手段。我们从清王朝的行政区域划分来看，其着眼点完全是为了更加有效地控制社会、抑制地方割据分裂势力对中央政府的威胁。当然，这种划分既有沿袭前代的，也有自己创新的。明清的行政区划主要沿袭元代。元朝改变了前代有利于地方分裂势力的行政建置，设立了行省，在行政区划及机构层级设置上均突出了中央对地方的控制。明清沿袭了元朝的建置，设省、道、府、州县厅四个层级，形成了一个典型的垂直型行政网络，处在金字塔顶端的是集所有行政权于一身的皇帝。他的指令通过执行机构向下传达。

这个行政执行系统在中央有军机处，内廷之下分别设立控制国政的机关，如六部、都察院、大理寺等机构。这些机构是皇帝统治国家和人民，控制官吏、土地、税收、军队、手工业、商业、盐政、漕运、科举、书院、教化和全体社会成员的执行机关。

在地方行政机构中，总督、巡抚是代表皇帝的最高地方行政长官，其权限非常广泛，总揽地方一切行政事务。督抚之下，有布政使掌一省之行政，按察使掌刑名。道员的职能有二，一为弹压地方，一为监督管内事务。知府为牧民官，掌管一府的政令，总核所属各个州县的赋役和诉讼等事务，并汇总于藩、臬二司，他是承上启下的地方长官。

县级行政包括与县同级的散厅、散州，是行政控制系境中最低也是最基本的一个层次。在清代整个行政系统中，管官的机构多、管民的机构少，县级行政以上的机构重重叠叠，互相牵制。对于社会成员及社会生活进行直接控制的行政机构，只是到了县一级才发生实际效用。因而，县级行政机构的控制功能是十分重要的，它麻雀虽小，五脏俱全，与中枢政权机构的吏、户、礼、兵、刑、工相对应的，县级衙门也设有吏、户、礼、兵、刑、工六房，以及典史、教谕、训导、僧道会司、阴阳学司及巡检、驿丞、税课大使、河泊所官等官吏，由知县所统。知县是代表皇帝和朝廷同百姓打交道的长官，对于基层社会的各个方面，上承朝廷之政令，从赋税、诉讼、科举、教化，到户籍、保甲、巡捕、治安、河防、驿传等各个方面贯彻清朝中央政府的政策制度，保障地方的安全，控制人民的思想及行动，制裁百姓的越轨行为。

2. 对农民的控制

农民是近代中国社会的一个基本的社会阶层，农民的状况如何是社会秩序稳定与否的关键，所以基层政权对农民的控制是相当严格的。这种控制手段的主要组织形式就是保甲制度，它发挥了编查户口、劝善惩恶、稽察奸宄、守卫乡村的职能。分布在乡村的广大农户通过保甲组织被联系起来，分别纳入牌、甲、保三个级等。州县政权通过发给每十家的牌长循环册与门牌，由牌长详细填写每户的户主、丁口、姓名、年龄、职业、田亩，以及妻妾、兄弟、子女、孙婢、奴仆和左邻右舍的情况，注造户册。户册所重是在稽察一县的丁口田粮生计，"册式宜详，所以备查核也。"[1] 牌长填好户册后交给甲长、保长，然后送往县署盖印。循册留在县署备案存底，环册交与甲长保存，门牌则由牌长悬挂在各家户门前。循册是县级政权了解乡村情况和统计汇报的根据，州县官要"每年造具各乡甲长保正及各户姓名、每户若干口清册，呈送臬司核察。"[2] 环册主要用于牌长根据每户情况的变化而随时改注，各户如有迁移、生死婚嫁，牌长要随时通告甲长，共同在环册内添注改记，下签甲长画押，每年三、六、九、腊月的初一日，由甲长携带添改后的牌口环册赴县署衙门，与循册复核更改。

对于乡村中的"素行不法者"，也就是曾经犯过斗殴、讹诈、窃物、赌博等行为的人与户要列入另册，由牌甲长负责特别监督防范。

保甲组织的一个重要作用就在于将农村各家各户置于左邻右舍的严密监督之下，控制人口的流动，稽察往来，防范人民互相串联和结盟拜会，清查窝藏隐匿的"盗匪"，"州县编查保甲……地方官果能实力奉行，

---

[1] 闻钧天：《中国保甲制度》，1933年汉口直轩学版，第249—250页。
[2] 《钦定户部则例》，同治四年版。

不时留心稽察,民间户口生计、人类良莠、平时举事周知,惰游匪类,自无所容,外来奸宄,更无从托迹,于治理最为切要。"① 实际上,保长、甲长就是国家政权设在基层的耳目,他们有着稽察和汇报的职责。

稽察的主要对象是盗窃、邪教、邪书、赌博、赌具、窝逃、窝娼、奸拐、私铸、私销私盐、赎卖硝磺、私立各色敛钱聚会。按照《户部条例》规定,保甲长应实力稽察以上各项违法事件的发生,一经发现应立即上报州县政府。这样,保长、甲长就直接控制了每家每户的情况,他们对于所属范围内的社会治安情况的好坏向州县长官负责。"所以使天下之州县复分其治也,州县之地广,则吏目之耳目有所不及,其民众,众则行之善恶有未详,保甲长之所统,地近而人寡,其耳目无不照,善恶之所匿,从而闻于州县知其是非,则里乡得治,而州县也无不得治。"②把如此广大而分散的农民统统编入保甲之网,每县若干保,每保若干甲,每甲若干牌,每牌若干户,本来对广大农村鞭长莫及的政权,通过这张大网,对广大农民的控制便成了"如身之使臂,臂之使指,节节而治之。"③

3. 对工商的控制

清朝政权对于商人的控制办法是"保"。与农村实行的保甲和进入官场必须参加科举考试一样,在商人之间,政权机构要求他们实行"保",在担保货款、申请执照等方面都需要有某种地位的人与某级以上的店铺担保。几个商人或几个店铺联合起来担保的叫作"连环保"。他们共同担保缴纳税金、执行政府的政策,保证地方的安全。比如京师的钱铺必须五家联成一保,连合互保。此外,各式各类的牙行,由政府核准的有引票经营盐业运销的商人首领总商,以及负责经营对外贸易的公行如广州的十三行,它们都必须向政府作保,保证在他们负责的范围之内,执行政府的各项政策、法令、规章制度,并且保证其商人成员的行为符合政府的要求,保证提供和满足政府所需物品的供应。用这种办法,政府就可以直接把所属商人的活动置于自己的控制之下,从而也就可以避免因

---

① 昆冈等修:《钦定大清会典事例》,卷134,户部。
② 同上。
③ 同上。

商贾的流动性而出现失控的行为。

此外，对商人控制的另一个重要方面是对经纪人的控制。经纪人在商品交易的过程中是必不可少的，他们的作用是在商品交易中的卖者和买者之间商定一个合理的价格，以及联系买卖、互相沟通、代办运输等等，因而经纪人在商人交易之网中处在一个很重要的地位上，特别是在近代交通不发达、信息不灵通的社会中，经纪人的角色更是至关重要的。正因为如此，清朝政权为了控制商人，就首先要控制经纪人。所以，清廷一直禁止任何人私自充当经纪人。规定经纪人的人选必须从各种牙行和船埠码头的经理人当中推举，条件是家产殷实，身家清白。推举出来之后，经过当地政府的审查许可，政府才允其充当，并发给他们盖有官方印信的登记本，要求经纪人记录来往的商人及船主的姓名、固定住址、通行证号码以及货物品种、数量，该登记本必须每月上交地方行政当局进行检查。凡遇有不符合官方要求的商人及行为，经纪人负责上报政府机关。对于那些未经核准而私自充当经纪人和经营该业务者，法律规定杖刑六十大板，其收取的佣金全部没收。那些虽经官方许可，但其行为有不符合政府要求的经纪人，如隐匿、掩饰等，也要受刑五十大板，并立即取消经纪人资格。

随着商品经济的发展，经纪人的作用也越来越大，他们除了担任中间人之外，许多经纪人本身也充当店家，招待来往商人的食宿与存放货物，进而还充当商人买卖的代理人，为他们接洽贷款，安排交通运输。太平天国之后，地方行政当局又赋予经纪人新的职能，特别捐由经纪人收取，并且与厘金合在一起。① 各省督抚也加强了对经纪人的控制，规定只有有执照的经纪人才可充任此职，这种执照称为"牙帖"，这种执照只有省级政权机关才有权发给，并且有固定的名额，该执照每五年检查一次，并重新发给，名额也时有变动。②

行政权力控制工业和手工业者，这也是中国的传统。就传统的手工业来说，清政府的控制是相当严格的，普遍使用的办法是经过官方政府的特许，比如食盐的生产、采铜与冶铁业均是如此，除了以颁发特许证

---

① 但湘良：《湖南厘务汇纂》，卷18。
② 同上。

进行控制之外。另一个手段就是采取垄断的方式进行直接控制，如漕运总督通过行政系统直接控制从长江下游到北京的粮食贸易；通过苏杭的皇家织造和景德镇的官窑，以分别控制丝织品和瓷器的生产和贸易。洋务运动后，清廷对于民族工业也就是纯粹的私营工业仍采取颁发许可证的办法，官营工业则完全是由各级官僚直接开办企业，这类企业实际上完全处在政权的直接控制之下，无论是开办企业的资金来源，或是工人、管理人员都是如此。此外，还有一种控制方式就是近代企业的"官督商办"，由民间自筹资金开办企业，由官方即政权机构进行管理和保护，其中的人员也统统纳入官方控制系统。

二 法律

与现代法律的功能有所不同的是，中国传统的法律并不是用来保障公民个人权利的，而是被作为封建统治者对人民进行控制的工具。"为政之道，首在立法以典民。"[①] 特别是刑法，"乃国家惩戒之具"[②]。法律的这种功能在管子的一段话中可以得到很好的说明，他说："夫法，所以兴功惧暴也；律者，所以定分止争也；令者，所以令人知事也，法律政令者吏民规矩绳墨也。"[③] 就是说，法律所规范的社会秩序和人与人的关系是一个准绳、一个标尺，违反者将受到不同程度的制裁。

在近代中国的社会中，占据支配地位的仍是历代封建王朝延续下来的封建秩序，和由社会分工的贵贱分野及亲疏关系中的尊卑上下所支撑着的纲常伦理。封建纲常伦理是维系社会存在和社会关系的基本原则，在此基础上，整个社会分工有着明显的贵贱之别，"劳心者治人，劳力者治于人"，"贱事贵，不肖事贤，是天下之通义"。[④] 此外，存在于亲属关系之中的，还有一种以辈分、年龄、亲等、性别为基础而形成的亲疏、尊卑、长幼的区别，二者相辅相成，互为表里。贵贱上下决定着一个人的社会地位，尊卑、长幼、亲疏则决定着每一个人在家庭、宗族内的等

---

① 沈家本：《寄簃文存》，卷1，卷3。
② 同上。
③ 《管子·七臣七主》。
④ 《荀子》卷3，《仲尼篇》。

级地位,这种存在于贵贱、尊卑、长幼、亲疏之间的"天经地义"的差别,由这一差别所决定的社会成员间各自所应具有的行为准则和生活方式就是近代法律所规范的社会秩序。在强有力的法律规范之下,上不得逾下,下不能凌上,贵贱有别,尊卑有序,君臣有礼,长幼有孝。一切贵贱无别,上下失序,不忠不孝,犯上作乱所导致的社会混乱都为法律所不容。

1. 别尊卑划良贱

在清统治者所制定的《清会典》《会典事例》《大清律例》等法律条文中,对社会成员的权利与义务、法律身份与社会地位都有详细的规定,尊卑良贱均有严格的界线。大体上,封建法律将所有社会成员划分为三类等级:士大夫、农工商贾、奴仆和优倡皂隶。在这三个等级之中,士大夫是为特权等级,为贵者尊者;奴仆及优倡皂隶是贱民等级;农工商贾介于两者之间,属于良人,是平民或凡人等级。

士大夫等级包括现任大小文武官员缙绅、候补官员、休致官员、裁革衙门的官员,以及通过科举考试和捐买等方式获得功名的官僚后备队伍。这个等级的人是封建政权的具体体现者,他们代表着封建国家之体,是国家机器的象征,是行使皇权所赋予的统治权的具有人格的工具,他们是社会的实际控制者。正因为他们是治人者,因而与治于人者之间就有尊卑贵贱的重要区别,这种区别在名分关系中是极为重要的,只有划分出尊与卑才能"励臣节",只有"励臣节"才能"维国体"。因而,法律赋予了士大夫等级以特权地位,他们在法律上的地位与一般平民是迥然不同的。

官员士大夫的特权表现在实际生活的各个方面。在法律上,他们不受司法机构及普通法律程序的约束,不论大小官员,如果触犯刑律,司法机关不许"擅自拘问",必须开列事实上报皇帝请旨后才可处理。[①] 同时也不许使用刑法,《大清律例》明确规定,三品以上大员革职拿问时,不得遽用刑夹,有不得不刑讯之事,要先请旨遵行。[②] 对于犯罪官员审讯之后,法司也不能依照普通的司法程序加以判决,均需上奏请旨,由皇

---

① 《大清律例》,《名例》上,"职官有犯"。

② 同上。

帝裁决之后方准判决。① 官员家属也享有此类特权，犯罪之高级官员家属不许司法机关擅自拘问，更不能由司法机关径自判决，均需先奏请议由皇帝决之。② 而且，官员在判刑之后，均有优免的机会可以用罚俸、降级、革职等方式加以抵刑。

此外，免减赋役也是重要方面，不仅现任官员和休致、候补人员及家庭享有免役权，而且连官员的后备队伍也是如此。士子一经进学，刚刚进入生员的门槛，即属于尊贵之人了，再不许充任只有卑贱者才从事的隶役杂差。如嘉庆十六年（1811）谕："文武生员，不准充膺官役杂差，载在《学政全书》，定例綦严，原以生员为齐民之秀，国家培养人才，各宜洁身自爱，岂可承允官役，自取侮辱。"③ 田赋的豁免也是这样，法律规定，各级官员均有不同程度的豁免田赋的权利。

确立士大夫等级与良人等级生活方式的区别与差异，也是法律所规定的内容之一。这种区别与差异就是要求每个社会等级的成员其衣、食、住、行都要符合各自的社会地位与行为方式，符合尊卑贵贱的原则。所谓"度爵而制服，量禄而用财，饮食有量，衣服有制，宫室有度，六畜人从有数，舟车陈器有禁"。④ 也正说明了贵贱上下所应具有的不同生活方式。按照清代法律的规定，良人等级的衣、食、住、行均不得犯上，不能与士大夫等级混同，违者治罪。士大夫等级所穿官服、便服，所戴冠帽，所饰器物都有严格规定，严禁良人等级滥用。⑤ 住宅规格，房间大小，也是如此。士大夫出门坐大轿、扇盖引导，行路中良人与贱民必须回避贵者尊者，不许冲突，违者笞五十。⑥ 良人见官要以官礼谒见，官不必答礼。举行宴席，官僚缙绅不能与平民百姓同席，在日常生活中，士大夫与良人贱人不能同起同坐。官员还可以拥有奴仆，法律详细规定了各级官员拥有奴仆的数目。"外任官员除携带兄弟妻子外，汉督、抚准带家人五十人，藩、臬准带四十人，道、府准带三十人，同、通、州、县

---

① 《大清律例》，《名例》上，"应议者有犯"。
② 同上书，"应议者父祖有犯"。
③ 《光绪会典事例》卷392，《礼部·学校》，"优恤诸生"。
④ 《管子·立政》。
⑤ 《大清律例》，《礼律·仪制》，"服饰违例"。
⑥ 同上书，"禁止迎送"。

准带二十人，州同以下杂职准带十人"，"仆从多寡，不以所司繁简而论，均以职分尊卑而定，以示等威也"。①

此外，对于良人殴打官员，法律上要加重处罚，这属于下犯上，要加凡人罪一等，特别是知府、知州、知县都属于地方亲民三官，若部下及所属百姓犯之者，亦加重凡人罪治罪，如果谋杀地方长官，属于罪大恶极之列，这种罪行列入了十恶之中不义之条，一律处死不赦。②

总之，尊卑之间，也就是官与民二者之间有一条由法律严格界定的不可逾越的鸿沟。这是封建法律规范社会秩序的第一个方面。

农工商属于平民，在法律上，这一等级的社会成员被称作"凡人"。法典规定："凡民之著于籍，其别有四，一曰民籍，二曰军籍，三曰商籍，四曰灶籍，察其祖寄，辨其宗系，区分良贱。"也就是说"军、民、商、灶，四民为良"，③它包括兵丁、民壮、自耕农、佃户、手工业作坊主及工人、灶户、店铺老板、城镇居民、僧尼，以及一般的地主和商人。总之，凡是不属于官僚缙绅等级和贱民等级的社会成员都属凡人范围。以上这些人尽管同属一个等级，在社会生活中也表现出许多不平等的关系，但他们的法律身份是平等的。

与凡人等级相对应的是贱民等级，贱民包括奴隶、仆人、婢女、娼妓、优伶，在各级衙门应役之人中除了库丁、斗级，民状仍然列入八齐民之外，其余的如皂隶、马快、步快、小马、禁卒、门子、弓兵、仵作、粮差和巡捕番役也统统为贱民之列。此外，居住在山西、陕西的乐户，江南的丐户，浙江的惰民，和广东、广西、福建的疍户等，也因"习猥业"而属于同一等级。

凡人等级与贱民等级之间在封建法律的地位上有很大的差别，这种区别是良与贱的区别，二者之间也有一条不可逾越的鸿沟，在封建秩序中，良贱之别受到法律的严格维护。

凡人等级人数众多，是社会生产的基本承担者，也是社会成员的基本组成部分。法律上量刑的轻重和赋役的征调都是以凡人等级为基准的，

---

① 福格：《听雨丛谈》卷5，"满汉官员准用家人数目"。
② 《大清律例》，《名例·十恶》，"不义"。
③ 《大清会典》卷17，《户部》。

他们须交纳赋税，服力役，也可以参加科举考试，彼此通婚。与此相较，贱民的身份要低得多，他们属于不齿于齐民的等级，良贱的区别主要体现在科举考试、刑法和生活方式几个方面。

科举考试是选拔官员的考试，凡考中科举取得功名者不管已仕未仕都可以进入士大夫阶层，因而贱民是不许参加科举考试的。法律规定："选人不论正途杂途，皆须身家清白，其入旗户下人，及汉人家奴、长随、倡优、隶卒子孙，概不准冒入仕籍。"① 山陕乐户、江南丐户、浙江惰民等，如果报官改业已经超过四世，而亲友也无再习贱业者，才可应考出试。② 其他典卖的奴仆，也必须经主人放出，并经报官存案入民籍三代以后，才可准其子孙与良人"一体应试出仕"。③

即使是赎出为民以后的贱民，所生之如果未经主人收养，其子孙也不能立即应试，仍需三代之后才可应试，因为家奴身隶贱役，如果放出后即与良人一体应试出仕，其祖父就可以家奴而上应封典，这样就不足以清流品而立名器。长随、雇工的身份虽与家奴不同，但是如果进入仕途仍属冒滥名器，因而无论本人或是子孙都不准捐官，如果冒入仕籍，一经查出，除革职去官外，还要杖一百流三年。可见，法律对于由贱民等级进入士大夫行列的上下失序现象是严加禁止的。

在刑法方面，凡是良贱之间发生问题，法律对于良人与贱人的处罚是完全不平等的。凡贱人犯良人者加重处罚，反之则减轻治罪。比如大清律规定：凡奴婢殴良人者一律加凡人一等治罪。④ 如果奴婢殴良人伤至折跌肢体、瞎目或笃疾者，对奴婢一律处以绞刑，奴婢殴杀良人者斩。⑤ 良人殴伤他人奴婢者，皆减一等治罪。犯奸罪也是这样，在封建社会，道德风化是极受重视的，因而犯奸的男女同样有罪。但是，同样的犯罪，奴奸良人之妻女的罪行要比良人相奸严重得多，特别是对良人奸贱人之妻女的罪行处罚较轻。清律规定：奴奸凡人妇女加凡人一等治罪，强奸

---

① 《大清会典》卷10，吏部条注。
② 《大清会典》卷10，户部。
③ 《大清律例》，《户律》，"人户以籍为定"。
④ 《大清律例》，《刑律·斗殴上》，"良贱相殴"。
⑤ 同上书，"斗殴"。

则由绞至斩,良人奸他人婢者则减凡人奸罪一等处罚。①

在生活方式方面,就婚姻讲,对于良贱之间的通婚禁止不仅仅是社会上门当户对的要求,而且明文规定在法律上,凡属贱籍者若娶良人女为妻者,杖八十,妄冒为良人而为良人婚者,罪加一等。② 倡优乐人也不许他们以良人女子为妻妾,犯者杖一百,知情之家长也同罪。③ 良贱间服饰之区别也有规定,凡是奴隶、优伶、皂隶均不许穿石青色服装,良人男女衣饰可用纻、丝、绫、罗、绸、绢、素纱,而奴仆、长随、皂隶的衣服只许用棉䌷、茧䌷、毛褐、葛苎、棱布等劣质原料,违者治罪。④

总而言之,社会成员之间尊卑贵贱的等级身份差别,是封建的纲常名教的一块基石,维护和保持这种社会不平等,是保证社会结构稳定的极其重要的方面。"人人生而平等""天赋人权"和"在法律面前人人平等"这些当时西方资产阶级的进步思想是在清朝末年才传入中国的。

戊戌维新派、资产阶级立宪派和革命派曾大力宣传和介绍了社会平等学说,并以此猛烈地抨击了封建等级秩序。由于社会平等思想的实质是对特权阶级的尊上亲贤伦理观以及社会关系中人与人的尊卑贵贱隶属关系的彻底否定,所以曾引起封建卫道士的极度恐慌,他们攻击说:如果没有等级身份的区别,社会上人人平等,官民不分,"隶卒优倡俨然临于簪缨巾卷之上","天下之人视其亲长亦不啻水中之萍"⑤,贵贱无别,纲纪紊乱,那无易于乱国、乱民、乱制,使"天下土崩瓦解"。⑥ 这自然是清统治者不愿看到的,尽管行将灭亡的清王朝修改了《大清律》,制定了宪法大纲以及一些新的法规,但是,为了控制局势,保住封建秩序的根基,清王朝的法律直到它灭亡之时,也始终未承认社会成员在法律身份上的平等。

辛亥革命推翻了清王朝的统治之后,力图以资产阶级的新秩序取代

---

① 《大清律例》,《刑律·犯奸》,"良贱相奸"。
② 同上书,《户律·婚姻》,"良贱为婚姻"。
③ 同上书,《刑律·犯奸》,"卖良为娼"。
④ 同上书,"服饰违制"。
⑤ 苏舆:《翼教丛编》卷4。
⑥ 故宫博物院明清档案部编:《清末筹备立宪档案史料》上册,中华书局1979年版,第364—365页。

封建旧秩序，南京临时政府成立之初，即颁布了一系列的法令、法规和法律，根据资产阶级的平等思想，在保障民权方面颁布了《大总统通令开放疍户惰民等许其一体享有公权私权文》。这一法令否定了清代法律所维护的等级制度和"无理的法制"，规定"天赋人权，胥属平等"，① 取消了清律中对各类"贱民"的歧视和限制，规定了所有疍户、惰民、丐户、奴仆、婢女、优倡、隶卒等均享有选举、参政、居住、言论、出版、集会、信教之自由，不得稍有歧视。② 此外，还颁布了《大总统令内务部禁止买卖人口文》的法令，明令废除奴婢买身契约，主奴名分关系以及对奴仆婢女的人身奴役，代之以资产阶级的"雇主雇人之关系"。③

2. 维护皇权

在中国历史上，任何封建王朝，要使整个社会处于有序状态，就必须有一个高居于社会等级与名分秩序之巅的皇帝，皇权的存在就是封建秩序的象征。保证皇帝具有至高无上的权力，防止受到任何形式的侵犯，是封建法律维持社会秩序的最高原则。

清代法律规定，皇帝的命令是指挥国家机器运行的根据和法律的基本形式，皇权不受法律限制。法律的最后制定权、决定权、解释权都集中于皇帝。经济上，皇帝直接掌握征收赋税的财政大权。行政上，皇帝总揽从中央到地方的一切权力，"乾纲独断"，"一切用人听言大权，从无旁落。"④ 而大臣只能请旨遵行，不许专擅。清代的最高的权力机构军机处实际就是清帝的办事机构，而大学士、六部九卿有清一代只处于秉承旨意，例行公事而已。皇帝还直接掌握军事大权，关于军队的选编、训练、部署、调动等权力均集中于皇帝手中，将领擅自调动所属部队者，杖一百，罢职并发往极边地充军。

皇帝的绝对权威还表现在他对臣民具有生杀予夺的权力上，任何违反皇帝意旨或侵犯其人身尊严的言行，都是"反天常，悖人理"的大罪。

---

① 《辛亥革命资料》，中华书局1961年版，第302、216页。
② 同上。
③ 同上。
④ 《东华录》乾隆朝，卷28。

清代法典中列为十恶之首的谋反、谋大逆、大不敬条，都是冒犯皇帝统治与侵犯其人身的严重犯罪行为，被列入"常赦所不原"的重罪，犯者都要处以极刑而不得赦免。① 不仅本人处死，而且要株连其父母、祖孙、兄弟、妻妾、子女，即使子孙确不知情，只要年龄在11岁以上，也要阉割后发往新疆给官为奴。②

清律规定，君臣关系即是主奴关系，皇帝之下的文武百官，不管职位高低都是皇帝的奴仆，对于皇帝的任何命令负有绝对执行的义务，"君要臣死，不得不死"。臣下如果敢有"议诏""不如诏"，或者废诏命的举动，则视为"悖逆"，概处以死刑。法律对于文武官员之间的任何威胁皇权的活动，如缔结朋党、拉帮结派、内外勾结、朋比为奸，轻者废为庶人，重者杀头。早在清初顺治、雍正年间就规定了"不许大小各官互拜门生"，"士习不端结社拜盟者严行禁止，以后再有此等恶习，各该学臣即行黜革参奏，如学臣徇私，事发一体制罪"。③ 政府还在各地府、州、县学设立卧碑，严禁朋党。后来在清律中专立奸党罪，规定："若在朝官员，交结朋党，紊乱朝政者斩，妻子为奴，财产入官。"④ 即使各旗王公所属人员，现居外官因事来京者，也不许谒见本管王公，违者治罪，该管王公也一体惩罚。⑤《钦定吏部则例》也规定，凡调外任官员除了至亲好友、世谊乡情，彼此往来无须禁止外，如外官赴任时，谒见在京各官，或差人来往交结者，革职。在京各官与之接见及差人至外官任所往来者也革职。

宦官也是严加防范的对象，法律规定："太监若结纳满汉官员，越分擅奏列事，誉官吏贤否，即行凌迟处死。"⑥ 并立下铁牌世世遵守。反之，文武官员也不许与太监交通结识，"凡诸衙门官员，若与内宫与近侍人员互相交结，泄露事情，缘作贪弊，而符同奏启者，皆斩，妻子流二千里

---

① 《大清律例》，《吏律》，"常赦所不原"。
② 同上。
③ 《东华录·顺治朝》，十四年，十七年。
④ 《大清律例》，《吏律》。
⑤ 《大清律例近考》卷6。
⑥ 《清朝文献通考》卷77。

安置"①。显而易见,法律上的这些规定都是着眼于维护封建皇权统治,严防威胁皇权的权臣奸党。

《清律集解》中,把社会上存在的反抗皇权、威胁封建秩序的行为均列入"法不宽容","其恶已极,其罪至大"的严重罪行,一律处以重刑。例如,禁止利用秘密宗教或结拜兄弟等形式聚众反抗的行为。② 在附例中规定,凡异姓歃血订盟结拜兄弟者,照谋反未行律处罚,为首者处以绞监候,为从者罪减一等,如果聚众二十人,为首绞决,为从者发往烟瘴地充军。《大清律例》中还明确地规定了惩办天地会案的条例,严防其聚众造反,对于聚众哄堂塞署,逞凶殴官,为首者斩决后枭首,同谋者斩立决,从犯斩监候,被胁同行者,各杖一百。此外,对于侵犯帝室,叛逃外国,私藏火药,持械拒捕者均处以重刑。如凡皇帝车驾行处,军民未行回避擅冲仪仗者绞,告状冲入仪仗,所诉不实者绞。凡爬越皇城者绞监候,凡向太庙、宫殿射箭、放弹、投砖石者均处绞监候,如果伤了人,一律斩首。③

由此可见,法律所极力维护的皇权,代表着极端的封建专制主义。它无法容纳新的不同的分割其权力的因素,所以也就无法应付社会变化向它提出的挑战。在晚清的最后几十年里,随着西方资本主义侵略的加深、民族危机严重,以及洋务运动的展开,社会变迁的速度加快了,都市化和近代教育机构的建立,工业化以及大众传播媒介的扩充,以及进步知识分子对西方民主思想的传播,极大地促进了新兴的社会阶层、团体的政治参与意识和要求。这些变化侵蚀了传统政治权威和控制系统的根基。新的社会阶层、组织和团体如维新派、立宪派和资产阶级革命派等快速地参加到控制系统之内,但是以专制皇权为基础的政治体制又无法加以容纳,因而就必不可免地导致社会的失控和皇权的衰落。

为了控制住局势,稳定行将崩溃的封建秩序,义和团运动之后,清廷宣布修改法律,将一切现行律例,参酌各国法律悉心考订,以便"有

---

① 《大清律例》,《吏律》。
② 《钦定台规》卷23。
③ 《大清律例》,《兴律·宫卫》。

禅治理"。① 虽然这部新修的法律加进了一些西方资本主义的法律条款和某些原则，但是维护皇权这点上却丝毫没有改变，而且还根据新的形势，增加了新的内容。按照《清现行刑律》的规定，凡是危及清朝专制统治和皇权的行为，都被确定为最严重的犯罪行为，都处以极刑。例如，凡宣传民主共和思想抨击皇帝的言论均被视为"造妖书、妖言及传用惑众者"一律处以绞刑，若私藏"妖书"而"不送官者"徒三年。② "凡谋反，谋大逆，但共谋者，不分首从皆斩，知情故纵隐藏者绞。"③ 这些规定与《大清律例》在维护皇权方面并没有什么不同。沈家本等在奏请批准新刑律分则的解释中就明确讲，"关于帝室之罪"，相当于"旧律之大逆，大不敬外，更规定对于宗室之危害罪、不敬罪，不过修正文词及处分之阶级，以冀较旧律为明确。至于大旨，固无增损也。"④

新法律不仅完全承袭了旧律例中维护皇权的内容，还针对清末社会急剧变化，动摇皇权和封建制度的各种政治组织及其活动的大量增加，大大增加了危害皇权罪的范围，如"旧律以谋反为危及社稷，本案改为内乱，因其事不仅谋危社稷一项，凡关于国权、国土、国宪、滥用暴力、冀谋变更者均是，故范围较前加广"⑤。对于"颠覆政府者，谓变更中央之国权；僭窃土地者，谓占领境内之全部或一部；紊乱国宪者，谓变更国家之成宪，三者皆关系国家之存立，故为内乱罪"。⑥ 这些行为被认为是最严重的犯罪。凡犯此罪，按新刑律规定：首魁，处死刑或无期徒刑；执重要事物的，处死刑、无期徒刑或一等有期徒刑；附和随行者，处二等至四等有期徒刑。并且规定："预备或阴谋"犯此罪者，或"知预备内乱之情而供给兵器、弹药、船舰、钱粮及其他军需品者"，也要处以一等至三等有期徒刑，或者无期徒刑至二等以上之有期徒刑。⑦ 按照这一规定，一案三发，必然要株连许多人。其矛头所指完全是针对资产阶级革

---

① 《大清法规大全·法律部》，第1页。
② 《大清现行刑律》，《造妖书妖言》。
③ 同上书，《贼盗上·谋反大逆》。
④ 《大清新法令》，《法典草案·刑律》。
⑤ 同上。
⑥ 同上。
⑦ 同上。

命派的，当时大批革命者就是在这一法律名目下身陷囹圄或惨遭杀害。

此外，针对清末社会团体的大量增加以及大众传播媒介的出现及学堂的扩展，清政府迅速地制定了《结社集会律》《报律》《大清印刷物专律》《广刊学堂管理禁令定章之上谕》，以及《各学堂管理通则》等一大批法令法律，严禁威胁皇权及专制政体的言论和行动。《结社集会律》规定：禁止带有反叛倾向的结社和集会，严禁一切秘密结社，在集会与讲演当中不得有"语言悖谬或滋生事端"之行为，集会与游行中也不准"任意喧扰或涉迹狂暴"。① 不准"妄发狂言怪论"，不准私自订阅和传播"逆书""逆报"，"不准联盟纠众，立会演说，及潜附他人会党"。② 不论哪种报纸"均应于发行前一日午十二点钟以前，送交该管巡警官署或地方官署随时查核，按律办理"，严格禁止登载"诋毁宫廷之语"和"淆乱政体之语"，③ 违者一概按律治罪。

3. 支持父权

在等级身份、尊卑贵贱所维系的社会秩序结构中，家庭是一个最基本的层次。近代中国是传统中国的延续，中国社会的一个最重要的特征是家与国之间具有一种同构关系，这就是所谓"家之本在国，国之本在家"，家齐而后国治。存在于家庭中的尊卑、长幼、亲疏关系是贵贱上下社会等级的反映，父权是君权在家庭中的延伸，这也就是儒家所强调的"天无二日，国无二君，家无二尊"。④ 所以，维护和支持家长的权力和威信，也就是维护皇帝的权威。而且，家庭是社会的细胞组织，是赋税、力役和兵役的基本负担单位，在这种千支万系的血缘纽带中支持家长的权威是保持封建社会稳定的重要手段。

《大清律》中有两节特别集中地论述了家庭和家族事务，《户律》、《刑律》中还有许多"孝"以及"服丧"的苛细规定，这些条文为树立家长的权力和威信提供了法律保障。在家庭中，家长对于男性后裔的权力是最高的，而且几乎是绝对的，并且是永久的。家庭中的所有人，包

---

① 《结社集会律》，光绪三十四年。
② 《各学堂管理通则》，光绪三十三年。
③ 《报律》，光绪三十四年。
④ 《礼记·坊记》。

括其妻妾子孙和未婚的女儿孙女，同居的旁系亲属，以及家中的奴婢都在他的权力之下。父权的这种不可侵犯的性质是与法律的细密规定与严格支持分不开的。

　　清代法律规定的父权可以分为以下几个方面，首先，确认家长对财产的支配权。《大清律》规定：父母在，子女不得拥有私人财产，凡同居卑幼如果没有得到家长的许可，私自动用家财者要给予刑事处分，按照动用家财的多寡定刑的轻重，动用二十贯者笞二十，每增加二十贯加罪一等，罪止杖一百。① 子孙除了不能动用家中财产外，也不许将家中财产私自典卖，而且法律上对此类交易也不予承认。凡是父母健在，其子孙别立户籍，分异财产的行为法律上列为不孝的罪名之一，② 须"杖刑一百"。③

　　其次，确认家长对子女的婚姻决定权。父母的意志是子女婚姻成立与否的决定性条件，这是社会与法律所承认的，家长既可以自己的意志为子授室，为女许配，还可以命令他们离婚，子孙自己的意志完全不在考虑之列，其反抗行为也是法律所不允许的。子孙即使是仕官或商贾在外，也没有婚姻的自主权，除非得到家长的同意，如子孙自己在外订有婚约，而父母或其他有主婚权的尊长又为其作主定婚，后者虽晚于前者，但只要尚未成婚，前者的婚约便属无效。法律不承认以在外订婚在前为由拒绝父母的婚配，否则处以八十到一百的杖刑。④ 主婚也是这样，清律规定："嫁娶皆由祖父母、父母主婚，祖父母、父母俱无者，从余亲主婚"，⑤ 否则无效。

　　此外，法律支持家长的权力还表现在肯定家长对子女拥有送惩权。就是说，对于不服管教的子女可以代求官府为之惩处，或杀或罚完全以家长的意志为准。⑥ "父母控子，即照所控办理，不必审讯。"⑦ 至于亲属

---

① 《大清律例》，《户律·户役》，"卑幼私擅用财"。
② 同上书，《名例·十恶》，"不孝"。
③ 同上书，《户律·户役》，"别籍异财"。
④ 同上书，《户律·婚姻》，"男女婚姻"。
⑤ 同上。
⑥ 同上书，《刑律·诉讼》，"子孙违反教令"。
⑦ 同上书，《刑律·斗殴》，"殴祖父母、父母。"

间的纠纷，一般听凭家长裁决，如果呈报官府则"依伦常而主其刑"。凡以卑犯尊，一概处以重刑。

家庭内的纠纷，可以由家长解决，本族之内各个家庭间的纠纷是家长无法解决的，因而族长就成了仲裁者和执法者。族权是父权的扩大，族长负责处理本宗本族内家际之间的社会关系和与全族利益有关的大事，如族田的分配，族学、族墓、族祠的管理，族规的制定，主持族内祭祀祖先和对违反族规者给予制裁等。族长在一族之内的权力也是至高无上的，它得到了法律的承认，全体族众必须服从，不得违抗。

例如，有关立嗣问题，经常引起纠纷，影响家族之内的各种关系与秩序。因而法律上明白规定："妇人夫亡，无子守志者须凭族长择昭穆相当之人继嗣。"①"独子承继两房应取全族甘结"。此外，族长还可代政府"陈朝廷之法纪"，"奉有官法，以纠察族内之子弟"。② 道光帝也曾明谕宣布："凡遇族姓大小事件，均听族长绅士判断。"族众之中，"如有不法匪徒，许该姓族长绅士捆送州县审办"。③ 这样，在法律和官府政权的支持下，族长对于族众具有广泛的惩治权，从强制服礼赔偿、开除族籍、处以身体刑直到处死。南海《霍氏家训》载，凡子侄有过，俱朔望日告于祠堂，鸣鼓罚罪，轻罪初责十板，再犯二十，三犯三十。直到清末，宗法统治仍然是相当严酷的，像安徽地区的族长对于那些违反族规的宗族成员，仍然可以严厉惩罚，或者罚，或者杖，甚至绞死。④

由于维护家长族长的权力是维护封建纲常伦理的重要方面，因而在1904年修订法律时，清统治者在上谕中即明确指出，封建礼教伦常是中国"数千年相传之国粹，立国之大本"，"凡我旧律义关伦常诸条，不可率行变革，庶以维天理民彝于不敝"。要求"该大臣等本此意，以为修改宗旨"。⑤ 因而法律支持家长权力的条文几乎全部保留下来。

《清现行刑律》规定，家长以一家中之最长者为之，家政统于家长，卑幼完全处于从属地位，没有分居、处理家中财物和婚姻的自由权利。

---

① 《大清律例》，《户律·户役》，"立嫡子违法"。
② 陈宏谋：《培远堂偶存稿》卷40。
③ 《清实录·宣宗朝》卷181。
④ 胡朴安：《中华全国风俗志下编》，河北人民出版社1986年版，第266页。
⑤ 《大清法规大全·法律部》卷首，第1—2页。

凡父母在，子孙别立户籍分异财产者，处十等罚。① 凡同居卑幼，不经过尊长，擅用本家财物者也分别给予处罚。② 卑幼不能控告尊长，凡子孙告父母、祖父母，妻妾告夫者，徒三年，诬告者绞。③ 父母在，子女结婚须由父母允许，离婚者，如男子未及三十岁，或女子未及二十五岁，也须经父母允许。④ 同时新刑律还规定：凡骂祖父母、父母者绞。雇工人骂家长者，徒二年。⑤ 如殴打尊长则处治更严，凡子孙殴祖父母、父母者，皆绞；杀者皆斩，即使过失杀者，流三千里，伤者，徒三年。与此不同的，如果祖父母、父母非理殴杀子孙者，仅处十等罚，故杀者，亦徒一年。⑥《新刑律》附录《暂行章程》里还特别规定："对尊亲属有犯，不得适用正当防卫之例。"

可见，社会和法律承认家长、族长在家庭与宗族之内握有绝对主权，并且赋予了其在法律上的种种权力，使得家庭与宗族实际上就成了政治和法律的基本单位。这样，家长与族长也就有义务对法律、对国家负责，这是对国家，对皇帝的一种严格的义务。如果家长执行不力，也要受到惩罚。法律规定：如脱落户口，家长就要负责，一家一户如果全不附籍，有赋役者，家长杖一百，无赋役者杖八十，如果将外人隐蔽在户而不报官府，或者相冒合户附籍，均属犯罪行为。⑦ 再如，本家本族中如果有人服饰违例，家长、族长应该随时督察，如果督察不到，一经查出"俱坐罚家长"。⑧ 对于违反丧葬规定者也是这样，凡是居丧之家修斋设醮，如有男女混杂，饮食酒肉者，法律也要问罪于家长，杖八十。⑨

由上所述，从法律与社会的关系来看，近代法律，它的社会控制功能主要体现在它是用条文、条例、法令、法典和国家政令等形式来规范社会关系准则、社会各阶层成员的行为标准。从法律与政权、军队与警

---

① 《大清现行刑律》，《户役·别籍异财》。
② 《大清现行刑律》，《户役·卑幼私擅用财》。
③ 同上书，《诉讼·干犯名义》。
④ 《民律草案》，"亲属"。
⑤ 《清现行刑律》，《骂詈·骂祖父母、父母》、《雇工人骂家长》。
⑥ 同上书，《斗殴下·殴祖父母、父母》。
⑦ 《大清律例》，《户律·户役》，"脱落户口"。
⑧ 同上书，《礼律·仪制》，"服饰违例"。
⑨ 同上书，"丧葬"。

察的关系来讲，它必须凭借政权的力量，即立法、司法等行政机构，监狱、警察等强制手段来保证法律条文的实施，因而它也属于国家政权的职能范围，也是一种行政手段。法律从它的本质特点上看，具有明显的阶级性。

三 军队与警察

在清代，军队与警察，是政权与法律实施社会控制的最主要工具，它是实施政令、法律的后盾和强制力量。

1. 军事系统

军队是清王朝取得政权，对社会实施控制的最强有力的工具。在中国近代史上，清朝的军事系统曾发生了急剧的变化，由八旗绿营到湘军淮军，再到新建陆军，与政权和法律相比，军队发生了比较大的变化。

八旗和绿营。清王朝入主中原占领了北京之后，八旗军队便以占领军的身份被分派到清帝国的各个角落。从八旗的驻防来看，最重要的兵力都驻扎在京师以及拱卫京师的直隶周围的 25 个城市，担负着"拱卫京师、环列帝都"的重任，它由侍卫处、骁骑营、前锋营、护军营、圆明园八旗、步军营、火器营、健锐营、神机营等部队组成，集中了八旗兵力的 58%。其余的旗兵则分扎在全国许多省份驻防，满族故土东北地区留有强大的防守部队，在西部和西北部经常发生动乱的边疆地区均有劲旅镇守。在内地本部驻防的旗兵，"分驻各直省形胜要冲，无事则拱卫控制，隐然有虎豹在山之势。有事则敌忾同仇，收于城腹心之用"。它以递次扩大的三重半圆形防线布防，从京师向南、向西一直远远伸展到广州和四川省会成都，主要分布在全国的五条干线上，由京师经宁夏、绥远至凉州是为长城驻防线；由山东德州经开封再达西安，这是黄河驻防线；长江驻防线是由江宁经荆州，再到成都；运河驻防线，由北京沿运河至杭州；东南沿海由杭州经福州至广州则构成东南沿海驻防线。这五条纵横全国的驻防线，构成了清朝对全国的军事控制网络。只有安徽、江西、湖南、广西、贵州和云南没有旗兵驻守。除云南和贵州之外，每一驻有总督的地方均驻有官阶很高的将军。八旗的这种驻防建置直到清末也很少变化。

从八旗兵的驻防来看，它的首要任务不是对付外来侵略，而是震慑国内的叛乱。由于八旗人数少，它要达到"居中驭外"，"以整制散"，控制全国的目的，只能采取这种重点驻扎、控制要点的办法。在关内，旗兵主要驻防于具有战略意义的关口要隘、交通要道，以及人口集中、农业发达、商业繁荣的城市和地区，诸如大运河的枢纽和长江流域地区，福州、成都、广州、张家口、山海关、甘肃凉州、京口、乍浦，以及成都平原、珠江三角洲、华北平原等。

绿营分为陆军和水军，由骑兵、步兵、守兵组成，其特点是分成许多单位而遍布全中国，其中大部分名义上受提督辖治，小部分则拨充总督与巡抚作为标兵。提督节制的军队分为镇标、协标和营，每营又被划分为更小的单位，绿营之所以这样部署，同它的职能有很大关系。实际上，绿营主要是作为一支大型的警备部队维持各省秩序及在边境上对少数民族部落执行绥靖任务。

八旗和绿营作为控制局势的武装力量，在清朝前期曾起过积极作用，但在清中叶以后则完全腐朽了。在这种情况之下，在镇压太平军与捻军的过程中兴起的勇营，也就是湘军和淮军，继而它们便成了清王朝继续维持其统治的主要支柱。

湘军取代八旗绿营之后成了清王朝镇压太平天国农民起义的主要力量。1864年，湘军攻克了太平天国首都南京，随后曾国藩将他的湘军解散了一部分，并将余部分别改隶于其他的独立将帅。诸如左宗棠率领左部湘军挥师入陕，镇压了西北回民起义，之后又进军新疆，平定了旨在分裂中国的新疆少数民族叛乱，收复了新疆。总之，可以说，在农民大起义风起云涌，清王朝大厦将倾之际，湘军以它有组织的暴力手段，重新控制了局势，在危难之时，挽救了清王朝，使它重新恢复了对全国的控制。

湘军被大部遣散之后，淮军取代了湘军的地位。淮军的建置与组织系统大致与湘军相似，但其与湘军之不同于突出的特点是武器装备的更新，即不再是弓刀矛箭而是洋枪洋炮，这也就极大地提高了它的震慑威胁能力。捻军被剿没之后，淮军成了拱卫京师的主要力量，直隶、山东、南方的江苏、湖北都在它的防区之列。① 李鸿章调任直隶总督，淮军分防的局面又为之一变，除了上述地区之外，陕西、山西也列入它的防务范围，其兵力达到4.5万人。② 成了支撑清王朝政权的主要力量。然而，淮军的力量镇压国内农民起义有余，抵御外来侵略则不足，在中日甲午战争中，淮军在与日军作战时几乎是一触即溃，根本无力阻挡日军的进攻。

淮军之后，由袁世凯训练和统率的更加近代化的北洋陆军崛起，并成了唯一能在京畿一带维持治安的军队。袁世凯的北洋六镇新军分别驻扎在京北仰山洼、迁安、马厂、保定、南苑、山东济南、潍县，京师及整个华北都在他的势力笼罩之下。在清王朝的最后几年里，袁世凯的北洋军已经成了清王朝生死存亡的关键，一旦袁世凯停止了对清朝政权的效力，清朝也就土崩瓦解。

2. 警察系统

在中国，警察组织的产生是在1905年。警察作为相对独立、职责具体的组织系统的产生，是中国近代社会变化发展的必然产物。1840年以后中国社会的结构发生了重大的变化，工业的发展、近代交通运输的建立和大众传播媒介的产生，新兴的工业城市的产生，旧有的都市迅速扩大，人口的城市化发展及流动加速，新的职业以及新的社会阶层的产生，这一切都使人与人的关系、社会团体之间的关系以及新旧社会道德伦理等关系复杂化了，原有的社会矛盾和弊病加上新产生的各种矛盾与弊病，大大增加了人们的越轨行为。另外，资产阶级革命派领导的武装起义也迅猛地发展了起来，各地自发的反抗斗争层出不穷。清王朝的旧有行政系统却越来越显示出无法控制社会秩序局势的迹象。在这种形势下，作为控制局势、维护社会治安"内治要政"的警察组织也就应运而生了。清末所建立起来的警察组织是在外国警察制度的影响和清代具有警察职能的旧有组织机构的基础上建立起来的。

清代原并没有独立的警察组织，但在行政和军事系统中有些机构在一定程度具有警察的职能。如在京城的步军统领衙门和五城兵马司，地

---

① 王尔敏：《淮军志》，中华书局1987年版，第339—370页，第8章，防区分布与军力消长。

② （清）吴汝纶：《李文忠公全书奏稿》卷17。

方上分散驻防于各地的绿营兵。步军统领衙门的主要职责为"抚安良民，缉禁奸匪，巡缉盗贼，平治道路，稽检囚徒"①。五城兵马司负责全面维护京城的社会治安、捕盗剿匪、侦缉搜捕的任务。地方上，各地府、州、县行政长官兼行警察职责，他们负有维持地方秩序的直接责任，具体担当警察任务的是绿营兵，绿营分驻于全国各地城镇，由各地军政长官调动，它本身就兼备镇戍和警察的双重职能。

清末警察组织建立之后，维护统治秩序与社会治安的职能大大增加了，对于社会各方面的控制无论从手段上还是深度方面都有所加强，主要包括以下几项内容。

第一，强化了人口及户籍的管理。户籍管理是警察对于社会成员进行人身及行为监控的一个最直接的手段，因而清代警察机构成立之后的第一个重要任务就是加强对户籍的管理和控制。1908年10月民政部奏定公布了《调查户口章程》，紧接着又由巡警总厅公布了《京师调查户口实施细则》和《调查户口簿册登记凡例》，在这些章程和凡例中相当严格、详细和具体地规定了登记和调查居民的各种情况。首先，调查户数，将京师及各省会城市及州县城镇严格地划分为若干区段，每个区段包含有若干户，把该区段的户按照街巷及牌号编制起来，由各区段的派出所直接掌握。其次，调查口数，每家每户中，凡有关个人的年龄、姓名、性别、职业、籍贯等基本情况，以及户内的婚配、死亡、出生、财产、"职业之勤惰，素行之良否"等情况均应详细填注于规定的表格之内，上报当地派出所。②这样一来，警察也就直接控制了当地居民的各种情况。

第二，维持社会治安。维护社会的安定，保障社会生活正常进行，也是清末警察的一项主要职能。对于以下几项直接危害社会治安的行为，警察有权进行干预和处置。(1)无故散布谣言、毁坏官方布告，在官府办公处所聚众喧哗不听禁止。(2)违背章程的私营工商业，开设戏园、各项游览处所以及未经官方允可私自擅兴建筑物或修缮图样不符合官定图样。旅馆不把投宿人姓名、住址、职业等情况呈报警方。(3)违章搬运、私藏火药以及能炸裂之物，未经官方许可制造贩卖烟火及在人口稠密处放烟

---

① 《清史稿》，职官2。
② 《调查户口章程》，《大清法规大全·民政部》。

火和火器，发现火药及一切能爆炸之物而不报警方。① (4)在水火及一切灾变之际，由官署督促防护而拒不遵行，在住宅附近及田野、山林处滥行焚火，纵容疯人或狂犬等危害人身安全的兽类奔走于道路或私人别人宅第。② (5)在公有地界内私自修建房屋、墙壁及轩楹、毁坏公路上的林木或路灯，违反官定价格私自提价贩卖，在官地放牧不听劝阻，在禁止出入处所擅自出入，潜入无人住宅。(6)加暴于人未至成伤，违背章程损坏森林，无故损坏宅第题志、店铺招牌，及别人果园花园。③

第三，整顿社会风俗，控制社会风尚。警察控制功能的另一个方面，是保障社会风尚符合既定的传统，严惩那些所谓"伤风败俗"的行为。这些行为包括，游手好闲不务正业、僧道恶棍江湖流丐强行索要财物，演唱淫词淫戏、打架斗殴、互相谩骂侮辱、酗酒闹事、裸体行走，着奇装异服有碍风俗，在公共场所厕所之外便溺，在公共场所及别人住宅上擅自乱写乱画。对此警察要严加阻止和取缔。此外，在私有地界内发现死尸不报警方，无故携带凶器，深夜大声喧哗，私行暗娼和代为合谋或容止，在城市人口稠密之处开设粪厂，装置粪土穿越闹市，贩卖有毒药物，污染水源。④ 敲诈勒索，以及在茶馆酒肆等各种人多的场合寻衅闹事。对于以上行为警察可以进行拘留、罚款、警告，严行禁止。

第四，保障交通通讯的安全畅通，维护交通秩序。对于下列危害交通通讯的行为，警察有权进行禁止与处罪：在私有地界内通行之处，有沟井及洞穴等阻碍交通，在人群聚集之处和弯曲小巷驰骤车马或争抢道路而又不听警察劝阻，任意阻塞道路，未经允许在路旁堆积石土、建筑房屋、私设栅栏，车马并排行驶妨害别人通行，在水路上并舟行驶妨碍通航，在公路上抛洒冰雪，任意游戏，私自毁坏路灯、路标，及公路设施，妨碍邮件或邮报的传递，损坏邮政专用物件，等等。⑤

在所有权力控制工具中，独立的警察系统产生较晚，是近代城市兴起的产物。在这里，警察成了执行法律、维持社会秩序的主要工具，随

---

① 《民政部暂定京师调查户口规则》，《大清法规大全·民政部》。
② 《违警律·关于秩序之违警罪》，《大清新法令汇编》。
③ 同上。
④ 同上。
⑤ 《违警律·关于交通之违警罪》。

着清末社会的发展，警察在控制工具中的作用变得日益突出。

第二节 规范控制

除了权力控制以外，中国近代社会中同时还有封建礼教、神教和传统习俗等不依靠权力而存在的规范控制，有社会舆论这一监督和促使人们遵守各种行为规范的特殊手段，发挥着控制功能。非权力的规范控制是对权力控制的必要补充，而且其功能具有权力控制所达不到的深度和广度。它从道德、礼仪、习俗、信仰、舆论等环节上影响约束人们的思想和行动，使人们安分守己，屈从于所谓的天命、天理、神道及国法、家规和一切传统的权威，不敢和不能反抗、越轨；这样，它就巩固着封建君主制和封建等级、宗法、家族制度及其观念，强化着旧的社会结构和社会生活、人际关系中的旧秩序，维护着家庭与社会的稳定，发挥了比权力控制更深刻、更广泛的影响与作用。

到辛亥革命前后，在中国人民反帝反封建的斗争中，封建礼教，神教及传统习俗开始受到批判，封建舆论的一统天下被打破。近代社会原有的规范控制功能在新兴的进步力量的冲击下，也趋于削弱。

一 封建礼教

封建礼教是封建社会中等级秩序的标志、人际关系的准则，是封建统治者用来协调统治阶级内部关系、束缚人民大众，以维护封建统治的工具，对社会有着极为深刻、广泛的规范控制功能。在近代半殖民地半封建社会中，它基本上仍是社会最根本的道德规范和行为准则，仍对人们具有很大的影响与约束力。

作为一种精神力量，封建礼教对社会的控制主要是道德控制；这种控制的实现，主要是通过道德说教和礼仪规则两种途径。本书第二编第五章曾将封建礼教作为近代仍然存在的精神生活加以阐述；在此，我们将对它的社会控制功能做些说明。

1. 忠孝节义的道德说教

道德说教是统治者对社会进行的教化。封建礼教的道德说教以儒家伦理道德学说为思想核心，以忠、孝、节、义为要旨；其主要内容，就是所谓的三纲五常。三纲即君为臣纲、父为子纲、夫为妻纲。五常一般指仁、义、礼、智、信；此外也指君臣、父子、夫妇、兄弟、朋友这五种伦常关系，这是封建时代家庭和社会中主要的人际关系。实际上，仁、义、礼、智、信也就是这些人际关系中的道德规范。因此，三纲五常就是关于君臣、父子、夫妇、兄弟、朋友各自名分与相互关系的规定。具体来说，君臣关系的准则是君仁臣忠，这个准则也适用于其他所有尊卑、上下之间的名分与关系。在朋友之间，要讲信义，这个准则也适用于其他平等的关系之间。在父子之间，要父慈子孝。在兄弟之间，要兄友弟恭。在夫妇之间，要夫唱妇随。与此同时，上述纲常特别强调臣仆忠事君主，民众听命官长，子女孝顺父母，弟妹敬服兄长，妻子卑从丈夫、严守贞节。此外，封建礼教的道德说教还提倡谦谨、廉耻等个人的道德修养，这里不再详述。

宋明以来，经过理学家们所作的哲理论证，封建礼教的道德说教还为上述封建伦理纲常披上了"天理"的神圣外衣。到了近代，清朝统治者仍在不遗余力地进行着这样的说教。充满这种说教的朱注《四书》等儒经被定为学生的必读课本和科举考试的主要内容，这就使所有受教育者都接受了这种说教。这些人日后或者成为各级政权的官吏，治理社会；或者长书院，设私塾，教书授徒；或者从事著述，创作作品，感化社会。他们大多都在重复和扩展着这种说教。在社会的影响与制约下，绝大多数家庭的教育也主要是这种说教。同时，清朝统治者还为各地的忠臣、义士、孝子、节妇、烈女等建祠堂、立牌坊、悬匾额，给本人及其家庭以殊荣和优遇。这些旌表的手段，目的也在于宣扬和提倡封建伦理道德。

在统治者的教育和提倡下，全社会的人们无不深受封建道德的熏陶；家喻户晓、深入人心的封建道德成了全社会最基本的思想原则和行为规范，束缚了人们的思想，制约着全民族的行为，极大地弥补了权力控制的不足。《大清律例》等统治者的国法仅使畏法者不敢犯法，而打扮成"天理"的封建道德说教却使人们从心灵深处以三纲五常、忠孝节义为是为荣、自责自重；忘恩负义为人不齿，失去贞节被视作奇耻大辱，不忠不孝更被认为十恶之首。因此，各阶级、阶层的人们多能基本上按照封建伦理道德行事，尊祖敬尊、恭从长上、孝顺父母、和亲乡里、信义待友、严教子孙、各务本业、任劳任怨、安分守己、坐卧有序、谨小慎微、净心抑欲、忍忿制怒，一般很少有什么越轨之举。有一些人，更刻意修德，朝夕警惕，对封建伦理道德极为自觉、严格地躬履力行。于是，近代社会中亦不乏以死谏上和以身殉君的忠臣顺民，剖肉疗疾、殉从父母的孝子孝女，让产与弟、愿代兄死的仁兄悌弟，捐资兴学、诚笃敬信的义士信友，严守贞节、死不失身的节妇烈女。下面，让我们来看一些这样的事例。

1842年，大学士王鼎以死弹劾大学士穆彰阿误国，这是一个以死谏言尽忠的事例。在镇压农民起义和反对外侵的历次战争中，清朝文武官员及其家属、随从都有许多人以死殉君。直到武昌起义爆发及清朝被推翻以后，仍有不少人自杀尽忠，甘心情愿地为封建王朝殉葬。仅仅一个江宁府城，在革命军进攻城破时自杀身殉的清朝文武三品以下官吏及有功名者，在《清史稿》列传二八三中即可看到50多人，这个数字当然没有包括那些未入此传的人们。[①] 忠君之道的控制功能，于此即可见一斑。

在近代社会中，父母生时竭力侍奉、死后居丧尽礼的孝子孝女遍地皆是，不足称奇。当时比较特殊的孝行，是在父母有病时割下自己身上的肉煮汤进奉，以疗其疾；父亲远出不返时万里寻求，或生还，或以丧归；父母死后自杀殉从等。有这些孝行的孝子孝女，在近代社会中也为数不少。例如，同治、光绪年间，福建永定有一李氏妇女，出嫁前即曾剖股以疗母疾；嫁给张某为妻后，婆婆有病，又割臂肉给婆婆吃。[②] 咸丰、同治年间，江苏泰兴有一个叫殷润之的孝子，为人作佣以养寡母。其母终日茹素念佛，他每日都要进奉可口的果实。后来母亲病瘫，又瞎了一只眼，润之精心侍奉，面无难色，口无怨言。一天，他外出时家中起火，母亲死了，他遂亦殉母而去，以尽孝道。[③]

在封建道德的教育下，中国的女性不仅绝对卑从丈夫，而且严守贞节超过了珍惜生命。宋代以来，节、烈妇女日益增多，逐渐成为普遍的社会现象和风气。到了近代，节、烈妇女仍然有增无减，她们充斥于正史、野史及方志的记载中。例如，近代著名学者俞樾之友汪定执一家就

---

① 据《清史稿》卷496，列传283，忠义十之"材料估算"。
② 《清史稿》卷508，列传295，列女一。
③ 徐珂：《清稗类钞》第5册，中华书局1986年版，第2473页。

出了四个节妇。汪的四姑出嫁不到两年就死了丈夫及其遗孤，她不改嫁，并为丈夫立了嗣。汪的五姑在丈夫死后孝事公公；公公生病，她割肉疗疾，并呼天祷诉，请以身代。汪的六姑在丈夫死后，坠楼殉夫。汪的姐姐在丈夫死后守节，抚养遗孤成人。[①] 这汪氏四妇是已婚守节的。咸丰、同治年间，苏州有一袁姓女子，许嫁于吴家。吴氏家破，袁父打算别嫁其女，但其女不从，并在得到未婚夫死亡的确讯后，以死相争，入归吴家，服侍孀姑。[②] 这是为未婚夫守节的事例。前述汪氏四节妇中，有一个自杀殉夫的，这叫以死尽节；这样的节妇在近代也有很多，这里不再举例。

值得注意的是，在近代几次大的战乱中，每次都有成千上万的未婚女子和已婚妇女为了保住贞节而死去，做了烈女。其中，全家人，数十人以至数百人同时集体自杀的也不为罕见。即使是在没有战乱的平时，近代烈女也是接踵而现、层出不穷。例如，鸡泽贫女武氏早年被其父许给焦家。到宣统年间，其父已逝，焦家子长而沦为乞丐。母亲讽女改适，她不从，说这薄命之婚是父亲订下的，违背其遗志是不孝，一女许二夫是不贞；这样的女儿，还不如没有。后来，有一富翁以重金买通武母，与焦家退婚，将女许嫁富翁。直到临近迎娶时，武女才知此事，随即自缢而死，以尽妇道。[③] 封建妇道对妇女的约束与控制，确实强大到了"吃人"的程度。

在封建道德的熏陶下，近代社会中的人们把严守信义作为立身处世的重要行为规则。简而言之，"信"这一道德规范在法律监督和保证的合同契约关系尚未充分发展的当时，对于维护许多行业的职业道德和人际往来关系中的信用与秩序起了重要的作用。至于封建道德规范的"义"，它有特定的含义；被统治者称道的义行，是助官除盗、捐资助赈、修桥筑路、设立义学、轻利让利等。有这类行为的人，在近代社会中也不少见。以捐资兴学而论，光绪年间山东乞丐武训之事人多知晓，无须详述；与武训同时行此举者还有许多。例如，济南车夫李凤林以节省下的车资

---

① 徐珂：《清稗类钞》第7册，中华书局1986年版，第3074页。
② 同上书，第3085页。
③ 同上书，第3127页。

创立宣讲所和简字学堂,李的伯母杨氏亦出十余年昼夜纺织及为人佣作所得相助。因此,官府分赐二人"见义勇为"和"急公好义"的匾额,以资表彰。① 江苏川沙人杨斯盛,在上海经营房地产致富后,出资建三所小学、一所中学及师范传习所,又规筑陆家渡等三路,改建严家桥,创设南市医院,并葬亲族中贫而无后者27人,建宗祠,置义田,以赒恤族里、故友。他还多次捐款助赈,死时遗命将财产散助贫者,留给子孙的仅为1/10。② 这类义士义行,无害且有利于封建统治秩序的稳定;而冲击这种秩序的群众起义,在当时是被视作盗贼反逆之行的。

总之,封建礼教的道德说教,使得当时的人们大多修身心,安名分,严尊卑贵贱之别,守下不犯上之义;从而,它对近代社会发挥了深刻、广泛的控制功能与作用。

2. 尊卑有序的礼仪规则

礼仪规则是封建国家及家庭根据儒家伦理学说为人们的日常生活和社会活动制定的一些具体的、细致的行为规则。这些规则是封建伦理道德观念和规范的具体化、规则化的表现,是统治者在全社会贯彻推行这种观念和规范、直接约束人们行为的手段。与封建礼教的道德说教一样,封建礼教的礼仪规则旨在维护君仁臣忠、父慈子孝、兄友弟恭、夫唱妇随、男女有别、长幼有序、尊卑有等、贵贱有分的社会秩序和格局。对于通过影响人们的思想来束缚人们的行动的道德说教来说,这些礼仪规则是这种说教转化为现实的道德控制力量的媒介之一,它们补充和强化了这种说教。

因此,中国历代的统治者对于礼仪规则的制定和推行也很重视。在近代,清朝政府一直保持着礼部的设置,主要执掌礼仪规则之事。近代社会中的礼仪规则,国有《大清通礼》,部分家庭有家礼。《大清通礼》分吉礼、嘉礼、军礼、宾礼、凶礼五类,包括了政府郊天、参圣、祈年、营造、征战等活动及人们祭祀、婚丧、饮宴、庆贺等活动的礼仪规则,此外还包括了人们在其他日常社会活动与交往中的礼仪(如君臣礼仪、师生礼仪、朋友礼仪等)的规则;就连不同等级、不同身份的人在各种

---

① 徐珂:《清稗类钞》第2册,中华书局1986年版,第564—565页。
② 同上书,第561—562页;《清史稿》卷499,列传286,孝义三。

礼仪场合的服饰等细节，《大清通礼》也有明确的规定。

这种由国家制定的礼仪规则，在近代对士大夫阶层仍有较大的约束力。士大夫们在公共场合多是依礼行事的，就连统治者的最上层也不能随意违礼。在普通民众中，这种国家制定的礼仪规则不一定都能得到严格的执行，但其某些部分是贯彻到了社会下层的。例如，丁忧（遭父母之丧）时的服丧之礼（百日不薙发，持服27个月等），人们大多数照行不违。更有甚者，还学古人服丧之礼中的庐墓之举。

家礼是家庭内部的礼仪规则，它有由某些理学家编纂成书、刊行于世的，也有由某个家庭自己制定的；其主要内容是关于家庭成员之间的等级区分与行为准则的规定。家礼的名称很多，这里不予详举。在经过最为普及的明清时期以后，家礼到近代开始衰亡。在近代社会中，只是部分家庭（多是大户人家、绅士之家）有家礼；这些有家礼的家庭中的人们，也不一定都能严格地将家礼逐条实行。这就是说，家礼的普及程度以及它被执行的严格程度都大大下降了。当然，家礼的各种具体规定所体现的家庭成员之间的名分、关系的原则，仍被人们较为普遍地承认，家礼所依据的封建伦理道德观念和规范，仍然是大多数人的行为准则。

家礼在近代的趋于衰亡，与整个封建礼教在近代开始受到批判与冲击的情况有关。近代商品货币关系的发展，商品价值观念的出现，本身就是对封建伦理道德观念的一种冲击。民族资产阶级的思想家、政治家们，为了反对封建专制制度，也对封建礼教进行了批判。维新派中的谭嗣同曾经大声疾呼冲决封建纲常名教的网罗。革命派以西方资产阶级关于民主、自由、平等、人权的理论对封建礼教作了前所未有的深刻批判。不少先进知识分子以实际行动反抗封建礼教的道德说教和礼仪规则，背叛和走出封建家庭，投身民主革命。清朝政府和封建帝制被革命推翻，这个历史的巨变本身就是对封建礼教的事实上的否定。在此后的新文化运动中，激进民主主义者终于喊出"打倒孔家店"的口号，从理论上全面彻底地否定了封建礼教，大张旗鼓地反对旧道德、提倡新道德。在此接连不断、日益强烈的冲击下，封建礼教对全社会的道德控制开始出现缺口。虽然广大群众还没有摆脱封建伦理道德的愚弄和束缚，但中国社会中毕竟有了一批冲破了封建礼教网罗的先进人物。封建礼教控制功能的开始削弱，毕竟已是客观事实了。

二 传统习俗

从社会功能的角度来看，各民族、各地区的风俗习惯在作为社会生活的内容的同时，也是人们所遵守的一种行为规范，可以发挥一定的控制功能。在人们约定俗成、世代传承的基础上，许多风俗习惯成为具有一定制度性质的社会惯例，成为不成文的习惯法，对人们的思想和行为具有很大的约束力。这种约束力所依靠的不是国家的权力，而是传统的力量（习惯势力、传袭力量等）和某些心理信仰。在这些因素的作用下，人们自觉地遵守着一定的风俗习惯，不敢逾越或违背它。此外，人们对本民族本地区的风俗习惯往往还有特殊的感情，即使身处异国他乡也难忘怀；有不少风俗习惯更被认为是民族的象征、地区特点的体现而格外受到珍重。传统和信仰的力量，加上感情的因素，就使风俗习惯具有较大的稳定性和传承性；因此，风俗习惯对社会的控制功能也有较大的坚韧性和持久性。那些由人们世代传承、相沿极久的风俗习惯，即传统习俗，与封建礼教一样是对封建政府法律政令等权力控制手段的补充。封建时代的俗、礼、法，三者之间有紧密的内在联系；同时，传统习俗在这三者中最为稳定，因而它对社会的控制也最为持久。因此，历代封建统治者往往将风（风俗习惯）化（教化）并提，在推行封建礼教的同时，也很重视利用传统习俗来加强对社会的控制。忠孝俭朴、安分温恭、贵贱有等、男女无杂、尊祖敬尊、畏官守法、重义薄利、敦厚礼让、居不近市、行不诈争、务于本业、重于名节、合于礼教、耻于奔竞——这就是统治者赞扬和倡导的"良风美俗"。中国近代的统治者也崇尚和力倡这样的古风，目的也是为了利用传统习俗来加强对社会的控制。

1. 近代社会中的传统习俗

中国近代社会中的风俗习惯是多种多样的，各民族、各地区之间有较大的差异。但是，各民族、各地区的风俗习惯也有一些共同点，这些共同点之一就是古俗的大量遗存。总的来看，传统习俗在中国近代社会中仍占主要地位。这些传统习俗或者是经过古代封建社会的传承而延续下来，或者原本就是古代封建社会的产物，都属于封建习俗的范畴。在这些传统习俗中，充满了封建礼法的体现和封建意识的渗透。例如，传统礼俗就深受封建礼教的影响。这些礼俗虽然不是封建礼仪规则的照搬，但毕竟体现着这些礼仪规则所贯穿着的原则与精神，其中的一些具体做法甚至就是由某些礼仪规则演化而来、积久成习的。封建礼教的道德观念和规范，封建等级制度、宗法家族制度及其观念，在这些礼俗中也都有充分的反映。此外，封建主义的闭塞性、保守性以及神鬼迷信也广泛而又深刻地渗透在近代社会的各种传统习俗之中。大人小孩有病，家人只知祭鬼降神，禳邪驱妖。遇到旱涝等灾，无不诚惶诚恐，祷神祈免。逢年过节之时，迎神赛会之风盛行，举国城乡，如痴如狂。与社会生活其他某些方面在近代的进步相比，这些传统习俗更是显得非常的愚昧、落后。

2. "习之囿人也大矣"

在中国近代社会中仍占主要地位的古老陈旧、愚昧落后的传统封建习俗，对人们有很大的约束力。正如近代名人黄遵宪所说，对于传统习俗，"虽其极陋甚弊者，举国之人，习以为常；上智所不能察，大力所不能挽，严刑峻法所不能变"，"举国之人，辗转沉锢于其中，而莫能少越，则习之囿人也大矣！"[①] 下面，让我们来看看近代社会中传统习俗约束人们、控制社会的情景吧。

本书第二编第五章中叙述过的包罗相当广泛的传统礼俗，就起着社会生活规范的作用。对这些礼俗的奉行，实际上也就是对封建等级、宗法、家庭制度与观念及封建礼教、神教等的身感心受和躬履实践。

在汉族的传统诞生礼俗中，重男轻女的倾向相当普遍、严重，这种倾向反过来又强化了男尊女卑的封建意识和等级秩序。在此礼俗中，人们还要在婴儿满月或百日时为之命名。由谁来决定给婴儿取的名字呢？一般是家长或家族中的长辈及较有威望或地位者，此外是某种神灵（在该神前占卜选定）。这几种方式所体现和维护的，就是封建家长的权力与封建族权、神权。从命名的内容来看，婴儿的名字不得与家中、族中的祖宗、长辈相同或同音。这种命名中的避讳，体现和维护了祖宗与长辈的尊严。为了使婴儿不致夭折、易于长成，人们有的以带有符咒意味的字给婴儿命名（如锁柱等），有的将神、佛、天、观（音菩萨）、日、月、星乃至石、树、桥、路等字加入婴儿名中以求佑护（如天佑等等），还有

---

① 黄遵宪：《日本国志》卷三十四，光绪二十四年，浙江书局重刊本。

的将卜者所言婴儿命中所缺五行中的某项加入婴儿名中以图补救（如土生、水生）。这类做法，加深繁衍着人们的神鬼迷信。此外，带有忠、孝、仁、义、礼、信、光宗、耀祖之类字眼的命名在近代相当普遍；这些命名寄托了命名者对后人的教诲和期望，使之从小就受到了封建伦理道德的教育和影响。由以上叙述可见，汉族传统诞生礼俗中的命名习俗，多方面地补充和发挥了近代社会的控制功能。

许多近代少数民族都有传统的成年礼俗，行过成年礼的青年在享有成人权利的同时，也必须开始遵守成人的规仪、禁忌，履行成人的职责、义务。一些少数民族的成年礼中，长者或宗教职业者还要对行礼青年进行训诫。瑶族的成年礼，名称就叫度戒。受戒青年须在巫台上宣誓不杀人放火、不偷盗抢劫、不奸拐妇女、不虐待父母、不陷害好人等。这样的成年礼俗，对初成年者的思想和行为自然也有一定的影响与约束力。

近代汉族的传统结婚礼俗，体现和维护了封建婚姻制度及封建族权、父权、神权、特别是夫权。按此礼俗，青年男女绝对不许自由交友恋爱，婚姻的缔结必须依据"父母之命、媒妁之言"；一些地区的新郎还要在迎娶之日检验新娘是否处女，甚或以某种方式将结果公之于众。例如广州婚俗中，不仅有表示新娘是处女的喜帕，而且有同样用意的烧猪，由男家在新婚三朝送往女家。男家若不送烧猪，则说明新娘婚前已失童贞，女家以此为奇耻大辱，其女的遭遇也可想而知。因此，广州女子重视童贞及其标志——烧猪，"比学生、学者重视毕业衔头、学士、硕士、博士还要紧些"。[1]

在传统丧葬礼俗中，汉族被杀的犯人、遭雷击的死者、因失去贞节而羞辱自尽的女人，一般都不能葬入祖坟；藏族刑死者只能被土葬。按照民间迷信，这样的惯例将使这些违犯"天理"、国法的死者之魂孤独无依或永远沉沦。由此产生的生者对未来无好归宿的恐惧，也是一种能够制约人们行为的威慑力量。此外，近代传统的丧葬礼俗，还反映和强化着封建等级制度、观念及其形成的社会结构与秩序。在这方面，为卑幼恭敬尊长的惯例所充斥的近代汉族和许多少数民族的传统社交礼俗也有着相同的作用，这里不再详述。

---

[1] 刘万章：《烧猪——广州婚俗之要件》，《民俗》1929年第80期，第9—11页。

近代各族传统的祭祀礼俗，都有着加强人们的神鬼迷信，从而使人们的思想、行为受到约束的作用。汉族祭祖的礼俗，更有着调和家庭、家族内部各种矛盾，控制家庭、家族内部各种势力，从而维护整个社会的封建宗法家庭、家族结构与制度的重要功能。通过这样的礼俗活动，人们的族系观念被强化，封建宗法家庭、家族的团聚与稳定得到了维系；同时，人们的尊祖意识也被深化到盲目的程度，祖先被美化成正确与完美的化身、神化成现实生活中人们的保护者和监督者。在祭祖活动那隆重庄严、肃穆神秘的气氛中产生的对祖先感恩、尊崇、敬畏的感情和心理状态会进而转化为一种促使人们进行自我控制的精神力量，使之严守祖先留传下来的道德、习俗及一切规矩。谁要是敢于越轨，那就是背叛和对不起祖宗，那就会受到祖宗神威的惩罚。这又是一种足以使时人畏惧的威慑力量，它自然很有助于社会的稳定。

除礼俗外，其他近代社会中的传统习俗对人们的约束力也不可忽视。例如，汉族许多封建大家庭都十分重视家风（或称门风）的传承与维护。家风或门风是一个家庭、家族的传统习俗，是全家庭、家族成员共同的生活准则与行为规范。谁要"败坏门风"，他就会为家庭、家族所不容。近代的封建家风，与整个社会的封建风气一样，也以尽忠尽孝、去奢崇俭为其要旨。这种家风，形成一种家庭、家族内部的教育与传统有机结合的控制机制，约束着家庭、家族成员的行为，从而也有助于社会的稳定。

在汉族及一些少数民族的村落社会中，村民们还有一种自我管理、自我控制的传统习俗，这就是乡规村约的利用。这些规约对村民具有习惯法的效力，起着防止财物等类纠纷发生、维护村落生产生活秩序的作用，在村落社会中发挥着独特的控制功能。这些规约或由众人口头订定，或者形成文字纪录；有一种叫作"打标"的特殊的乡规村约，流行于近代侗、傣、壮、瑶、独龙、普米等少数民族之中。其具体做法是以某种草或其他植物打成各式各样的约定俗成的草结，悬挂或置于某处，作一记号，告诉人们应当怎样做或不应怎样做，人们一般都自觉地照标行事。例如，侗族人上山砍柴或开荒时，找到便砍或便垦之处，就扯几根草扭成两个结，挂到树枝上，表示此处已经有人捷足先登；后来者看到它，便会自动离开，另寻别处；为防鸭群侵袭，主人在养有鱼的稻田坎边插上状如田螺的草标,放鸭人见之亦即离开。瑶、傣、独龙、普米等族人远行时,将食物及其他应用物品分成若干份挂于沿途路旁的树上,以便返回时取用;其他人见到表明已有主人的标记,绝不会把这些树上的东西拿走。

总之,近代社会中的传统习俗也发挥着较强的规范控制功能。它以传统的力量补充和配合了封建权力、礼教等对人们的束缚,维护了封建制度,稳定了旧的社会结构和秩序,强化了封建意识。时人曾经对此描述说,"以专制之政,驭迷信之俗,合之而成一麻木不仁之世界"①。这样的世界,正是统治者理想的乐园。

辛亥革命前后,为了反对清政府的封建专制统治,资产阶级知识分子们对近代社会中的传统习俗进行了初步的抨击,呼吁改良与革除弊俗。新文化运动中,旧风俗习惯也受到激进民主主义者的批判。同时,社会经济、文化、政治等领域中发生的变革与进步,也使旧的封建习俗受到一定的冲击。在这样的历史条件下,部分城镇中的风俗习惯开始发生一些变化。对此情景,当时的封建势力痛心疾首,指责为"伤风败俗",哀叹道"世风日下"。传统习俗对社会的控制功能,自然也从此开始受到了削弱。②

三 神道之教

中国的封建统治者历来重视利用人们的宗教迷信,以神道设教,愚民安民。统治者的神道之教,以信仰的力量发挥了对社会的规范控制功能。

在统治者的神道之教下,中国近代社会中人们的信仰有体系完整的宗教信仰和庞杂零乱的神鬼迷信两种形态。中国近代史上虽然也曾有过被压迫群众利用某些宗教迷信进行反抗斗争的事实,但从总体上、本质上来看,宗教迷信毕竟是统治者麻醉人民的精神鸦片。处在统治者影响和控制下的民众的宗教迷信,论证了"天理"、国法的神圣权威,奠定和强化了传统习俗的思想基础,牢固地束缚了人们的思想,有力地约束了

---

① 孟晋:《论改良政俗自上自下之难易》,《东方杂志》1905年第1期。
② 辛亥革命前后风俗习惯的变化,详见本书第二编第五章。

人们的行为，加强了统治者对社会的控制。

1. 在佛祖天尊的大网之下

宗教是历史上中国统治者神道设教的一部分重要内容，近代中国的情况也是如此。在当时社会中合法存在和传播的一些宗教，为当时的社会制度与秩序、压迫与苦难进行论证、辩护，宣扬忍耐顺服、并且虚构出天堂、地狱之类的东西诱使、胁迫人们戒恶行善，对其信徒的思想和行为有着较强的约束作用，对没有系统宗教信仰的一般民众也有程度不等的影响，发挥了一定的控制功能。下面，我们以流传较广、影响较大的佛教（释教）和道教为例，对这方面的情形做一简述。

佛教认为，人生充满苦难，这是由人自身的"惑"（指贪、瞋、痴等烦恼）和"业"（指身、口、意之行为、言论、思维活动）所致；"惑""业"为因，造成生死不息之果，根据善恶行为在人生的过去、现在、未来三世间轮回报应——现世受苦，是前世作恶的结果。怎样才能摆脱苦难呢？要忍耐，多行善，这样就可得到幸福的未来；恶事万万不能做，否则就将永远受苦，不得解脱——一个人今世的善恶将决定其来世的命运；做恶，将贫贱短命，凶祸缠身，甚至转畜生，为饿鬼，下地狱；行善，可富贵长寿，上天堂，直至成佛，达到极乐境界。

以制欲养性、虚无清净为宗旨的道教，也有神道奖善惩恶的理论。《太上感应篇》等道书宣称天地有司过之神，依人所犯罪恶的轻重给其不同的惩罚，如寿减早亡、遭受贫病忧患等；人身中又有三尸神（或曰三条虫），能记人过失，每逢庚申日则乘入睡后上天言告。因此，恶是做不得的。反之，人若行善积德，就可以长生不老，得道成仙。

那么，什么是善、恶的标准和内容呢？佛、道二教的精神实质与儒学原本没有根本矛盾；在传播的过程中，它们又都与儒学互相影响、交流，吸收了儒学的三纲五常等东西。这样，这些神道之教规定的善恶标准就与封建礼教基本一致；其具体内容，则又比封建礼教的规范更广泛、更详密些。例如，佛教有十善十恶。十善即身不杀生、偷盗、邪淫、意不贪欲、瞋恚、愚痴（或邪见）、口不妄言（虚诳语）、绮语（花言巧语、杂秽语）、两舌（挑拨离间）、恶口（骂人、粗恶语）。与善相反即为恶，反十善者即为十恶。道教也有十善之说，内容为孝顺父母，忠事君师，慈心万物，忍性容非，谏诤蠲恶，损己救穷，放生养物，种诸果林,道边舍井、种树立桥,为人兴利除害、教化未悟,读三宝经律、恒奉香花供养之。道教所说的恶,最普通的为恚怒师傅,抵触父兄,违逆上命,女不柔顺、不敬其夫,暗侮君亲等项。根据这些对善与恶的分别和界定,二教又有许多教规戒律。佛教不出家的信徒(居士)有五戒,即不杀生,不偷盗,不邪淫,不妄语,不饮酒。居士每隔一段时间要过一下类似出家人的生活,这叫作斋。在斋日,居士应持八戒(五戒外再加不眠,坐高广华丽之床,不装饰打扮及观听歌舞,不吃非时食)。至于出家的信徒,沙弥与沙弥尼有十戒,比丘与比丘尼有具足戒(此戒多至二三百条),这里不再予以备载。道教的戒律,最少的也是五戒,即不杀生,不嗜酒,不口是心非,不偷盗,不淫色。此外有十戒,为不准不忠不孝不仁不信,不得阴贼潜谋、害物利己,不得杀生,不得邪淫,不得毁人成功、离人骨肉,不得毁贤扬己,不得饮酒食肉,不得贪求无厌,不得交游非贤,不得轻忽言笑。十戒之上,又有27戒、60戒、129戒、300戒以至1000戒。这些教规戒律,也是用来戒恶劝善的。总之,上述二教关于戒恶劝善的教义和教规戒律,是二教为人们制定的以信仰作基础和保证的行为规范,它们对封建礼教的道德说教和规范作了宗教的论证与补充。

在近代中国,佛、道二教本身已处衰势,但其寺院、宫观也还是遍布于城乡各地。佛教的信徒,除出家僧尼之外,还有不少不出家的居士。道教的信徒,也包括出家的道士和不出家的俗家道士(或称为火居道士)这样两种。佛、道二教的不出家信徒,有不少人是儒生、士大夫,他们有的还是佛、道并信的。不论是否出家,这二教信徒中的大多数人对于其所信宗教的教义、清规戒律及修行课目都是信守遵行的,他们的思想和行为因此自然受到了比较严格的控制;他们的传教布道活动又影响着广大没有系统的宗教信仰,算不上是某教信徒的民众。道教的第60代天师张培源和第61代天师张仁晸,更于太平天国农民战争时期直接地、公开地充当统治者的鹰犬,督办团练对付起义农民,"防剿多捷"。因此,事后清政府分别给了这父子二人光禄大夫的诰赠。[①]

佛、道二教控制功能的更为重要的表现,是它们对社会的思想意识、

---

① 傅勤家:《中国道教史》,上海书店1984年版,第92—94页。

风俗习惯和文化艺术等方面的渗透，对民众心理和行为的影响。佛教的轮回报应之说和道教的神仙察人善恶、分别赏罚的理论，在没有系统宗教信仰、并非宗教信徒的民众中可以说是家喻户晓、深入人心。这些理论对人们既有极大的恐吓作用，又有欺骗性的安慰和虚幻的许诺，因而可以制约人们的内在操行。在这些理论的影响下，大多数的人们在不到活不下去的时候都像牛马一样地任劳任怨、忍苦负重，不少人像教徒一样虔诚地茹素礼佛、抑欲修道，少有反抗意识和造反之举。同时，师善戒恶、行好积德又成为民众世代相沿的一种风气，它遍及各地、历久不衰，在近代社会中也是如此。这里我们略举一例，以示一般。光绪年间，浙东小灵山出一苦行高僧，人称赤脚活佛；当地"士夫男女，咸以参谒慈颜、闻一善语为幸"，该僧"亦以斯为导善化恶之因缘，有求皆说，咸使欢喜……当时合邑缁风为之一变"。① 这种师善戒恶、行好积德的风气，对于减少犯罪、维护社会的正常秩序与稳定也起了相当的作用。

简而言之，作为统治者神道之教的一部分重要内容，佛教、道教各有一部分信徒，并影响了并非教徒的群众；佛祖、天尊在中国近代社会中各有自己的地位，客观上又互相配合、补充，结成一面宗教信仰的大网，各个地区都有民众生活在这面大网之下，思想、行为受到约束或影响。因而，佛、道二教在中国近代社会中也发挥了一定的规范控制功能。

2. 在天地神鬼的夹缝之中

在中国近代社会中，没有系统的宗教信仰的人比各种宗教的信徒要多得多。但是，这些人们也没有科学的信仰，他们有的是对虚幻的神仙鬼怪精灵的迷信和歪曲事物，现象之间的因果联系的前兆迷信等；从这些迷信观念出发，他们又有进香、赛会、祈祷、禁忌、占卜、神判等多种类型的迷信活动。这些迷信观念与活动多是在古代封建社会中发展起来的，所以我们一般称为封建迷信。封建迷信与宗教信仰一样，能够以信仰的力量控制社会，所以封建统治者也注重对它的倡导和利用，它是统治者神道设教的另一部分。在统治者的蒙昧主义说教下，中国近代民众的迷信很深，就连那些封建知识分子对于神鬼精灵之类东西也多是宁可信其有，而不信其无。

---

① 徐珂：《清稗类钞》第 10 册，中华书局 1986 年版，第 4851—4853 页。

具体来说，在近代汉族的神鬼迷信中，天是无所不知、无所不能、具有无限权威的最高神，世界由他主宰，人类的寿夭祸福、贫富贵贱由他决定——"死生有命，富贵在天"，这就是儒学及民间迷信中的天命论。天之下，又有许多神各司某职，他们都是天的耳目，执行天的旨意，这天意就是"天理"（即封建纲常伦理）。人无时无处不在天与众神的督察之下。遵循天理，行善积德，就可得福；若违背天理和作恶，则将贫贱短命、祸患缠身，直至遭受天降之刑如雷击、火焚等。即使今日在阳间躲过恶报，他日到阴间也还得受罚——人死后即成为鬼，进入阴间；阎王及其下属判官将根据阴间对各人生前善恶行为的记载对之进行清算：曾行善者在阴间可得自由、幸福，过满一定期限后可投生富贵之家，来世生活亦好；行大善者，还可上天、成神；曾作恶者，则被打入地狱，遭受苦刑和折磨；作恶较少者受过阴间的惩罚后可再投生，但他在来世也不会享福。此外，人们的善恶不仅报应在自身，而且会影响到子孙的祸福。

这就是汉族神鬼迷信观念最主要的内容。这些观念中是非善恶的标准与封建礼教及前述宗教的说教也基本相同。在清末小说《老残游记》中，阎王问案时即说，阴律"与阳律仿佛，其比阳律加密之处，大概佛经上已经三令五申的了"[①]。这就是说，要想不触犯阴律，就须守国法，而且得按佛理、天理和良心去做事。否则，将来所受的惩罚是很可怕的。刀山剑树、火海油锅……凡是人能够想象得到的毒刑重罚，那阴森恐怖的阎王殿里都有。

例如，丈夫死后，妻子不守节而再嫁一人，那么她死后会被锯成两半。今生咒骂别人何事，来生必将自受（如骂人短命早死，自己必夭折一度）。仅仅是犯口过（如造谣传谣损人名节、挑拨是非使人家不和），到阴间就要遭受磨刑，连骨头也磨成粉末；磨过之后，风吹还原，接着再磨，所磨回数根据其所犯之过多少来定。这些在今天看来是小说的虚构的东西，在当时却被人们视作客观的事实，很少有人怀疑其真实性，也很少有人能对之无所畏惧。

上述以报应思想为核心的神鬼迷信观念来源于原始信仰与古代神话

---

① 刘鹗：《老残游记》，齐鲁书社1985年版，第326页。

传说的传承、各种宗教的唯心主义理论和儒学中迷信成分（如天命论）的影响。清代盛行的神怪小说，其主题与作用固然多种多样，但在传播这种迷信观念、使之由知识阶层进而向广大社会扩散中，也起了一定作用。这种迷信观念与封建礼教及佛教、道教的说教异口同声，互相配合，互为补充，威胁诱骗双管齐下，严重地束缚了人们的思想与行为。统治者的国法已很残酷，天谴、阴刑更加吓人；而且，报应还会落到子孙身上，这又使天下父母之心多了一种顾忌与责任。天上一打雷，有不孝不信等类行为的人不免心惊，因怕遭天打雷轰，他们大多会收敛一阵；没有这些行为的人，也会因此更加谨慎小心，循规蹈矩。近代节妇所以比古代有增无减，怕生嫁二夫而死后锯分为二的迷信观念恐怕也是一个重要的原因。对于剥削压迫自己的官府和地主豪绅，百姓多是敢怒不敢言，这是由于他们既害怕现实的报复，更畏惧阴间处罚口过的酷刑。凡负点为人父母的道义责任的人，为了给子孙留下"阴骘"而不是"余殃"，也都会对自身的行为加以检点。除了戒恶以外，人们又不时地进香、赛会，以讨好神鬼；自觉地行善、积德，以免灾祈福——人们深信"善有善报，恶有恶报；不是不报，时候未到"。因此，只要不到活不下去因而也不能再等待的地步，人们就总是默默地等待着那报应到来的时候。

  从前述对于神鬼精灵之类东西的迷信出发，近代民众还对于一些反常的气候和天象、人体少有的生理现象、不寻常的梦、动植物的异常表现乃至一些常见的事象用神意或神秘力量加以解释，认为它们是预示人的吉凶祸福的前兆、是鬼神对人的启示或警告，这就是前兆迷信。例如，大旱、地震等灾异发生，老百姓会认为这是世人造了孽，老天爷在施行惩罚；士大夫们根据儒学的天人感应等说，会认为这是时政有失，引起天象示警，为政者应当反省。就连眼皮不自主地跳几下，或者出门遇鸟屎落在身上，人们也会认为有灾祸将临，于是除进香祈祷外，行动也特别小心谨慎，而不敢有丝毫越轨之举。

  根据兆象迷信，人们又有卜问事象前因或预测后果吉凶之举，这叫占卜。占卜的种类有占候（如望云气、相面等）、占梦、拆字、求签、扶乩、杯珓卜、鸡蛋卜、钱卜等。这类迷信活动在近代也广为流行。人们一生中不断地占这卜那，请神鬼等来决疑解惑，指示行止。多数民众不论是耕作、渔猎、造屋、建桥，还是游乐、就学、拜师、迁居、远行、染病、婚丧、诉讼、争战,大事小事都要占卜以定行止;就连洗澡、剃头,有些人也要翻翻黄历,挑个日子。从《小二黑结婚》小说中反映出现代史上犹有这种情况,近代社会中这类现象就更为普遍了。

从神鬼迷信和前兆迷信中,还派生出人们在生产、生活、社交等活动中的许多禁忌,其宗旨是禁止冒犯神圣的事物,避免接触不洁或邪祟,以防灾祸。禁忌是一种基于信仰的特殊的行为规范,人们对它是严格遵守、不敢违犯的。例如,近代一些地区汉族出嫁之女忌于正月在娘家过夜,北京正月初一到初五忌妇女串门、走亲戚。这类禁忌,反映和维护了妇女不洁、会冲撞神灵的观念。男人在楼下,妇女不得上楼,这类禁忌体现和强化了男尊女卑的"天理"。此外,近代汉族及苗族、壮族等少数民族人家中的神龛忌人乱摸,尤忌外人随意触及;有的还忌人大声喧哗于其前,有的则忌摆放杂物于其上,有的甚至忌外人凝视。这种神龛忌,使人们在日常的家居生活中都时时满怀着对祖先及所供之神的敬畏,维护了祖先与神灵的神圣不可侵犯。正如古人所说的"敬神如神在",增强了鬼神观念的现实感、立体感。

上述各种迷信观念与活动还很广泛地影响和制约着各族人民的风俗习惯,从而使它们本身对人们的影响和约束力具有了更大的稳定性和持久性。在近代各族传统的旧风俗习惯中,到处都可以看到封建迷信渗透的痕迹;迷信观念是旧习俗主要的思想根源、信仰基础,迷信之举是旧习俗大量而又重要的活动内容。信仰的力量与传统的力量一致并结合起来,这就使得这两种力量都如虎添翼,极大地增强了它们的规范控制功能。这方面的具体情况,这里不再详述。

总之,零乱而又庞杂的封建迷信在近代社会是一种重要的精神权威与神道之教,它为封建政权、族权和夫权等提供了信仰的论证和支持,维护了统治者的国法和天理(封建伦理道德)的权威,影响和巩固了人们的传统习俗,对人们的思想和行为起着重大的约束作用。在信仰这个环节上,那些没有被罩在佛祖上帝的大网之下的人们,也无不处在天地神鬼的夹缝之中。这个夹缝留给人们的自然生活是太少了——天意、天命不能抗,国法不能犯,天理不能违,丧良心的事情不能做;无穷的疑虑须问神,许多的行止靠神定,庞杂的禁忌要遵守,神鬼的启示得信从;人们屈服于神权神教及其支持的各种封建强权和说教之下,忧心忡忡,顾虑重重，抬手动脚都有规矩，一言一行都须谨慎。封建迷信的规范控制功能，也可谓大矣。

辛亥革命前后，一些先进的资产阶级、小资产阶级知识分子对宗教迷信进行了批判，他们用西方近代自然科学知识来论证神鬼的虚幻，揭露宗教迷信的毒害和奴化作用，对民众初步进行了无神论的启蒙。清末小说家吴趼人曾说"近来风气渐渐开了，迷信的人，渐渐少了"。[①] 此话无疑透露出一点封建迷信受到冲击的信息。民初，一些地方曾毁废寺庙，驱逐僧道、巫觋，禁止安龙、建醮等迷信活动。但是，由于宗教迷信存在的根源并未铲除，因而宗教迷信也就远未破除。广大民众依旧处在封建神权、神道的蒙昧、束缚之下，宗教迷信仍对社会有着规范控制功能——当然，其程度是有所减弱了。

四 社会舆论

舆论就是众人的议论。从社会功能的角度来看，社会舆论可以影响人们的思想和行为，对社会具有一定程度的规范控制功能。在社会舆论的影响和压力下，人们的思想和行为往往会产生某种程度的从众现象，而不能完全随心所欲，为所欲为；如果做了为舆论所谴责的事，那就会为人不齿、无地自容。同时，社会舆论也是道德、习俗等行为规范所依靠的主要力量之一。这些不依靠权力强制人们遵行的行为规范，都需要舆论力量的支持与配合，在封建统治历时已久、不随众合群及不符合封建轨道就寸步难行的近代中国，社会舆论对人们的影响和约束力尤为强大。那蜚短流长的悠悠众口，那千夫指斥的耻辱处境，足以使英雄气短，更令凡人胆寒。汉语中众口铄金、众论难违、众怒难犯、物议可畏、人言可畏、众人唾沫淹死人之类的文言俗语很多，这正反映了这种情况。

由于社会舆论具有如此重要的力量与功能，因而历史上中国的统治者很重视对它的利用；同时，被统治者起来进行大规模的反抗斗争时，也总是要先做大量的宣传工作，造成反对统治者的舆论。社会舆论倾向的改变，标志着社会变革的来临。中国近代半殖民地半封建社会中的情

[①] 吴趼人：《九命奇冤》，上海古籍出版社1981年版，第31页。

景，也是如此。

3. 封建卫道士的旧曲

为了对社会实行舆论控制，统治者首先必须控制舆论。中国近代社会中的清朝统治者，一面有邸报之类的官报作自己的喉舌，宣传自己的思想观点、政策法令等；一面又禁止民间私设报刊，惩办制造"妖书妖言及传用惑众""妄布邪言书写张贴、煽惑人心"等行为，千方百计地压制被统治者的言论。在戊戌维新运动以前的半个世纪中，社会舆论基本上处于清朝统治者的控制之下。当时，地方上的绅士、耆老和举人、秀才等类人物左右着各地的舆论。这些人绝大多数是封建卫道士；从他们口中所唱出来的，自然是封建主义的陈词滥调、传统旧曲。这一点不消多说。同时，社会上层中也有一批主张整饬封建纲纪、专以维持名教为己任的封建士大夫，纷纷上书言事。评议时政等，造成了一定的声势，形成一股力量。他们的议论，被时人称作清议，他们则被称作清流。清流的清议，主要特点也是维护封建伦理纲常和中国社会中一切古老陈旧的东西，反对标新立异与离经叛道，反对任何变革，企图以固守陈规来维护清朝腐朽的统治。由于清朝当时的最高统治者有意利用清流党，"以清议维持大局"，① 因而清流煊赫一时，清议左右了社会上层的舆论。这样，各地的封建卫道士们与社会上层中的清流党上下配合、互相呼应，不时发出阵阵封建主义的喧嚣与鼓噪；舆论阵地为他们把持，整个社会的舆论被其陈词滥调所充斥，其他声音均处在这种陈词滥调的压抑、窒息之下，显得十分微弱。无论上下贵贱、贫富智愚，人们评论人、事，争辩是非，无不言"道"讲"理"。当时，这"道"与"理"都是有特定含义的。"道"即孔孟之道，"理"乃程朱之理。这样的"道""理"，就是当时社会舆论遵循的标准和依据的尺度。合于这种标准、尺度的人、事，就会受到舆论的赞扬、推重，反之就会受到谴责、鄙弃。做媳妇的如果常出外抛头露面，必为亲友齿冷、邻里訾议。青年男女如果私自交往，就会招来家庭内外异口同声地指责，惩罚多接踵而至。未婚女子若失身，不管她是出于自愿还是遭受强暴，都会受到舆论的嫌弃，失去自身存在的价值。寡妇再嫁，不仅要被人们说长道短，而且连自己的儿女

---

① 郑观应：《盛世危言》卷4，铁路。

也多不相容。谁若说一句不合封建传统的话，做一件破旧立新的事，舆论立即哗然，各种各样的谴责、怪罪纷至沓来，四面八方的讥笑、怒骂不绝于耳。这就是当时舆论的一般倾向。

这样的社会舆论，足以使多数人一言一行都有所顾忌，不敢公然违背国法、礼教、习俗等各种行为规范。"人言可畏"，这是当时社会大多数人实际心态的反映。正是由于惧怕众人的非议，多数青年男女仍然严守封建礼教和习俗的禁限而不敢自由交往，多数年轻妇女甚至仍然不敢随意出门。1909 年，福州城西一女学生在八月十四夜与女伴出游（当地中秋节有此习俗）。此举被其未婚夫之友看见，他致书该夫谈告此事，词涉秽亵；这个未婚夫随即写了离婚书，该女因此自杀。她被一个人的几句胡言乱语置于死地，并在绝命诗中遗言"寄与同时诸姊妹，埋头从此掩窗纱"。[1] 近代的节妇随处可见，烈女尤盛于前，这与近代社会天灾人祸繁多这种可使节妇烈女成批涌现的条件有关，但社会舆论那潜移默化的教育作用和众口一词的制约力量更是基本的、内在的原因之一。近代社会中的封建道德、习俗之所以被人们照行不违，除了传统和信仰的力量在起作用外，周围的舆论监督也是重要的原因之一。例如，在广东一些地区，办丧事时须请道巫来做道场；如果不为父母做道场送终，有钱的会被众人骂作"不孝"，无钱者则被大家讥为"扛死牛"（把父母像死牛一样打发）——因此，谁也不敢这么做。[2]

在社会的其他领域，舆论的控制力也大得很。1867 年，洋务派奏准在同文馆添设天文算学课程，招考科举出身的"正途"人员。消息一出，清议哗然，众论攻击，日甚一日。谁想报考，即为同乡、同列所不齿。结果，报考者寥寥无几，"或一省中并无一二人愿投考者，或一省中仅有一二人愿投考者"。[3] 19 世纪 60 年代末，中国即有人奏请修筑铁路，但因基于传统习俗、观念等类东西的反对舆论很强，遂使无人主持定此大计，结果是中国大规模修筑铁路之举往后推迟到了 19 世纪 90

---

[1] 徐珂：《清稗类钞》第 7 册，中华书局 1986 年版，第 3126 页。
[2] 韦承祖：《广东灵西婚丧概述》，《民俗周刊》1928 年第 25—26 期，第 58—79 页。
[3] 同治六年三月二十七日通政使司通政使于凌辰摺，中国史学会：《洋务运动》，第 2 册，第 39 页。

年代。学西学、修铁路的受到阻滞，也就使封建主义的自然经济、思想文化和社会秩序得到了维护。

4. 反帝反封建的新声

戊戌维新运动时期，中国社会中发出了维新变法的呼声。维新运动失败后，民主革命的号角随即响起。维新与革命，这是中国新兴民族资产阶级吹奏出来的两部曲，是在与封建卫道士们的旧曲的较量中高涨起来的反帝反封建的新声。反动统治者对社会舆论的控制和封建舆论独霸的一统天下终于被打破了。

资产阶级用来制造维新、革命舆论的工具，主要是近代化的报刊和小册子。19世纪40—90年代，外国人先后在中国办了约170种中、外文报刊。这些报刊制造的是为侵略者服务的舆论；不过，它们也使中国人了解和学会了出版近代化的报刊。1874年，香港创刊《循环日报》，由王韬主编，这是第一份传播中国资产阶级维新思想的报纸。1895年，维新思潮发展成为政治运动。在维新运动期间，资产阶级维新派一共办了30多种报刊。维新派的报刊冲破了清朝统治者的言禁，驳斥了封建卫道士们的顽固论调，宣传了资产阶级启蒙思想，造成了维新变法、救亡图存的舆论。戊戌政变后，这些报刊绝大部分被清政府查封。但是时隔不久，资产阶级革命派的报刊又从国外到国内先后出现。在整个辛亥革命时期，革命派一共办过120多种革命报刊，印发了大量的宣传革命的小册子。这些革命报刊与书籍也广为流传，影响极大。清政府曾一面创办一批新型官报以抵制革命舆论，一面残酷摧残革命报刊。但革命派坚持斗争，使革命舆论传播更广、日益强盛。到辛亥前夕，不仅封建卫道士们的声音已是强弩之末，而且立宪的鼓吹与革命的呐喊相比也已处于明显的劣势。革命舆论揭露了帝国主义侵略者和清朝封建统治者的罪恶，批判了维护封建专制制度的封建礼教、习俗和宗教迷信，唤起了人们的民主革命觉醒，使社会舆论的倾向为之大变。[①]

辛亥革命后，虽然北洋军阀政府也采取种种手段限制舆论，社会上也出现过复古倒退的鼓噪，但是反对复辟，坚持要求进步的呼声也一直

[①] 上述各类近代化报刊的数字，引于方汉奇《中国近代报刊史》（上），山西人民出版社1981年版，第18、73、153页。

很强烈。中国近代社会中反帝反封建的进步舆论的出现和成长，打破了反动统治者对社会舆论的控制，有力地冲击了封建舆论，削弱了它对社会的控制功能。社会舆论中存在进步与反动两种力量，二者之间展开激烈的交锋，这是近代以来出现的新现象。进步舆论日益强大，反动舆论逐渐减弱，这是近代社会舆论发展的历史趋势。

第三节 社会问题与治理

所谓社会问题是指脱离一般社会规范的社会性的越轨行为，它是一种社会病态。社会问题一般对社会的运行秩序与公共秩序都会产生某些腐蚀、危害作用。因而任何社会都不能对此置之不理。但如何治理、能否治理，这取决于社会的约束与调控机制。一个社会之所以产生社会问题是某种社会矛盾的产物，也是社会关系失调的反映，治理效果的程度则反映了该社会的调节控制功能。近代中国的社会问题不能得到很好的治理，反映了社会本身的衰败与控制系统的失调。

社会问题在近代中国有很多，本节仅择其具代表性的问题加以论述，这就是鸦片、械斗、娼妓、赌博、缠足与溺婴。

一 鸦片问题

中国近代以鸦片战争为其始点，因此，鸦片问题对于近代中国社会具有特殊的意义。这里我们不准备论述鸦片问题的来由与鸦片导致的战争，我们的视野将放在鸦片战争之后由鸦片导致的社会问题上。

1. 鸦片泛滥

1858年，清政府迫于英国的压力和军饷奇缺，在上海与英法签订新税则，承认鸦片为合法贸易。每担收税银30两。从此，外国鸦片进口合法化，国内禁种鸦片的法令随之形同具文。两年以后，清政府又下令土药抽厘，自此烟禁大开。国内鸦片产量扶摇直上。川、滇、黔产区已成为近代社会最大的鸦片产地，产量占全国一半以上。晋、陕、甘则为第二大鸦片产区，产量约占全国的1/5；其次为直、鲁、豫产区与苏、浙、皖产区，二区产量约占全国的1/10；东北产区约占3‰。此外，粤、闽、赣、湘、鄂、桂、新疆等地鸦片产量均占2%以下。① 除台湾、西藏两地外，罂粟花香飘遍各地。如此广大的地区同时生产鸦片，产量自然可观。据英国议会《中国商务文件》档案统计，1879年，四川的鸦片产量为177000担，是该年外国鸦片进口量的83000担的两倍以上。而1879年是外国鸦片进口量最多的一年。② 以川、黔、滇产区的产量约占全国1/2计算，则国产鸦片数量与外国鸦片进口量最多的年份相比，也在5倍以上，若与平常年份相比，至少当在7—8倍。

处于清代晚期的近代社会，自然经济已经开始解体。西方殖民者的侵略，国内统治阶级的剥削，人口迅速增长和可耕地开垦殆尽，相互交织成一副沉重的锁链，层层缠绕在中国农民身上。以生产鸦片最多的四川省为例，自鸦片战争以后，人口增加数目如表8—1③：

表8—1

年代	1815年	1861年	1871年	1881年	1891年	1898年
人数	44752千人	50673千人	56403千人	66682千人	76331千人	84749千人

不到50年，人口增加近一倍。而可耕地面积1851年为463819顷，1887年为464174顷，④ 平均每年增加不到10顷。结果"川省人民繁庶、穷困居多。现在民间田土，凡山巅水涯，田塍土埂无不栽种麦菽，报官上粮，实无荒地可垦"⑤。从人口与田地的增长比率看，近代社会中的农民，至少是四川省农民，潜藏着大量的失业人口。

罂粟花为一年生草本植物，生长期5—8个月，"自霜降后开始播种起，耘苗、灌粪，上行，朝暮经营至春。成熟后，其肤白如粉，以钢刀环刺，浆从缝出，名曰割烟，刮之于筒，挹之碗而成泥"⑥。鸦片的生产

---

① 《国际鸦片委员会报告书》，转引自李文治《中国近代农业史资料》，三联书店1957年版，第457页。
② 杨端六：《六十五年来中国国际贸易统计》，同上书，第403页。
③ 严中平：《中国近代经济史统计资料选辑》，同上书，第10—15页。
④ 同上书，第60页。
⑤ 丁宝桢：《复陈筹备饷需疏》，《皇朝道咸同光奏议》卷50，兵政类饷需。
⑥ 《万源县志》卷3，食货，农田，罂粟，民国二十一年铅印本。

制造，比种粮食作物需要更多的劳动力，尤其是割取罂粟汁时，需要一株株去割，十分费力。但这种劳动强度轻，技术简单，"妇孺老稚，用钢罐竹刀刮浆熬炼"[1]。可见，鸦片的种植与生产是在农闲季节，其次，参加生产者大半是妇女儿童。种植鸦片为近代社会农民家庭中大量隐藏的失业人口和依赖人口提供了就业机会。

鸦片生产的利润极高，"种罂粟一亩所出，视农田数倍，工力又复节省"[2]。在四川、贵州等地区，"大约每地一亩，可收烟泥五、六十两，收苞谷二百二十斤，黄豆六十斤，红豆二十斤，荷兰豆十斤。烟泥六十两，过冬后可售银七、八两，价不佳，售银六两。苞谷可得银一两七、八钱，红豆可得银二两，荷兰豆亦如之"[3]。鸦片的高额利润是导致农民和官僚大量栽种的重要原因。以至社会上出现了"以此起家，坐致十数万者盖不一而足"的鸦片暴发户。在高额利润刺激下，鸦片产量自然骤增。到1906年，产量已达外国进口鸦片数量的11倍。

鸦片一握千金，价重质微，易于隐匿。已具有货币代替品的特征。近代社会生活中以鸦片代银，或直接以鸦片易物的交换方式大量存在。山西交城"乡民咸谓，历年有烟无谷，每村必有客民开设小铺转贩外来杂粮，以供本村赊贷，收浆以后，尽数取值"[4]。这实际是以鸦片充当货币预购粮食。四川理县"烟帮为了换取鸦片，带来各种日常生活用品，如布匹、百货、农具、家庭用品、食品，还有当时颇为名贵的暖水瓶……贩子到各地烟场收买鸦片时，带来各种货物同种烟户交换鸦片"[5]。而且鸦片价高质轻，能任意分散在行李之中以躲过谋财害命者的注意。因此，大受一般旅客的欢迎。甚至各地赴京赶考的举子也往往携带鸦片以支付一路上的"食宿所需"[6]。在商业贸易中，"琼记洋行行东也将商

---

[1] 张集馨：《道咸宦海见闻录》，中华书局1981年版，第214页。
[2] 张之洞：《加征土药税法》光绪二十五年十二月二十九日，《张文襄公奏稿》卷20。
[3] 《黔蜀种鸦片法—下种第一》，《农学报》1934年第15期。
[4] 张之洞：《查禁晋省罂粟各项清分别劝惩疏》光绪十年，《皇朝经世文编》卷36，户政13。
[5] 桑梓侯：《解放前理县种植鸦片的情况》，《四川文史资料》第35辑，四川人民出版社1985年版，第143—154页。
[6] 郝延平：《晚清沿海的新货币及其影响》，《"中央研究院"近代史研究所集刊》1978年第7期，第225—240页。

埠与商埠之间的鸦片运输，完全当作货币的汇兑来看。怡和档案里，不仅鸦片本身可以充当货币，鸦片的订单有时也当钞票来使用"①。这样，种植鸦片成为广大农民避免物价上涨、币制混乱所带来的损失，使自身劳动力保值的唯一捷径。作为一种特殊的商品，鸦片在近代社会生活中也就取得了长期和稳定的社会地位。

那么，鸦片在何种程度上能够为传统农业机制容纳呢？最重要的前提条件是看它对粮食生产的影响程度。曾国荃在山西、陕西两省种植鸦片情形的奏折中指出："查晋省地亩五十三万余顷，地利本属有限，多种一亩罂粟即少收一亩五谷。小民因获利较重，往往以膏腴水田遍种罂粟，而五谷反置诸硗瘠之区，此地利之所以日穷也……秦川八百里，渭水贯其中央，渭南地尤肥沃，近亦遍地罂粟。"② 从曾国荃所说的情况看，种植鸦片对粮食生产的影响极为严重。但是，陕西渭南粮食仰给于渭北，属自身调济。特别是四川省，人口众多，田亩有限，鸦片产量几居全国之半，却偏偏不见缺粮的记载。况且，如果以山西的情况推论全国，人口压力巨大的近代社会，怎么能够承受如此大量、持续增长的鸦片生产呢？一省以鸦片换银，以银换粮，尚且问题不大，各省如果都照此办理，粮食从什么地方来？显然问题不在这里。

由于罂粟花在我国西北、西南的大部分地区及东南部的山区均适宜栽种。实际上，近代主要的鸦片产地，也分布在这些地区。华中、华南著名粮食产地长江三角洲及珠江三角洲，酷热雨多，不宜种植。东南沿海地区台风较多，罂粟花茎细而长，极脆弱，除山区隐秘背风处以外，也不宜种植。四川鸦片种植以丘陵地区的川东为最，这是杂粮产区，著名粮食产地成都平原，处于四川盆地低部，低洼潮湿，并不适于罂粟生长。从罂粟种植面积与全国可耕地面积的比率来看，1906年全国鸦片产量为584800担。按亩产50两计算，全国罂粟的种植面积约为1870万亩③，与

---

① 郝延平：《晚清沿海的新货币及其影响》，《"中央研究院"近代史研究所集刊》1978年第7期，第225—240页。
② 曾国荃：《申明栽种罂粟旧禁疏》光绪四年，《曾忠襄公奏议》卷8。
③ 《国际鸦片委员会报告书》，转引李文治编《中国近代农业史资料》，三联书店1957年版，第457页。

近代全国可耕地面积 113000 万亩①相比，鸦片用地仅占可耕地面积的 1.6%，如果再将种植鸦片的土地大部分为山区杂粮产地这一情况考虑进去，鸦片种植对粮食生产的影响并不像一些人描绘的那样严重。就山西省而言，1906 年鸦片产量为 3 万担，用地 96 万亩，占全省 53 万余顷的 1.8%，略高于全国平均数。可见，鸦片占地起码对当时正项粮食生产影响不大，要说有影响也只影响杂粮及部分经济作物。"蜀地凡山林硗瘠之区，不植五谷者，向资罂粟为生计。"② "浙江之土产各种粗细纸张，年来销行日畅。而山中原料，如嫩竹细薪等日少，盖因绍属诸山，多以改种罂粟故也。"③

鸦片是一种消费品，大量消费导致鸦片生产日益增长，而鸦片产量的增长又进一步扩大了消费市场，二者互为因果，产量与日俱增，吸食者的人数也迅速扩大。关于近代社会中人们吸食鸦片的记载，史不绝书，早在鸦片战争之前，吸食者就已扩展到社会各个阶层。那么，吸食鸦片的原因何在呢？从个人来说，始作俑者，是因病而食，这是较为普遍的原因。光绪二十三年（1897），来自全国各地的 100 名传教士医生的调查肯定了这一事实。④ 对于在广大农村流行的常见疾病：肌肉劳损、关节炎、肠胃炎、头疼牙疼等病症，鸦片具有明显的镇痛作用。而且鸦片的吸食不同于一般的消费，一旦上瘾，很难戒掉，它具有连续扩散和相互传染的特点，如同吸烟一样，因而便可持久、广泛地传播。从社会的角度看，精神上苦闷空虚，毫无振作之气，生活上贪图享乐、追求感官刺激，已成为近代社会生活中一个显著的心理特征。在这样的生活土壤中，鸦片作为一种兴奋剂，自然应运而盛行。吸毒之所以成为社会性问题，与清代后期整个社会的政治、经济、文化、精神生活方式等多种因素整体衰落和腐朽的趋势密切相关。它反映了社会的腐化、堕落与空虚，而

---

① 对近代全国可耕地面积的估算数字很多，李文治编《中国近代农业史资料》，第 63 页估算为 9 亿亩以上，徐珂《清稗类钞》地理类第 72 页估算为 20 亿亩，此处采用美国密歇根大学历史系教授费维恺的数字，转引《剑桥中国晚清史》下卷，第 19 页。

② 何嗣焜：《存悔斋文稿》入蜀记程。

③ 《农学报》第 14 期，光绪二十三年十月下，转引李文治编《中国近代农业史资料》，三联书店 1957 年版，第 460 页。

④ 王树槐：《鸦片毒害：光绪二十三年问卷调查分析》，《"中央研究院"近代史研究所集刊》1980 年第 9 期，第 183—200 页。

社会的衰落又促使鸦片的泛滥。

2. 危害与治理

生产鸦片，尽管可以获利，但并不意味着农民栽种鸦片便可丰衣足食。农民栽种鸦片是在近代农村的特殊生活环境中，采取的一种使小农经济生存下去的本能反应，并不能从根本上扭转小农经济衰落的基本趋势。种植鸦片虽对大米，小麦的产量影响不大，但农民向地主交租要以正项粮食为主，自己吃的则是产量较高的杂食，大量种植鸦片直接影响农民赖以生存的杂粮生产。一遇荒年，杂粮产量减少，价格上升，农民手中用鸦片换来的银钱自然贬值，小农依然是受害者。

鸦片是毒品，中国出产的鸦片含毒量最低，也达6%，[1] 鸦片虽然有医疗作用，却是杀人不见血的软刀子。鸦片的毒性与烈性毒品砒霜等不同，对人身体的损害短期效果不明显，人们初吸食，不觉其害，一旦中毒后，已养成嗜好，中了"烟瘾"，想戒除相当困难。为满足过瘾的生理需要，往往加大吸食量，增加吸食次数，以取得预期的享乐效果。近代社会烟毒泛滥，首先从有金钱、闲暇的统治阶级开始，最初的吸烟者，经皇帝点名的就有亲王、辅国公等高级贵族，有宫中侍卫、内廷太监，继之蔓延到政府官员及军队士兵中。随着国产鸦片产量日增，烟毒扩散到社会各阶层，"禾种之先，吸烟者不过游手无赖及殷实有力之家。至于力耕之农夫，绝无吸食洋烟之事，今则业已种之，因而吸之。家家效尤，乡村反多于城市"。[2] 对晚清社会吸烟者的数字，至今无可靠资料记载。1836年，外国人估计约有1250万吸烟者，1838年林则徐认为吸烟者占中国人口的1%，则有400万，1881年赫德估计有200万，还有人提出1890年有1500万，1906年为2000万，[3] 尽管这些数字相互出入较大，但近代社会中吸食鸦片的人大量存在。而且越来越多，却是公认的事实，社会上吸烟者大量存在，转而刺激了鸦片的扩大生产，而鸦片烟毒进一步泛滥，则直接影响破坏了社会生产力，并毒害了人民体质。社会风气颓靡，

---

[1] 罗运炎：《毒品问题》，商务印书馆1936年版，第57—58页。
[2] 曾国荃：《申明栽种罂粟旧禁疏》光绪四年，《曾忠襄公奏议》卷8。
[3] 斯宾士：《清代吸食鸦片概况》，转引费正清编《剑桥中国晚清史》上卷，中国青年出版社1987年版，第191页。

道德水准下降，社会弊病丛生，对社会生活产生了极大的破坏作用。

围绕鸦片的生产、运销，社会上产生了数量庞大的走私集团，走私鸦片获利极其丰厚。"一人之身即可夹带二三十斤之土。此二三十斤之土姑以每斤一两六钱计之，一人即可得价五六十两，加以偷漏厘金，即可得银百余两。"① 当时鸦片贸易主要运输路线有五条：(1) 散地，通过长江，顺流而下。(2) 本汉道：西北各省鸦片沿此运往天津、汉口，再转运它省。(3) 津浦道：安徽及邻省生产鸦片由此运往上海、南京。(4) 滇贵道：云南、贵州两省的部分鸦片，由此运往两广及越南、缅甸。(5) 海运道：印度鸦片由香港、广州、福建等地运往江浙各省。这些运销路线错综复杂，形成网络，几乎遍布全国。以这些运销路线为背景，活跃在清末社会中秘密结社的三大支力量日趋强盛。以香港、云贵、两广为活动区域的洪门，以江浙地区为主要活动区域的青帮和以四川、西北地区为大本营的哥老会，都与鸦片走私活动有着千丝万缕的联系。靠鸦片走私活动谋生者，不仅有土匪、流氓、会党，而且有税吏、兵勇、团练，两股势力或相互勾结，彼此渔利；或势同水火，嗜利仇杀。"纠合亡命，制执兵器，包揽闽越，结帮兴贩。"② 近代社会盗匪横行，鸦片走私实起到为虎作伥的作用。

鸦片生产的最大恶果，莫过于对社会经济结构平衡的破坏。近代鸦片生产，尽管占地面积有限，对正项粮食生产影响不大，但是产值高昂。1906 年鸦片"产值为一亿五千七百八十九万六千两，据王业键教授估计，1908 年中国国民所得约为一百二十亿两，则 1906 年鸦片产值占国民所得比例为 1.33%，而该年全国税收不过占国民所得之 2.4%"。③ 国产鸦片基本上被国内市场消费掉，如果加上进口鸦片，每年被吞噬的财富不下 15000 万两。人民"竭其终岁之操作，不足以偿暗室之一灯。"④ 大量白银被鸦片吞食，不仅破坏了社会生产基金的积累，而且，严重破坏了社

---

① 丁宝桢：《议抽烟厘大概情形折》光绪七年七月十一日，《丁文诚公奏稿》卷 21。
② 《皇朝续文献通考》卷 34，征榷考 23，洋药、土药附。
③ 林满红：《清末本国鸦片之替代进口鸦片》，《"中央研究院"近代史研究所集刊》1980 年第 9 期，第 388 页。
④ 夏燮：《中西纪事》，转引范文澜《中国近代史》上册，人民出版社 1962 年版，第 13 页。

会购买力。购买力水平下降必然导致其他消费品生产萎缩。非鸦片产区的白银大量流入鸦片产区,使生产投资日益减少,生产衰退,鸦片产区白银充斥却无货可买,结果,白银贬值,物价飞涨,社会经济生活更加混乱、动荡不安。

鸦片生产对于社会的毒害,与鸦片对于吸食者的毒害十分相似。初一尝试,很有刺激性,鸦片产区的人民生活水平,因为白银大量涌入明显提高。社会购买力活跃。这种虚假的繁荣很快变为停滞,接着便是衰退。"初种,每烟一两尚值钱七、八千,渐低至四、五千,今则二、三千矣。"① 农民很难理解鸦片贬值的原因,为了弥补损失,只能增大种植面积,提高鸦片产量。恰像吸烟者中瘾后的表现。结果导致一种恶性循环。

1905 年全国鸦片产量已达 37.6 万担,鸦片生产带来的社会危害,已经引起社会各阶层人士的密切关注。各地民间建立了一批劝戒会、戒烟局、禁烟会等机构。1903 年,中国留美学生对"路易斯安娜博览会"将鸦片烟具列为中国展品进行了抗议行动,迫使钦差大臣溥伦接受要求,撤销了参展的鸦片烟具。1906 年,苏州禁烟会向慈禧太后呈送了一份由 1333 名传教士签名要求禁烟鸦片的呈文。面对鸦片造成的严重后果及国内外舆论的压力,同年,清政府发表谕旨,宣布禁烟。"限定一年以内,将洋土药之害一律革除净尽。"② 接着,又颁布了禁烟章程十条。1907 年英国同意把鸦片进口量每年递减 10%,如果清政府在三年内禁烟有成效,就继续减少进口。1909 年,在上海召开了第一届国际鸦片会议,会议通过决议,承认"中国政府禁除全国鸦片出产自销,实力施行,具有坚诚"③。并敦请与会各国,采纳决议中有关禁烟各款。

在某些地区,从记载看,禁烟运动产生了一些效果,直隶"戒烟者不下三万余人。自定贩烟规则以来,烟馆之改业者八百余家,搜获秘密买卖之案千三百余起,栽烟之地,去春已绝其迹,米、麦、兰、棉已盈

---

① 《宜汉县志》卷 8,官师上,禁烟查缉局长,民国二十年石印本。
② 《光绪朝东华录》光绪三十二年,八月丁卯,中华书局 1984 年版,五册,第 466 页。
③ 《国际鸦片委员会报告书》两卷,上海 1909 年,转引马士《中华帝国对外关系史》3 卷,商务印书馆 1960 年版,第 466 页。

畴遍野矣。"① "山西本为著名之鸦片产地，遍地皆植鸦片，人民自植自吸，即妇女儿童无不吸食……昔年三十五万余亩之烟地，至昨年已焕然改观，余者无几。"② 1911年，由于国际舆论压力和中国留学生、资政院的强烈抗议以及鸦片贸易影响其他正常商品涌入中国市场，英国同意从1917年停止向中国输入鸦片。但是，就在禁烟最严的时期，截然相反的报告也不断来自全国各地。湖北省"种烟之地以施南、郧阳、宜昌及鹤峰厅为最，昨年虽布禁绝之命，然禁者自禁，栽者自栽。"③ 1908年5月18日，《江汉日报》刊登出一张武汉烟馆调查表，所列烟馆共45家，其中有数家公然设在藩司东辕门、藩司西首等地继续营业。"江西省向拨土药税银每年七十万两，一切需要，大半仰给于此。见将此款停拨，仅按每担拨银十五两，出入所短甚多，而额之不容稍久。近来办理新政，更属无米之炊，虽有盐斤加价及牌照捐等项，为数无多，不足尚巨。"④ 贵州"岁入厘税亏短实多，不但土药一项已成弩末，即百货亦大受影响，前者外省行商多挟布匹、洋纱等货来易烟土，黔人之经营它省者又多载烟土以易它货。兹烟土既缺，势必外商裹足，内贾亦杜门不出，厘金之源绝矣。"⑤

中央和地方的财政税收由于失去鸦片而受到严重影响，财源匮乏，甚至达到入不敷出的程度。由于这个问题，清政府采取增加其他税收的措施，将损失直接转嫁到农民身上。清末社会的税捐名目繁多，除正项税赋外，糖捐、果捐、竹捐、猪鸡牲捐、柴把捐、房捐、典捐、娼妓捐、赌博捐、学捐、巡警捐、自治经费捐、路捐、门牌捐、盐斤加价……杂如牛毛。

清政府将禁绝鸦片作为推行"新政"的部分内容并举，但"新政"开支需要增加税收。农民一方面要额外加税；另一方面又失去重要经济来源。这种竭泽而渔的做法，其灾难性后果可想而知。因为鸦片既然已

---

① 《各省禁烟成绩调查记》，《国风报》，第一年18期，第4—10页，宣统二年七月初一日，转引李文治编《中国近代农业史资料》，三联书店1957年版，第907页。
② 同上。
③ 同上。
④ 《皇朝续文献通考》卷52，征榷考24，洋药，土药附。
⑤ 同上。

经成为社会问题，就不可能仅凭道德因素支撑存在。将鸦片从社会生活中连根铲除，并不是单纯依靠行政命令就能解决的简单事情，令农民不种鸦片易，使农民得到温饱难。而行将就木的清政府，已经没有这种将腐朽化为神奇的力量了。

二 械斗冲突

械斗是一种用非法的暴力手段解决冲突的行为方式。械斗中的胜方往往可以对失败者滥施淫威，取得土地、钱财、妇女的补偿。械斗曾广泛存在于历史上农村社会生活中，浸成社会陋俗，成为近代社会中严重的弊病。

械斗主要发生在宗族关系较为发达的地区，以宗族血缘关系为纽带，划分械斗双方的界限。械斗一般有一定的社区范围，很少有漫延转涉到其他地域的现象。械斗的规模、方式、后果远远超出一般打架斗殴。是有领导、有计划、有组织的行动。

1. 宗族与械斗

械斗起源时间最早不超过明代。据记载："此风起于明永乐年间，相寻干戈，至今愈烈。"[①]

历史上械斗发生的地区见于记载的有：福建、广东、广西，云南、贵州、四川、江西、浙江、安徽，甘肃、陕西……从南到北，分布甚广。以南方为烈，北方次之。福建省的漳、泉二府是械斗起源最早的地区。以后，"渐染及惠、嘉、广、肇、韶南而以潮州尤甚"[②]。

宗法制度，是产生械斗的重要原因。宗族是械斗活动的基本单位，"查闽省械斗之风，漳泉尤甚。缘民俗犷悍，生齿日繁，仇怨甚深。且聚族而居，大者千户，小者亦百数十户。大户欺凌小户，小户忿不能平。亦即纠合亲党，抵敌大户。每遇雀角微嫌，动辄鸣锣号召，千百成群，列械互斗"[③]。宗族在械斗中的作用主要体现在以下几个方面。

（1）宗族为械斗的组织者和领导者。在械斗活动中，宗族内部有一

[①] 郑振国：《治械斗议》，《皇朝经世文编》卷23，吏政，守令下。
[②] 《论械斗书》，《岭南集》，《皇朝经世文编》卷23，吏政，守令下。
[③] 汪志尹：《敬陈治化漳泉风俗疏》，《皇朝经世文编》卷18，吏政。

系列详细规定。首先是确定领导者。"每一大族之多事者其中必有若干奸恶有力之人，暗提线索，众人听其指挥。"① 其次是严明组织纪律。"元旦拜祖后即作阄，书写多名以为殴毙抵偿之名次。拈得者以为荣，族人代为立后，并设位于祠。"② 宗族把械斗作为一种长期的思想灌输到族众的头脑里。"乐平属江西，人皆剽悍。辄以鸡肠细故，各纠党以械斗。其俗：凡产一男子，须献铁十斤或二十斤于宗祠，为制造军械之用。戚友之与汤饼会者，亦以铁三斤投赠，以故族愈强者，则军械巨炮愈多。"③

（2）为械斗提供资金。械斗活动必须借助于武装和人力，在传统农业社会中，二者对农民来说是沉重的负担。武装需要钱财，人力则影响农时。为了保证械斗取胜，宗族的族产成为基本的经济来源。"祠堂积蓄饶多，有易斗之资。"④ "积斗既久，匪类愈多，不农不工，艰于得食，则乐因斗狠之举，计口受粟，得兼旬累月饱啖壶飧。"⑤ 械斗结束后，往往因人命案闹到官府，"打官司"。这笔诉讼费，全部由宗族包下，"毙一命则敛金购一人偿之，毙十命购十人偿之。所购之人，名曰顶凶"⑥。"酿成命案，稍稍畏法，或动祠租，或纠家资，打点文武衙门兵役，为之庇护。"⑦

（3）利用族权逼迫族众参加械斗。凡有不愿参加者，都要受到宗族内部的惩罚。"兼有稍知礼法退避不前者，即怀恨逞凶，毁其器而焚其房，挟以必从之势。"⑧ "一家不出则百姓相聚而歼之，虽妇孺亦捆然思攘臂起。"⑨ 在宗法家族的逼迫下，竟然出现"凡出斗者，妻孥喜笑相送，不望生还"⑩ 的人间惨剧。参加械斗有死伤的可能，但不参加则必死无疑。因此，"不计其事不干己也，数十金之价争欲顶凶，银若到手，虽纵

---

① 高其倬：《清查械斗主持人之疏》，《皇朝经世文编》卷74，政五，保甲上。
② 汪志尹：《敬陈治化漳泉风俗疏》，《皇朝经世文编》卷18，吏政。
③ 徐珂：《清稗类钞》风俗类，乐，械斗，中华书局1986年版，第2203页。
④ "论息斗书"，《岭南集》，《皇朝经世文编》卷18，吏政，守令下。
⑤ 郑振国：《论械斗议》，《皇朝经世文编》卷18，吏论，守令下。
⑥ 同上。
⑦ 汪志尹：《敬陈治化漳泉风俗书》，《皇朝经世文编》卷18，吏政。
⑧ 同上。
⑨ 郑振国：《论械斗议》，《皇朝经世文编》卷18，吏论，守令下。
⑩ 张集馨：《道咸宦海见闻录》，第62页。

之亦不逃也"。① 过去的文人常常将农村械斗视为恶风陋俗，认为农民争先呈凶是见利忘命，不可理解。实际上是族权压迫的结果。

（4）宗族势力的彼此消长，是引起械斗纠纷长盛不衰的主要动力。决定宗族势力大小的主要原因是政治地位和经济实力，但这二者又往往密不可分，政治地位强大的宗族往往同时是当地经济上的首富，反之也是一样。如世居泉州的晋江施家，是清名将施琅之后，"人丁最多，住居衙口、石下、大岑诸村。贩私窝匪，强横无比。"② 豪族大姓经常依仗势力，欺压邻近的弱族，而官府又往往偏袒大姓。弱小宗族忍无可忍，被迫反抗，酿成械斗。"于是弱者愈益愤，愤而无所诉则益斗，强斗弱以族胜曰包，包者必胜之谓。弱斗强以联姓胜名曰齐，齐者协力取胜之谓。"③ 一般说来，豪族大姓在械斗中占优势，获胜的机会较多。但不绝对，大姓豪族胜则骄、骄则横，愈益欺压其他弱族。树敌太多之后，物极必反，小姓联合起来与大姓抗衡，也能将强弱地位转化。

此外，沿海地区商品经济较为发达，"漳泉之民多贩海。维时海禁甫弛，岛上诸夷习尚鲁朴，贩者利皆倍蓰，故二郡之富甲于通省"④。商品经济的发展，势必与封建氏族借以生有，控制族众的男耕女织传统自然经济发生冲突，并对本族的经济实力升降有极大影响。所谓旺族，通常是凭借商品经济积累成为巨富的宗族。而小族则是因力耕而渐陷贫困的弱族。"县南之民滨海为生，县北之民依山而处，土地瘠硗，此大较也。"⑤ 富族凭借经济上的优势力图摆脱传统自然经济格局束缚，为自己谋求更大的利益，不惜借故挑起事端。"闽省械斗之风，固由民俗凶悍使然，而究其肇嚣之由，大都户婚田土细事。"⑥ 但是，沿海地区的商品经济发展主要靠在远洋上进行长途贩运获利，这种经营方式风险很大。"粤地边海民素食之于洋，巨室大贾视洋船之大小。利则有百万息，不利则

---

① "论息斗书"《岭南集》，《皇朝经世文编》卷18，吏政，守令下。
② 《刘师恕奏折》，转引自张吉发《清代天地会起源考》，台湾《食货》月刊复刊第9期。
③ 郑振国：《治械斗议》，《皇朝经世文编》卷23，吏政，守令下。
④ 同上。
⑤ 徐庚陛：《到任地方情形禀》，《皇朝经世文编》卷20，吏政6。
⑥ 《刘师恕奏折》，转引庄吉发《清代天地会起源考》，台湾《食货》月刊复刊第9期。

人舶俱漂。"① 一次远航成功，可使贫寒之族成为当地首富。而一次失败，也可使百年盛族一蹶不振。商业投机带来的财富上频繁交替，使氏族地位的强弱转化反复无常。在往日械斗中失败的宗族趁机报复，主动反攻。"富者之家日以落，贩海之利日以微，亦退有息争之意，而仇已坚不可解。虽童子争拾矢于道，举族亦为之哄然。"②

2. 械斗的特点与治理

资本主义的入侵使东南沿海地区，处于社会变化的旋流中心，大大加速了当地权力的转移，财富的消长和风俗的变易，使原有的社会各种因素的平衡被打乱，新的平衡又未建立，因而农村社区的无序状态扩大，动乱因素增多，政府控制能力减弱，为械斗提供了新的因素。

广东海陆丰地区："初则强与强争，每有械斗掳捉之案而弱者尚不与较也。迨咸丰季年，有会乡之风起，弱与弱碰即可化弱为强，于是境内红黑械斗纷然而起。"③ 械斗已从大姓豪族依势压人的手段演变为解决农村民事纠纷的普通方法。械斗活动的规模和参加者的人数也今非昔比。"大斗之案，连乡百十村，聚众数万人。"④ "号召者或数百人或数千人，附和者成数村或数十村。外洋利器随处可购，是以洋枪、洋炮、旗帜、刀械无一不有。又复高筑寨墙，建造炮台。临斗之时，高竖大旗，对放巨炮。"⑤ 和正式战争的规模已经鲜有区别。而械斗的区域范围更加扩大，时间更为持久。"广东恩平等县土著与客民互斗，地延八县，事阅九年。"⑥ "有攻击三五年而互斗不已者，有已经和息而挟恨复斗者"，⑦ "彼杀其父，此杀其兄，并迁怒于其同社，以致结成不解之怨"⑧。冤冤相报，没有了局。

清政府对械斗的控制方式，一般不外两种，或是及时制止于事发之前，或是坚决处理于事出之后。但由于近代社会的政治腐败，这两点都

---

① 《上赵观察论粤俗书》，《皇朝经世文编》卷75，吏政，保甲下。
② 郑振国：《治械斗议》，《皇朝经世文编》卷23，吏政，守令下。
③ 徐庚陛：《到任地方情形禀》，《皇朝经世文续编》卷21，吏政8。
④ 同上。
⑤ 张之洞：《请另立专条严办斗匪疏》，《皇朝经世文续编》卷85，刑政2，律例上。
⑥ 《穆宗毅皇帝圣训》卷134，靖奸宄，同治九年。
⑦ 徐庚陛：《到任地方情形禀》，《皇朝经世文续编》卷21，东政6。
⑧ 张集馨：《道咸宦海见闻录》，第62、298—299页。

已经无法做到。"端午日,闽、粤各驾龙舟海口竞渡,闽人将粤船撞损,订期械斗……各署大惊,城门遂闭。回明制军,调兵千名前往弹压守城,檄调一日一夜,止得兵十余人"。地方官束手无策,如立针毡,转而依靠洋人,"后花旗到兵船二艘,申戒闽粤、令其息斗。如抗不遵,即将官兵击之于内,兵船堵之于外,尽数歼除。闽粤震慑罢争。"① 地方吏治腐败软弱到这种地步,对械斗已经完全丧失了控制力。"弋阳西乡,其地住民聚族而居。族与族之间,疆界划然。犯族法者逃入他姓域内,非其地主引渡,不能逮捕,若是越境捕之者,则为蔑视主权,势起重大交涉。俨若各国在中国之租界然。偶有小事龃龉,则各集百姓壮丁,各执戈矛与土炮等军器,以决雌雄,名曰械斗。败者逃入他域,胜者火其庐,赤其土,枭首剖腹,陈尸以示众,以表其战胜之荣也。"② 在这里,人们只能见到星罗棋布的宗族势力土围子。不过,宗族势力相对国家政权的力量来说,毕竟能量有限,形成上述局面的主要原因与地方官吏的怂恿纵容有直接关系。如果说以前还有"方其初斗也,地方官当场劝谕"③ 的情况,发展到近代社会,则"斗之时,营县不敢过问"。④ "俟两姓收场后,差役前往收械斗费,若斗费不交,官即带差役千余人,前往洗庄。房屋树木,一概毁伐。"⑤ 贪官污吏视械斗为利薮,成为发财的捷径。

由血缘、宗族关系互划械斗双方界限的惯例,在近代社会中逐渐被更直接的经济利益所代替。"江苏、青浦、娄县交界处所有塘田数百亩,皆系新涨水滩,久为青浦农民垦种。一律成熟,未报升科,是以附近之人皆思染指。娄县张某势大财雄,垂涎无粮之田,欲图掯占。因邀雇无赖百余名,每名给予青蚨四百翼,与青浦人争夺涨滩。青浦人亦聚众抗持,奋不顾身,器械并举,张党受伤数十人,死者二名。"⑥ 甚至出现了"父子二人,父受大姓雇募,子受小姓雇募。及至临场,父子各忠所事,

---

① 张集馨:《道咸宦海见闻录》,第62、298—299页。
② 白眉初:《中华民国省区全志·江西省》,转引自傅衣凌《明清社会经济史论文集》,人民出版社1982年版,第351页。
③ 汪志尹:《敬陈治化漳泉风俗疏》,《皇朝经世文编》卷23,吏政,守令下。
④ 张集馨:《道咸宦海见闻录》,第62页。
⑤ 同上。
⑥ 《益文录》第587号,光绪十二年七月十九日,转引自李文治《中国近代农业史资料》,三联书店1957年版,第231页。

若不相识"① 的事情。械斗被赋予一种职业色彩，宗族血缘关系越来越不重要。在个别地区，械斗发展的程度进一步加深。不仅是宗族之间解决纠纷的惯例，进而登堂入室，成为宗族内部权力分配的办法。"不特异姓相噬，并有同姓相残。"②

在近代社会的特殊历史条件下，械斗活动在摆脱政权控制后，又朝着脱离族权控制的方向而发展，并逐渐与社会上其他秘密组织集团势力融合，形成威胁和冲击传统社会生存的一股暗流。"窃闻广东莠民危害地方者，匪有三类：一曰盗劫，一曰拜会，一曰械斗。盗以抢劫，会以纠党，械以焚杀。二者互相出入，统名曰约会。多则为盗，盗强则助斗，斗久则招募。会、盗各匪皆入其中，习俗相沿，孳芽日盛。扰害农商，扰乱法纪。广、惠、潮斗徒则以香港、澳门为窟穴。廉琼匪徒则以越南为逃薮。溯查同治以前，潮州府属最号难治，焚杀相寻，田地荒芜，商旅裹足，钱粮抗完，民不畏官，几同化外。"③

械斗作为一种暴力行为方式，对当地所造成的灾难性后果极为严重。首先是人民生命、财产遭到巨大损失。"若攻入彼村，即恣意焚杀搜抢。所烧房屋动以百间计，所杀人口动以数十命计。甚至掘毁坟墓，掠捉男女。斗胜之村，动辄毁田禾，诸庶数百亩。砍伐树木，果园数千株。故此数村经一次械斗即丧失一二年或十数年之资产。"④ 一次械斗结束，被杀者数十上百，损失的全部是精壮劳力。数十年的辛苦经营和积蓄毁于一旦。严重阻碍当地的经济发展，直接破坏了社会的生产力。

其次，械斗活动强有力地维护了封建社会的宗族势力。

挑起事端，引发械斗者往往是当地的豪强首富，土豪劣绅。"主斗之人大率系其族首、族绅、祠长之不肖者。"⑤ 与广大劳动者的根本利益没有多少关系。《浔州府志》记载了广西贵县的一次客家人与土著居民的械斗起因："道光三十年夏四月，贵县土、来斗，来人富家温阿玉艳土人农

---

① 张集馨：《道咸宦海见闻录》，第293—299页。
② 徐庚陞：《到任地方情形禀》，《皇朝经世文续编》卷21，吏政6。
③ 张之洞：《似分任文武大员查办匪乡疏》，《皇朝经世文续编》卷83，兵政22，剿匪下。
④ 同上。
⑤ 张之洞：《请另立专条严办斗匪疏》光绪十二年，《皇朝经世文续编》卷85，行政2，例律上。

氏女美，馅夫家退婚，强娶之。遂相仇杀。"① 这场械斗，客家人勾结土匪，土著人组织团练，争斗达八个月之久，最后客家人失败，弃家逃走，损失极为惨重。究其起因，显然是土豪劣绅为一己私利而进行挑拨和操纵的结果。

械斗的双方界限通常按照剥削者的切身利益而划分。广大劳动人民置身其中，如堕五里雾，不识庐山真面目。而械斗的惨烈结果又人为地加深了械斗双方劳动者彼此之间的隔阂，使统一的阶级意志很难形成。"会匪由来虽久，而不致酿成川楚巨案者，则以各乡邑械斗，互相仇杀。其仇不可解，其心不能合，其势不能联之故。"② 对这一点，统治者看得很清楚，只要斗争的矛头不指向自己，便乐得隔岸观火，袖手作壁上观。在封建社会中，由于统治者实行愚民政策和小农生产方式的限制，这个问题始终不能得到解决。械斗活动总是相延不息。

清政府是近代中国社会地主阶级的总代表。它所制定的路线、方针、政策是为地主阶级的整体利益和长远利益服务的，部分地区发生的对个别统治分子有利的械斗活动，如果对整体利益危害不大，一般说来，并不认真追究。但如果械斗活动威胁到统治阶级的整体利益时，它就要挺身而出，充当地主阶级利益的保护者和内部利益的平衡者的角色。

械斗活动发展到近代社会，已成为一种非法的有组织的武装力量，逐渐摆脱政权和族权的束缚，对近代统治阶级的地位产生了直接的威胁，在近代社会政治上处于内外交困的清政府，对付此起彼伏的农民起义已经力有不逮，实在没有余力对械斗活动进行彻底治理，但对械斗活动形成尾大不掉的形势又深感不安。时常试图寻找解决办法。撮其大要有：

（1）劝谕、开导。用思想教育迫使参加械斗的人悔过自新。"本皆良民，仇器有所自开，斗狠有不得已，愚顽甚可怜伤。能得公康仁恕官绅委曲开谕，俾释干戈而登衽席，小民当未有不乐从者。"③ 无奈茫茫宦海中，公廉仁恕官绅实如凤毛麟角。结果，"圣训"也只不过是纸上谈兵。

（2）编保甲，对人民群众严加控制。十家一甲，十甲一里，十里一

---

① 《浔州府志》同治十三年，卷4，第14页。
② 汪志尹：《敬陈治化漳泉风俗疏》，《皇朝经世文编》卷23，吏政，守令下。
③ 《穆宗毅皇帝圣训》卷134，靖奸宄，同治元年壬戌七月己酉。

保，分别设长，使家家有约束，人人被管辖。保甲长各司其职，谁的管区内出现械斗，唯保甲长是问，以收消灭械斗于未萌芽的效果。但保甲制度并不能脱离宗族势力而单独存在，反而只有依靠宗族势力才能建立起来。结果，"计家为保则阖保皆然，编里为甲则遍甲同病。"保甲制度反而使宗权进一步加强，在组织械斗活动时更加有力。

（3）动用武力进行镇压。张之洞曾在开导劝谕无效后进而奏请"另立专条，严办斗匪"。制定专门法律，对械斗活动进行治理。但直到清朝统治者被推翻，这项法律也无下文。清末政治腐败，法纪废弛，新法即使建立，也很难加以贯彻执行。况且，法律也管辖不了以"香港，澳门为穴窟"的"斗徒"。

综上所述，清政府对械斗活动的治理，无非是采用传统的镇压和欺骗两种手法。劝谕不成则加以严惩。严惩无效又邀买人心。这些办法，虽然能够取得暂时效果，但由于宗族势力的存在和封建政权的腐败，械斗活动始终没有得到彻底的治理。

三 娼妓与赌博

娼妓与赌博作为一种社会行为，自人类阶级社会产生以来就出现了，历代都有。它是一种典型的社会病态，但只是到了近代以后才成为突出的社会问题。

1. 娼妓问题

近代社会的娼妓问题，以广东、福建、江浙沿海及汉口等地最为严重。广州为国内对外贸易中心，洋商巨贾、麕集其间、青楼赌馆、栉若鳞比。"广州艳迹，以珠江为最，风月繁华，尤聚于谷阜。"[1] 上海、扬州、杭州、汉口"妓院规模宏大，有苏帮、川帮、江西帮、本帮之别"[2]。

咸丰年间，娼妓活动开始进入鼎盛时期。"咸丰时，妓风大炽。胭脂、石头等胡同，家悬纱灯，门揭红帖，每过午，香车络绎，游客如云。呼酒送客之声，彻夜震耳。士大夫相习成风，恬不为怪，身败名裂，且

---

[1] 徐珂：《清稗类钞》第 11 册，中华书局 1986 年版，第 5176—5179 页。
[2] 同上。

有因之褫官者。"① 京师为皇舆禁地，历来被认为天下风俗楷模，娼妓事业能发达到如此地步，这与近代社会生活环境剧烈变化密切相关。鸦片战后，随着通商地区增加，西方商人的数量迅速增长。1837年，在中国经商的西方商人只有307名，而且全部是男性。1859年已达到2148名，其中包括部分妇女。西方资产阶级的生活方式迅速传入中国，在它的影响下，已经腐朽的统治阶级生活更加糜烂。此外，咸丰年间，在农民起义的打击下，人生无常，及时行乐的风气弥漫朝野上下。连咸丰皇帝本人也"伤于祸乱，寄于文酒，以宫中行止有节，尤善园居。年例正初入园，冬至始还宫"②。战乱之后，江南一带，田土荒芜，村镇凋敝。"皖南及江宁各属，市人肉以相食，或数十里野无耕种，村无炊烟。"③ 为了存活，许多年轻女子，被迫沦入烟花。由于妓女来源扩大，娼妓事业发展极为迅速。"庚辛（1861）之交，江浙沦陷，士女自四方至者，阛阓日盛，层楼复阁，云臻雾沛，遂为北里巨观。"④ 大批富绅土豪，为了躲避太平军的打击，纷纷逃离农村，携带大量钱财，涌入统治势力相对强大的城市，过着醉生梦死的生活。"同治初元，东南兵乱，侨居者众。（贸易繁盛，利市三倍）青楼中拥厚资者，指不胜屈。丙丁以后，乱既底定，富商殷户皆各回乡，阛阓遽为减色，掷缠头者，非复如前之慷慨矣。"⑤ 可见，正是由于封建统治者政治上的腐败，生活上的糜烂，才使娼妓迅速蔓延于社会。

同治、光绪时期，娼妓活动已从上层统治者中扩散到社会下层。上海公共租界南京路一带，"每当金乌西坠，玉兔东升，涂脂抹粉，遍倚市门。遇乡氓之抱布贸丝者，辄目挑手招，必欲罗致幕下而后已也"⑥。娼妓的经营对象从一掷千金的富豪，已经转向抱布贸丝的农民。这与妓女数量迅速增长有直接关系。

辛亥革命后，大批新权贵登上政治舞台。混迹妓院已成为民初官僚

---

① 徐珂：《清稗类钞》第11册，中华书局1986年版，第5155页。
② 王书奴：《中国娼妓史》，上海生活书店1935年版，第286页。
③ 曾国藩奏折，转引范文澜《中国近代史》上册，人民出版社1962年版，第165页。
④ 徐珂：《清稗类钞》第11册，中华书局1986年版，第5162页。
⑤ 同上。
⑥ 同上书，第5163页。

政治生活中不可缺的一部分。许多军政大事往往在妓院里成交。"政界风气起了深刻变化。前清官吏可以纳妾蓄婢，官吏宿娼被认为有玷官箴，可以被参奏革职……辛亥后，这种假道学风气不存在了，官吏、议员可以到妓院摆花酒，大宴宾客，娼妓人数大大发展了。"① 在当时与娼妓，特别是高等妓女交往，成为社会上层人物追求的时尚。

有清一代，为了禁止娼妓活动，曾经制定过严厉的法律，康熙十九年（1680）曾规定："伙众开窑诱取妇人子女，为首照光棍例斩决，为从发黑龙江等处给披甲人为奴。"② 嘉庆十六年（1811）又增加："除本犯照例治罪外，其租给房屋之房主，初犯杖八十，徒一月。知情容留者，邻保杖八十，房屋入官。"③ 对娼妓活动的处理更加严厉。而到了近代社会，"匿娼卖奸或代媒合及容留止者，处十五日以下，十日以上之拘留。或十五元以下，十元以上之罚金"。④ 这里面也许包含法律本身的进步性，但对娼妓的法律制裁明显减轻。自光绪三十一年（1905）京师设巡警厅，开始抽收妓捐。每月缴纳官税者为官妓，受法律保护。不交捐税的妓女称为私娼，这才是法律真正的制裁对象。可见，清政府已将娼妓视为一种正当职业。因而在近代娼妓日盛，未能绝迹。

2. 赌博问题

赌博本起源于人类早期的娱乐游戏。自它产生以来，就存在于各个朝代，近代社会的赌博继承了前朝遗风，又融合了西方传入的花样。赌博是依附于社会的物质与文化的，近代社会的变化使得赌博的形式和内容都具有了一些新的特点。

近代的赌博到了清末已有大众化的趋势，赌场林立，无处不赌，在租界、在城市、在乡村，无论是军政要员、富商大贾的公馆，还是在茶馆、戏院、旅馆、游艺场、船只、商场、庙会、宴席，就连佛教寺庙及丧葬之时也有人开赌。⑤ 赌博可以是公开的，也可以是秘密的。赌博的地

---

① 陶菊隐：《长沙响应起义见闻》，《辛亥革命回忆录》第 2 册，上海人民出版社 1957 年版，第 199 页。
② 以上法律条文均转引王书奴《中国娼妓史》，上海生活书店 1935 年版，第 287—288 页。
③ 同上。
④ 同上。
⑤ 徐栋编：《牧令书》，王植："敝俗"，卷 16，教化。

域之广也是前所未有的,不仅在南方沿海城市和京津地区,就连东北、内蒙古、广西、云南、贵州、四川等省份都有大量赌场。从参赌的人员来看,已经波及社会各个阶层。有身为清朝最高统治者的西太后,以及王公大臣、督府州县官僚,也有温文儒雅的举人进士和青年学生,不仅有浪迹天涯的无赖流氓,还有纨绔子弟、商人、市民、农家子弟。这些赌徒中,不分年龄,不分男女,也不避亲友,有"三尺童子压宝,七十太后叉雀,真可谓老少同途"。①

男子赌博不为罕事,妇女赌博在近代以前的社会则极为罕见,近代以后,妇女参赌者也已不足为怪了。在男女有别的社会环境下,为了给妇女赌博提供方便,还有人设立了专供妇女赌博的"女总会",有的女总会每天车水马龙,富人妻妾、大家闺秀纷纷出入其间,"日之夕矣,车马集于门,不炊许而列炬设席,非彻晓不止也"。不仅如此,有的大家女眷,女仆专门开设"女子地铺会",交结各类人员,设场豪赌。② 广西西关宝善坊一位女子蔡三姑,"竟作念头以数百计"。③

随着赌博的大众化,近代社会中也出现了一批职业赌徒,以赌为业,以赌为生。福建建阳城内2500户,每天都有40样雀牌,"业赌博者万余人"。④ 赌徒不仅在本地本乡赌,且开始流动作赌,上海、广州、福州等大都市的赌场中,有一大批来自外地的参赌者。嘉庆府金家湾的赌场每天午后起便"招朋引类,远处多人闻风而至者不下千余人,船泊百余号,彻夜不散"⑤。赌博虽各代都有,但长年累月,不分闲暇与繁忙地参赌,大批人以赌博为业,以赌博为生,并成为一种社会现象,只是到了近代,特别是清末才出现。

仅光绪十年(1884)《申报》每隔三五天即有抓赌消息报道,一年不断,仅上海一地,一年内所报道的赌博大案即有30多起。

可以说从鸦片战后直到抗战前夕是中国历史上赌博最盛的时期。赌博手段之多,形式之广是前所未有的,除了传统的麻将、牌九、花会、

---

① 参见徐珂《清稗类钞》,中华书局1986年版,第4876—4918页。
② 同上书,第4878,4894页。
③ 同上。
④ 胡朴安:《中华全国风俗志》下卷,卷5,河北人民出版社1986年版,第7374页。
⑤ 《申报》,光绪十年八月十七日,25册,第560页。

铺票、山票、白鸽票、赶绵羊、升官图、纸牌、斗鸡、斗雀、斗狗、斗蟋蟀、骨牌、抛骰子之外，而且大量输入了西方的赌博方式，如打扑克、彩票、奖券、赛马、轮盘赌等。

赌博依附于社会的物质、文化，它的存在与发展有赖于社会所提供的土壤。赌博很巧妙地适应了一些人侥幸发财的心理，同时又带有很强的刺激性，它是社会腐败与精神堕落的副产品。

近代赌风之盛特别是职业赌博的出现和大赌场的开设，这与西方的入侵和近代城市的兴起有很大关系。近代赌风最盛之处莫过于广州、上海、天津与北京。当时广州赌风甲于天下，其参加赌博的人数之众，赌具赌法之全，花样之多甲于天下。上海则是中外赌博融于一体的典型。天津与北京是北方赌博的中心。近代城市是文明技术、金钱与人口的聚集之地，职业分化，观念各异，它集中了社会各个阶层的人，有富商大贾、官僚买办、文人学士，也有地痞流氓、无业游民、冒险家、想发大财的人和娼妓，它具有各种娱乐设施和服务部门，是高度压缩与凝聚了的社会，社会病态最集中地在城市中体现出来。政治腐败、经济凋敝、社会风气败坏、精神空虚、寻欢作乐、冒险刺激、侥幸发财等赌博存在的社会土壤在清末的城市里得到充分体现。

赌博尽管是个人私事，愿者上钩，但它带来的社会危害却是多方面的，它可以使官失其行，士失其学，农失其时，工商失其艺。其危害面波及社会各阶层，愚者受弄，智者劳神，小至个人旷时废日，贻误家计，大到倾家荡产妻离子散，更重要的是它败坏社会道德风气，滋生种种罪恶，直接危害社会公共秩序。

官员开赌反映了政治的黑暗，官员们借赌索贿、受贿，贪污渎职，舞弊营私。如载振兄弟恃父官势，公然在崇文门外设赌场，招来了大批谋差缺者，身为军门的张少轩赌输之后多次侵吞公款。[1] 广东赌局为了承包赌场，向有关大员送去大量"公礼"和"干修"，进行贿赂。[2] 由于大批官员赌博，使得禁赌令难以执行。

赌场曾被称为"吃人魔窟"，因赌倾家荡产而自杀者有之，因赌发生

---

[1] 朱寿朋：《光绪朝东华录》（二），光绪十一年，中华书局1958年版，总1926页。
[2] 吴雨、梁立成、王道智：《民国黑社会》，江苏古籍出版社1988年版，第158页。

争执、殴斗丧命者也有之。在《刑案汇览》所收集的案例中，因赌自杀及杀人者的案例比比皆是。清末安徽合肥陈姓，家资巨万，但几年之内便输得一干二净，绝望之余上吊自杀。赌博还直接导致行骗、抢劫和偷盗。

在广东还有一种"牛牌"赌，即使身无分文的人也可以入局一试，胜了攫货而去，负了先以衣履为质，再不胜则以人为质，始终不胜即无人身自由，而自受拘禁，勒索其家属亲友，赎金不至者，即载之出洋，贩卖为猪仔。这里，赌博已成了制造猪仔、贩卖人口之由。[①] 总之，赌博已成为万恶之源。

由赌博所引发的各种犯罪对于社会秩序的破坏是显而易见的，所以法律对于赌博是严禁的。我国古代的唐律、明律都对禁赌有明文规定，大清律对于参与赌博的各类人员以及制造和贩卖赌具、开场聚赌、抽头渔利、知情不报、纵人入赌者等与赌博有关的行为都明令为违法行为，规定了各种不同的罚办条例，由赌获罪最重者有"极边烟瘴地充军"和"绞监候"的刑罚。[②] 以后新修的《大清新刑律》和民国时期的法律对赌博罪也有详细规定，但其处罚则比《大清律》为轻。总之，赌博始终是非法的，也是历代政府所禁止的。特别是在光绪十年（1884）之前，对治理赌博也是较为认真的，不仅颁布过许多禁令，皇帝也多次下旨严禁，也确实处理过一批赌博案犯，查禁了一批赌场。如光绪七年（1881）江西水军统领万重喧因赌被革职，江苏候补道朱麟成、江西候补知府潘骏群等人都因聚赌而获罪。[③] 光绪十年以后，清政府对赌博从禁止转向了弛禁。究其原因，除了政治腐败，法纪松弛禁而不止外，增加收入也是原因之一。李鸿章、张之洞、彭玉麟等封疆大吏都曾主张弛禁，使赌博与开赌场、彩票与赛马赌博合法化，以便收捐征税，增加收入，并主张赌场由赌商承包，政府则增加了固定的税源，以防止利润转入外国人之手。这样，赌博便一发而不可收。当然，民间赌博实际上从来也没有被禁止过，流传之久早成风俗。这里的原因也由于赌博与娱乐关系模糊，二者

---

① 夏东元编：《郑观应集》上册，第10页。又徐珂《清稗类钞》，中华书局1986年版。
② 光绪《大清律例·赌博例》，江苏书局刊。
③ 朱寿朋：《光绪朝东华录》，全五册，中华书局1958年版，第1119页。

的界线根本无法界定。有人为娱而赌,也有人借赌为乐,法律可以禁止赌博,却无法禁止娱乐,因此,民间的赌博,在历史上都未曾彻底禁止过。

四 缠足与溺婴

缠足与溺婴是社会对妇女的摧残和压迫,是两性社会地位不平等的一种反映。缠足与溺婴曾经长期存在于中国社会生活中,甚而演化为一种风俗,一种陋习。近代以后,随着西方文化的传入与社会观念的变化,缠足与溺婴便成了一个严重的社会问题,它不仅受到进步人士的广泛关注与抨击,而且在实际生活中,从沿海城市到内地乡村,逐步形成了一个反对缠足与溺婴的社会潮流。特别是,这股潮流在更广泛的范围内同反对封建专制、争取妇女解放与社会平等、救亡救国融合在一起,因此,反对缠足与溺婴作为社会问题的解决,已经带有更为深刻的社会含义了。

1. 缠足问题

中国妇女缠足源于何时有不同的说法,但至迟在南宋以后,缠足已在社会上斐然成风,人人相仿了。[①] 缠足之所以能够广泛兴盛而相沿成俗。无疑是宋代以后从精神上到肉体上对女性禁锢的直接后果。小脚女人不仅迎合了封建统治者与士大夫视女性为玩物的低级趣味。也有效地满足了封建男子的所谓小脚"瘦欲无形,越看越生怜惜",三寸金莲,"柔若无骨,愈亲愈耐抚摩"[②] 的病态性意识和审美观。

缠足是汉族妇女的习惯,满族并无此俗。因此,清统治者入关后曾一再下令禁止,然终因此风已在民间成俗禁而不止。到康熙七年(1668)遂改为弛禁,于是,缠足之风泛滥起来。至清后期,除满族及部分地区妇女未缠足外,社会上"中上家女子,几全部已缠足矣"[③]。

然而,缠足毕竟是一种丑恶的习俗,它直接束缚了妇女的行动自由,封闭了她们的社会交往,加重了她们的生活负担,不仅使妇女的身心健

---

① 陶宗信:《南村辍耕录》卷10,缠足。
② 陈东源:《中国妇女生活史》,上海书店1984年版,第236页。
③ 王树槐:《中国近代化的区域研究湖南省1860—1916》,"中央研究院"近代史研究所,1983年。

康受到极大摧残,也给中国人口素质造成了"既弱且愚"的恶劣后果。所以,近代以后开始受到社会各阶层人士的日益广泛的抵制与抨击。最早把反对缠足措施付诸社会行动的是太平天国运动。据记载,出于战争的需要,在太平军起义之初曾吸收了不少天足妇女,太平军所经之处,都曾严令妇女放足,"违者斩首"。① 定都天京之后在所控制的范围之内明令妇女不准缠足,对于缠足未去缠者,轻则责打,重则折脚。② 这些措施给这一时期的一些地方的妇女"带来了巨大的福利,使她们从而改变了自己的面貌"③。当然,太平天国反对缠足固然是由于战争的需要,也利用了江南很多地方的下层妇女不缠足的习俗,但随着太平天国的失败,不缠足的新景象也就烟消云散了。

　　来到中国的外国人曾对中国妇女的这种野蛮、奇异而不人道的行为感到惊讶,也对缠足行为进行了嘲讽和抨击。同时,在华的传教士也热心倡导不缠足,他们出于"上帝造人男女无二致"的人道观念,以及"妇女裹足,多不能赴稍远之会堂听道礼拜"④ 的宗教原因,利用报刊宣传积极进行了具有"慈善"性质的不缠足活动。1875 年,厦门传教士创设了中国第一个不缠足团体——戒缠足会。规定,凡不愿为女儿缠足者,均可入会。入会者,保证履行公约,违者"会众共责之"。到 1879 年,入会人数已逾 80 家。1895 年,英国女传教士立德夫人在上海组织传教士设立了"天足会"总会,在苏州、无锡、镇江、扬州、南京等地设立了分会。天足会利用"著书作论印送行世"、演说、有奖征文等文字宣传和社会实践相结合的形式,宣传不缠足的好处,产生了一定的影响。仅江苏一省就"放足盈千,最老者七十多岁"⑤。此外,福建、浙江、山东等地的传教士在社会育婴堂、教会办的女校中实行女子不缠足。传教士们的不缠足宣传,与所从事的不缠足活动,在客观上对于中国近代女性不缠足与放脚开了风气之先,同时也对不缠足社会潮流的形成起了推波助

---

① 中国史学会主编:《太平天国》第 3 册,上海人民出版社 1957 年版,第 316 页。
② 《盾鼻随闻录》卷 5,《摭言纪略》。
③ [英]呤唎:《太平天国革命亲历记》上册,中华书局 1961 年版,第 232 页。
④ 张又宁、李玉法编:《近代女权运动史料》,台湾龙文出版社股份有限公司,第 837—909 页。
⑤ 同上。

澜的作用。

在近代中国，任何社会问题的解决都同社会进步思想的出现与发展紧密结合在一起。作为男女平等的一种启蒙维新派曾在观念和舆论上大力倡导不缠足。早期维新派对缠足的妇女寄予了深切的同情。康梁等维新派登上历史舞台之后，第一次将妇女问题作为社会问题提上了历史日程，缠不缠足成了妇女解放的突破口，这就使不缠足有了更大的社会意义。

1897年，梁启超，谭嗣同等在上海发起组织了不缠足会。北京、天津、潮州、福州、广州、武昌、湖南等地也相继成立了同类组织。在不缠足会的推动下，湖南不缠足运动发展很快，广大妇女的反响尤为强烈。

1898年8月13日，光绪帝采纳康有为的意见，谕"令各省督抚劝诱禁止妇女缠足"[1]。从19世纪中叶便开始的不缠足运动，自此发展为自上而下，几乎遍及各阶层先进人士的全国性运动，但是由于此后戊戌变法很快被顽固派镇压下去，不缠足运动未能进一步深入展开。

辛亥革命时期资产阶级革命派明确地将妇女解放作为民主革命的一个重要部分，他们除明确宣传外，还灵活广泛地运用诗歌、小说、图片、传单等通俗易懂的大众化传播形式，"倡导禁缠足革命说"。仅上海、成都、西安地区发放的宣传品就达10万份册以上。1906年，资产阶级革命派成立了全国性的不缠足团体——中国天足会，并在国内外设立了分会。[2] 革命派的不缠足宣传与实践产生了两个较为显著的社会效果：一是改变了相当一部分人对缠足的传统思想认识。二是激励了一批先进的女知识分子勇敢地站起来为自己解放自己而奔走呼号。出现了"女子相率放足者，指不胜屈"[3] 的可喜局面。

"新政"期间，清政府曾发布上谕戒缠足[4]，一些地方官也参与了不缠足运动，如直隶总督袁世凯，湖广总督端方亲自撰文戒缠足（1902年）[5]，四川总督岑春煊刊印《不缠足官话浅说》5万册，两江总督周馥

---

[1] 见汤志钧《戊戌变法史》，人民出版社1984年版，第5页。
[2] 《天足会报》光绪丁未年第1期，第27页。
[3] 李又宁、张玉法编：《中国近代女权运动史料》，《万国公报》，光绪三十一年十一月。
[4] 《万国公报》，光绪三十年四月号。
[5] 见《东方杂志》卷2期6，光绪三十一年六月，第4157页。

会同江苏、安徽、江西巡抚联衔出示禁止缠足。①两江总督端方订立不缠足章程，札饬各地遵行（1905年）②。汉阳知府宋康德在武昌设立不缠足会（1904年）③。

武昌起义后，湖北军政有通令禁止缠足。1912年3月13日孙中山命内政部通饬各省禁止缠足④，得到社会各界的积极响应与支持。各地方当局依据命令，制定行政计划，设立专门机构，并广出告示，加以执行。广大社会热心人士，也积极组织天足会团体，予以配合。各地一些妇女，或出于自发，或者遵照政府的法令，纷纷解除缠足，一时间"天足兴、纤足灭，放足鞋兴、菱鞋灭"，废缠足蔚为风气，深入民心，相沿近千年的缠足恶习，由此开始走向衰落灭亡之路。

2. 溺婴问题

溺婴是将初生儿置入水桶、水盆等器皿中淹杀的行为，是封建社会中长期普遍流行的一种恶习。从接触到的史料来看，最迟在战国末期，溺女婴便蔚成习俗。

进入近代，"民间溺女之风日炽"。如山西"初生一女，犹或冀其存留，连产两胎，不肯容其长大，甫离母腹，即坐冤盆，未试啼声，已登鬼箓"。⑤河南邓州"溺女成风"。⑥江苏扬州"有贱女之习，产者辄恶之，而贫民尤甚，于是相率而焉"。⑦浙江诸暨县，妇女"怀妊时，先设谋积虑，一见为女，立置死地"。⑧陕西、湖南、江西、河北、山东等地的地方志中也都有大量溺女的记载。

近代溺女之风盛行原因有以下几个方面：

战乱和灾荒导致溺婴。在连绵不断的大小战后，田地荒芜，荆棘塞道，"民气萧条，溺女之风尤甚"。如咸丰、同治年间，常州"兵燹后元

---

① 《东方杂志》卷6期12，宣统六年九月，第16198页。
② 《警钟日报》1904年9月15日。
③ 《临时政府公报》期37，民国六年三月十三日，第809页。
④ 《时报》1919年3月5日（6），"滑稽余谈"。
⑤ 光绪《晋政辑要》卷18，户制，恤政3。
⑥ 转引自李文治编《中国近代农业史资料》第一辑，三联书店1957年版，第473页。
⑦ 《江阴保婴局记》，吴承志《逊斋文集》卷7。
⑧ 光绪《诸暨县志》卷17，风俗。

气未复,皇家多艰,于是莠民浇俗,各乡间往往有抢孀溺女之事"。① 高淳县"难后户口凋敝,物力空虚","民间溺女之风日炽"。② 同战争期间一样,灾荒时期溺女的现象也十分集中,近代各种自然灾害频仍,波及面十分宽泛。灾荒之后,家室流离,饿殍载道,溺、弃女婴者"所在皆是"。如同治期间,江苏"江北育婴堂婴孩多有养至千余人者,少亦数百人,男子不过十分之一,余皆余口"③。光绪初年,晋、豫被侵,饥民乏食,"溺女者不可数计"。

厚嫁之裕也导致溺婴。姑娘出嫁,娘家要陪送丰厚的嫁妆之俗,古已盛行,近代则有增无已。各地"婚姻大率以华赡相尚","财富为重"。④ 如光绪、宣统之际,定海县"婚丧燕会之费,辄以千计"。⑤ 山西"一百钞、一百现(大洋),四身衣料贡丝缎,二百个喜饼,二百斤面"。⑥ 如此高额遣嫁之费,不但下层劳动人民难以承担,就一般地主家庭也"力所不及"。"故生女者例不举","恐多此一块肉,将来无以供妆奁之费"。⑦

溺女的盛行,给近代社会生产带来了一系列严重的社会后果。首先造成男女两性比例严重失调,影响了中国近代正常的人口再生产。近代人口的高性比例,我们在第一章第一节"人口"中已有阐述。这种现象势必会使近代社会中许多男子无以得偶,成为旷夫,这就直接影响到结婚率和妇女的生育率。而结婚率与生育率的下降,又会影响到人口的出生率,进而导致近代人口自然增长率的下降。同治、光绪以后,近代人口总数一直徘徊不前,溺女是一个非常重要的原因。由于男多女少的现象十分突出,男子往往有早择偶、早成家的愿望,富户大家,更是迫不及待,早婚现象极为普遍。早婚,不仅摧残了妇女的身心健康,而且影响到优生,其害不言而喻。此外,由于男子婚配困难,女鲜择婿,导致

---

① 光绪《武阳志余》卷3。
② 民国《高淳县志》卷3。
③ 丁日昌:《抚吴公牍》卷37。
④ 光绪《奉贤县志》卷18,第2页。
⑤ 《定海县志》册二,方俗志,卷16,第30页。
⑥ 石作玺:《忻县婚丧事概况》,中国人民政治协商会议山西省委员会文史资料研究委员会编:《山西文史资料》第7辑,第112页。
⑦ 民国《闽清县志》卷5,第4—6页。

婚姻论财、买卖婚姻恶习的泛滥。许多人因此家道中落，或推迟结婚年龄，甚有终身不娶者，给中国近代社会带来极大危害。再次，溺婴还带来收童养媳、拐卖妇女成风、社会犯罪率增高等一系列社会病态，使近代社会风气日趋腐败。

鸦片战争后，外国传教士来华，为吸引教民，天主教新教教会先后在各地设立了育婴堂、孤儿院、养育院等慈幼机构，收养弃婴。以1906—1907年为例，福建天主教会所设各类育婴堂9所[1]，直隶2000所，收养人数1967人。[2] 一些地方绅士及清政府地方官员也"多仿效行之"，并专门置办育婴专项田产，如清末浙江舟山县育婴公产一项，计有田3045.9亩、房屋17间。[3] 19世纪六七十年代以后，禁溺女婴成为近代资产阶级民主思想和近代社会生活革新的一个内容。郑观应写《劝戒溺女》一文，谭嗣同在《仁学》中，都猛烈抨击了这一恶习，提出了"男女并重""男女平等"的主张。辛亥革命时期资产阶级革命派掀起了"移风易俗"浪潮，进一步冲击了溺女陋习。但是由于中国近代半殖民地半封建的社会性质没有根本改变，传统的惰性力量继续发挥着惯性作用，溺女之风始终存在于中国旧社会。

---

[1] 引自李国祁《中国现代化区域研究 闽浙台地区（1860—1916）》，"中央研究院"近代史研究所，1985年，第129页。

[2] 引自王树槐《中国现代化区域研究 江苏省》，"中央研究院"近代史研究所1985年版，第113页。

[3] 《定海县志》第一册，第2480页。